Guatemala:
Linaje y racismo
Marta Elena Casaús Arzú

Marta Elena Casaús Arzú

Guatemala:
Linaje y racismo

Tercera edición, revisada, ampliada y actualizada

F&G editores

Guatemala: Linaje y racismo
Marta Elena Casaús Arzú
Tercera edición, revisada y ampliada

2007

Primera edición: marzo de 1992, FlACSO Costa Rica.
Segunda edición: 1995, FLACSO, Costa Rica.
Tercera edición: julio de 2007, F&G Editores, Guatemala.

© Marta Elena Casaús Arzú
Impreso en Guatemala

Foto de portada: "Señor Claudio Urrutia y familia", autor anónimo. *Libro Azul*, 1915, página 192. Biblioteca de Ciencias Sociales Centroamericanas, CIRMA, Antigua Guatemala.

F&G Editores
31 avenida "C" 5-54, zona 7
Colonia Centro América
Guatemala, Guatemala
Telefax: (502) 2433 2361 y (502) 5406 0909
informacion@fygeditores.com
www.fygeditores.com

ISBN: 978-99922-61-53-8

De conformidad con la ley se prohíbe la reproducción parcial o total de esta obra en cualquier tipo de soporte, sea este mecánico, fotocopiado o electrónico, sin la respectiva autorización del editor.

Guatemala julio de 2007

Contenido

Capítulo I
Introducción al estudio de las redes familiares como estructuras de poder de larga duración en Centroamérica

1. La historia de la familia dentro de la historiografía / 1
2. Marco conceptual de las redes familiares como estructuras de poder de larga duración en Centroamérica / 8
3. Las reglas de oro de la pervivencia de las redes familiares en Centroamérica / 13

Capítulo II
La formación y desarrollo de las redes familiares oligárquicas, 1524 a 1988
Principales entronques de la oligarquía guatemalteca

1. Antecedentes desde la perspectiva de la historia de las familias en la época colonial / 23
    Período colonial / 25
2. El surgimiento de las principales redes familiares / 35
    El control familiar del Cabildo en el siglo XVII / 50
    La inmigración vasca de los siglos XVII y XVIII / 55

CAPÍTULO III
LAS PRINCIPALES REDES FAMILIARES DE LA OLIGARQUÍA GUATEMALTECA DE 1700 HASTA NUESTROS DÍAS
65

1. La familia Aycinena y sus principales entronques / 69
   Conclusiones / 79
2. La familia Arzú / 86
   Conclusiones / 99
3. La familia Urruela / 101
   Conclusiones / 106
4. La familia Díaz Durán / 110
   Conclusiones / 115
5. La irrupción del mestizo y del extranjero en la élite de poder / 124
   La irrupción del mestizo / 124
   La incorporación del extranjero al bloque del poder / 129
6. La familia Skinner Klee. La incorporación de los alemanes al bloque hegemónico / 131
   La familia Klee Ubico / 135
   La familia Dorión Klee / 141
   Conclusiones / 151
7. La familia Castillo (siglos XVI–XXI) / 155
   La familia Castillo Estrada / 157
   Surgimiento y desarrollo de la Cervecería Centroamericana (las ramas Castillo Lara y Castillo Azmitia) / 165
   La articulación de la red familiar en el bloque hegemónico / 168
   Conclusiones / 171

CAPÍTULO IV
PENSAMIENTO Y PRÁCTICA RACISTA EN LA OLIGARQUÍA GUATEMALTECA

1. Elementos metodológicos / 175
   Caracterización de la población estudiada / 175
   Criterios de elección de las familias / 177
   Criterios de selección del tipo de muestra / 183
   Criterios de selección del entrevistado / 186

2. Resultado de los datos e interpretación de la encuesta / 187
    Identidad y racismo / 187
    El estereotipo del indio en la
    visión de la clase dominante guatemalteca / 199
    Familia y racismo / 207
    Historia y racismo / 217
    Economía y racismo / 229
    Cultura y racismo / 238
    Integración, ladinización y exterminio / 245

CONCLUSIONES

1. Conclusiones sobre la génesis
y estructura de la clase dominante guatemalteca / 253
2. Conclusiones en cuanto a expresiones
y manifestaciones racistas de la élite de poder / 258
    Conclusiones generales / 258
    Conclusiones que se derivan de la encuesta / 260

ANEXOS
265

BIBLIOGRAFÍA
291

ÍNDICE DE NOMBRES
317

Capítulo I

Introducción al estudio de las redes familiares como estructuras de poder de larga duración en Centroamérica

1. La historia de la familia dentro de la historiografía

El estudio de la familia, como unidad metodológica y de análisis para la comprensión de la estructura social latinoamericana, representa un nuevo enfoque de las ciencias sociales y aparece vinculado a las temáticas propias de la historia social.

La historia de la familia desde el punto de vista histórico es relativamente novedosa, en la medida en que su estudio correspondía a la antropología o a la sociología, ya fuera como estructuras de parentesco, como sistema de organización social o como fuente de prestigio. Sin embargo, a partir de 1980 la historia social y de las mentalidades se proponen centrar parte de sus investigaciones en la familia para aproximarse al estudio de las actitudes, relaciones de parentesco y comportamientos de poder, especialmente de los grupos dominantes.[1]

---

1. Las compilaciones más completas sobre estudios de la familia como línea historiográfica son los trabajos de Elisabeth Kusnesof y Robert Oppenheimer, "The family and society nineteenth century Latin American: An historiographical introduction", *Journal of the family*, Fall, 1985, pp. 215-234. La introducción de Diana Balmori, Stuart Voss y Miles Wortman, sobre "La red familiar en la literatura histórica" en su libro, *Las alianzas de familias y la formación del país,* México: FCE, 1990. John Casey y Juan Hernández Franco (eds.) *Familia, parentesco y linaje,* Murcia: Universidad de Murcia, 1997; Jean Pierre Dedieu y Juan

Como opina López Beltrán, la familia fue algo más que una institución; fue un subsistema que, junto a la religión, constituyó la fuente primaria de las reglas de vida que gobernaron a los miembros de la clase dominante. Según Balmori las familias son de importancia capital para la comprensión de la historia latinoamericana porque su estudio detallado en red nos permite una comprensión mayor de la acción colectiva, de la estructura social y de la formación de los Estados.[2]

Lo que deberíamos preguntarnos a modo de punto de partida en este estudio es ¿qué aporta el análisis de la familia a la historiografía actual y qué añade al análisis del poder?

A nuestro juicio y a modo de hipótesis para el caso de Centroamérica, la importancia que cobran las redes familiares a lo largo de la historia en América Latina y, sobre todo, su vigencia en el presente, para la comprensión e interpretación de la estructura social y del poder de las sociedades americanas, se produce principalmente allí donde existe una presencia de población indígena, en donde el factor socio-racial ocupa un lugar preeminente a la hora de estudiar la configuración de la estructura social colonial y allí donde se ha producido un escaso proceso de modernización de las estructuras políticas y sociales. Especialmente en sociedades eminentemente agroexportadoras, en las que el patrón patriarcal continúa ocupando un lugar relevante en el conjunto de la sociedad.

La familia como red o constelación familiar, y sobre todo como estructura de larga duración, sigue ocupando un papel decisivo en el análisis del conjunto de la estructura social y sobre todo como élite de poder. Coincidimos con López Beltrán en que la formación de las élites coloniales en América Latina ocurrió por dos vías complementarias: por el linaje, es decir por la transmisión patrilineal de privilegios concedidos por la Corona, o por alianzas matrimoniales que propiciarán el crecimiento y reproducción de los linajes por la vía de los casamientos de conveniencia. De este modo, el parentesco se constituye en el elemento clave de la formación de la sociedad colonial en casi toda la región latinoamericana.[3]

Luis Castellanos, *Réseaux, familles et pouvoirs dans le monde Ibérique a la fin de l'Ancien Régime*, París: CNRS, 1998. Francisco Chacón Jiménez, Antonio Irigoyen López, Eni de Mesquita Samara y Teresa Lozano Armendares, (ed.), *Sin distancias. Familia y tendencias historiográficas en el siglo XX*, Murcia: Universidad de Murcia, 2003.

2. Clara López Beltrán, *Alianzas familiares, élites, género y negocios en La Paz, siglo XVII*, Lima: Instituto de Estudios Peruanos, 1998, p. 110.

3. López Beltrán, *Alianzas familiares...*

El estudio de las familias en Europa posee una mayor tradición y en buena parte los estudios de redes familiares en América Latina han estado muy influidos por Inglaterra, Francia y en menor escala por España. A juicio de Casey, el valor del estudio de las familias radica en una nueva visión de la historia que ha permitido desvelar aquello que estaba oculto y que no aparecía en los textos clásicos de historia. La génesis de este tipo de estudios se debe a la Escuela de Cambridge que, en 1976, dio un vuelco a la historia tradicional y empezó a interesarse por los análisis comparados entre diferentes tipos de familias y su comportamiento social y político en toda Europa. En España, uno de los mejores especialistas en la historia de la familia, Francisco Chacón Jiménez, considera que la renovación historiográfica se produce en torno a los años ochenta y poco a poco fue ganando adeptos hasta convertirse en un sujeto autónomo de estudio. Este mismo autor analiza la importancia de la reproducción social de las familias que él denomina poderosas y que poseen un "ideal de perpetuación" en la estructura de poder.[4] A su vez Hernández Franco, aborda la problemática de las familias poderosas y de su organización preferencial a través del linaje, destacando la importancia del matrimonio y de las redes de parentesco como mecanismos de reproducción de las redes familiares y de elaboración de "un proyecto familiar".[5]

Sin embargo, para el caso de América Latina, va a ser la escuela francesa y la obra de Burguière en 1986, *La historia de la familia*, la que desatará una serie de estudios empíricos en diferentes regiones, especialmente por el papel que este autor confiere al linaje y al parentesco en la formación de las estructuras de poder. Una de las hipótesis de Burguière, de enorme relevancia para todos los que hacemos historia de las familias como estructuras de poder, es la que plantea la interrelación entre familia y Estado. A su juicio, allí en donde el Estado se encoge o

---

4. Chacón Jiménez *et al.*, *Sin distancias...* Del mismo autor, "Hacia una nueva definición de la estructura social en la España del Antiguo Régimen a través de la familia y de las relaciones de parentesco", *Historia Social,* un. 21 (1995) pp.: 75-104. Francisco Chacón Jiménez y Juan Hernández Franco (eds.), *Poder familia y consanguinidad en la España del Antiguo Régimen,* Barcelona: Anthropos, 1992.

5. El Seminario permanente sobre familia y élite de poder de la Universidad de Murcia, es uno de los centros de investigación más prestigiosos y de mayor nivel para los estudios de familias. Uno de sus miembros más destacados, Juan Hernández Franco, hace una excelente revisión historiográfica sobre las interrelaciones entre familias y élite de poder en "El reencuentro entre la Historia social e historia política en torno a las familias de poder", *Studia Histórica,* Universidad de Salamanca, 1998, pp.: 179-199.

pierde fuerza, las redes familiares amplían su influencia y ocupan el lugar del Estado y viceversa. Este punto de partida va a resultar enormemente sugerente para muchos investigadores sobre todo en el momento de la formación de los Estados nacionales y del surgimiento de las oligarquías latinoamericanas, conformadas, en su mayor parte, por antiguas familias de criollos. Para el caso de la región centroamericana, esta máxima sirve para explicar la permanencia y metamorfosis de las redes familiares hasta la actualidad, como lo veremos a continuación.

Otros trabajos que constituyeron una obligada referencia son los libros de Lawrence Stone sobre los cambios operados en las familias victorianas con el auge del primer capitalismo, además de establecer una metodología apropiada para su análisis, a través del empleo de la prosopografía, que permite la reconstrucción de redes familiares y sus áreas de influencia. El libro editado por Juan Luis Castellanos establece las vinculaciones entre la familia, redes sociales y el Estado y la importancia que poseen las relaciones horizontales en el seno de las familias poderosas y en la articulación de espacios de interacción entre poder, cooperación y conflicto.[6]

Posiblemente de las múltiples líneas que han surgido en la historiografía reciente de la historia de la familia en los últimos 30 años, la que más nos ha interesado es la reconstrucción prosopográfica de las élites de poder y las relaciones de parentesco porque ello nos permitirá conocer, con mayor precisión, los procesos de estructuración social, la formación de las redes familiares y su incidencia en el ejercicio del poder colonial y posteriormente su influencia en la formación de los Estados nacionales centroamericanos.

El análisis de redes familiares nos hará comprender un poco mejor el entramado social y el capital relacional y abordar de una forma más precisa la complejidad de la estructura social de las sociedades del Antiguo Régimen y de las actuales a través de una visión diacrónica de las mismas. Así pues la reconstrucción genealógica, las redes de parentesco, las estrategias matrimoniales así como los argumentos esgrimidos para preservar su poder y linaje constituirán aspectos relevantes en la formación

---

6. Lawrence Stone, *Familia, sexo y matrimonio en Inglaterra 1500-1800,* México: FCE, 1990; André Burguière *et al.*, *A history of the family,* Cambridge, Massachusetts: Harvard University Press, 1996; Juan Luis Castellanos (ed.), *Sociedad, administración y poder en la España del Antiguo Régimen,* Granada: Universidad de Granada, 1996; así como, Dedieu y Castellanos, *Réseaux, familles et pouvoirs...* los capítulos, IV, V y VI.

de la estructura social latinoamericana y en la reproducción de su estirpe como élites de poder.[7]

Otra variable para nuestro estudio de las familias centroamericanas fue el análisis del factor socio racial como mecanismo de preservación de la familia, como elemento de cohesión interna del grupo de criollos y españoles y como factor de reproducción de la endogamia familiar. Los certificados de limpieza de sangre, el argumento de pureza de sangre serán claves para el mantenimiento de la red familiar, así como las estrategias matrimoniales que dichas familias van a emplear para mantener su status.[8]

Sin duda fue el trabajo de Balmori, Vos y Wortman el que más influyó en nuestra investigación sobre *Linaje y racismo en Guatemala*, debido al análisis generacional de las redes familiares, a su afirmación de que éstas se establecieron desde la colonia como estructuras de poder en los niveles locales, regionales y posteriormente nacionales. La observación empírica a través del análisis comparado de la interrelación existente entre familias, linaje y élites de poder, así como la jerarquía interna de las familias, nos permitió aplicar este modelo a una sociedad oligárquica muy rígida y fuertemente endogámica como la guatemalteca.[9]

A pesar de que las mujeres como grupo social diferenciado en el estudio de las familias de la oligarquía guatemalteca no constituyó parte central de nuestra investigación y somos conscientes de esa debilidad, sí consideramos que para el caso de Guatemala se cumplen los mismos

---

7. En esta misma línea de estudios de reconstrucción genealógica se encuentran los trabajos de Enriqueta Vila Vilar y Guillermo Lohmann Villena, *Familia, linajes y negocios, entre Sevilla y las Indias,* Madrid: Mapfre Tavera, 2003; Javier Hurtado, *Familias, política y parentesco. Jalisco 1919-1991,* México: FCE, 1993; y el trabajo de Jesús Gómez Serrano para Aguascalientes, *Los españoles en Aguascalientes durante la época colonial. Origen, desarrollo e influencia de una minoría,* Zapopan: El Colegio de Jalisco-Fomento Cultural Banamex-Universidad Autónoma de Aguascalientes, 2002.

8. Estos aspectos ya fueron estudiados por John Chance en *Race, class in colonial Oaxaca,* California: Stanford University Press, 1978; Magnus Mörner, *Estado, razas y cambio social en la Hispanoamérica Colonial,* México: Sep Setentas, 1974; Patricia Seed, "Social Dimension of Race: México City 1753", *Hispanic American Review,* 62:4, 1982, pp. 569-606; Verena Stolke, *Racismo y sexualidad en la Cuba Colonial,* Madrid: Alianza, 1992.

9. Diana Balmori y Robert Oppenheimer, "Family clusters: generational nucleation in nineteenth century Argentina and Chile", *Comparative Studies in Society and History,* 21, 1979, pp. 55-93; así como Diana Balmori, Stuart Voss y Miles Wortman, *Las alianzas de familias y la formación del país en América Latina,* México: FCE, 1990; Marta Elena Casaús Arzú, *Guatemala: Linaje y racismo,* San José: FLACSO, 1995.

patrones que señala en sus estudios Lavrin para el caso de las dotes y de las viudas, o Gonzalbo Aizpuru, MacCaa, López Beltrán y Olveda.[10]

Resulta sorprendente la abundante bibliografía sobre la historia de la familia en toda la región latinoamericana y los escasos estudios en la región centroamericana, siendo ésta una de las más prototípicas en este campo, donde las redes familiares han jugado un papel relevante en la formación de los Estados. Los trabajos en este campo son escasos y generalmente realizados por investigadores extranjeros a la región como los de Samuel Stone en Costa Rica, de Wortman, Bertrand y Dusel para Guatemala o de Gobat y Vilas para Nicaragua.[11] Son pocos los autores centroamericanos que han fijado su atención en un tema tan relevante para comprender la historia social y política de la región.[12]

Aún menos frecuente resulta hacer un ejercicio relativamente simple de observar cómo en Costa Rica, Nicaragua, Guatemala y El Salvador, estas redes familiares se mimetizan y mutan a lo largo de la historia, manteniendo el control económico y muchas veces político del país. Lo que nosotros hemos bautizado con el nombre de "la metamorfosis de las oligarquías" ya que, en apariencia desaparecen, pero se perpetúan en el ejercicio del poder.

---

10. Asunción Lavrin (Coordinadora), *Sexualidad y matrimonio en la América Hispánica, siglos XVI y XVIII,* México: Grijalbo, 1989; Robert MacCaa, "La viuda viva del México Borbónico: Sus voces variedades y vejaciones", en Pilar Gonzalbo Aizpuru, *Familias Novohispanas, siglos XVI al XIX,* México: Colegio de México, 1991; Jaime Olveda, "El matrimonio y la familia oligárquica de la Colonia", *Revista Jalisco,* VI, No. 2, abril-junio, 1988; López Beltrán, *Alianzas familiares...*

11. Sobre estos temas véase: Michel Bertrand "Élites y configuraciones sociales en Hispanoamérica colonial", *Revista de Historia,* No. 13, Managua, 1999, pp. 1-15; Teresa García Giráldez *La emigración vasca a Centroamérica. Las redes familiares vascas como estructuras de poder en Guatemala, 1750-1800,* Madrid: UAM, 1994; Michel Gobat, "Contra el espíritu burgués: La élite nicaragüense ante la amenaza de la modernidad, 1918-1929", *Revista de Historia, Élites, Familias y Redes de poder en las Sociedades Mesoamericanas,* No. 13, Managua, Instituto de Historia de Nicaragua y Centroamérica, 1999, pp. 17-34; Carlos Vilas, "Asuntos de familias: Clases, linajes y políticas en la Nicaragua contemporánea" en Marta Casaús Arzú y Teresa García Giráldez, *Élites empresarios y Estado,* Madrid: Cedeal, 1996, pp. 5-120; Carlos Vilas, "Family networks and democracy in Central America Politics", en *XIX Lasa Congress,* Washington, mimeo, 1995.

12. Gustavo Palma Murga, "Núcleos de poder local y relaciones familiares en Guatemala", *Mesoamérica,* No. 11, Guatemala: CIRMA, 1986; Darío Euraque, "Estructura económica y formación del capital industrial, relaciones familiares y poder político en San Pedro Sula, 1870-1958", *Polémica,* No. 18, sep-dic. 1992, pp. 31-51; Oscar Arias Sánchez, *¿Quién gobierna en Costa Rica?,* San José de Costa Rica: EDUCA, 1984; Marta Elena Casaús Arzú, *Guatemala: Linaje y racismo,* Costa Rica: FLACSO, 1992 y 1995; Marta Elena Casaús Arzú *La metamorfosis del racismo en Guatemala,* Guatemala: Cholsamaj, 2003.

No es casual que, después de los conflictos armados y de la firma de la paz, en tres de los cinco países centroamericanos retornen las redes familiares tradicionales y accedan al poder mimetizadas de "empresarios modernizantes". Tal es el caso de Cristiani en El Salvador, de Violeta Chamorro y Lacayo Oyanguren en Nicaragua, de Álvaro Arzú y Berger Perdomo en Guatemala.[13]

Este regreso de las oligarquías a partir de la firma de los Acuerdos de Paz en Nicaragua, El Salvador y Guatemala parece pasar desapercibido o existe cierto temor a manifestarlo como un hecho histórico-político recurrente en la vida política de nuestra región. Sin embargo, no supone ningún tipo de valoración, simplemente una constatación histórica digna de mencionarse para analizarla con detenimiento.

Por último, no queremos dejar de mencionar una de nuestras contribuciones poco abordadas desde la historia de las familias en Centroamérica: el papel vital que juegan los intelectuales orgánicos de dichas redes familiares en la medida en que contribuyen a la preservación de su red familiar, al relacionamiento con otras redes secundarias y sobre todo, son los que le confieren a su red una ideología o ciertos imaginarios sociales que son la clave para que dichas familias pugnen por la hegemonía cultural y política de su estirpe. En términos de Gramsci, estos intelectuales orgánicos, vinculados a una clase fundamental, cuya organicidad les viene conferida por la pertenencia a una de las redes familiares, son los portavoces de la ideología de su grupo o de los imaginarios sociales de su estirpe. Buena parte de nuestra investigación posterior ha estado relacionada con el estudio de estos intelectuales familiares o familísticos como diría Weber, quienes confieren coherencia y organicidad al pensamiento de su clase y sirven, en muchos casos, de mediadores entre una época y otra y permiten a su grupo familiar preservar la hegemonía de su grupo. Ejemplos de ello lo tenemos en

---

13. El retorno de estas redes familiares y su reciclaje histórico, con algunas excepciones para Honduras y en las últimas décadas de Costa Rica, viene a demostrar el gran valor que posee la historia de las familias como estructuras de poder, su gran capacidad de rotación, así como sus estrategias de conservación del poder y, sobre todo, los complejos procesos de metamorfosis de estas redes familiares y sus diversos mecanismos de supervivencia política. Sobre la observación de esta presencia familiar en el pasado y presente en Centroamérica los libros o artículos más relevantes son los de Samuel Stone en Costa Rica, *El legado de los conquistadores, las clases dirigentes en la América Central desde la Conquista hasta los sandinistas,* San José de Costa Rica: Universidad Estatal a Distancia, 1993; *La dinastía de los conquistadores,* San José: EDUCA, 1975; los de Carlos Vilas en Nicaragua, *Asuntos de familias...* y *Family networks and democracy...*; y el de Casaús Arzú para Guatemala: "La metamorfosis de las oligarquías centroamericanas", en Marta Casaús y Rolando Castillo, *Centroamérica: Balance de la década de los 80. Una perspectiva regional,* Madrid: CEDEAL, 1992.

Antonio Fuentes y Guzmán, estrechamente vinculado a los Jiménez de Urrea, Fuentes y Guzmán y Díaz del Castillo; o José Cecilio del Valle, ligado a las familias Valle, Herrera y Matheu; o Antonio Batres Jáuregui, relacionado con los Delgado de Nájera, González Batres y Arzú, don Juan José Aycinena y Micheo; o los hermanos Manuel y Luis Cobos Batres vinculados con las familias Arzú y González Batres. Esta tendencia historiográfica ha sido poco abordada por los científico-sociales y estudiosos de la familia, y debería de ser objeto de una mayor atención.[14]

2.
Marco conceptual de las redes familiares como estructuras de poder de larga duración en Centroamérica

Coincidimos con la definición de Balmori sobre la familia como: "Unidad social basada en lazos de sangre y de matrimonio que se extiende verticalmente por lazos sanguíneos entre padres e hijos y lateralmente por lazos matrimoniales". A su juicio, muchas de las familias que ella denomina "notables" llegaron a formar redes por las cuales éstas y sus aliados extendían su poder al gobierno convirtiéndose en árbitros absolutos de los Estados.

Adoptando en parte la definición de Balmori y la de López Beltrán, señalada anteriormente, definimos red familiar como el conjunto de familias que configuran la élite de poder y que conforman en cada país el núcleo oligárquico. Estas redes están ligadas por cinco factores que le confieren una unidad y homogeneidad que le permiten constituirse como estructura de larga duración. A saber:

a) Las alianzas a través del matrimonio.
b) Las alianzas a través de los negocios.
c) La proximidad geográfica y el factor socio-racial.
d) La participación en asociaciones políticas, religiosas o socio-culturales.
e) La formación de sus propios intelectuales orgánicos.

---

14. Marta Elena Casaús y Teresa García Giráldez, *Las redes intelectuales centroamericanas: Un siglo de imaginarios nacionales (1820-1920),* Guatemala: F&G Editores, 2005; Manuel Pérez Ledesma y Marta Elena Casaús Arzú (Eds.), *Redes intelectuales y formación de naciones España y América, 1880-1940,* Madrid: Ed. UAM, 2005.

Estas redes familiares empiezan a configurarse en las sociedades coloniales en torno a los primeros conquistadores y pobladores que comienzan a acaparar las principales fuentes de riqueza: la encomienda, el repartimiento, la mita, la tierra.

El principal factor de excedente económico de estas familias estará vinculado al trabajo forzoso a través de la mita y la encomienda y posteriormente a la tierra a través del repartimiento y la composición.[15]

La acumulación de poder político será determinada por el control de los cargos locales, principalmente el Cabildo, las Alcaldías menores y los Corregimientos, comprando posteriormente otros cargos propios del gobierno peninsular.[16]

A través de la combinación de los factores anteriormente mencionados, pero, sobre todo, a través de los casamientos y estrategias matrimoniales y de la reproducción de éstas, se irá configurando una amplia tela de araña que se fortalecerá mediante relaciones de consanguinidad, extendiéndose verticalmente y a través de lazos consanguíneos y relaciones agnaticias, como mecanismos de acaparamiento de poder político y económico.

La familia actuará como entidad colectiva básica de la sociedad colonial y como principal institución de acumulación y concentración de poder y a su vez como principal mecanismo de reproducción ideológica del racismo y de los valores propios de la sociedad colonial. La endogamia de los vínculos familiares y los mecanismos de movilidad ascendente vinculados principalmente al factor socio-racial, al estatus

---

15. Los trabajos más relevantes de las últimas décadas en esta dirección son los de Susan Ramírez, *Patriarcas provinciales, tenencia de la tierra y la economía del poder en el Perú colonial*, Madrid: Alianza América, 1991; James Lockhart, *El mundo hispano peruano 1532-1560*, México: FCE, 1982; José F. de la Peña, *Oligarquía y propiedad en Nueva España 1550-1624*, México: FCE, 1983; y Javier Ortiz de la Tabla Ducasse, *Los encomenderos de Quito 1534-1660. Origen y evolución de una élite colonial*, Sevilla: Escuela de Estudios Hispanoamericanos, CSIC, 1993.

16. Sobre la importancia del Cabildo u otras instituciones de poder local véase los trabajos de James Lockhart, *El mundo hispano...*; Reinhard Liher, *Ayuntamiento y oligarquía en Puebla, 1787-1810*, México: FCE, 1976; Stephen Webre, *La sociedad colonial en Guatemala: estudios regionales y locales*, Antigua Guatemala: CIRMA, 1989; así como Ana Isabel González Muñoz y Victoria Martínez Ortega, *Cabildos y élites capitulares en Yucatán*, Sevilla: Escuela de Estudios Hispanoamericanos de Sevilla, CSIC, 1989; Jaime Olveda, "Los gobernadores Vascos de la Nueva Galicia", en *Quinto Congreso Internacional, los Vascos en las regiones de México, siglos XVI-XX*, México 6-8 de octubre, 1999.

y a la riqueza van a ser los elementos determinantes para la configuración del vértice de la pirámide social colonial.[17]

Así pues, estudiamos la familia como empresa básica, grupo relacional, red de parentesco, entidad colectiva y estructura de poder, a través de las relaciones interpersonales que ésta establece entre su mismo grupo y con el resto de la sociedad civil, con los que suele establecer relaciones de dominio y de subordinación.

La base de esta estructura social va a estar compuesta por linajes primarios y secundarios, entendiendo por primarios aquellas familias principales, que Balmori denomina "notables", que por su acumulación primaria de capital, por su estrategia de establecer exitosas alianzas matrimoniales y de negocios, por el manejo patrimonial de la redes y el establecimiento de redes regionales de largo alcance y por la capacidad de sus intelectuales orgánicos de lograr la pervivencia de su estirpe, han podido vertebrar la estructura social y política durante tres o más generaciones, logrando que su estirpe sobreviva a los avatares de la historia —Conquista, Independencia, período liberal, etc.—, siendo las continuidades más comunes que las rupturas.[18]

Por linajes secundarios entendemos aquellas que van a formar constelaciones o que van a emparentar con las familias primarias, para conseguir formar parte del bloque de poder, reforzando con ello el dominio y legitimación de la red principal.

En cada siglo o período histórico surgirán uno o dos linajes principales en torno a los cuales van a girar los linajes secundarios constituyendo un tupido entramado de relaciones interpersonales, cuyos intereses como clase y como élite de poder serán coincidentes; el elemento

---

17. Sobre la importancia del factor socio-racial en la configuración de la estructura social latinoamericana, el pionero ha sido Magnus Mörner, *La mezcla de razas en la historia de América Latina,* Buenos Aires: Paidós, 1969; así como *Estado, razas y cambio social en la Hispanoamérica Colonial,* México: Septentas, 1974. El trabajo de Alejandro Lipschutz, *El problema racial en la conquista de América,* México: Siglo XXI, 1975, fue bastante revelador. Posteriormente se han elaborado innumerables estudios específicos, entre los que cabe destacar el de Chance, *Race and class...*; Jonathan Israel, *Razas, clases sociales y vida política en el México colonial, 1610- 1670,* México: FCE, 1980; Seed, *Social dimension of race...*; Casaús Arzú, *Guatemala: Linaje y...*; Michel Bertrand, *Grandeur et misères de l'office, les officiers de finances de Nouvelle-Espagne, 17ème-18ème siècle, Publications de la Sorbonne, París,* México: traducción FCE, 2003.

18. El concepto de "notables" es utilizado por Balmori, Voss y Wortman, para referirse a aquellas familias que por su influencia económica y política y por su incidencia en los acontecimientos históricos poseen una "notabilidad"; Javier De La Tabla Ducasse, utiliza para referirse a este tipo de familias el adjetivo de "beneméritas", porque éstas se consideraban dignas de recibir mercedes de la Corona por sus méritos durante la conquista durante el proceso de poblamiento de América Latina.

aglutinador ideológico y político va a caer sobre sus intelectuales orgánicos, cuya función principal será la de asegurar a su red familiar la hegemonía social y el control político, legitimando así su dominación en el bloque de poder.[19]

Otro hecho relevante que les ha permitido sobrevivir, en períodos de crisis económica y de vacío de poder, ha sido su capacidad de diversificar su economía y de ocupar el lugar del Estado para preservar su dominio y mantenerse en el bloque de poder. En cada etapa histórica sobreviven aquellas familias que diversifican su producción en época de crisis económica y que introducen nuevos productos, mejoran su tecnología o amplían su capital hacia nuevos mercados.[20]

Según Balmori, Voss y Wortman, estas redes familiares funcionarán como una corporación y se les puede considerar como una organización comercial, como una asociación de poder y dinero a lo largo de tres generaciones. Para estos autores, la primera generación realizó una actividad económica, generalmente el comercio, y después diversificó su producción. La segunda generación ocupó cargos públicos y creó instituciones políticas que sirvieran a sus intereses. Esta generación se valió de los cargos públicos, cabildos, gobernadores, diputados, para acumular mayor poder económico. La tercera generación se lanzó a la conquista del Estado, estableciendo alianzas regionales de negocios y matrimoniales hasta llegar a copar el Estado Nación. Para dichos

---

19. Consideramos fundamental la introducción del concepto de intelectual orgánico de Gramsci con el fin de estudiar aquellos personajes históricos vinculados orgánicamente a su clase, red familiar o la élite de poder, que por su capacidad de alianzas, su correlación de fuerzas y su papel en los procesos de transición, fueron capaces de elaborar una ideología coherente, un pensamiento político homogéneo que proporcionaba a su grupo una concepción del mundo que les permitía pasar de un período histórico a otro sin rupturas, o brindaba a su clase una interpretación coherente en los momentos de crisis y vacío de poder. El trabajo de David Brading, *Orbe indiano. De la Monarquía católica a la República Criolla,* México: FCE, 1992, nos parece que apunta en esta dirección, lo mismo que nuestro último libro: Casaús Arzú y García Giráldez, *Las redes intelectuales centroamericanas...*

20. Sobre el proceso de diversificación de la producción de estas familias en momentos de crisis económica los estudios más ilustrativos son los de David Brading, *Mineros y comerciantes en el México borbónico,* México: FCE, 1980; John Kicza, *Colonial entrepreneurs: Families and business in bourbon Mexico city,* Albuquerque: University of New Mexico Press, 1983; Darrel Levi, *A familia Prado,* Sao Paulo: Cultura 70, 1977; y Mario Cerutti M. y Marco Vellinga, *Burguesías e industrias en América Latina y Europa Meridional,* Madrid: Alianza América, 1989. Todos ellos hacen énfasis en las familias adscritas a un sector de la producción: minas, tierras, comercio y su capacidad de reconversión en época de crisis. Angel Bahamonde y José Cayuela, *Hacer las Américas, las élites coloniales cubanas en el siglo XIX* Madrid: Alianza América, 1992; Frédérique Langue, *Los señores de Zacatecas. Una aristocracia minera del siglo XVIII,* México: FCE, 1999.

autores, el cenit de estas redes familiares fue el final del siglo XIX, cuando las redes familiares aparecen ocupando las burocracias, extendiendo su influencia a los principales cargos de la administración pública, en pocas palabras, poseyendo el control de Estado:

> "Durante tres generaciones, a través de redes familiares que se iban adaptando a las cambiantes circunstancias, habían extendido continuamente su dominio y su autoridad más allá de los distritos y de las localidades coloniales de los Borbones. Al cabo de más de un siglo, ellos eran los centros de poder y autoridad en todos los niveles de sus sociedades nacionales".[21]

Nosotros no compartimos totalmente este planteamiento por considerarlo muy funcional y porque adolece de una cierta ahistoricidad, en la medida en que, de acuerdo con el planteamiento estructural-funcionalista, las instituciones sociales tendrían inevitablemente que pasar por un proceso de nacimiento, crecimiento desarrollo, decadencia y muerte. Esta premisa aplicada a las redes les lleva a confirmar la tesis generacional, a pesar de que el trabajo de campo no compruebe esta hipótesis. A nuestro juicio, en el caso de las redes familiares centroamericanas, lo que puede apreciarse a través de un estudio histórico-estructural es precisamente su "larga duración" y su capacidad de mimetismo y metamorfosis a lo largo de la historia.

Tampoco compartimos su afirmación final para Centroamérica acerca de que las redes de familias notables: "Ya no dominan la sociedad iberoamericana en el siglo XX", porque han tenido que maniobrar con otros grupos que les han restado poder. Precisamente lo que nosotros demostramos en este trabajo de investigación, tan criticado en su momento, es la pervivencia de estas redes familiares en Guatemala, su capacidad de supervivencia, cómo cambian y se transforman a lo largo de la historia pero no desaparecen, sino que se recrean y modifican a través de los mecanismos mencionados anteriormente: alianzas matrimoniales, relaciones endogámicas y estrategias de sus intelectuales orgánicos, con el fin de mantenerse en el bloque dominante configurándose una auténtica élite de poder y en muchas ocasiones confundiéndose con

---

21. El libro de Balmori, Voss y Wortman es el primero en elaborar un marco teórico acerca del funcionamiento histórico de las familias como redes de poder de larga duración, como corporaciones económicas y élites políticas que suplen en momentos determinados al Estado y ocupan su lugar. También introducen el análisis generacional, para analizar las redes familiares durante el siglo XVIII hasta principios del XX, análisis que ya aparece como sugerencia metodológica en Mörner en su artículo "Economical factors and stratification in colonial Spanish America with special regard to elites", en *HAHR*, 63, 2, 1983.

ella. Así, en diversos períodos de la historia latinoamericana, red familiar y élite de poder son sinónimos y operan como un todo y de forma dialéctica.[22]

3.
LAS REGLAS DE ORO DE LA PERVIVENCIA DE LAS REDES FAMILIARES EN CENTROAMÉRICA

A lo largo de esta introducción queremos responder a algunas interrogantes que pretenden explicar la pervivencia de ciertas redes familiares en los gobiernos actuales en Centroamérica y tratar de dar respuesta a algunos interrogantes como: ¿Por qué se consolidan estas relaciones de parentesco como auténticos núcleos de poder y dominación en ciertas sociedades centroamericanas? ¿Por qué se constituyen en estructuras de larga duración y cómo en el caso de las redes familiares vascas estos supuestos adquieren mayor validez? Y por último, ¿en qué coyuntura de crisis copan y ocupan el lugar del Estado para retornar posteriormente al ámbito de la sociedad civil?

A nuestro juicio la explicación hay que buscarla en varias direcciones que deben formar parte de las líneas prioritarias de investigación en futuros análisis de redes y relaciones sociales en la región. Avanzamos algunas premisas que consideramos básicas para la profundización teórico-metodológica en estos temas:

En primer lugar, porque tradicionalmente en España, la familia y las redes sociales jugaban un papel determinante en la configuración de estructuras de poder. Ida Altman en su estudio *Emigración y sociedad.*

---

22. Partimos del planteamiento teórico de que clase social, élite de poder y red familiar no tienen que ser necesariamente conceptos contrapuestos, sino complementarios, en la medida en que obedecen a distintos niveles de abstracción y de aprehensión de la realidad social. Que, si bien parten de líneas historiográficas contrapuestas –Pareto, Mosca, Weber versus Marx y las posteriores teorías marxianas–, existen autores y líneas de convergencia como es el caso de Weber, Mills y Domhoff desde la perspectiva de la acción individual y como es el caso de Gramsci, Sweezy, Dahl y Carmagnani desde la perspectiva de la acción social, y desde el estructuralismo, Levi Strauss, Burguière y Le Goff, pueden servirnos para elaborar un marco teórico menos excluyente y dicotómico. Los intentos mejor logrados sobre la confluencia de estos conceptos en análisis empíricos los tenemos en John Tutino, "Power class and family. Men and women in the Mexican elite, 1750- 1810", *The Americas*, XXXIX: 3, 1983, pp. 359-381; Carlos Vilas, "Linajes y familias en la Nicaragua actual", *Polémica*, diciembre 1992; De la Peña, *Oligarquía y propiedad...* y David Brading, *Mineros y comerciantes...*

Extremadura y América en el siglo XVI, estudia cómo la familia era la institución legal y económica más importante en Extremadura, que distribuía la propiedad y los ingresos del conjunto de la red.

El hogar familiar, opina Ida Altman:

"Sobrepasaba los límites de la familia nuclear para incluir a otros parientes, legítimos e ilegítimos y a personas sin lazos de parentesco... Las familias, los hogares y las parentelas se constituían en jerarquías bajo la autoridad del patriarca".[23]

Similares estudios se han hecho de la sociedad vasca con resultados aun más notorios. A juicio de García Giráldez, las familias vascas se presentaban desde el inicio como un grupo consciente y distinto al resto de los españoles. Hablaban de sí mismos como un grupo separado, adoptando un modo de actuar que les fue siempre peculiar. Para García Giráldez uno de los principales argumentos que les autoidentificaba respecto al resto de la inmigración española era su insistencia en la pureza de sangre y el interés por los certificados de limpieza de sangre. Esta obsesión por la pigmentocracia les llevaba a establecer matrimonios endogámicos.[24]

Este patrón familiar se traslada a América y los lazos de parentesco se fortalecen debido a la lejanía y a la necesidad de proteger y hacer preservar su estirpe, tratando de consolidar su linaje a ambos lados del océano.

---

23. Véase Ida Altman, *Emigrantes y sociedad. Extremadura y América en el siglo XVI,* Madrid: Alianza América, 1992, pp. 166-167; Gonzalbo Aizpuru, *Familias novohispanas...*, especialmente los artículos de María Urquidi, Pedro Pérez Herrero y Elisabeth Kusnezof. Así como Susana Menéndez y Bárbara Potthast (Coord.), *Mujer y familia en América Latina, siglos XVIII y XIX,* Málaga: AHILA, Algazara, 1996. Pilar Gonzalbo Aizpuru (Coord.), *Familias iberoamericanas. Historia, identidad y conflictos,* México: Colegio de México, 2001.

24. Sobre la importancia de las familias en el país vasco y Centroamérica cabe mencionar la tesis de García Giráldez, *La emigración vasca...*, p. 148, así como "Las redes familiares vascas en las instituciones coloniales de Guatemala", en Pilar García Jordán, *Memoria, creación e historia, luchar contra el olvido,* Barcelona: Universidad de Barcelona, 1993 y "La formación de las redes familiares vascas en Centroamérica, 1750-1880", en R. Escobedo Mansilla, A. de Zaballa Beascoechea, O. Alvarez Gila (Coord.), *Emigración y redes sociales de los vascos en América,* Vitoria: Universidad del País Vasco, 1996, pp. 317-343. José María Imizcoz Bueza, *Élites de poder y red social, las élites del país vasco y navarro en la Edad Moderna,* Vitoria: Universidad del País Vasco, 1996, así como *Redes familiares y patronazgo. Aproximación al entramado social del País Vasco y Navarra en el Antiguo Régimen, siglos XV y XIX,* Bilbao: Universidad del País Vasco, 2001. El concepto sobre etnia vasca que utiliza María Luisa Rodríguez Salas en su artículo, "Agustín de Vildósola y otros Vildósolas, su pertenencia y actividad en un ámbito doméstico in extenso", en el *V Congreso sobre "Los Vascos en las regiones de México",* México 1999.

En segundo lugar, porque la presencia de otros grupos socio-raciales –indios y negros– obliga a los españoles de la segunda y tercera generación, a casarse entre ellos mismos con el fin de preservar su pureza de sangre y asegurar su hegemonía social y política sobre el resto de la población pluriétnica, distanciándose, de ese modo, de los mestizos, indios, negros y otras castas. De esta manera se configura una pirámide rígida, vertical y endogámica que muchos autores han denominado sociedad de castas. El factor socio-racial opera como un mecanismo fundamental de legitimación ideológica y política sobre el resto de los colonizados y como un factor de cohesión social entre ellos mismos, en el que la familia y las alianzas matrimoniales juegan un papel determinante en la reproducción de su estirpe.[25]

En este marco, las relaciones de género van a jugar un papel fundamental en la preservación e internalización de los valores dominantes. Las mujeres ejercerán una gran influencia en la reproducción del patrón familiar de tipo patriarcal y van a contribuir notablemente a la expansión de su red familiar.[26]

En el caso de las familias vascas, el papel de las mujeres, según García Giráldez, era aún más relevante por el sistema de herencia y las capitulaciones matrimoniales, que permitían al primogénito o primogénita heredar el mayorazgo o el caserío. En el caso de los "segundones", éstos debían emigrar a buscar fortuna o establecer exitosas alianzas matrimoniales, para preservar su patrimonio. Para García Giráldez:

"A los excluidos se les tenía en consideración siempre y cuando sus enlaces matrimoniales contribuyeran a la prosperidad familiar. Pero además,

---

25. Sobre este tema, la obra de Magnus Mörner y de Alejandro Lipschutz es importante por la relevancia que confieren a la sociedad de castas y al factor socio-racial. Así como la obra de Charles Hale, "Ideas políticas y sociales 1870-1930", en Leslie Bethell (ed.), *América Latina, Política y sociedad 1830-1930,* Barcelona: Crítica, 1991; Mónica Quijada, "En torno al pensamiento racial en Hispanoamérica: una reflexión bibliográfica", en *Estudios interdisciplinarios de América Latina y El Caribe,* Universidad de Tel Aviv, Vol. 3, enero-junio, 1992, pp. 110-127.

26. Nos parecen fundamentales aquellos estudios que vinculan relaciones de género y raza, como Verena Stolcke, *Racismo y sexualidad en la Cuba colonial,* Madrid: Alianza América, 1992; Elisabeth Kusnesof, "Raza, clase y matrimonio en la Nueva España: estado actual del debate", en Gonzalbo Aizpuru, *Familias novohispanas siglos XVI al XIX...,* pp. 373-379; Edith Couturier, "Women in a noble family: The Mexican counts of Regla 1750-1830", en Asunción Lavrin (Ed.), *Latin American women: Historical perspectives,* Westport, Connecticut: Greenwood Press, 1978, pp. 129-149; Dolores González Luna (Comp.) *Género, clase y raza en América Latina,* Barcelona: Universidad de Barcelona, 1991; López Beltrán, *Alianzas familiares...*

se le consideraba a la mujer plena capacidad jurídica para gozar, poseer y heredar el mayorazgo".[27]

La dicotomía existente entre criollos y peninsulares en esta sociedad de castas y que tanto ha dado que hablar, por su contraposición con una sociedad de clases, no es más que un estigma o un prejuicio socio-racial a la hora de medir el pulso sobre el grupo que más control económico o político ejercía en la sociedad colonial. De hecho, y en la práctica, fueron más comunes las relaciones matrimoniales y de negocios entre estos dos grupos socio-raciales que las pugnas intergrupales, como podemos observar en los trabajos de investigación empírica: Peire, Langue, De La Tabla Ducasse, Bertrand, Casaús.[28]

En tercer lugar, la importancia de las redes familiares como estructuras de poder político de larga duración y como auténtico centro de poder de la sociedad colonial. Éste viene conferido por el hecho de ser la fuente de legitimación más fuerte, estable y continuada de la sociedad. Las familias notables eran las únicas que pervivían a lo largo de los siglos, en la medida en que las autoridades metropolitanas eran transitorias y contradictorias en sus intereses frente a la sociedad colonial y a la Corona. Posiblemente en ello radique una de las diferencias básicas entre las élites de poder europeas basadas más en relaciones de clientelismo que en relaciones de parentesco.[29]

---

27. García Giráldez, *La emigración vasca...*, p. 162. Amaya Garritz, "Una familia más allá de las normas. Los vascos de Querétaro y el Padrón 1791", en *V Congreso Internacional sobre los vascos en las regiones de México, siglos XVI–XX*, México, 1999. Similar situación relata, Santiago Aguerreta, *Negocios y finanzas en el siglo XVI, La familia Goyeneche,* Pamplona: Eunsa, 2001, o Enriqueta Vila Vilar y Guillermo Lohmann Villena, para quienes la boda entre familias se convierte en el mejor negocio, en *Familia, linajes y negocios...*, p. 110.

28. Véase, Ortiz de la Tabla Ducasse, *Los Encomenderos de Quito...*; Casaús Arzú, *Guatemala: Linaje y racismo...*; Jean Peire, "La manipulación de los capítulos provinciales, las élites y el imaginario socio-político colonial tardío", *Revista de la Escuela de Estudios Hispanoamericanos*, Tomo L, No. I, 1993; y Frédérique Langue, "Las élites en la América española, actitudes y mentalidades", *Boletín Americanista*, Universidad de Barcelona, 1992-1993, No. 42-43. pp. 123-141. En general fueron mayores las alianzas y vinculaciones entre criollos y peninsulares que las pugnas o disidencias entre ambos grupos. Michel Bertrand *et al.*, *Pouvoirs et déviances en Mesoamerique,* Toulouse: Press Universitaires de Mirail, 1998; y Michel Bertrand, "Identités et configurations sociales à Guatemala à la fin du 18ème siècle", en Charlotte Arnauld, Alain Breton, et Marie France Fauvet-Berthelot (coord.), *Misceláneas... en honor a Alain Ichon,* México/Guatemala: CEMCA, 2003, pp. 151-165.

29. Nuestra hipótesis acerca de la fortaleza de las redes familiares debido a su profunda inserción en la esfera civil, está sin confirmar, pero consideramos que es un buen punto de partida para futuros análisis. La mayor parte de los historiadores europeos ponen más

Su período de gobierno oscilaba de 5 a 10 años y posteriormente, o se volvían a la metrópoli, o tenían que pactar con las redes familiares locales para mantenerse como grupo dominante en el poder. De ahí sus contradicciones y su ambigüedad en cuanto a la élite de poder local, a la que despreciaban y a la vez envidiaban, pero de la que no podían prescindir si querían asegurar su futuro.

El otro factor más determinante era la lejanía del poder metropolitano y la dificultad de hacer cumplir la ley y de ejercer el dominio a tantos kilómetros de distancia y con las dificultades y peculiaridades que cada sociedad tenía a la hora de aplicar las reales Cédulas y el corpus legal de la Corona. De modo que las relaciones clientelares más provechosas para los actores sociales, no pasaban únicamente por estrechar relaciones interpersonales con las autoridades metropolitanas, sino por asegurarse el control de la sociedad a través de las alianzas con los criollos. Así pues, la continuidad de las estructuras sociales y políticas pasaba indefectiblemente por las alianzas entre las redes familiares locales de criollos y los peninsulares.[30]

En cuarto lugar, porque ante una crisis económica y un vacío de poder propios de la situación colonial y, sobre todo, a partir de la Independencia, son las redes familiares las que copan la sociedad política y ejercen su dominio desde el Estado. No olvidemos que la enorme fortaleza de las redes familiares radica en que surgen y controlan amplios espacios de la sociedad civil y sólo en época de crisis o debilidad del Estado ocupan la sociedad política, teniendo la capacidad de retornar al ámbito civil cuando se reestructura el equilibrio del

---

énfasis en los aspectos funcionalistas de las redes de parentesco o clientelares que en la estructura de la red, resaltando más las redes clientelares que la red familiar como estructura de poder de larga duración. Merecen destacar los trabajos de Linda Levy Peck (Comp.), *Court patronage and corruption in Early Stuart England,* Boston: Unwin Hyman, 1990; Ernest Gellner *et al.*, *Patrones y clientes en las sociedades mediterráneas,* Barcelona: Jucar Universidad, 1985. Para España merecen destacar los trabajos de José Martínez Millán, *Instituciones y élites de poder en la monarquía Hispana durante el siglo XVII,* Madrid: Universidad Autónoma de Madrid, 1992; Francisco Chacón Jiménez y Juan Hernández Franco (Eds.), *Familias, poderosos y oligarquías,* Murcia: Universidad de Murcia, 2001.

30. Pocos son los estudios realizados en América Latina en esta dirección, posiblemente el de José Cruz, "Las élites iberoamericanas a finales del siglo XVII", *Hismo,* 1985; Doris Ladd, *The Mexican Nobility at Independence,* Texas: Austin University Press, 1976; Michel Bertrand (Dir.), *Redes sociales y poder en las sociedades latinoamericanas,* Caracas: Tropykos, 2002, especialmente el artículo, "Redes sociales y crisis política en Guatemala al tiempo de la Independencia"; así como Bertrand, "Identités et configurations sociales à Guatemala..."

bloque histórico y cuando logran recomponer su correlación de fuerzas en el bloque de poder. Esa capacidad de amalgamar sociedad civil y política, de jugar dialécticamente en ambas esferas, combinando su poder económico con el poder político en época de crisis, es donde radica su fortaleza y su invulnerabilidad y lo que les convierte en auténticas élites de poder y en estructuras de larga duración.[31]

Esta capacidad de mimetismo y permeabilidad social obedece a una estrategia de las redes de crear en cada coyuntura histórica pactos interelitarios para mantenerse en el bloque de poder y en ciertas ocasiones, cuando la coyuntura les es propicia, establecen pactos sociales con las otras clases subalternas, con el fin de consolidar su dominio y de asegurar su hegemonía durante largos períodos. La estrategia "pactista" o contractual de las redes familiares, parece otra constante en el *modus operandi* de esta élite de poder y una de las vías más utilizadas para legitimar su hegemonía. Tal vez este tipo de pactos se hagan más evidentes a partir de la constitución del Estado oligárquico, pero habría que estudiarlo con mayor detenimiento durante el período colonial.[32]

En quinto lugar, uno de los mecanismos que mayor fortaleza confiere a las redes familiares es la capacidad de ocupar diferentes espacios de legitimidad, lo que les permite jugar un papel de arbitraje entre los diferentes grupos sociales y a su vez mediar entre la sociedad y el Estado. Esta capacidad de mediación es lo que hace que se constituyan en élites de poder de larga duración a lo largo de la historia. En la combinación de tipos de dominio y diferentes formas de legitimación, dependiendo del período histórico y de la coyuntura política, radica una de sus mejores estrategias de dominación. Tradicionalmente estas redes

---

31. Este punto nos parece clave para entender la perdurabilidad de las redes en países con una tipología como la que hemos expuesto. La fortaleza de las redes radica en su capacidad de arbitraje entre la sociedad civil como grupos de interés o de presión, son las que dominan la esfera del mercado o de la producción, y solo en épocas de crisis o vacío de poder copan el Estado para recomponer el bloque dominante. Su capacidad de mimetismo y de metamorfosis de emerger de la sociedad civil y retornar a ella en cualquier momento es el elemento que les confiere tanta fortaleza y permeabilidad. Eugene Ridings, *Business interest groups in Nineteenth Century Brazil,* Cambridge: Cambridge University Press, 1994; Christian Windler, "Mediando relaciones. Redes sociales y cambio político a finales del Antiguo Régimen", *Hispania*, 1998, LVIII/2, No. 199, 575-605.

32. Mark Burkholder y Dewitt Chandler, *From impotence to authority, The Spanish Crown and the American Audiencias 1687-1808,* Columbia: University of Missouri Press, 1977; así como los trabajos de Manuel L. Carlos y Lois Sellers, "Family, kinship structure, and modernization in Latin America", *LARR*, 1985, pp. 95-125.

familiares ejercen un tipo de dominio tradicional-carismático respecto de los grupos subalternos, que se traduce en un tipo de relaciones clientelares y un tipo de subordinación basado en la lealtad, la confianza y el compadrazgo de camarillas, o en constelaciones familiares, que, en cada siglo, generalmente giran en torno a una o dos redes familiares que ejercen su dominio de forma patrimonial, patriarcal y endogámica.

Estas relaciones de subordinación serán la única forma de dominación durante el período colonial. Con la Independencia y la génesis del Estado liberal, el tipo de dominio centra en la figura del caudillo y las formas de legitimación estan vinculadas al carisma del líder, iniciándose nuevas formas de legitimación de carácter legal-racional con la configuración del Estado oligárquico.[33]

No obstante la coexistencia de estas legitimidades plurales, basadas en un nuevo orden jurídico liberal y legitimado por la norma y el pacto social entre ciudadanos, no va a ser más que la expresión de un reducido número de familias de "notables" que configurarán un tipo de Estado Nación de corte liberal, institucionalizando de este modo su tipo de dominación tradicional, mediante normas jurídicas de carácter racional.[34]

La creencia de que este tipo de legitimidad era válido para el conjunto de la sociedad civil fue un espejismo, ya que sólo representaba los intereses de un núcleo oligárquico ilustrado, generalmente compuesto

---

33. Sobre el tema de las distintas legitimidades y tipos de dominio, existen poco estudios empíricos; sugerimos un retorno a los planteamientos weberianos sobre la legitimidad de los diferentes actores sociales y a los conceptos habermasianos sobre la crisis de legitimidad. Véase, Enrique Serrano Gómez, *Legitimación y racionalización,* México: Antrophos, 1994. Novedoso nos parece el análisis de Windler que estudia el papel de mediación de la familia Alcalá Zamora en Granada en el siglo XVIII, Windler, *Mediando relaciones...*, p. 601. A nuestro juicio la problemática del poder en América Latina y las crisis de gobernabilidad radican en la convivencia de diferentes tipos de dominio y formas de legitimidad que se yuxtaponen y entran en permanentes conflictos desde la Colonia hasta nuestros días: Marta Casaús Arzú, "Reflexiones en torno a la legitimidad del Estado, la nación y la identidad en el marco de los Acuerdos de Paz en Guatemala", *Boletín de Lingüística,* Segundo Congreso de Estudios Mayas, Guatemala, Universidad Rafael Landívar, AECI UAM, 1998; Rachel McCleary, *Imponiendo la democracia: Las élites guatemaltecas y el fin del conflicto armado,* Guatemala: Artemis Edinter, 1998.

34. Véase Tulio Halperin Donghi, *Revolución y guerra. Formación de una élite dirigente en la Argentina criolla,* México: Siglo XXI, 1979; Pablo A. Lacoste, "La lucha de élites en la Argentina: La Unión Cívica Radical en Mendoza 1890-1905", *Anuario de Estudios Americanos,* Sevilla, Tomo L, No. 1, CSIC, 1993, pp. 181-211; Luiz Aguiar Costa Pinto, "Lutas de familias no Brasil", *MEC,* Sao Paulo, 1980; Balmori *et al., Las alianzas de familias...*; Carlos Sánchez Silva, *Indios, comerciantes y burocracia en la Oaxaca poscolonial, 1786-1860,* Oaxaca: Instituto Oaxaqueño de las Culturas-Fondo Estatal para la Cultura y las Artes-Universidad Autónoma Benito Juárez de Oaxaca, 1998.

por redes familiares tradicionales que lograron crear un Estado a imagen y semejanza de sus intereses, convirtiendo la legitimidad tradicional en legalidad racional válida para el conjunto de la sociedad. Este pacto de dominación es el que viene reproduciéndose desde entonces hasta nuestros días, con la exclusión o escasa presencia de otros actores sociales, especialmente la población indígena.[35]

En sexto lugar, uno de los elementos básicos que aseguran su permanencia en el bloque de poder y la pervivencia de su linaje como estructuras de larga duración, es la creación de un amplio capital relacional que se materializa en una capa de intelectuales orgánicos en cada período histórico, quienes, como opina Gramsci, cumplen con una cuádruple función: organizan la estructura económica y son portavoces de la ideología de su grupo, hacen corresponder la concepción del mundo de la clase dominante con el conjunto de la sociedad y sobre todo establecen alianzas y crean mecanismos para establecer la legitimación y el consenso de la sociedad en su conjunto. En otras palabras ejercen la dirección ideológica y política de su grupo y representan casi siempre los intereses de su red familiar.[36]

A nuestro juicio estas redes familiares, especialmente formadas por extensa tramas de parentesco de origen vasco, constituyen una de las principales fuentes de poder colonial y siguen formando parte del bloque de poder, sobre todo, en sociedades agro-exportadoras, con

---

35. La consolidación del Estado oligárquico se produjo de distinta manera en México, Argentina, Chile, Brasil o Centroamérica, pero todos ellos tuvieron en común que dicho Estado liberal representó únicamente a los intereses de las élites, quienes aparentemente se sometieron a las reglas del juego de un Estado de derecho, pero continuaron ejerciendo un tipo de dominación clientelar, patriarcal y carismático, creando una imagen de Estado nacional que sólo respondía a sus intereses. Marcelo Carmagnani, *Estado y sociedad 1850-1930,* Barcelona: Crítica, 1984; Tulio Halperin Donghi, *Reforma y disolución de los imperios ibéricos, 1750-1850,* Madrid: Alianza América, 1985; Víctor Hugo Acuña (Ed.), "Las repúblicas agroexportadoras", en *Historia General de Centroamérica,* Vol. IV, Madrid: FLACSO, V Centenario, 1993; Arturo Taracena, *Invención criolla, sueño ladino, pesadilla indígena,* Guatemala: CIRMA, 1997; Germán Romero Vargas, "Élite y poder en Nicaragua. Segunda mitad del siglo XIX", en *Seminario Internacional,* Instituto de Historia de Nicaragua y Centroamérica, 18 y 19 de octubre, 1999.

36. Véase en Antonio Gramsci, "El concepto de intelectual orgánico", en *Introducción a la filosofía de la praxis,* Barcelona: Península, 1976, y en *Antología,* México: Siglo XXI, 1986; así como el libro de Hugues Portelli, *El bloque histórico en Gramsci,* México: Siglo XXI, 1980. Sobre la aplicación de este concepto a Latinoamérica, véase Marta Casaús Arzú, *Guatemala: Linaje y racismo...* y Florencia Mallon, *Peasant and nation,* Berkeley: University California Press, 1995.

dificultades de consolidación del Estado y resabios de sociedades de castas.

Este fenómeno es recurrente a lo largo de toda la historia latinoamericana y lo podemos observar en Centroamérica en las elecciones de 1990 y 1995, en las que participan varias redes familiares de origen vasco y retornan al poder por la vía de las urnas. Este reciclaje de las élites posee el mismo patrón en las últimas elecciones de la región, con la presencia de candidatos que pertenecen a varias de las redes familiares más importantes: los Arzú, Díaz Durán y Valladares-Aycinena, en Guatemala. Los Chamorro, Lacayo Oyanguren en Nicaragua y Salaverría y Meza Ayau en El Salvador.

Para comprender el origen, preeminencia y capacidad de mimetismo de estas redes familiares en Centroamérica es indispensable realizar un estudio de caso y remontarse a la génesis de la sociedad colonial en donde encontraremos parte de las claves que nos ayuden a comprender la presencia, participación política y metamorfosis de una de las redes familiares centroamericanas que en estas coyunturas accede al poder en Guatemala, Nicaragua, Costa Rica y El Salvador a través del triunfo de miembros de las redes familiares en las elecciones presidenciales de las respectivas repúblicas centroamericanas.

Capítulo II

La formación y desarrollo de las redes familiares oligárquicas, 1524 a 1988
Principales entronques de la oligarquía guatemalteca

1. Antecedentes desde la perspectiva de la historia de las familias en la época colonial

Sobre la importancia de las familias durante el período colonial en las últimas décadas existe abundante bibliografía al respecto, en la medida en que se ha revalorizado la institución familiar como uno de los principales mecanismos de estructuración de la sociedad colonial, y como diría Pérez Herrero, la familia será un elemento clave de interconexión social, en donde éstas van a constituirse en auténticos pilares sobre los que va a descansar el andamiaje de las relaciones de poder de la Monarquía Hispana durante el Antiguo Régimen.[1]

La historiografía clásica en América Latina basará casi todos sus análisis en las instituciones coloniales, en los grupos sociales, estamentos, clases o en las estructuras económicas no tomando en cuenta a la familia como unidad histórica de análisis. Es relativamente reciente, en torno a 1980, unas tres décadas, cuando se inicia el estudio de las sociedades coloniales de América Latina a través del análisis de las familias.

---

1. Pedro Pérez Herrero, *La América Colonial, 1492-1763, política y sociedad,* Cap. IV, Madrid: Síntesis, 2002, p. 147 y ss. Sobre estos temas: Kusnesof, *The history of the family...,* pp. 254-23; Susan Ramírez, *Patriarcas provinciales...*; Michel Bertrand, "Los métodos relacionales de las élites hispanoamericanas coloniales: enfoques y posturas", *Anales*, No. 15, Argentina, Instituto de Estudios Histórico–Sociales, 2000, pp. 61-80.

Si bien este enfoque posee diferentes perspectivas, desde la producción y reproducción social de la familia, pasando por la crisis del modelo familiar, hasta el análisis de parentesco, matrimonio, ilegitimidad y la sexualidad, sin olvidar el enfoque más generalizado de la familia y la historia de las mentalidades.[2] Sin embargo a efecto de nuestro análisis de la élite de poder guatemalteca, a nosotros nos interesó un aspecto de la historia de las familias: éstas como estructuras de poder de larga duración y las estrategias que dichos grupos emplearon a lo largo del período colonial e independiente para preservar su preeminencia política y social hasta la actualidad. Como opina Pérez Herrero, las grandes familias ocuparán el epicentro de las dinámicas sociales, van a funcionar como uno de los principales símbolos del poder de la Monarquía Hispana y a su vez, en ciertas regiones crearán importantes mecanismos de interconexión e integración social, frente a la fragilidad de las instituciones y la lejanía del poder central.[3]

Para el caso de Guatemala son escasos los trabajos sobre historia de la familia y especialmente historia de las mujeres durante el período colonial; nuestro trabajo no pretende abordar esta temática en profundidad, aunque nos parece esencial hacer un esfuerzo en esta dirección. Solo queremos resaltar algunas generalidades acerca del modelo familiar y de matrimonio que se implantó en Guatemala, para comprender cuál fue el papel que jugaron algunas mujeres dentro de las familias notables a lo largo de la Colonia y la importancia de las viudas y la dote en la reproducción de la familia patriarcal.

Uno de los enfoques que sí abordaremos con mayor detenimiento es el de la migración familiar de ciertos grupos étnicos hispanos como andaluces, vascos y catalanes a lo largo de los siglo XVII y XVIII y el papel fundamental que las mujeres van a jugar, especialmente, en el caso de las familias vascas. Papel que ha sido abundantemente estudiado por García Giráldez, Olveda y Garritz para Centroamérica y México.[4]

---

2. Pilar Gonzalbo Aizpuru, opina que: "Los proyectos económicos familiares, unidos a la búsqueda de reconocimiento social, alteraron la creación y expansión de las relaciones de parentesco que atravesaron fronteras y sobrevivieron a las vicisitudes políticas de sus respectivos países" (*Familias iberoamericanas...* p. 10).

3. Pérez Herrero, *La América colonial...*

4. Jaime Olveda (Coord.), *Los vascos en el noroccidente de México, siglos XVI-XVIII,* Jalisco: Colegio de Jalisco, 1998; Amaya Garritz (Coord.), *Los vascos en las regiones de México, siglos XVI-XX,* México: UNAM, 1997. Especialmente relevantes los estudios de Teresa García Giráldez, "La inmigración vasca y la constitución de redes familiares en Centroamérica a mediados del siglo XVIII", *Tierra Firme*, No. 78, abril-junio, 2002.

Insistimos en que nuestro enfoque se centrará en la perspectiva que Pérez Herrero denomina la gestación de las estrategias de poder en la colonia, Chacón llama el estudio genealógico de las grandes familias, o lo que Balmori, Voss y Wortman definen como "notable families", en torno a las cuales se puede explicar la organización social, la estructura de poder y el sistema de lealtades y subalternidades de buena parte de las sociedades coloniales, tanto en España como en América Latina.[5]

En este estudio no pretendemos hacer un análisis exhaustivo de la historia ni de la estructura social de Guatemala, solo pretendemos contribuir a esclarecer un poco más la complejidad de la élite de poder guatemalteca y de qué manera las grandes familias procedentes de la Conquista y la colonia van a ir conformando un entramado de poder que siglos más tarde formará parte de la oligarquía y de la clase dominante guatemalteca.

Período colonial

El período colonial en Guatemala reviste algunas diferencias con el resto de América Latina. Tal vez estuvo relacionado con el hecho de haber sido la cuna de la civilización maya y de poseer un denso núcleo de población de origen maya que imprimió un ritmo rápido y de fuerte explotación de los indígenas durante la Conquista y colonización. Cabe resaltar la condición periférica de Guatemala, así como la escasa densidad demográfica, los antecedentes tributarios de la población maya y la necesidad de basar la explotación en el trabajo y en los servicios personales. Todo ello, contribuyó a crear un patrón de colonización diferente del resto de América Central.[6]

Las primeras encomiendas repartidas entre 1524 y 1530 recayeron en manos de los gobernadores y lugartenientes de Pedro de Alvarado, dando lugar desde el inicio a una sociedad muy cerrada de redes

---

5. Chacón Jiménez *et al.*, *Sin distancias...*; Pérez Herrero, *La América colonial...*; Juan Hernández Franco, "El reencuentro entre la historia social...". Para este último autor el matrimonio se va a convertir en la pieza clave para conservar o incrementar el poder de las familias poderosas tanto en España como en América.

6. Wendy Kramer, *Encomienda Politics in early colonial Guatemala, 1524-1544, dividing the spoils*, San Francisco: Oxford, Westview Press, 1994, p. 13. Los estudios de Kramer confirman que a mediados del siglo XVI existían 160 encomiendas en la jurisdicción de Santiago de Guatemala, frente a las 30 que había en el distrito de México en 1530. Estas 30 poseían 6 mil tributarios, frente a las de Guatemala que no llegaban a 3 mil. Otros estudios sobre el tema: George Lovell, *Los indígenas en los Cuchumatanes,* Guatemala: CIRMA, 1987; Murdo J. MacLeod, *Historia socio-económica de la América Central Española (1520-1720),* Guatemala: Editorial Piedra Santa, 1980.

familiares vinculadas a los primeros conquistadores y colonos de Santiago de Guatemala como los Alvarado, Orduña, Maldonado, Barahona, de la Cueva, Sotomayor, Cueto y Díaz del Castillo.[7]

Desde el inicio de la Conquista la obtención de encomiendas, repartimientos de indios y títulos de hidalguía, irán estrechamente vinculados a la capacidad que dichas familias tengan de emparentar con otras de mayor prestigio y mayor calidad de vida. En este caso, los peninsulares y funcionarios de la Corona parecían los más apropiados para alcanzar este objetivo y borrar con ello cualquier signo de mestizaje o impureza de sangre de los primeros años de la Conquista.

Sanchiz en su libro *Los hidalgos de Guatemala*[8] describe la importancia que "la calidad de vida" tuvo para los criollos y encomenderos, una vez que se produjo la Conquista y los méritos de guerra fueron perteneciendo al pasado. Según ella, los criterios aplicados para repartir indios y encomendarlos venían determinados por los méritos de guerra y la calidad de vida. Los primeros vendrían por las hazañas realizadas por el conquistador contra los "infieles", y el pago material a los conquistadores era el acceso a la encomienda.[9] La calidad de vida se refería al estatus social al que pertenecía el conquistador, ya fuese noble o plebeyo. De ahí la importancia que tomaría en toda la etapa colonial la adquisición de un título de hidalgo para obtener una encomienda, puesto que una vez finalizada la Conquista, los méritos de guerra van a tener menos importancia que la calidad de vida.

Aunque, los conquistadores y primeros colonos como Bernal Díaz del Castillo, Becerra, Barahona, Gaspar Arias Dávila, siempre harán prevalecer frente a los peninsulares o advenedizos, como ellos llaman a los nuevos pobladores, el haber formado parte de la Conquista y haber ganado su encomienda por méritos de guerra. Así, Gaspar Arias Dávila expresa este criterio en un pleito con otros encomenderos que no participaron en la Conquista:

> "Lo otro porque yo soy conquistador y tengo en esta ciudad casa poblada y mujer e hijos y nietos y por lo mucho que en estas partes he servido a su Majestad, me dio y encomendó el dicho pueblo..., y a mí me causó derecho para defender el dicho pueblo y encomienda".[10]

---

7. Sobre las asignaciones de los primeros repartimientos a los conquistadores y personas de confianza de Pedro de Alvarado véase Kramer, *Encomienda politics...*, p. 52.

8. Pilar Sanchiz, *Los hidalgos de Guatemala,* Sevilla: Universidad de Sevilla, 1976.

9. *Ibíd*, p. 132.

10. *Ibíd*., p. 48.

Con el tiempo, la calidad de vida es lo que más se valora para la obtención de una encomienda, de ahí el interés del conquistador de obtener un título de *hijodalgo*, que a su vez le hacía merecedor de una encomienda. Este afán de hidalguía, que según los estudios de la mencionada historiadora, se da con más fuerza en Guatemala que en otros lugares americanos,[11] será uno de los aspectos sustanciales de la escala de valores en la élite guatemalteca. Su deseo de autoafirmarse como español o como descendiente de la nobleza española, no sólo por el interés de un título y una encomienda, sino por la necesidad de diferenciarse del indígena y del mestizo.

Recordemos que la calidad de vida llevaba aparejada valores como la honra, el ser un buen cristiano y el pertenecer a un buen linaje. En España, el buen linaje y el cristiano viejo significaban pureza de sangre y además no estar mezclado ni con judío ni con moro:

"Para destacarse el converso, del cristiano nuevo, exaltará la pureza de sangre del cristiano viejo, desdeñará la riqueza secularizada de la clase media –propia del español judío– a la cual tendrá por vil y reconocerá como única riqueza la eclesiástica o nobiliaria. Las ideas correspondientes a la hidalguía y a la grandeza ocuparán el sitial más alto de la constelación valorativa del cristiano viejo".[12]

El concepto de pureza de sangre en América va a ser utilizado como principio para justificar unas supuestas igualdades y privilegios de los peninsulares y criollos frente a los indios y posteriormente de los mestizos. Alejandro Lipschutz analiza lo que él denomina la "pigmentocracia" o el "espectro de los colores" que ha servido a la clase dominante para justificar su opresión y explotación de otro grupo étnico, el indio y el mestizaje, y relegarlo a los trabajos más inferiores de la estructura social:[13]

"Espectro de los colores raciales, horrible fantasma, pesadilla; arriba el que se vanagloria de ser blanco, de sangre pura española, abajo el que es indio, y entre ellos, el mestizo".[14]

---

11. *Ibíd.*, p. 122.

12. *Ibíd.*, p. 126. Véase, Altman, *Emigrantes y sociedad...*; Gonzalbo Aizpuru, *Familias novohispanas...* –especialmente los ensayos de María Urquidi, Pedro Pérez Herrero y Elisabeth Kusnesof–, también Ortiz de la Tabla Ducasse, *Los encomenderos de Quito...*

13. Alejandro Lipschutz, *El problema racial en la Conquista de América,* Madrid: Siglo XXI, 1975, p. 254 y ss.; Jonathan I. Israel, *Razas, clases sociales y vida política en el México colonial, 1610-1670,* México: FCE, 1980.

14. Lipschutz, *El problema racial...*, p. 254.

Con ello queremos expresar que el criterio de calidad de vida para la obtención de un cargo público o una encomienda, llevaba implícito un elemento de carácter racial, la pureza de sangre, sin lo cual era difícil la obtención de un título o una merced real. De ahí que la sociedad colonial y en especial el criollo, procuraran mantener a toda costa una estructura rígida de castas y un sistema de valores hispánicos, que si bien no cumplía requisitos para ser merecedor de un título, al menos lo aparentara y fuera admitido por los demás.

Sanchiz describe que para ser hidalgo en la sociedad guatemalteca del siglo XVI, y más entre los conquistadores y primeros criollos, primó la apariencia sobre la existencia de condiciones objetivas:

"Este grupo social intentaba más que tener unas cualidades necesarias, el mostrarlas y exteriorizar unos valores, indicar por toda clase de signos externos que se era noble o hidalgo, persona principal y de calidad, pues en última instancia era el resto del grupo social el que iba a certificar ante el rey esa hidalguía de notoriedad."[15]

En el caso de las mujeres, la exigencia de pureza de sangre fue mayor, ya que no debemos olvidar la ausencia de mujeres españolas en la Conquista de América. Los conquistadores llegaron a América sin ellas y tuvieron que pasar períodos de abstinencia hasta que consiguieron por medio de la violencia, por acción de los caciques o por enamoramiento, convivir con mujeres indígenas. Según Magnus Mörner y Sherman,[16] la toma de mujeres por los españoles fue un elemento importante en el proceso de Conquista y esclavitud que tuvo lugar durante las primeras décadas de la conquista. Sin embargo, a juicio de Esteva Fabregat, las relaciones entre mujeres indígenas y españoles se produjo por la simple atracción de sexos y que "las indias no se les resistían y se ofrecían libremente y con gusto a sus requerimientos".[17] Sin entrar en consideraciones banales acerca del carácter "pacífico y no violento" de la conquista y colonización española, según algunos autores como Esteva Fabregat, lo que nos interesa resaltar en nuestro estudio es el papel de las mujeres como reproductoras biológicas, como portadoras de los valores familiares y como actores fundamentales en la configuración de

---

15. Sanchiz, *Los hidalgos...*, p. 122 y ss. Véase también De la Peña, *Oligarquía y propiedad...*
16. M. Mörner, *Estado, razas...*, p. 26; William Sherman, *El trabajo forzoso en América Central, siglo XVI*, Guatemala: Tipografía Nacional, 1987.
17. Esteva Fabregat, *El mestizaje en Iberoamérica,* Madrid: Alhambra, 1988, p. 129. Este autor llega a afirmar que el mestizaje fue un fenómeno competitivo entre hombres españoles e indios por la posesión de mujeres indígenas.

la estructura social colonial y analizar la enorme importancia que las alianzas matrimoniales jugaron en la configuración de la élite de poder en Guatemala.

Recordemos que el matrimonio entre español e india fue explícitamente permitido por la Corona en 1501 y las parejas que vivían en concubinato fueron persuadidas por distintos decretos a contraer matrimonio; no obstante, éstos fueron muy escasos. Al parecer, sólo dos tipos de matrimonios entre español e indígena fueron promovidos por la Corona: el de las hijas de los caciques que debían de contraer matrimonio con españoles siempre y cuando "ellas fuesen herederas de sus padres en ausencia de hijos... y así todos los caciques pronto pasarían a ser españoles".[18] La Corona promovía aquellas uniones ilegales entre encomenderos e indias y ordenaba su casamiento en un plazo inferior a tres años, bajo pena de perder su encomienda. Esto permitió en una primera fase el matrimonio mixto, aunque con posterioridad fuera de nuevo prohibido. La primera restricción legal al anterior estatus fue la que se estableció en 1549 cuando se decretó que: "... ningún mulato, ningún mestizo o persona que haya nacido fuera de matrimonio le será permitido obtener indios en encomienda".[19]

A juicio de Aguirre Beltrán, sólo la primera generación de mestizos serán considerados españoles de pleno derecho y vendrán a ser los primeros criollos, la mayor parte de ellos fueron mestizos biológicos que culturalmente adquirieron los patrones de comportamiento y "la calidad de vida de los españoles". Como afirma Aguirre Beltrán: "Es posible que hubieran algunos criollos puros y auténticos españoles americanos, pero su número fue insignificante". Israel para el caso de México considera que la baja tasa de mestizos en Nueva España, se debió a que este grupo no pasó a formar parte de un tercer estamento, sino que vivían como españoles o como indios y fueron absorbidos, en su mayor parte por la primera generación de criollos. A similares conclusiones llegan los estudios de Chance, De la Tabla Ducasse y Lutz para México, Ecuador y Guatemala.[20]

Sin embargo el mestizaje en la vida cotidiana fue bastante común, aunque escasamente reconocido en los documentos oficiales. Un caso

---

18. Fabregat, *Ibíd.*, p. 37.
19. Fabregat, *Ibíd.*, p. 38.
20. Gonzalo Aguirre Beltrán, *La población negra de México,* México: FCE, 1971; Ortiz de la Tabla Ducasse, *Los encomenderos de Quito...*; John Chance, *Race and class...*; Christopher Lutz, *Historia socio-demográfica de Santiago de Guatemala, 1541-1773,* Guatemala: CIRMA, 1982.

típico de legitimación de una mestiza al que se le confirió el rango de español con todos los derechos fue Leonor, hija del conquistador Pedro de Alvarado y Luisa de Xicotencatl. Leonor contraerá matrimonio con el hermano de la segunda mujer de Alvarado, Francisco de la Cueva, natural de Jerez de la Frontera, llegado a Guatemala en 1539. Este hombre fue lugarteniente general de Alvarado y a la muerte de éste, fue nombrado capitán general. Es significativo observar que con estas primeras alianzas matrimoniales, Alvarado unía vastas propiedades de tierra y de indios en una sola familia, hecho que generará grandes conflictos con los encomenderos, quienes lo acusarán de ejercer nepotismo y de acaparar las mejores encomiendas entre su hermano y su cuñado.

Otro caso de nepotismo, enormemente criticado por los conquistadores y encomenderos, es el de Alonso López Cerrato, que casa a sus familiares con importantes encomenderos como Barahona o Hernán Méndez Sotomayor, acumulando gran número de encomiendas y favoreciendo a sus sobrinos y parientes con distintos cargos públicos. Observamos en el caso de esta familia, cómo a través de redes matrimoniales y de parentesco se relacionan con cuatro de los encomenderos más poderosos y más ricos: Barahona, Méndez Sotomayor, Prado Mexía y Mendoza y Colindres Puertas. Pero a la vez estos encomenderos favorecen esas alianzas porque Cerrato es peninsular y alto funcionario de la Corona, presidente de la Audiencia de Guatemala y un hombre que posee poder y prestigio.

Lo mismo sucede con otros peninsulares y funcionarios de la Corona, como Loaysa o Lara Mogrovejo. Una hija de García de Loaysa y Jofre, Isabel, casa con Sancho de Barahona –el mozo–, hijo de Sancho de Barahona –el viejo–, uno de los lugartenientes de Alvarado y de los diez encomenderos más ricos de Guatemala y alcalde durante más de diez años.[21] Esta rama troncal emparenta posteriormente con las familias de mayor renombre de Centroamérica, como los Aparicio, Portocarrero, Ponce de León y García Granados.

---

21. El matrimonio de Sancho de Barahona y de Isabel Loaysa fundó Mayorazgo en España denominado De la Fuente del Maestre. Por el escrito de fundación podemos observar el inmenso caudal que esta familia poseía a principios del siglo XVII. En el Mayorazgo fundado en Extremadura, se contempla una fuerte cantidad de dinero para la fundación de la Universidad de San Carlos. Por lo que podemos observar, la familia Barahona emparenta con los Guzmán, De la Tovilla, Colindres y Mazariego. El hecho que la familia Barahona y Guzmán no haya llegado a la actualidad con tanto poder se debe principalmente a que ambas familias retornaron a España, a lo largo de los siglos XVI y XVII, asentándose definitivamente en Extremadura. La familia Barahona adquirió los títulos de Señores de la Fuente del Maestre y marqueses de Villaytre. Uno de los hijos del matrimonio Barahona-

En cuanto a la política de matrimonios mixtos, el patrón fue muy similar al mexicano o al peruano.[22] A partir de 1549 se empezaron a dar las primeras restricciones legales a los derechos de los mestizos y se introdujo una Cédula Real en la que: "Ningún mulato, ni mestizo, ni hombre que no fuese legítimo, pudiese ser encomendero".[23] Mestizo e ilegítimo habían llegado a ser conceptos casi sinónimos. Es una razón más para que la apariencia de la calidad de vida fuera un elemento fundamental, en la primera etapa de la sociedad colonial, para legitimar sus privilegios de clase.

Otro elemento que prueba la existencia del mestizaje en sus orígenes es el hecho de que la llegada de mujeres españolas a Guatemala se produce en 1539. En una carta enviada al Ayuntamiento de Santiago de los Caballeros, Pedro de Alvarado se expresaba en los siguientes términos de las recién llegadas:

"... solamente me queda decir como vengo casado, y doña Beatriz está muy buena: trae veinte doncellas muy gentiles mujeres, hijas de gallardos caballeros, y de muy buenos linajes; bien creo que es *mercadería que no se me quedará en la tienda*, pagándomela bien, que de otra manera excusado es hablar de ello".[24]

Esta carta tan elocuente en su contenido, nos sirve para puntualizar varios elementos: a) La llegada de las primeras mujeres españolas a Centroamérica se produjo en una fecha bastante tardía, 1539. Si tenemos en cuenta que la conquista se inició en 1524 y el posterior poblamiento y fundación de la ciudad de Santiago de los Caballeros se dio el 25 de julio de 1524, es evidente que pasaron 15 años sin que los conquistadores que fueron a Guatemala tuvieran relaciones sexuales con otras mujeres que no fueran indígenas. De estos enlaces surgió la primera generación

---

Loaysa, Don Álvaro Barahona, al no dejar descendientes hereda a Don Tomás Delgado de Nájera casi todos sus bienes, iniciando así la familia Delgado Nájera, su actividad en Guatemala con dos grandes fortunas, las de Barahona y la de su matrimonio con Catalina Salazar Monsalve, "Fundación de Mayorazgo de la Fuente del Maestre por Sancho de Barahona y su esposa Isabel de Loaisa". En *Revista de la Academia Guatemalteca de Estudios Genealógicos, Heráldicos e Históricos*, No. 7. Guatemala, 1979. pp. 555-614.

22. Clara López Beltrán, "La buena vecindad: Las mujeres de élite en la sociedad colonial del siglo XVII", *Colonial Latin American Review* v. 5/1, New York, 1996, pp. 219-236; Elinor Burkett, "Indian woman and white society: The case of sixteenth-century, Perú", en Asunción Lavrin (Ed.), *Latin American woman, historical perspectives,* Westport, Connecticut: Greenwood Press, 1978.

23. *Libro Viejo de la Fundación de Guatemala.* Vol. XII. s.f., p. 238.

24. Sanchiz, *Los hidalgos...*, p. 133.

de mestizos, que más tarde adquirirían el estatus de criollos y encomenderos. b) Pedro de Alvarado se casa en España con Beatriz de la Cueva en segundas nupcias, el año de 1528, pero ésta no llega a Guatemala hasta diez años más tarde, tiempo en el que convive con Luisa hasta la muerte de ésta en 1534. c) Pedro de Alvarado, al referirse a las mujeres que vienen con Beatriz de Alvarado, alaba su linaje y no su belleza y se refiere a ellas como simples objetos de valor de cambio. Estima que: "es una buena mercadería que no se le quedará en la tienda". Y así fue, ya que colocó a todas entre sus correligionarios y cobró altas dotes por cada una de ellas.

A juicio de nuestros estudios y de otros realizados posteriormente con similares metodologías, la estructuración de la élite de poder guatemalteca, giró en torno a un escaso núcleo de hombres y mujeres que establecieron entre sí alianzas matrimoniales y de negocios conformando una extensa y tupida tela de araña, con rasgos excluyentes y endogámicos hacia el resto de la población mestiza e indígena, como se puede observar en las tablas demográficas de Christopher Lutz acerca de los patrones de casamiento en varias parroquias de Santiago de los Caballeros, los matrimonio mixtos son escasos y la endogamia del grupo español y del grupo indígena fue muy alta. El grado de endogamia del grupo español fue el más alto. Entre 1577 y 1769, de los matrimonios registrados en las cuatro parroquias, el 80% casan entre ellos y a lo largo del siglo XVI y XVII, solo se producen 49 matrimonios entre españoles e indígenas y 9 con negros libres. De modo que el mestizaje se produce en su mayor parte entre mestizos y otras castas.[25]

Estos primeros conquistadores y colonos que presentamos en el primer diagrama, de los Díaz del Castillo, Barahona y Becerra, van a emparentar en buena parte con las primeras mujeres que llegan a Guatemala con Alvarado en 1539, posteriormente con las hijas de los funcionarios de la Corona, con los regidores y con los comerciantes. Los patrones matrimoniales de este primer grupo de familias van a estar regidos por: limpieza de sangre, el estatus socioeconómico o influencia del conquistador o poblador, la capacidad reproductora de su mujer o de su familia para tener hijas y establecer nuevas estrategias matrimoniales y por el principio de la mejora de la raza, como un elemento sustancial a la hora de contraer matrimonio.

En nuestro estudio prosopográfico como en el de otros autores para el caso de Perú, México, Ecuador o Guatemala, las alianzas matrimoniales

---

25. Lutz, *Historia socio-demográfica...*

contribuyeron notablemente a configurar los núcleos de poder central y regional y fueron una de las estrategias más exitosas para ampliar y consolidar a las élites coloniales. En este aspecto estudios posteriores al nuestro, realizados en la sociedad colonial de Santiago de Guatemala, por Manuel Santos Pérez, Michel Bertrand y Silvia Casasola coinciden en afirmar que las estrategias familiares de la élite criolla tuvieron un patrón muy semejante durante el período colonial, por el cual hijos de los criollos tendían a casarse con las mujeres pertenecientes a otros grupos socioeconómicos y que con frecuencia solían casarse con peninsulares recién llegados, con el fin de "establecer una estrategia expansiva que les permitiera colocar a sus hijas a través de buenos matrimonios". Santos Pérez afirma que:

"... la incorporación de elementos externos se hacía normalmente bajo el patrón de endogamia más común, el de casarse con alguien perteneciente al mismo estrato social, es decir a la misma categoría profesional y económica... lo que en la historia de la familia se denomina como «homogamia»".[26]

2.
EL SURGIMIENTO DE LAS
PRINCIPALES REDES FAMILIARES

De acuerdo con las fuentes genealógicas y análisis prosopográficos elaborados por Pilar Sanchiz, Palma, Santos Pérez, Casasola, García Giráldez,[27] así como las nuestras basadas en fuentes genealógicas consultadas en la *Revista de la Academia Guatemalteca de Estudios Genealógicos, Heráldicos e Históricos*, y por otros estudios ya citados de Kramer, Wortman, MacLeod, podemos afirmar que a fines de siglo XVI, casi todos los conquistadores se encontraban emparentados entre sí y muchas

---

26. José Manuel Santos Pérez, "Los comerciantes de Guatemala y la economía centroamericana en la primera mitad del siglo XVII", Sevilla: *Anuario de Estudios Hispanoamericanos*, Vol. 56(2), 1999. pp. 463-484; y del mismo autor *Élites, poder local y régimen colonial de Guatemala, 1700-1787,* Cádiz: Universidad de Cádiz, 2000; Silvia Casasola, *El núcleo de la élite colonial de Santiago de Guatemala: Un bloque cohesivo,* México: UNAM, 2000.

27. Ver Diagrama 1. Sanchiz, *Los hidalgos...*, p. 88; Palma Murga, *Núcleos de poder local...*; Santos Pérez, *Los comerciantes de Guatemala...*; Casasola, *El núcleo de la élite colonial...*; García Giráldez, "Las redes familiares vascas y su influencia en la política nacional, en el período liberal", en Marta Casaús y Carlos Giménez (Ed.), *Guatemala hoy: Reflexiones y perspectivas interdisciplinares,* Madrid: UAM, 2000.

de las grandes encomiendas se habían formado mediante la unión matrimonial de los hijos, y la mayor parte de las veces, de las hijas de los más grandes encomenderos. Estas alianzas matrimoniales les permitieron generar una amplia trama de parentesco que les va a permitir sobrevivir como grupo de poder a pesar del declive de la encomienda. En esta segunda etapa de crisis económica en la segunda mitad del siglo XVI, los criollos empezarán a casar a sus hijas con ricos comerciantes; éste es el caso de los Castillo con los Lira Cárcamo, de los Donis con los Castillo Pimentel, de los Pérez Dardón con los Núñez, etcétera.

En el Diagrama 1, podemos comprobar los vínculos estrechos de parentesco que se establecen entre los conquistadores, en él aparecen emparentados doce de ellos en el transcurso de tres generaciones. Los conquistadores establecían alianzas matrimoniales en función de tres patrones: a) Entre ellos mismos, de acuerdo con su fortuna y lugar de origen; b) Con peninsulares para conseguir blanquearse e influenciar en el poder político; c) Con advenedizos que poseyeran calidad de vida o dinero.

Estos patrones resultan muy comunes para el caso de México, Perú y Ecuador para la misma época. Para el caso de Guatemala, reproducimos dos diagramas de la red de la familia de los Castillo, por considerar que es una de las familias que podemos rastrear desde el siglo XVI hasta nuestros días, y que en ninguna etapa de la historia de Guatemala ha perdido su poder e influencia. Esta familia, según Aparicio y Aparicio,[28] entronca directamente con el conquistador e historiador del reino, Bernal Díaz del Castillo. En el Diagrama 2, de Pilar Sanchiz,[29] podemos observar el parentesco que éste establece con el resto de conquistadores, encomenderos y viejos pobladores de Santiago de los Caballeros durante el siglo XVI. En el Diagrama 3, puede observarse la estrategia matrimonial que Bernal Díaz del Castillo y su esposa Teresa Becerra elaboran para crear una de las redes familiares más fructíferas, extensas y poderosas de la historia de Guatemala.

En el diagrama 3, se observa cómo casan a uno de sus hijos con una hija de encomendero: Vargas y Cepeda y sus descendientes también lo hacen con los De León[30] y los Pérez Dardón,[31] pero sobre todo, casan

---

28. Aparicio y Aparicio, *Bernal Díaz del Castillo...*
29. Sanchiz, *Los hidalgos...*, p. 88. Wendy Kramer, *Encomiendas Politics in early...*
30. Una bisnieta de Bernal Díaz del Castillo: María Jerez y del Castillo, casada con un Mateo Girón de Alvarado y de León. José Díaz del Castillo y Sánchez Prieto hijo del tataranieto de Bernal, que casó con Mariana Pimentel y Montúfar, tataranieta de doña

La formación y desarrollo de las redes familiares oligárquicas... 37

Diagrama 2
DESCENDENCIA DE BERNAL DÍAZ DEL CASTILLO

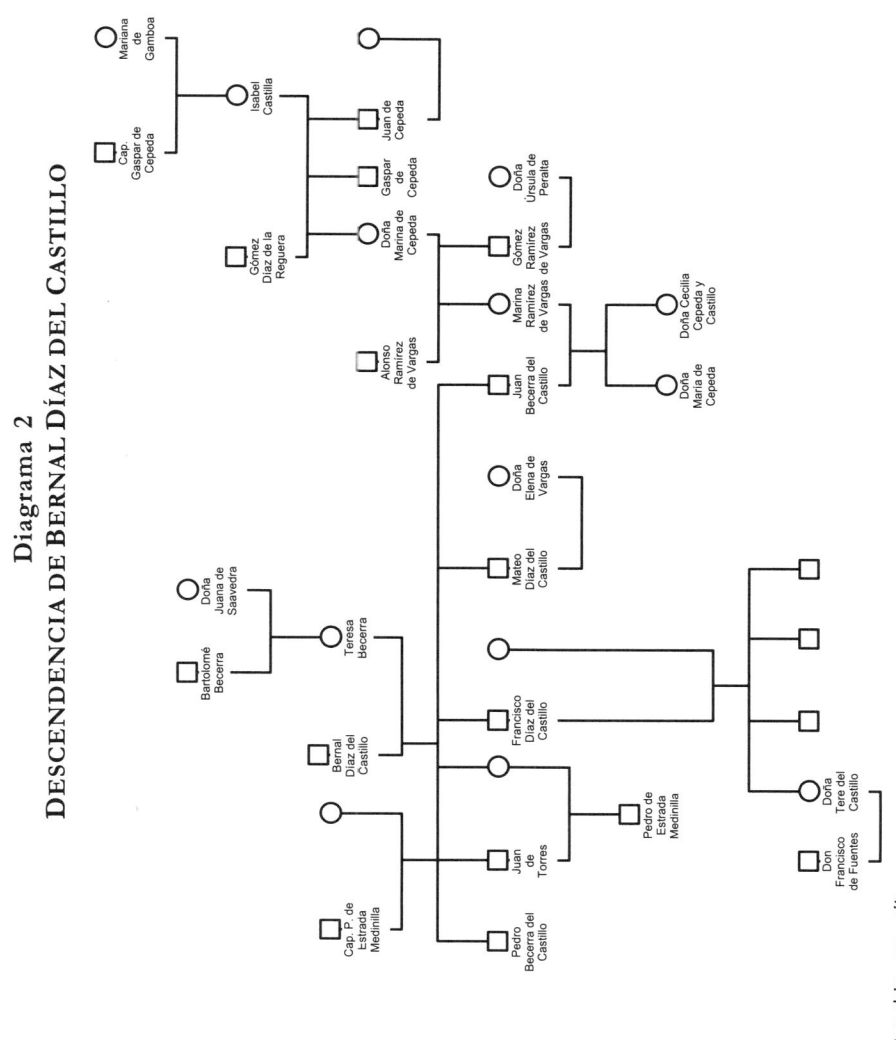

Fuente: Pilar Sanchiz, *op. cit.*

a sus hijas con las mayores fortunas del momento. Ilustramos este juicio con algunos de estos matrimonios: a) Bernal Díaz del Castillo se casa con Teresa Becerra, hija de Bartolomé Becerra, encomendero que poseía la mitad de Zapotitlán. b) Su primogénito Francisco Díaz del Castillo hereda de su padre las encomiendas de Sacatepéquez y parte de las de su madre, pasa así a ser corregidor de Tecpán, Atitlán, Quetzaltenango y Totonicapán; y ensancha de esta forma su poder económico y sus ingresos por encomiendas y propiedad de tierras. c) Su hermana Inés Díaz del Castillo y Becerra se casa con Juan de Estrada Medinilla, hijo del conquistador, encomendero y alcalde de Santiago en 1604. d) La hija de Francisco Díaz del Castillo, Teresa Díaz del Castillo y Lugo, nieta de Bernal, se une con Francisco Fuentes y Guzmán, encomendero y criollo, quien pasa por dote matrimonial a ser corregidor de Tecpán, Atitlán. Uno de sus hijos, Francisco de Fuentes y Guzmán y Díaz del Castillo, fue corregidor de Escuintla en 1647-1649, casado con Manuela Ximénez de Urrea, de origen español. De esta unión nacerá Francisco Antonio Fuentes y Guzmán y Urrea, encomendero e historiador del reino con su obra *Recordación Florida*. e) Catalina Díaz del Castillo y Cárcamo, hija del segundo matrimonio de Francisco Díaz del Castillo contrae matrimonio con el comerciante Pedro Lira, procedente de Salamanca, rico comerciante y alguacil mayor del Santo Oficio de la Inquisición de Guatemala. Antes de casarse, Pedro Lira manda hacer informe de la limpieza de sangre de su mujer, así como filiación y calidad de su esposa.[32]

Nótese cómo las redes familiares funcionan en dos sentidos: como forma de concentrar y acumular fortunas en la producción a través de la tierra, el trabajo y el capital; y como factor de diferenciación socio-racial ascendente, como forma de preservar "la pureza de la raza" o de justificar el certificado de limpieza de sangre.

Así, el matrimonio de Catalina Díaz del Castillo con Pedro Lira se puede considerar modelo en los dos sentidos anteriores: una criolla

---

Juana de Andino y de León. Dos nietas de Bernal, Bernardina y Micaela Díaz del Castillo se casan con dos "de Barrios León".

31. El bisnieto de Bernal: Nicolás de Lira y Cárcamo se casó con María Núñez de Salazar, descendiente de Juan Pérez Dardón. El tataranieto de Bernal: José Díaz del Castillo y Aguilar y de la Cueva que se casó con Francisca Ovalle quien a su vez era descendiente de Juan Pérez Dardón.

32. "Como familiar de ella, hizo INFORMACIÓN DE LIMPIEZA DE SANGRE, la que se conserva en el archivo de la ciudad de México (Tomo 227 No. 1) así como otra información donde se hizo constar la filiación y calidad de su esposa. (Libro de pareceres de la Real Audiencia de Guatemala folio 90, Archivo de Guatemala)". Aparicio y Aparicio, *Bernal Díaz del Castillo...*, p. 45.

hacendada con encomienda e indígenas a su servicio, poseedora de tierras, contrae matrimonio con un español, funcionario de la Corona y comerciante, catalogado entre los tres hombres más ricos de Santiago.[33] Otro enlace similar es el que se produce entre Catalina Salazar Pérez Dardón, bisnieta de Juan Pérez Dardón, con Bartolomé Núñez, rico comerciante. Su hija María Núñez Salazar Monsalve Pérez Dardón hereda gran parte de las encomiendas de los Pérez Dardón y toda la fortuna de su padre Bartolomé Núñez y a su vez, contrae matrimonio con Nicolás Lira y Cárcamo, hijo de otro rico comerciante, Pedro Lira y de una nieta de Bernal Díaz del Castillo, Catalina Díaz del Castillo y Cárcamo. Aquí vuelve a darse la unión de tierra, trabajo del indio y capital en dos entronques familiares procedentes de la conquista: Díaz del Castillo y Pérez Dardón.

En el siglo XVII se producirá una adición a estos entronques de los advenedizos con título de nobleza de origen vasco. La hija, nieta y bisnieta de Catalina de Lira y Cárcamo y Nuñez de Salazar emparentan con los Olaberrieta, Casares y Urruela, todos ellos de origen vasco y con título de hidalguía. Ésta suele ser la culminación de una red familiar, el acceso a un título nobiliario. Por otra parte, Catalina Salazar viuda y heredera de una inmensa fortuna, se une al comerciante riojano Francisco Delgado de Nájera y a partir de su enlace matrimonial, instauran la red familiar más amplia, extensa y poderosa del siglo XVII.[34]

La telaraña familiar no ha hecho más que empezar. Un eslabón fundamental para su consolidación en el poder es la práctica política como grupo a través del control del Cabildo, que será por muchos años la expresión de los conquistadores y encomenderos y sus descendientes. Recordemos cómo el Cabildo de Guatemala tomó medidas decisivas para el control y el mantenimiento de los territorios conquistados. Un privilegio fundamental fue la jurisdicción gubernativa que mantuvo el

---

33. Este patrón de estrategias familiares como mecanismos de acumulación de riqueza y poder va a ser común en toda América, lo mismo refiere Samuel Stone para Costa Rica, John Tutino para México, Carlos Vilas para Nicaragua: Samuel Stone, *La dinastía de los conquistadores...*; J. Tutino, "Power class, and family..."; Vilas, *Asuntos de familias...*

34. Al igual que la familia Barahona, Guzmán y Díaz del Castillo, aglutinó a la clase dominante a lo largo de todo el siglo XVI, fue la familia Delgado Nájera la que enlazó a la antigua oligarquía del siglo XVI con los criollos advenedizos del siglo XVII, conformando un nuevo bloque histórico. En el diagrama podemos observar los enlaces que esta familia riojana establece con todas las familias vascas y las antiguas redes familiares procedentes de Extremadura y Andalucía. Sobre la presencia y las alianzas de las familias vascas en América Central véase los artículos de Teresa García Giráldez antes citados, *La inmigración vasca y la constitución de redes...* y su tesis doctoral, *La emigración vasca a Centroamérica...*

Diagrama 4
FRECUENCIA DE MATRIMONIOS EN LA RED DELGADO DE NÁJERA

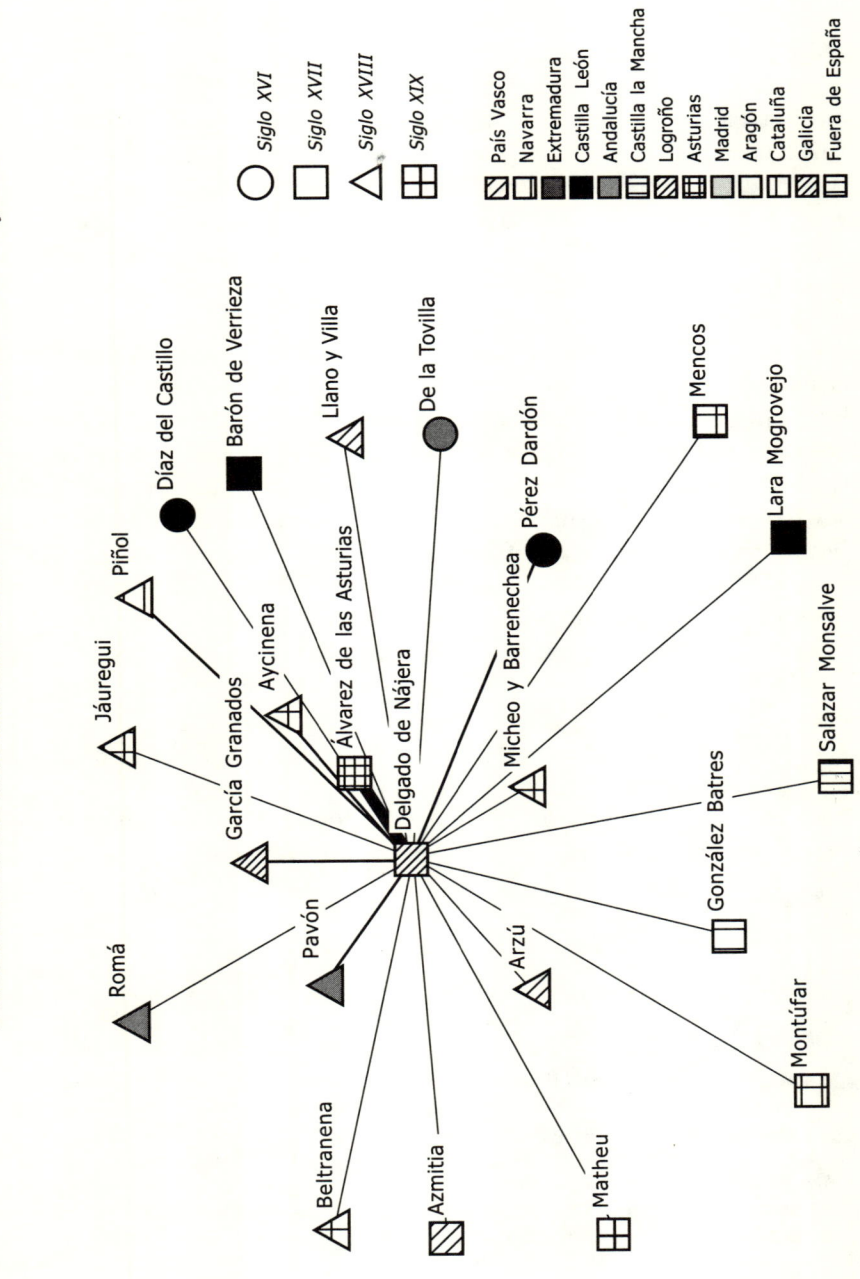

○ Siglo XVI
□ Siglo XVII
△ Siglo XVIII
⊞ Siglo XIX

País Vasco
Navarra
Extremadura
Castilla León
Andalucía
Castilla la Mancha
Logroño
Asturias
Madrid
Aragón
Cataluña
Galicia
Fuera de España

Jáuregui
Piñol
Díaz del Castillo
Barón de Verrieza
Llano y Villa
De la Tovilla
Pérez Dardón
Mencos
Lara Mogrovejo
Salazar Monsalve
González Batres
Montúfar
Matheu
Azmitia
Beltranena
Romá
Pavón
García Granados
Aycinena
Álvarez de las Asturias
Delgado de Nájera
Micheo y Barrenechea
Arzú

Ayuntamiento de la ciudad de Santiago de los Caballeros sobre los pueblos indígenas de valles circundantes:

> "Entre otras ventajas, los hacendados guatemaltecos podían en esta forma disponer a su antojo sobre los indígenas de la región. Con cerca de 70 pueblos indígenas, este valle era una de las zonas más densamente pobladas de todo el Reyno de Guatemala".[35]

A pesar de que existió una dualidad de poderes entre el Ayuntamiento y la Real Audiencia, el primero trató de influir y de penetrar desde los inicios con las autoridades de la Corona.

Otro tipo de alianzas que se establecieron desde el principio fueron en torno a los negocios locales. En algunas ocasiones participaron con ellos peninsulares y criollos, pero en otras fue motivo de desavenencias y disputas por el control de los mismos. Como sucedió con el presidente Criado de Castilla a principios del siglo XVII, quien, oponiéndose a los intereses del Cabildo, designó a un pariente suyo para el importante puesto de corregidor del Valle de Guatemala. No obstante, la institución logró imponer sus intereses frente al presidente. Otro peninsular que fue objeto de devoción fue Pedro Mallén de Rueda, del que escriben a la Corona:

> "Ha favorecido la tierra de tal manera que la tiene en pie, respecto a dar las encomiendas que han vacado a las personas beneméritas, y hijos de los que conquistaron la tierra, y lo mismo ha hecho en los oficios y aprovechamientos. Ha cumplido las reales cédulas a la letra. De suerte que no puede haber quejas".[36]

Por otra parte, el Cabildo fue duro con Cerrato por la aplicación estricta de las Leyes Nuevas y porque se excedió en favorecer a sus parientes afectando al grupo de conquistadores y pobladores que no emparentaron con él.

La pugna por la obtención de cargos públicos a lo largo de la Colonia fue enorme, debido a dos factores que ya hemos mencionado: al sistema de los valores de los hijosdalgos, en donde la calidad de vida y la honra jugaban un rol fundamental, y a la obtención de un cargo público, que les proporcionaba un estatus social importante y una posibilidad de enriquecerse no sólo con los sueldos, sino también, con los negocios que desde el cargo se podían hacer:

---

35. Sanchiz, *Los hidalgos...*, p. 60.
36. *Ibíd.*, p. 90.

"Tales cargos presuponían cierta calidad o nobleza en las personas que lo desempeñaban. Así cuando los conquistadores dicen tener «habilidad, suficiencia y calidad» lo hacen con miras de obtener cargos públicos o encomiendas".[37]

Algunos de los cargos obtenidos del Ayuntamiento eran perpetuos, podían heredarse y formaban parte sustancial de la red familiar.[38] En estos puestos se unía la posibilidad de obtener prestigio, el control económico y político y obtener un estatus privilegiado en la época.

A partir de 1531 los conquistadores guatemaltecos y sus hijos se repartirán los cargos del Ayuntamiento que llegaron a ocupar durante la mayor parte de sus vidas.

Un ejemplo de ello fueron los cargos municipales acumulados por los conquistadores como alcaldes y regidores durante más de diez años de mandato desde la fundación del Cabildo de Guatemala:

- Gaspar Arias Dávila: ocupó cargos durante 40 años.[39]
- Bernal Díaz del Castillo: ocupó cargos durante 30 años.[40]
- Juan Pérez Dardón: ocupó cargos durante más de 20 años.[41]
- Diego de Guzmán: ocupó cargos durante 20 años.
- Hernán Méndez Sotomayor: ocupó cargos durante más de 16 años.[42]
- Sancho de Barahona: ocupó cargos durante 10 años.

---

37. *Ibíd.*, p. 130.

38. Este fenómeno no fue solo privativo de Centroamérica como lo expone Webre, *La sociedad Colonial en Guatemala*..., o Santos Pérez, *Los comerciantes de Guatemala*..., sino que es un fenómeno colonial que se produce en toda la América Hispana, y puede observarse en los estudios de James Lockhart, Reinhard Liher, *Ayuntamiento y...* y González Muñoz, y Martínez Ortega, *Cabildos y élites capitulares...*

39. Gaspar Arias Dávila fue uno de los encomenderos más ricos de la región, era encomendero de Suchitepéquez, tuvo 286 indios y llegaba a poseer hasta 1,000 xiquipiles de cacao, procedía de familia noble, de los condes de Puñón y era primo hermano de Pedrarias Dávila. Fue regidor en 1531-1591 y alcalde en varias ocasiones.

40. Bernal Díaz del Castillo es el fundador de una de las redes familiares principales, la familia procede de Valladolid, Bernal Díaz fue conquistador de México, Guatemala y Honduras y se asienta en Santiago de los Caballeros a mediados del siglo XVI, convirtiéndose en el historiador del reino. Escribió "Historia Verdadera de la Conquista de Nueva España".

41. Juan Pérez Dardón fue regidor desde 1555 hasta 1573 y alcalde en 10 ocasiones, entre los años 1529-1573. Se le concedió el título de hijodalgo y escudo de armas. Era natural de Ecija, Sevilla, tuvo gran descendencia y su red familiar llega hasta nuestros días.

42. Hernán Méndez Sotomayor, su padre fue conquistador de México y Guatemala y llegó a ser Alférez de Hernán Cortés. Su padre, el hijo y sus descendientes ocuparon el Cabildo durante varias generaciones y sus entronques familiares de ese momento fueron exitosos

A todos ellos les sucederán hijos, nietos y en algunos casos, hasta los bisnietos. Tenemos el caso de la familia Castillo quienes se mantuvieron en el Cabildo por varias generaciones emparentando con los Lira Cárcamo, Castillo-Larrave, Castillo-Pimentel; en el siglo XVII emparentaron con los Batres y en el siglo XVIII con los Urruela y los Arzú.[43]

Así pues, observamos cómo se desarrolla este grupo de conquistadores con sus lazos familiares, su endogamia y su espíritu de cuerpo, con un sistema de valores muy cerrado y con el control casi absoluto del poder local. Sobre ellos giraron otros grupos que a finales del siglo XVI, con el declive de la encomienda, se integrarán en las redes familiares, en la mayor parte de los casos por medio de enlaces matrimoniales.

En cuanto al patrón matrimonial y a la edad de contraer matrimonio de las élites, fue casi siempre endogámico y las mujeres jugaron un importante papel como reproductoras biológicas y sociales de la familia extensa patriarcal siendo muy importante su papel en cuanto a la preservación de los valores familiares tradicionales. Si bien existieron excepciones en todas las familias, la regla de las mujeres guatemaltecas no escapa a la de otros países como México, Argentina, Ecuador estudiados por Lavrin, Gonzalbo, Socolow y Pilar Ponce.[44]

No debemos olvidar que la dote de las mujeres constituía un elemento fundamental a la hora de la elección:

"... la importancia de la dote a la hora de concertarse los matrimonios, lo que hace que muchos no se casen hasta encontrar un buen respaldo económico a su unión, y es la dote también la clave especial de ciertas uniones matrimoniales y constitución de la familia en Guatemala".[45]

Pero no son sólo los incentivos económicos los que motivan el enlace, sino también en muchos casos, la necesidad de la búsqueda de un título. Estos dos factores, el económico y la hidalguía, serán una de las razones básicas para la apertura de nuevos lazos matrimoniales y la

---

emparentando con los Cerrato, Barahona, López, etc. Extendiendo la red a otros países de Centroamérica, su dinastía llegó hasta nuestros días a través de las familias González Donis, Espinosa, De León.

43. Véase la recopilación de Javier Ortiz de la Tabla, Bibiano Torres Ramírez y Enriqueta Vila Vilar (Ed.), *Cartas de cabildos hispanoamericanos, Audiencia de Guatemala*, Sevilla: Escuela de Estudios Hispanoamericanos, 1934.

44. Stolcke, *Racismo y sexualidad...*; Kusnesof, *Raza, clase y matrimonio...* pp. 373-379; Couturier, "Women in a noble family..."; Pilar Ponce Leiva, *Certezas ante la incertidumbre. Elites y cabildo en Quito en el siglo XVII*, Quito: Abya Yala, 1998; Lavrin, *Sexualidad y matrimonio...*

45. Sanchiz, *Los Hidalgos...*, p. 110.

incorporación al núcleo oligárquico de una nueva fracción de clase: los comerciantes.

No todos los matrimonios fueron aprobados por el grupo familiar. El presidente de la Audiencia, Antonio González, (1568-1572), es denunciado por concertar matrimonios entre sus parientes y ricas encomenderas con dote: casa a su cuñado Rodrigo, con la hija del conquistador Francisco Calderón, Inés:

> "A su sobrino con Beatriz de Escobar, viuda del regidor Francisco López, teniendo ésta más de cincuenta años, pero contando con 1.500 pesos de renta al año; a un primo de su mujer con una moza rica hija del conquistador y encomendero Juan de Alba".[46]

Observamos de nuevo la alianza entre peninsulares y encomenderos, ya que el presidente que no dotaba a sus parientes sí permitía a las ricas encomenderas que se beneficiaran a la hora de tasar excesivamente a los indios repartidos o de no pagar los tributos correspondientes a la Corona, práctica común a lo largo del período colonial. A nuestro juicio, estos matrimonios de conveniencia permitían que los funcionarios reales gravitaran alrededor de las familias más poderosas de la época y así pasaran a formar parte de la élite de poder, obteniendo gran parte de las fortunas de los criollos por la vía del matrimonio.

Un interesante trabajo de Silvia Casasola que comparó los diferentes mecanismos de concentración del poder de las redes familiares en Guatemala según los diferentes trabajos realizados por historiadores y prosopógrafos guatemaltecos, llegó a la misma conclusión que nosotros, que la principal vía de acumulación de riqueza y poder durante el período colonial fue a través de los matrimonios de conveniencia.[47]

Así pues, los matrimonios de conveniencia constituyen la estrategia básica de la red para concentrar poder político y acrecentar su capital relacional, tal es el caso de algunos enlaces que no contaron con la aprobación de la red, como fue el de Juan José Díaz del Castillo, nieto de Bernal Díaz del Castillo, con Inés de Castellanos, de "gran abolengo y nobleza", razón por la cual su familia se oponía a que contrajera matrimonio con un simple criollo descendiente de conquistadores. La boda se llevó a cabo en secreto en 1621, contra la voluntad de la familia

---

46. Sanchiz, p. 111.
47. Casasola, *El núcleo de la élite colonial...*, p. 24. En la parametrización matemática y de redes familiares que estableció de las familias prominentes en Santiago de los Caballeros, concluye confirmando nuestras hipótesis de que: "El matrimonio constituye el mecanismo social principal que permite explicar cómo operaba el sistema colonial de Guatemala".

de Inés, a quién no le parecía un buen enlace el hijo de un encomendero empobrecido y sin título de nobleza.[48] Situación parecida ocurrió con los comerciantes portugueses, genoveses y españoles que llegaron a principios del siglo XVII y fueron vistos por los criollos y viejos pobladores como advenedizos, sin calidad de vida, ni prestigio social, pero con un inmenso capital. Así, tenemos el caso de Juan González Donis, dueño del mayor ingenio de Guatemala; a Antonio Justiniano, hijo de un rico comerciante genovés, o Bartolomé Núñez, natural de Portugal y catalogado por Tomás Gage, como una de las cinco fortunas más grandes de la ciudad de Santiago de los Caballeros.[49] En su mayor parte, estos matrimonios fueron sancionados o escondidos por las familias de abolengo para que no sirvieran de ejemplo a los demás.

Muy pronto estos prejuicios de clase y nobleza desaparecen en aquellas redes familiares que ven la necesidad de diversificar su producción y para ello necesitan de capital. En pocos años los Núñez y los Donis emparentan con hijas o nietas de los Díaz del Castillo y Pérez Dardón, y los Díaz del Castillo con los Lira, que a su vez lo harán con la próxima oleada de españoles comerciantes y nobles procedentes de la región vasca: los Olaberrieta, Casares y Urruela, sellando de este modo una alianza de clase, de nobleza y de poder que les permitirá a estas redes familiares llegar hasta 1986 manteniendo incólume su fortuna, prestigio y poderío.

Otro caso diferente fue el de la familia De León, que procedía del conquistador Juan De León Cardona, encomendero y primer lugarteniente y capitán general en la conquista de El Quiché; así como Jorge, su hermano. Ambos se asentaron posteriormente en el valle de Salcajá, en Quetzaltenango, y en Huehuetenango. Sus hijos y nietos, Martín, Francisco y Ramón De León, envían a la Corona una probanza de méritos de sus antepasados y de ellos, a fin de que se les conceda el título de

---

48. Aparicio y Aparicio, *Bernal Díaz del Castillo*..., p. 17.

49. Francisco de Paula García Peláez, 1968, p. 205. Este autor citando al viajero, Tomás Gage, que estuvo en Santiago de los Caballeros de Guatemala en 1637, describió a Santiago como una ciudad muy rica en donde ".... había cinco comerciantes que se consideraban iguales en riqueza, y reputados de tener cada uno quinientos mil ducados, a más de muchos otros comerciantes de 20 mil, 30 mil, 50 mil, y hasta 100 mil ducados." Los comerciantes citados eran: Tomás Siliézar, Antonio Justiniano, Antonio Fernández, Pedro de Lira y Bartolomé Núñez, estos dos últimos entroncan directamente con las familias Castillo, Delgado de Nájera y Urruela.

hijosdalgo y el escudo de armas.[50] En el escrito, los testigos afirman en varias ocasiones que: "... los De León Cardona heran personas nobles, heran tenidas y comúnmente reputadas por tales... eran personas de notoria calidad".[51] La Corona les concede el Escudo de Armas por Real Cédula, el 30 de junio de 1543. Los De León Cardona empiezan por constituirse en una oligarquía local, que casi nunca se desplaza a la ciudad de Santiago de los Caballeros, ni ocupa cargos públicos en el Cabildo. Sólo el padre fue durante muchos años el escribano del Cabildo. Sus descendientes utilizan la encomienda para la cría de ganado vacuno y ovino y muy pronto se hacen cargo de la comercialización de este negocio en todo el altiplano, especialmente en la zona de Quetzaltenango y Totonicapán. Según afirma MacLeod:

> "Eran dueños de miles de ovejas, las que obligaban a los indígenas a cuidar para él y después de comprar la carne que producían. La carne era vendida en la ciudad".[52]

Esta familia establece muy pronto sus redes familiares con otras familias de encomenderos locales, como los Mazariegos, ya que no parecen tener problemas en aceptar un proceso de mestizaje inicial. En poco tiempo se harán del poder local del altiplano, al enlazar con los Mérida, Rivera y especialmente con la familia Aparicio y Barrios, que tomarán el poder en 1871. La familia De León Barrios aún conserva sus propiedades en las mismas zonas en donde se implantó desde la época colonial. Sus fincas muchas veces proceden de antiguas encomiendas que fueron vendidas por composición en la época de Felipe II, o que posteriormente, fueron entregadas por Barrios con la desamortización y la venta de las tierras comunales. Un ejemplo de ello lo tenemos en las fincas: "La Argentina", "La Conchita", "La Patria", "Tenenburgo y anexos", "Las Perlas"; propiedad actual de la familia De León Barrios y alrededor de 60 fincas que pertenecen a la familia De León, situadas en la región de origen de su encomienda: Quetzaltenango y Totonicapán.

Podemos observar desde el inicio de la Colonia dos patrones de enlaces familiares que se repiten durante más de dos siglos: Aquellos que se establecen en las áreas urbanas, en el centro del poder local y controlan las instituciones claves de carácter económico y político, que años más tarde se convertirán en el poder central y ejercerán la política

---

50. Francis Gall, *Probanza de méritos de los De León Cardona*. Guatemala, manuscrito N-1119, pp. 63-85.
51. *Ibíd.*, p.78.
52. Murdo MacLeod, *Historia socio-económica...*, p. 112.

en todo el territorio nacional. Y, los entronques periféricos formados por las familias que controlarán regiones específicas del país: el occidente, el oriente y que concentrarán su influencia en esas áreas, conformando las redes familiares regionales que durante el período de la federación, la formación del Estado de los Altos y posteriormente del unionismo, jugarán un papel importante en el intento de constituir una República Federada. En el segundo caso, durante los períodos de crisis económica y vacío del poder central, las redes familiares regionales demandarán mayores cuotas de poder regional o se trasladarán a ocupar el gobierno central para compartirlo con las oligarquías tradicionales. Tal será el caso de Barrios, Carrera, Samayoa, De León o, en menor escala, de la familia Pivaral, Sandoval. Algunas de las familias procedentes de la oligarquía quezalteca como los Barrios, los Aparicio, los De León, formarán su propio Banco, el Banco de Occidente. Las otras familias procederán del oriente del país, en donde se asentaron en sucesivas oleadas. Las características de estas redes familiares regionales es su permanencia local, su mestizaje y ladinización, así como el posterior deseo de autoafirmarse en el gobierno central y de favorecer a las redes familiares regionales e incorporarlas por diferentes vías al bloque hegemónico.[53]

Una red familiar muy poderosa en su tiempo fue la familia de los Guzmán, familia de conquistadores y una de las mayores productoras de cacao. Éstos invierten las utilidades de sus encomiendas en compra de barcos, ampliando su comercio hasta Nueva España. Con los beneficios obtenidos del comercio del cacao invierten en un Mayorazgo en España y parte de la familia vuelve a su lugar de origen, ya enriquecida, con título nobiliario y con un gran prestigio. Un caso similar lo tenemos con una de las ramas de los Delgado Nájera, de los Urruela y de los Barahona.[54]

Estos prototipos de redes familiares se van a repetir a lo largo de los siguientes siglos, predominando el patrón de matrimonio entre criollo local y advenedizo, o entre funcionario de la Corona e hijas de comerciantes

---

53. Estos patrones de enlaces regionales se pueden observar en las excelentes historias regionales realizadas por autores como Jean Piel y Todd Little Siebold (Comp.), *Entre comunidad y nación,* Guatemala: CIRMA, 1999; Arturo Taracena para el caso del Occidente, especialmente de Quetzaltenango en su libro, *Invención criolla...* e Isabel Rodas, en la reconstrucción de la estructura social e interétnica del altiplano central, en su libro, *De españoles a ladinos. Cambio social y relaciones de parentesco en el altiplano central colonial guatemalteco,* Guatemala: ICAPI, 2004.

54. Un ejemplo de ello es el de Sancho Barahona (el mozo) y su esposa Isabel de Loaysa que fundan Mayorazgo en Guatemala ante el escribano Juan Palomino, el 22 de septiembre de 1614, AGCA Signatura A1.20, Legajo 1,170; Expediente 9,663; Folio 304.

o hacendados criollos y el de las redes que se asientan en el poder local y desde allí ejercen el poder.[55]

EL CONTROL FAMILIAR DEL CABILDO EN EL SIGLO XVII

Los cambios de funcionarios en el Cabildo eran fiel reflejo de lo que estaba ocurriendo en la base económica del poder dentro de la misma élite familiar. Con el declive de la encomienda y del cacao se produjo una pérdida de poder económico y, por lo tanto, político por parte de los encomenderos y a favor de los mercaderes, quienes a su vez iban consolidando sus centros en el Concejo Municipal. De acuerdo con la investigación realizada por Stephen Webre,[56] sobre el Cabildo guatemalteco en el siglo XVII, se puede afirmar que son pocos —menos de la mitad—, los regidores que descienden de familias de conquistadores o primeros pobladores. En efecto, de los 14 regidores, seis son criollos nacidos en Guatemala y ocho son advenedizos recién llegados de la Península. Este hecho le lleva a Webre a considerar que la clase dominante guatemalteca no fue una élite cerrada y endogámica, tal y como venimos afirmando, sino que por el contrario, fue permeable a la influencia de los extranjeros.[57]

No compartimos del todo las opiniones de Webre por varias razones, en primer lugar, porque los advenedizos que acceden al poder y ocupan los cargos de regidores en su mayor parte están casados con hijas de criollos y encomenderos, como es el caso de Lira Cárcamo, Estrada y Azpetia, Delgado Nájera, Aguilar y De la Cueva. Parte de la dote es la aceptación de sus padres para que ocupen los puestos políticos en el

---

Sobre este tema véase De la Peña, *Oligarquía y propiedad...* p. 184. Un estudio similar al nuestro fue realizado por este autor, en el que describe la oligarquía mexicana y su enriquecimiento a través de las alianzas matrimoniales, cuyo objetivo último era la compra de mayorazgo de España. Como dice Peña: "El mayorazgo es el elemento de continuidad donde hay que estudiar a la nobleza novohispana".

55. Este modelo de alianza entre diferentes miembros de la élite de poder local, consolidado a través de matrimonios mixtos, criollos-españoles, será el patrón más común en Centroamérica según los estudios realizados en Nicaragua por Carlos Vilas, en El Salvador por Oquelí y Martínez y en Costa Rica por Samuel Stone. Véase, Vilas, *Asuntos de familias...*; Stone, *La dinastía de los Conquistadores...*; Stone, *El legado de los Conquistadores...* Otros estudios sobre el tema: Peire, *La manipulación...* y Langue, *Las élites en la América española...*

56. Stephen Webre, "El Cabildo de Santiago de Guatemala en el siglo XVII. ¿Oligarquía criolla cerrada y hereditaria?", en *Mesoamérica*, No. 2, Guatemala, 1981, pp. 1-19.

57. *Ibíd.*, p. 1-9. Véase cuadro de los regidores nacidos en Guatemala de 1660 a 1697 en Ortiz de la Tabla *et al.* (Ed.), *Cartas de cabildos hispanoamericanos...*

Cabildo. Al menos seis de los españoles están casados con criollas. En segundo lugar porque investiga un momento de transición de la sociedad colonial y de cambio de cultivo del cacao al añil y a la caña que inevitablemente supone una cierta rotación de las élites modernizantes; sin embargo la pervivencia de las antiguas familias continúa siendo muy importante.

Coincidimos más con los estudios de González Muñoz y de Martínez Ortega, que coinciden en confirmar la perpetuación de lo que ellas denominan "unas oligarquías locales cerradas" dada la enorme ascendencia que los encomenderos y antiguos pobladores tuvieron en la constitución de los cabildos y cómo estos primeros encomenderos, después de doscientos años siguen conservando su poder incólume en la provincia de Yucatán:

> "... siendo el grupo privilegiado de la sociedad yucateca, capaz de asimilar a través de la alianza matrimonial a los ricos comerciantes que por ellos no llegarían nunca a hacerles la competencia sino a convertirse en sus aliados".[58]

Guatemala se acerca más a este patrón endogámico-exogámico de Cabildo que se abre a los españoles para cerrarse posteriormente mediante matrimonios con los linajes principales del momento con el fin de volver a concentrar el poder en pocas manos, en lo que Bertrand denomina "una camarilla endogámica", una auténtica oligarquía local. Coincidimos plenamente en cuanto a este patrón endogámico del Cabildo colonial que utiliza las estrategias de cooptación y alianzas con otros sectores, pero solo en momentos de crisis y vacíos de poder.[59]

Un claro ejemplo de estas alianzas sería la incorporación de los comerciantes al bloque hegemónico en el siglo XVII. Hemos tomado como ejemplo el caso del capitán Francisco de Lira y Cárcamo, correo mayor del Ayuntamiento de Santiago de los Caballeros, hijo de Pedro de Lira y de Catalina Díaz del Castillo y Cárcamo, por lo tanto criolla guatemalteca. Francisco de Lira se une a María de Estrada Medinilla, hija de conquistadores y encomenderos, entronca con su matrimonio por la

---

58. Estudios posteriores realizados en la región mesoamericana han permitido confirmar estas hipótesis. Véase González Muñoz y Martínez Ortega, *Cabildos y élites capitulares...* En ambos estudios se confirma una vez más que la presencia de las élites encomenderas: "Seguía siendo indiscutible y su poder económico y prestigio social fue la base principal para la formación de la nueva élite dirigente, dada la importancia que era "alardear" de su ascendencia conquistadora". p. 237 y ss.

59. Sobre este tema véase Marta Casaús Arzú, "La metamorfosis de las oligarquías centroamericanas", México: *Revista Mexicana de Sociología*, octubre, 1992, pp. 69-115.

línea materna con dos descendientes de conquistadores y ricos encomenderos: Pedro de Estrada Medinilla y Bernal Díaz del Castillo; a la vez, por la línea paterna hereda la fortuna de su padre, rico comerciante y oriundo de Salamanca.[60] Su sobrina, hija de Catalina Lira de Cárcamo, se casa con un rico encomendero y descendiente de otro tronco familiar de los Díaz del Castillo: José de Fuentes y Guzmán. Su hermano Nicolás se casa con María Núñez de Salazar, hija del rico comerciante portugués Bartolomé Núñez y de Catalina Salazar Monsalve y Pérez Dardón, descendiente del capitán Antonio Salazar y de Juan Pérez Dardón. Catalina Salazar Monsalve, rica viuda de Bartolomé Núñez contraerá segundas nupcias con Francisco Delgado Nájera y Salazar, cuyo hijo, Tomás Delgado de Nájera y Salazar, será regidor del Ayuntamiento en 1672, y se casará con Francisca Portal Salazar en 1671.

En estas alianzas podemos observar cómo los entronques familiares de los Lira y Cárcamo son la expresión de la incorporación de las élites comerciantes, por la vía del matrimonio con una rica criolla, encomendera descendiente de conquistadores. Sucesivos enlaces matrimoniales que contraen los Lira Cárcamo los realizan con los encomenderos más ricos y con otros comerciantes, los Núñez. La conjunción de cuatro familias, dos criollas encomenderas, los Díaz del Castillo y Pérez Dardón, les permite dar el salto al siglo XVII, contrayendo matrimonio con la familia Delgado Nájera, que estudiaremos con posterioridad. En segundo lugar, se produce un proceso de diversificación económica de la familia al pasar del cacao al añil y al comercio, lo que implica su reproducción generacional y la posibilidad de subsistir dentro del bloque hegemónico.[61]

Estas familias serán miembros permanentes del Cabildo y estarán representadas en él y en otras instituciones durante más de dos siglos tal y como lo analiza Michel Bertrand para el caso de Nueva España y de Santiago de los Caballeros. Las redes familiares se irán ampliando, extendiendo, consolidando, e incrementando su poder a través de las instituciones coloniales por medio de matrimonios, alianzas de negocios y redes sociales. Sin embargo, las redes familiares, en muchas ocasiones,

---

60. Ver Diagrama 5 sobre la familia Lira y Cárcamo y sus entronques con la familia Castillo, Pérez Dardón, Fuentes y Guzmán y Estrada Medinilla. Fuente: elaboración propia con base en documentos del archivo y la *Revista de la Academia Guatemalteca de Estudios Genealógicos, Heráldicos e Históricos*.

61. El añil o xiquilite surge a finales del siglo XVI y sustituye al cacao. En el momento más álgido, el añil llegó a producir 2 millones de pesos anuales, pero su auge declinará a partir del siglo XVIII. Alrededor del añil girará la economía guatemalteca durante casi dos siglos. El Salvador fue uno de los puntos principales de dicha producción.

seguirán prevaleciendo sobre las instituciones como ocurre en el caso de las Intendencias en la Nueva España.[62]

Todo ello nos lleva a afirmar, como lo han hecho otros autores para el resto de América Latina, que durante estos primeros dos siglos, las tramas de parentesco constituyen la mayor institución para la preservación del estatus y de la riqueza, así como para la conservación de lo que ellos denominan "la pureza de la raza".

Consideramos que parte de la clave del éxito de esta reproducción social de las redes familiares se encuentra en la capacidad que posee esta institución de sobrevivir en períodos de crisis del sistema político, y posibilitar cierto cambio y permeabilidad en la incorporación de nuevos miembros a la familia patriarcal que aporten capital, o nobleza al bloque de poder. Casi nunca se permiten matrimonios exogámicos que no supongan una mejora de las condiciones de vida, o una mejora de "la raza" mediante certificado previo de "limpieza de sangre".

Otro elemento relevante son los vínculos de linajes primarios que se establecen en cada siglo y cómo éstos son hegemonizados por una o dos familias; en el siglo XVI, los Díaz del Castillo y Pérez Dardón; en el siglo XVII los Delgado Nájera y en los siglo XVIII y XIX, los Aycinena, Urruela y Arzú.

Aquellas familias poderosas, que durante el primer siglo basaron su estatus en el privilegio y que gozaron de suficiente tradición, control del poder político, de la tierra y del trabajo del indígena, y que poseyeron poder dentro de la Iglesia y dentro de las instituciones de la Corona, diversificaron su economía y elaboraron estrategias matrimoniales adecuadas a su tiempo. Estas redes familiares serán capaces de mantener su linaje a

---

62. A juicio de Michel Bertrand, el sistema de las intendencias, en la Nueva España, no consiguió excluir o marginar del poder a las grandes familias criollas, como lo subrayaba la historiografía clásica. Domesticadas por las élites, tanto locales como regionales, las intendencias y subdelegaciones vinieron a ser un verdadero instrumento de poder al servicio de aquellos intereses grupales. "Las familias de las élites americanas supieron por lo tanto, con una rapidez sorprendente, adaptarse al nuevo reparto de cartas político-administrativo para, de cierta manera, privarlo muy rápidamente de gran parte de su contenido", en Michel Bertrand, "¿Grupo, clase o red social?, herramientas y debates en torno a la reconstrucción de los modos de sociabilidad del Antiguo Régimen" en Marta Casaús y Manuel Pérez Ledesma (Eds.) *Redes sociales, ciudadanía y formación de las naciones en España y América Latina,* Madrid: UAM, 2005; del mismo autor, *Redes sociales y poder...,* especialmente el artículo, "Redes sociales y crisis política en Guatemala al tiempo de la Independencia". En este artículo se constata la fuerza de los vínculos matrimoniales de la élite colonial del Cabildo como mecanismo para concentrar el poder, así como las estrategias exogámicas de cooptación de nuevos miembros para después volverse a cerrar.

Diagrama 5
Familia Díaz del Castillo y Cárcamo

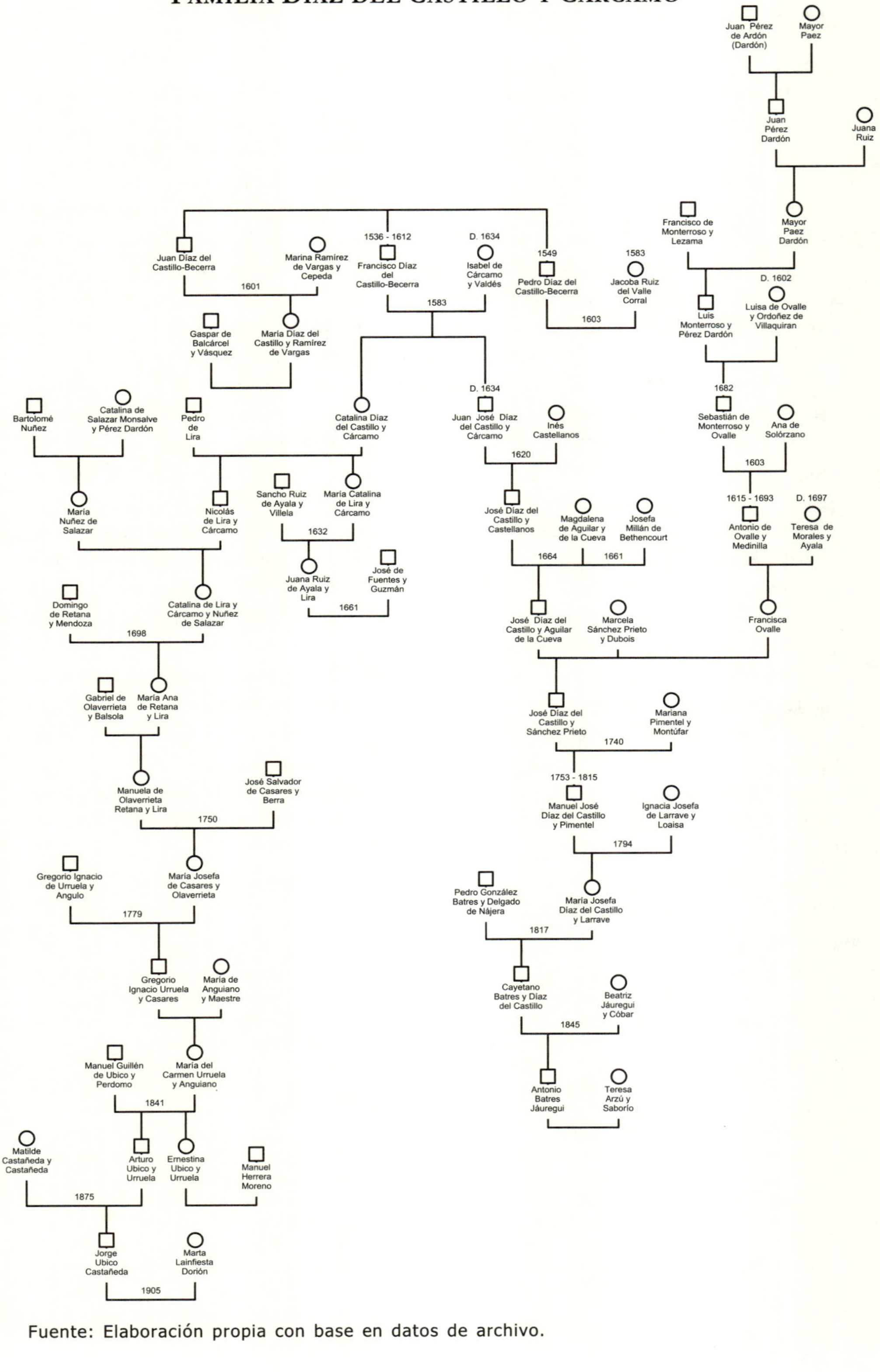

Fuente: Elaboración propia con base en datos de archivo.

pesar de los avatares de la historia. Con ello podrán mantenerse en el poder, controlando el presente y el futuro de la sociedad en su conjunto.

Sin embargo, aquellas familias que no aceptaron las reglas del juego de la élite en el poder, se verán desplazadas, o tendrán que moverse hacia su país de origen, como los genoveses de la familia Justiniano, que regresaron a sus negocios a Italia, u otras familias como los Núñez, Siliézar o Salazar, que fueron absorbidas por la red más poderosa de la época, como en el caso de los Delgado Nájera y posteriormente los Aycinena.

LA INMIGRACIÓN VASCA DE LOS SIGLOS XVII Y XVIII

Durante este período se produjeron nuevas inmigraciones de españoles a Guatemala, especialmente de origen vasco. Entre ellos se contaban los navarros, que por sus fueros gozaban del título de hidalgos universales. Los "advenedizos", como solían llamarles los antiguos criollos, llegaron a conformar un grupo con características endogámicas muy fuertes y en muy poco tiempo ejercieron una enorme influencia económica y política en el país, en muchas ocasiones a través de enlaces matrimoniales. Estos comerciantes vascos jugaron un papel importante como propulsores de la Independencia y protagonizaron buena parte de los acontecimientos políticos y económicos del siglo XVIII y XIX.

Tales familias se aglutinaron casi por completo en torno a los Aycinena, formando una extensa red familiar, en donde los lazos de procedencia y los de casamiento entre parientes cercanos, hicieron posible el control del poder durante siglo y medio. Por lo que podemos observar por nuestro estudio y el de García Giráldez fue un grupo social muy elitista, de hijosdalgo o militares en su mayoría, que asumieron la profesión de comerciantes al llegar a América. Muchos de ellos adquirieron sus títulos de nobleza con el dinero hecho en América y al retornar a España, fundaron mayorazgos. Ejemplo de ellos serían los Arrivillaga, los Guzmán. Otros compraron los títulos, como los Aycinena y los Urruela.

A partir de 1700 la ciudad de Santiago de los Caballeros cobra un nuevo auge debido, en gran parte, a la producción del añil y a la comercialización del mismo a través de las casas comerciales que se encontraban en la ciudad. Los comerciantes guatemaltecos afianzan sus mecanismos comerciales dando créditos a los productores de añil y sirviendo de intermediarios dentro de las provincias y el resto del mundo. La mayoría de los comerciantes de estas casas del siglo XVIII serán de origen vasco. Domingo de Arrivillaga y Urdinzú, natural de Irún, Guipúzcoa, fundó el único Mayorazgo de Centroamérica en 1656, que más tarde pasará a la familia Pavón.

En 1730 nos encontramos una serie de familias de comerciantes en torno a la Cofradía de Nuestra Señora de Aranzazu. Entre ellos, Antonio Pedro de Echevers y Subiza, Caballero de Calatrava, Capitán General del Reino de Guatemala; Feliciano de Arrivillaga, Deán de la Catedral; Domingo de Gomendio, Oidor y Alcalde de la Corte; Isidro López de Ezeiza, miembro del Consejo de su Majestad y Fiscal de la Real Audiencia; Juan Arochena, alcalde y corregidor; Tomás de Arrivillaga, Tercer Señor del Mayorazgo de Arrivillaga; José Manuel de Arrivillaga y Roa, Capitán y Cuarto Señor del Mayorazgo; Manuel de Lacunza, Depositario General y Regidor Perpetuo del Ayuntamiento de Santiago de los Caballeros; Pedro Ortiz y Letona, Correo Mayor y Regidor Perpetuo; Francisco de Herrarte, miembro de la Real Audiencia. Llama la atención el hecho de que alrededor de 1730 todos los altos cargos del Reino y de la ciudad de Santiago de los Caballeros estuviesen ocupados en su mayoría por vascos, incluyendo al Capitán General así como al Regidor Perpetuo. La Cofradía de Nuestra Señora de Aranzazu será el lazo de unión entre los vascos, y a través de esta institución se realizarán gran parte de los vínculos de negocios y las estrategias matrimoniales de los años venideros.

Tales estructuras de acogimiento y la unión que se produce entre los propios vascos harán posible que éstos se sitúen en los principales nichos políticos y económicos del período, desplazando a muchos criollos locales y a otros peninsulares que no se adhirieron a la red familiar. El proceso irá creciendo y consolidándose en la medida en que los fundadores de estas redes procrean un ingente número de hijos que les sirve a su vez para enlazar con otras familias poderosas, pertenecientes al mismo grupo étnico, o a criollos locales que poseían bienes económicos o a un estatus de poder.[63]

Teresa García Giráldez, profundizando más en nuestras hipótesis sobre la importancia de los vascos en Centroamérica, plantea que su irrupción en el siglo XVIII se debió al hecho de poseer una adscripción identitaria más significativa que otros grupos, fruto de su vigor como grupo étnico claramente diferenciado, así como de la categoría de hidalguía que les acompañaba por el simple hecho de su calidad de vecino

---

63. Este patrón de acogimiento y de ubicación de los vascos en las élites de poder local, en otras regiones latinoamericanas es muy común. Los estudios de Amaya Garritz sobre *Los vascos en las regiones de México...* así lo indican.

de las Provincias Vascas. Enarbolaban la limpieza de sangre con mayor fuerza que los demás peninsulares como elemento diferenciador del resto de los españoles, lo que facilitó enormemente su arraigo en Centroamérica. Según la autora, ello se debe a que los vascos responden a las exigencias que requería la vieja aristocracia criolla: el estatus de hidalguía y la pureza de sangre. La importancia de estas redes vascas y de su larga duración en América Central se debió a su capacidad de ampliar la política matrimonial, a su interés en hacer carrera en las Indias y a aunar su estatus de hidalguía a su afán comercial y de establecimiento de redes extensas en América y en la península.

El hecho notable es que este grupo social que llega a Centroamérica alrededor de 1750, en poco más de dos generaciones se hace con el poder económico y político de la región, estableciendo una hábil estrategia de alianzas matrimoniales con viudas o ricas herederas criollas y desarrollando una poderosa red de negocios con otras familias vascas que emigran a América durante ese período. Se centran en la producción y comercialización del añil, conocen la necesidad de dicho producto en Europa y eligen esta región por ello. En 1749, el precio del añil se había triplicado en los mercados de Europa, lo que permitió a los nuevos comerciantes vascos con capital invertir en la región.

García Giráldez concluye su amplio estudio sobre los vascos afirmando que el éxito de su rápida carrera política y su permanencia en el poder hasta el día de hoy, una vez estudiadas las redes familiares de los Batres, Arrivillaga, Irisarri y Barrutia, se debió a los canales de acceso y espacios privilegiados con los que contaron a su llegada a Centroamérica, tanto en instituciones económicas como religiosas en los siglos XVII y XVIII, a la combinación de estrategias matrimoniales de carácter endogámico entre miembros del mismo grupo y a sus alianzas de negocios entre familiares próximos y a su fuerte arraigo identitario como grupo étnico diferenciado que le permitió mantenerse en el poder.[64]

A partir de 1750, se produce una nueva oleada de inmigrantes vascos a Centroamérica, producto de la escalada de los precios del añil en Europa.[65] La revolución comercial e industrial europea demandaba grandes cantidades de este producto que servía de tinte a la industria textil. En la medida en que América Central era conocida como una de las mayores regiones de producción del añil, muy pronto comenzó a ser foco de atención de los españoles que vieron el momento de incrementar

---

64. Teresa García Giráldez, "La inmigración vasca y la constitución de redes..." y su tesis doctoral, *La emigración vasca a Centroamérica...*, p. 530 y ss.
65. Véase Palma Murga, *Núcleos de poder local...* p. 125.

sus fortunas. A partir de 1749 el precio del añil se triplicó en los mercados de Europa, lo que permite la llegada de nuevos comerciantes con capital para invertir en la región. En esta época llegan el coronel José Antonio Arzú y Díaz de Arcaya en 1756, Pedro José Beltranena y Aycinena, navarro, en 1778, el guipuzcoano Juan de Barrutia en 1756, el alavés Manuel de Castilla y Portugal, Juan Bautista Irisarri en 1770 y, principalmente, Gregorio Urruela y Angulo, procedente de Álava, así como el navarro Juan Fermín de Aycinena e Irigoyen, quienes fundarán las dos redes familiares más extensas y poderosas del siglo XVIII y XIX. Estos vascos, conjuntamente con el acaudalado comerciante extremeño Cayetano Pavón, el poderoso comerciante catalán José Piñol, el gaditano Pedro Carrillo y el empresario logroñés Simón de Larrazábal, constituirán la base de los principales entronques familiares que extenderán su influencia social, económica y política a lo largo de estos siglos, constituyéndose en parte del bloque hegemónico hasta nuestros días.

En relación con el análisis de los comerciantes vascos en Guatemala en el siglo XVII los mejores estudios son los realizados por Gustavo Palma y Santos Pérez quienes opinan que estas redes familiares, especialmente la familia Batres, fue una de las primeras que llegó a Guatemala y se instaló entre el grupo de comerciantes vascos más poderoso de la ciudad de Guatemala, se hizo con el control del Cabildo y lo mantuvo durante tres generaciones. La primera generación de los Arzú Batres cumplió con la primera de las reglas de oro de las redes sociales: casarse con criollos de origen vasco (la segunda con peninsulares y la tercera con emigrantes extranjeros). Las alianzas matrimoniales entre cabildantes y comerciantes, entre criollos y peninsulares, les permitió mantener el control económico y político desde 1770 a 1821.[66]

Manuel Santos Pérez en su artículo sobre "Los comerciantes de Guatemala y la economía centroamericana de la primera mitad del siglo XVIII" llega a semejantes conclusiones acerca de la importancia de los comerciantes vascos y de su capacidad de diversificación en tiempos de crisis, planteando cómo, durante este periodo del cultivo del añil, la familia González Batres y otros comerciantes vascos supieron utilizar sus plataformas económicas y políticas para acaparar el comercio y la

---

66. Palma Murga, *Ibíd.*, p. 128. Bertrand, "En busca de la estabilidad: redes familiares..." Bertrand coincide con nuestros análisis prosopográficos realizados 20 años antes en que, a fines del siglo XVIII, en el Cabildo de Santiago de los Caballeros, las familias más poderosas que poseían vínculos fuertes y capital relacional eran los Álvarez de las Asturias, Aparicio, Aycinena, Beltranena, González Batres y Delgado de Nájera.

distribución del añil y para diversificar su producción hacia otros sectores como la tierra y la minería en toda la región centroamericana.[67]

A efecto de nuestro estudio y para una mejor comprensión de nuestra hipótesis de trabajo, desarrollamos una red secundaria escasamente nombrada pero de enorme importancia, la red de la familia Delgado Nájera, de origen riojano, por ser la familia que enlaza y aglutina en su entorno a los "noveaux arrivés" del siglo XVIII, con las antiguas familias de criollos y peninsulares del período anterior. A continuación presentamos las tablas donde observamos el entronque familiar de los Delgado Nájera desde su inicio en 1648. Observamos cómo la tercera generación de Tomás Delgado de Nájera y María Felipa de Mencos establece la red familiar más extensa y poderosa de mediados del siglo XVII hasta finales del siglo XVIII, emparentando con las mayores fortunas locales y con casi todo el grupo de vascos que muy pronto se harían con el poder (ver Diagrama 6).

De la estructura familiar y su descendencia podemos deducir los siguientes elementos:

a) Por la vía materna, los entronques familiares de los Delgado Nájera descienden de conquistadores. El fundador de la familia, Francisco Delgado Nájera, casa con la viuda de Bartolomé Núñez, rico comerciante, como ya vimos anteriormente. Catalina Salazar Monsalve y Pérez Dardón es descendiente directa de los conquistadores Antonio de Salazar y Juan Pérez Dardón. Por la vía de Bartolomé Núñez y Cárcamo emparenta con los Díaz del Castillo Cárcamo, descendientes de conquistadores. Este entronque familiar estará respaldado por el matrimonio de su nieto, José Delgado de Nájera y Portal con Juana de la Tovilla y Lara Mogrovejo. El hijo de Catalina, Tomás Delgado de Nájera, se casa con una sobrina de la misma, Francisca Portal Salazar, reforzando así sus lazos con la oligarquía criolla.

b) Los entronques familiares primarios, realizados hasta la mitad del siglo XVII, se producen entre peninsulares y criollos, o entre los propios criollos. En términos de fracciones de clase tendríamos matrimonios entre encomenderos y burócratas de la Corona, encomenderos entre sí mismos o enlaces entre comerciantes y encomenderos, tal y como hemos observado durante el primer período. La combinación tierra-trabajo del indígena, y capital comercial, es la más común junto con la de tierra-poder político-capital comercial.

---

67. Santos Pérez: "Los comerciantes de Guatemala..." y *Élites, poder local...*

Diagrama 6
FAMILIA DELGADO DE NÁJERA

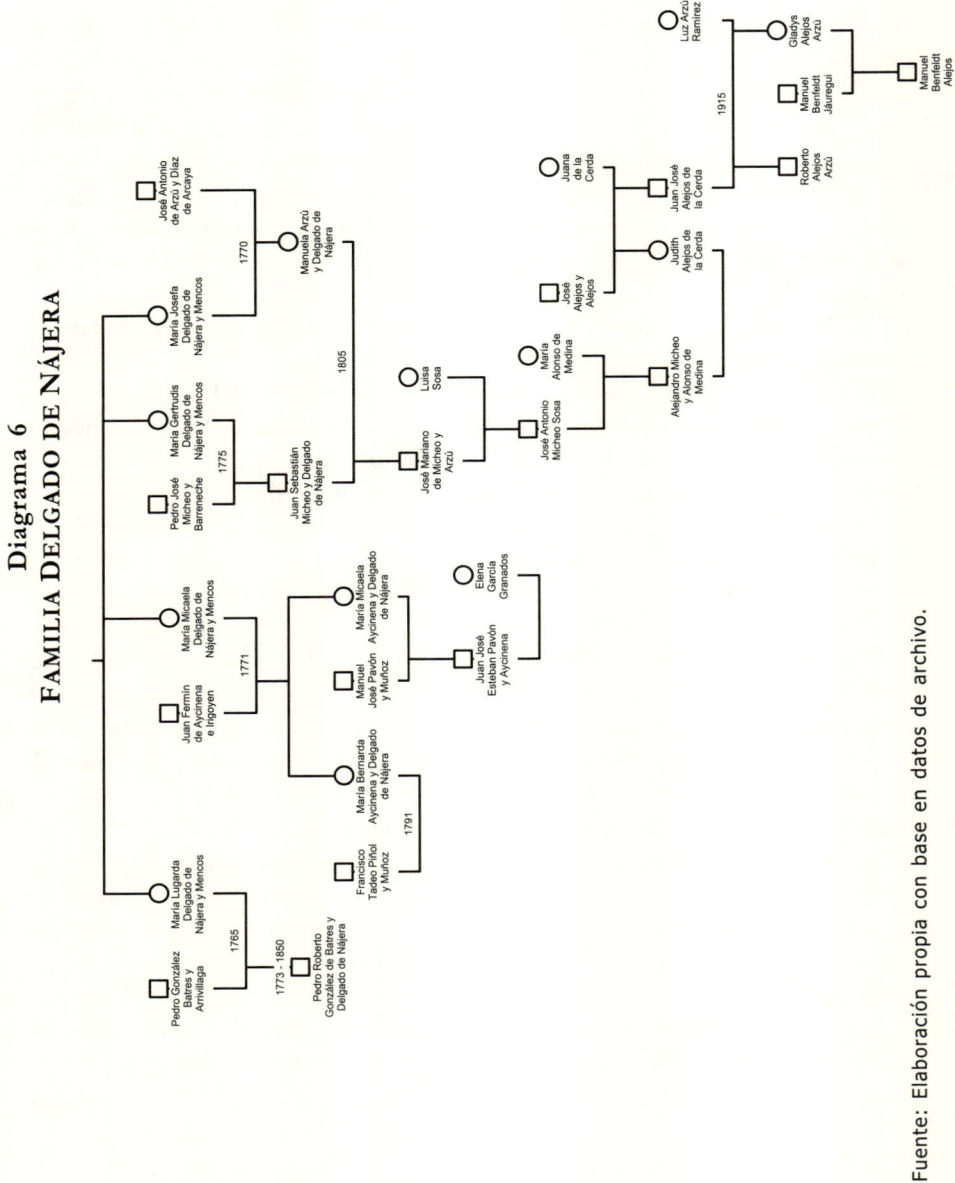

A partir de mediados del siglo XVII, se refuerzan las alianzas entre antiguas familias de encomenderos, comerciantes recién llegados y peninsulares o criollos que controlan el poder político. Todo parece indicar que en este período la *res pública* empieza a ser un instrumento de enriquecimiento económico y de prestigio y poder. Asimismo, surgen nuevas alianzas con miembros procedentes de la casta militar; tal es le caso del coronel José Antonio Arzú y Díaz de Arcaya, y del general Miguel González Saravia. Las alianzas con la casta de militares parecen una constante a lo largo de nuestra historia y lo veremos en períodos sucesivos.

c) En la mayor parte de las ocasiones, los cargos públicos se mantienen a perpetuidad y algunas veces se amplían a sus hijos. Éste es el caso de los Delgado Nájera, quienes copan puestos del Cabildo desde su llegada en 1648 hasta 1821. Es significativo que Ventura Delgado de Nájera y Mencos haya sido alcalde ordinario y también fundador del Real Consulado de Comercio en 1793. Es sintomático que Francisco Delgado de Nájera fuera Regidor, Alcalde y Alguacil en 1648, y que tanto su hijo como su bisnieto, Tomás y José Tiburcio, ocupen respectivamente cargos de alcalde y regidor perpetuo hasta 1750. Todo un siglo controlando el poder local.

d) Otro elemento que le asegura su perpetuación como red es la fecundidad en los matrimonios y su capacidad de reproducción social con una media de 14 hijos, lo que les permite estructurar un extenso capital relacional. La fecundidad del matrimonio de Josef Tomás Delgado Nájera y Tovilla con María Felipa de Mencos, nieta del general Melchor de Mencos, es digna de mención. Esta unión matrimonial de criollo advenedizo, comerciante, hombre público con una rica criolla, descendiente por la vía materna de conquistadores y por la vía paterna de un general, procrea 18 hijos, quienes mediante enlaces matrimoniales estratégicos reproducen y amplían el poder de la familia durante varias generaciones, uniendo unas redes familiares con otras, como se hace notar en el diagrama. Esta red logrará entroncar con todas las familias dominantes de la época, incorporando al bloque hegemónico a casi todos los vascos y peninsulares poderosos, tal será el caso de los Arzú, Aycinena, Batres, Arrivillaga, así como los Piñol, Micheo y Pavón. Con ello logran unir distintos intereses y fracciones de clase en una sola red familiar, recomponiendo el bloque en el poder.

De los 18 hijos del matrimonio, hemos tomado diez, el resto morirán jóvenes, solteros, o bien serán monjas o curas.

De los diez hijos del matrimonio Delgado Nájera y Mencos, Ventura Delgado de Nájera y Mencos será una de las piezas claves de la familia, se casará con Manuela González Batres y Muñoz, hija de Manuel González Batres, regidor y alférez real de la ciudad de Santiago de Guatemala y de las familias de comerciantes vascos de mayor raigambre y poderío. Mariano Delgado de Nájera y Mencos emparentará con los Álvarez de las Asturias y Arroyave Beteta, de origen noble y descendientes de conquistadores. Esta rama llega a obtener en España en 1876 el Marquesado de Nájera, sueño dorado de la familia.

Siguiendo la costumbre imperante de la época, las mujeres de la familia que mejor emparentaron fueron Josefa Delgado de Nájera que casó con el general José Antonio Arzú y Díaz de Arcaya, dando origen a las ramas Arzú, Batres, Irigoyen, Alejos y Castillo. Todas ellas llegan hasta la actualidad y forman parte del núcleo oligárquico entrevistado. María Micaela emparenta con el primer Marqués de Aycinena, Juan Fermín, que a su vez entroncará con los Pavón, Piñol, García Granados, Valladares y en los últimos años con los alemanes Neutze, Klee. En la actualidad esta rama ocupa los lugares más importantes del bloque hegemónico y será la que retorna al poder con el gobierno del presidente Serrano Elías.

Lutgarda se une a Pedro Ignacio González Batres, siendo éste pariente del político e intelectual Cayetano Batres y Díaz del Castillo, en donde se unen las ramas: Delgado Nájera, Batres y Díaz del Castillo. Su bisnieto, Antonio Batres Jáuregui Díaz del Castillo y Delgado Nájera, será el gran intelectual por excelencia a lo largo de buena parte del siglo XIX y principios del XX, quien logra una gran alianza basada en la recomposición de familias poderosas en el bloque hegemónico y posibilita el salto del período conservador al liberal, sin rupturas en el núcleo oligárquico.[68] Este intelectual, gran político y escritor, contrae matrimonio con Teresa Arzú y Saborío, sellando con ello una nueva alianza entre las distintas fracciones en el poder, que perdurará hasta nuestros días a través de los Arzú Alejos, Batres Arzú, Aycinena Neutze, Castillo Arzú. Con la única familia que

---

68. Sobre la importancia de Antonio Batres Jáuregui, Díaz del Castillo y Nájera, hemos escrito varios artículos destacando el importante papel que jugó como intelectual orgánico del liberalismo y del pensamiento racial positivista a lo largo de la segunda mitad del siglo XIX, con la propuesta de ladinizar a los indígenas, equivalente a la de Domingo Faustino Sarmiento, en su época acerca de la necesidad de civilizar a los indígenas en Argentina en su obra, *Facundo: civilización y barbarie*, Buenos Aires: EUDEBA, 1969. Véase, Marta Elena

no emparentaron fue con los Urruela, suponemos que por exclusión, al pactar con los Aycinena, ya que estas dos redes de familias vascas estarán enfrentadas durante todos estos siglos. Los Urruela formarán su propia red como veremos posteriormente.

No nos queda más que resaltar que, de los diez matrimonios estructurados, el 90% se realiza entre vascos. Este carácter regionalista marcará las estructuras de poder desde finales del siglo XVIII y sobre todo a lo largo del XIX. Los matrimonios servirán de alianza y de medio de integración de los recién llegados a la estructura del poder, que les permitirá en menos de dos generaciones, hacerse plenamente con el mismo. No olvidemos que la familia Delgado Nájera sirve de transición, pues no pervive en el presente siglo, sino que es asimilada por las otras redes familiares con las que enlaza. Consideramos que de todos ellos, la rama que pervive con mayor influencia es la que se deriva del matrimonio de Micaela con el Marqués de Aycinena, ya que esta familia constituye el pivote principal del poder en Guatemala, merece que se analice en otro apartado.

Casaús Arzú, "Los proyectos de integración social del indio y el imaginario nacional de las élites intelectuales guatemaltecas, siglos XIX y XX", España: *Revista de Indias*, 1999, pp. 775-813; y "El pensamiento racial y la Nación en Guatemala: El pensamiento de Antonio Batres Jáuregui", ponencia presentada en el III Congreso Centroamericano de Historia, San José de Costa Rica, 1996; así como el excelente artículo de Teresa García Giráldez, "Nación cívica, nación étnica en el pensamiento político centroamericano del siglo XIX", en Marta Elena Casaús Arzú y Oscar G. Peláez Almengor (Comp.), *Historia intelectual de Guatemala*, Guatemala: UAM-AECI-CEUR, 2001, pp. 51-119.

Capítulo III

Las principales redes familiares de la oligarquía guatemalteca de 1700 hasta nuestros días

En este capítulo queremos analizar la importancia que cobraron las redes como estructura de poder de larga duración y la incidencia política que tuvieron cuando se conformaron los Estados nacionales, tratando de observar cómo las familias que perduran del siglo XVIII al XIX son aquellas que, debido a sus alianzas matrimoniales y de negocios, a su capacidad de crear capital relacional y especialmente a su capacidad de adaptación y supervivencia fueron capaces de establecer nuevas estrategias políticas y económicas y sobrevivir en los tiempos de crisis y vacío de poder.

A su vez resulta interesante observar la gran importancia de los comerciantes vascos a lo largo del siglo XIX, debido a que acudieron a la región centroamericana con capital peninsular que supieron canjear por tierras y mercancías, financiando así a las viejas familias de criollos empobrecidas por la crisis económica del siglo XVII.

Como opinan Barlmori, Voss y Wortman, el dinero y el comercio se unieron a las tradiciones familiares como fuentes de autoridad a partir del siglo XVIII y las nuevas familias de comerciantes transformaron los valores coloniales y establecieron nuevas estrategias de poder, en donde los capitales y las alianzas van a asegurar el éxito de las redes familiares criollas en América y España. A juicio de estos autores: "Allí en donde el amor y la sangre fracasaban, el dinero tenía éxito; así se crearon alianzas basadas en afinidades y créditos comerciales".

Guatemala no va a ser la excepción de la regla y los comerciantes vascos ejemplifican perfectamente estas relaciones de larga duración, durante los siglos XVIII y XIX. Cuando las estructuras económicas y políticas se ven inmersas en un profundo cambio, el poder social de las familias permaneció y se preservó durante la Independencia, las guerras entre las repúblicas de la Federación Centroamericana, y durante los enfrentamientos entre liberales y conservadores hasta alcanzar su máxima expresión con la consolidación del Estado Nacional en 1870. No es casual que sean familias comerciantes, de origen vasco en su mayoría, las que van a protagonizar todo ese largo y complejo período jugando un papel clave en la preservación de su estirpe, los Vidaurre, González Batres, Aycinena, Urruela, Larrazábal, Ayala y sus intelectuales orgánicos tendrán un papel estelar desde las Cortes de Cádiz hasta la conformación del Estado Nacional.

En este capítulo querríamos probar la hipótesis que manejan las autoras mencionadas anteriormente y que lo toman de un historiador francés André Bourgiére, acerca de la relación inversa entre el poder de las familias y del Estado. A juicio de este autor, cuando el Estado se debilita y deja de tener suficiente poder para proteger a sus ciudadanos, las familias se expanden y asumen el control del Estado, ejerciendo un poder omnímodo y, viceversa, cuando el Estado se fortalece y cobra cierta autonomía, las familias se encogen y pierden espacios públicos antes controlados por ellas. Esta hipótesis que fue válida para muchas monarquías europeas a lo largo de los siglos XVII y XVIII, creemos que para el caso de Centroamérica sigue siendo válida no solo en el siglo XIX, sino que en buena medida también en el siglo XX, por lo menos hasta las elecciones de la década de 1990 y del 2000. Lo que prueba dos cosas: la enorme debilidad y falta de autonomía de los Estados centroamericanos o el enorme poder de estas redes familiares que en la actualidad siguen copando y ocupando el Estado y ejerciendo el poder de forma omnímoda y con un cierto estilo oligárquico y patrimonial, que es lo que impide a los Estados centroamericanos fundamentar su autoridad en una legitimidad legal racional, al continuar ejerciendo un tipo de dominación tradicional y clientelar.

Este fenómeno se debió, en buena parte, a la forma sui géneris de cómo las familias se insertaron en el Estado durante todo el siglo XIX, operando como entidades públicas o semipúblicas que a menudo se igualaban a las estructuras oficiales gubernamentales. De este modo, las redes familiares extendieron su poder a nivel nacional y regional ampliando su área de influencia.

Coincidimos con Barlmori *et al.*, en que aquellas redes familiares que lograron extender su influencia más allá de su ámbito local, se beneficiaron enormemente de los cambios ocurridos en el siglo XIX, al ampliar su influencia en el ámbito local, al regional y al nacional. Esta expansión se tornó más ventajosa para sus intereses y empezaron a ver lo beneficioso que era colaborar con los gobiernos nacionales a cambio de favores para el conjunto de su red familiar.[1]

Por último analizaremos la importancia que tiene la incorporación de los extranjeros, a fines del siglo XIX, como consecuencia lógica de las corrientes positivistas. Las redes familiares se dieron cuenta de la enorme importancia que tenía la incorporación de los extranjeros a sus redes porque contribuían a blanquear a la élite, le permitían casar bien a sus hijas, atraer capitales e inversiones extranjeras y con ello ampliaban sus relaciones de negocios y su ámbito de influencia nacional e internacional, en un momento en que las economías agroexportadoras se volcaban hacia afuera y necesitaban buscar nuevos mercados.

Las políticas de selección de la inmigración fueron muy comunes en toda América Latina, siguiendo la máxima del argentino Alberdi: "Civilizar es poblar"; o la de Justo Rufino Barrios: "Más valen 100 emigrantes que 1,000 indígenas". En este caso la elección de Guatemala se inclinó por los alemanes y en menor medida ingleses y belgas por el cultivo del café. Dicha incorporación como inversionistas, comerciantes, hombres de negocios y cultivadores de café, proporcionará a las redes una nueva posibilidad de mantener su hegemonía a lo largo del siglo XX.[2]

En el siguiente apartado analizaremos a un grupo de familias que, según nuestros criterios de selección, han jugado un papel preeminente en la conformación de la estructura de poder y han sabido sobrevivir a los avatares de la historia. Los criterios para la selección de las familias fueron:

---

1. Balmori *et al.*, *Las alianzas de familias...*, p. 67.

2. Sobre este tema véase, Regina Wagner, *Los alemanes en Guatemala, 1828-1944,* Guatemala: IDEA, 1991. A juicio de Wagner los inmigrantes alemanes que se establecieron en Guatemala a partir de 1870, jugaron un papel determinante en la transformación del Estado nacional por sus aportaciones como inversores, plantadores de café, agroexportadores y por los nexos comerciales y financieros que tenían en Europa (p. 3). Sobre el tema del café y las élites de poder, Robert G. Williams, *Status and social evolution: Coffee and the rise of national governments in Central America,* Chapel Hill: University of North Carolina Press, 1994, especialmente cap. 6, p. 197 y ss.

a) Linajes primarios que procedan en buena parte desde la Colonia y que se vinculen con otras redes estableciendo un fuerte entramado de parentesco con fuertes vínculos entre ellos que perduren hasta nuestros días.
b) Alianzas matrimoniales como estrategias de preservación y concentración del poder político en las instituciones y que perviven durante largos períodos mediante la reproducción de estas estrategias.
c) Familias con una amplia reproducción biológica y social que establezcan un capital relacional que les permita acrecentar su trama de parentesco y sus negocios.
d) Redes familiares y tramas de parentesco que ocupen diferentes espacios de sociabilidad y jueguen el papel de mediadores entre las diferentes legitimidades de su sociedad.
e) Redes familiares que produzcan aquellos intelectuales orgánicos que les permitan sobrevivir a las crisis económicas sin perder la hegemonía de su grupo.
f) Redes familiares que por su endogamia de grupo de procedencia y sus fuertes vínculos utilicen su identidad étnica para preservar su poder.
g) Redes familiares que por sus intereses económicos, su capital relacional y sus mecanismos de cooptación, copan y ocupan un lugar relevante en las instituciones políticas, el cual les asegura su pervivencia en el poder.[3]

Empecemos por uno de los entronques más exitosos de los últimos dos siglos y que, como opina Wortman, es una de las más importantes y duraderas de las nuevas familias iberoamericanas y representa el prototipo de familia emprendedora que supo combinar el dinamismo peninsular con el privilegio del control del comercio local.[4]

---

3. Somos conscientes de no haber seleccionado a todas las que cumplen este patrón, porque nuestro interés no es hacer un estudio genealógico de las familias guatemaltecas, sino confirmar mediante estudios de casos o tipologías los mecanismos del poder y las estrategias para su preservación. Sin duda dentro de estas pautas encontramos a familias como los Paiz Andrade, cuya procedencia es colonial y de origen vasco y valenciano, pero insistimos que no queremos ser exhaustivos con el tema.

4. Según Wortman, de la noche a la mañana el vasco Aycinena, por su casamiento con la hija de Gálvez, asumió el control de gran parte del comercio local. Balmori *et al.*, *Alianzas de familias...*, p. 85; y David Chandler, *Juan José de Aycinena. Idealista conservador de la Guatemala del siglo XIX,* Antigua Guatemala: CIRMA, 1988.

1.
LA FAMILIA AYCINENA Y SUS PRINCIPALES ENTRONQUES

"Nos corresponde hablar ahora de una familia Baztanesa, de noble raigambre Navarra, cuya acción política y económica ha trascendido más allá de nuestras costas atlánticas: me refiero naturalmente, a los Aycinena y a Guatemala. Desde que un muchacho navarro, llamado Juan Fermín de Aycinena, arribara a Guatemala en 1753, han sucedido los años y las generaciones. Sin embargo, este transcurrir del tiempo y de la sangre no ha sido ciertamente infructuosa: desde esa fecha –1753–, hasta hoy, los Aycinena han dado a Guatemala dos presidentes de la República, varios Ministros, un Arzobispo, un Obispo, un destacado literato –parangonado con Amado Nervo–, y una inmensa pléyade de hombres públicos que harían interminable esta lista".[5]

El fundador de la red familiar de los Aycinena cuya prolongación llega hasta nuestros días, fue Juan Fermín de Aycinena e Irigoyen Alzuade Iturralde y Perurena, nacido en Ciga, valle del Baztán, Navarra, el 7 de julio de 1729. Juan Fermín será el segundo hijo de una familia de cinco hermanos, cuyo padre era el heredero de la casa de Aldecoa por vía materna. Miguel de Aycinena y Azualde casó con María Antonia Irigoyen Iturralde, también natural de Ciga.[6] De los cinco hermanos Aycinena Irigoyen, el primogénito Juan será marido adgnaticio de la casa Iturralde, siendo la tercera hija, Graciana, quien heredará la casa de Aldecoa por el fuero navarro; los otros dos hijos se vieron forzados a emigrar a América. Según este fuero: "... los padres eligen libremente al hijo o hija que debe quedar en casa, sin que los demás descendientes, hijos o nietos, puedan reclamar absolutamente nada".[7]

Al no ser elegido Juan Fermín para quedarse en casa, poseía dos opciones, o ser un marido adventicio de otra casa, o marcharse de Ciga. El Fuero de Navarra es el reconocimiento de hidalguía universal a todos aquellos nacidos en Navarra, esto suponía la pertenencia de un estatus de privilegio para todos los navarros en relación con el resto de España,

---

5. Alfonso Otazu y Llano, *Hacendistas navarros en Indias,* Bilbao: Gráficas Ellacuría, 1970, p. 304. Las presidencias lo fueron de la federación.

6. *Ibíd.*, p. 304.

7. Otazu y Llano, *Ibíd.*, p. 304. Julio Caro Baroja. *La hora Navarra del XVIII (Personas, familias, negocios e ideas),* Pamplona: Diputación Provincial de Navarra, 1969; Juan Arpal Poblador, *La sociedad tradicional en el País Vasco. El estamento de los hidalgos en Guipúzcoa* (San Sebastián: Haraburu, 1979).

y aún más en América. El ser vecino de Baztán equivalía a ser noble o poseer un título de nobleza, pero a su vez este privilegio impedía a quien lo poseía dedicarse a profesiones de carácter comercial, o mercantil. Por ello, muchos se vieron forzados a emigrar desde Cádiz o Sevilla, hacia América.

De acuerdo con Otazu y Llano,[8] las migraciones navarras más importantes se produjeron hacia Madrid, Cádiz y América, debido fundamentalmente a razones de estrechez económica, crecimiento poblacional y las limitaciones que el Fuero de Navarra imponía a los habitantes del reino, en este caso la de dedicarse al comercio.

Los navarros de Madrid se encontraban congregados en la Real Cofradía de San Fermín y los de Cádiz, que eran muy numerosos, constituían una fuerza comercial y mercantil con América. Es interesante destacar que los Aycinena poseían parientes en Cádiz, que ocupaban puestos de influencia en el gobierno y en el comercio; entre ellos se encontraba el apoderado de Juan Fermín, de apellido Aguirreurena, quien jugará un papel clave en la comercialización del añil, propiedad de los Aycinena en Guatemala.

Juan Fermín marcha a Nueva España en 1748, con 300 pesos en el bolsillo, junto a otros navarros que posteriormente serán parientes suyos por la vía de enlaces matrimoniales. Durante la primera época se dedicó al tráfico de mulas de la capital mexicana al puerto de Acapulco, en donde embarcaba la mercadería con destino a Manila. Es interesante destacar que antes de su llegada a Guatemala ya mantenía contactos con Manuel del Llano, que llega a este país en 1740, como tesorero de la Real Hacienda. Manuel era pariente de la hermana menor de Juan Fermín, María de Aycinena, y a su vez, emparentado con José Beltranena, también del valle del Baztán, que llegará a Guatemala en 1780 para reforzar la red familiar de los Aycinena.[9]

A su llegada a Guatemala en 1753, a la edad de 24 años, se instala como comerciante en la ciudad de Santiago de los Caballeros. Dos años más tarde casa "con la mujer más rica de la ciudad", Ana Carrillo y Gálvez, hermana del Alcalde del Cabildo de Santiago. La familia Carrillo

---

8. Otazu y Llano, *Ibíd.*, p. 305. Ángel Martínez Salazar, *Presencia alavesa en América y Filipinas* (Alava: Diputación Foral de Álava, 1984); Ignacio Arana Pérez (Coord.), *Los vascos y América. Ideas, hechos, hombres,* Madrid: Espasa Calpe, 1990; Ángel Bahamonde y José Cayuela, *Hacer las Américas...*; Sancho de Sipranis, "Las naciones extranjeras en Cádiz durante el siglo XVII", Madrid: *Estudios de historia social de España*, IV, 2, 1960.

9. Balmori *et al., Las alianzas de familias...*, p. 62. David Chandler, *Juan José de Aycinena...* Ver Diagramas 7 y 8, de los Aycinena.

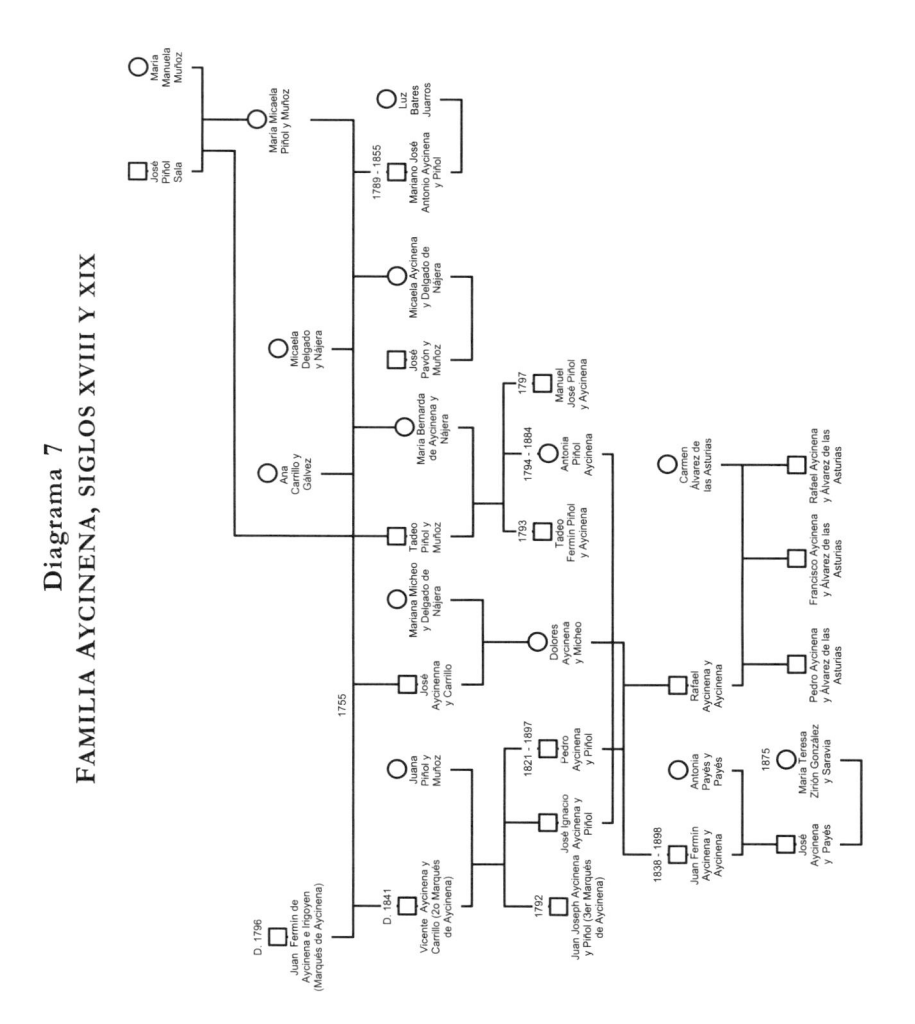

Las principales redes familiares de la oligarquía guatemalteca...

Diagrama 7
FAMILIA AYCINENA, SIGLOS XVIII Y XIX

Fuente: Elaboración propia con base en datos de archivo.

heredará la fortuna de los Gálvez, que se remonta al siglo XVI; por otra parte, estaban ligados a la familia vasca de los Carrillo Mencos y con la familia Micheo, de origen navarro. Según Otazu Llano:

"... esta unión cimenta el dinamismo peninsular con el privilegio local. De un día a otro, Juan Fermín toma el control de buena parte del comercio local, y como resultado de este matrimonio, tres años después de su llegada se convierte en Síndico del Ayuntamiento, y al año siguiente, Alcalde de Santiago de los Caballeros".[10]

Aquí observamos cómo el matrimonio estratégico en un momento adecuado, juntamente con el "boom" internacional del añil, permite al joven empresario navarro explotar las plantaciones del índigo heredadas de los Gálvez a través de su mujer, en Guatemala y El Salvador. Con el transcurso del tiempo llegó a contar con la cuarta parte de la producción total de añil del Reino de Guatemala, y a través de su pariente en Cádiz, irá consolidando la comercialización del producto y construyendo su casa comercial de exportaciones en la ciudad de Santiago. Esto le posibilitó manejar cuantiosos fondos en efectivo, lo que lo convirtió, a su vez, en comerciante-prestamista. Juan Fermín prestaba dinero a los pequeños y medianos productores de añil a cambio de sus cosechas. Eso le permitió manejar y controlar los precios internos del añil y, en caso de quiebra del añilero, por razones de mala cosecha o plagas, apoderarse de sus fincas. En 1796, funda mayorazgo perpetuo anexo al Marquesado, lo que le situó en la cúpula de la sociedad colonial.

Del matrimonio con Ana Carrillo y Gálvez nacerán los hijos, Vicente, segundo Marqués de Aycinena y José, que llegará a ser Consejero de Indias. A la muerte de Ana Carrillo, Juan Fermín casa en segundas nupcias con "la mujer más noble del reino", María Micaela Delgado de Nájera y Mencos, procedente de la más poderosa familia de comerciantes y hombres públicos, los Delgado Nájera, de los que ya hemos hablado con anterioridad.[11] La estrategia de casarse con las dos ramas de la familia Mencos es muy astuta pues va integrando, mediante enlaces matrimoniales, al grupo de navarros con las familias de mayor raigambre y fortuna del reino: los Carrillo Mencos-Gálvez y los Delgado Nájera y Mencos.

---

10. Otazu y Llano, *Hacendistas navarros...*, p. 311.
11. Francisco Luna Ruiz, correspondencia en entrevista abierta sobre familias guatemaltecas.

En esta nueva alianza, Juan Fermín fue asignado por el Gobierno Real para la adquisición de materiales y mano de obra con el fin de construir la nueva ciudad después del terremoto:

"Durante una década, él tuvo un inmenso poder, decidiendo los indios que debían ser utilizados para edificar los distintos sectores de la nueva ciudad, así como la tierra que sería explotada para la obtención de materiales de construcción y aquella que sería cultivada para obtener alimentos".[12]

En ese entonces Aycinena ya controlaba a las viejas familias y a los recién llegados y una forma de manipularlos consistía en su control sobre la asignación de las casas en la nueva ciudad, así como los puestos en el Cabildo. Él fue el primer alcalde de la Nueva Guatemala de la Asunción, edificada en el valle de la Ermita, y en la actualidad capital de la República.

Durante la construcción de la ciudad, Juan Fermín casó por tercera vez con "la mujer más bella de Guatemala", Micaela Piñol y Muñoz Salazar y Álvarez de las Asturias, con la que tiene cinco hijos. Con este matrimonio empleó una estrategia diferente: sus intereses ya estaban asegurados dentro de Guatemala y ahora debía hacerlo con sus relaciones en Cádiz y la metrópoli.

Micaela era hija del rico comerciante catalán José Piñol, quien llegó a Guatemala en 1752, como representante del Real Asiento de Negros. En 1760 era lo suficientemente rico como para tener su propio barco y comerciar con esclavos a cambio de añil, esclavos que eran utilizados para la construcción del puerto de Omoa, en Honduras. Más tarde, Piñol se convertiría en comerciante y ganadero con grandes relaciones comerciales con Cádiz. El matrimonio Aycinena-Piñol, la alianza entre capital agrícola, capital comercial y cargos públicos con nobleza, unificó el poder en el control del comercio interno, a través de dos matrimonios, y aseguró el control externo con el tercer enlace. Tuvo como base económica para todo ello, una vasta producción propia de añil y una gran influencia en el Cabildo, en la Sociedad de Amigos del País y más tarde en el Consulado de Comercio, del que fue fundador. Con esta base de partida, Juan Fermín se lanzó a la conquista del sueño de los hidalgos en América: el Marquesado de Aycinena, Vizconde de Aldecoa, y ese mismo año entraba en la Orden de Santiago. En su título de nobleza, el marqués aparecía como: "Cristiano biejo, sin mezcla de judíos, moros, agotes y penitenciados por el Santo Oficio de la Inquisición".

---

12. Otazu y Llano, *Los hacendados...*, p. 312.

Una de las características esenciales de la familia Aycinena es que, una vez que se consolida en el poder, posee la capacidad y la flexibilidad de trasladar su influencia a otras familias e irse acomodando a las distintas coyunturas históricas que le permiten la supervivencia dentro del bloque hegemónico. Llegan a tener tal poder y capacidad de maniobra que logran la destitución del general Bustamante y Guerra, sobreviven a la expulsión de la familia por parte de Morazán en 1829, y logran sobrellevar el período liberal, sin ver muy afectada su fortuna y su poder durante las reformas liberales. Esta familia logra subsistir hasta nuestros días por la alianza con los alemanes, especialmente con el capital financiero de los Neutze. Todos esos hechos hacen necesario analizar más de cerca la red familiar de los Aycinena durante tres o cuatro generaciones.

Vicente será el segundo Marqués de Aycinena, y el primogénito de Juan Fermín con Ana Carrillo. Éste mantendrá la jefatura de la red familiar hasta 1841, fecha de su muerte. Se casó en 1788 con una hermana de su segunda madrastra, Juana Piñol y Muñoz. Una constante de esta familia será su endogamia, la mayor parte de los matrimonios se realizan entre primos segundos y primos hermanos. Heredó todas las plantaciones de añil de su padre. Éste, como su hermano José, estuvo influido por el pensamiento ilustrado y en especial, por José Antonio de Goicoechea.

Durante este período los Aycinena manifestaron su conformidad con las reformas borbónicas, y fueron partidarios de la Independencia, más tarde lo serán de la anexión a México y posteriormente se convertirán en conservadores. Esta evolución de su pensamiento político va acorde con la acumulación de su capital y con sus intereses de clase en cada período histórico.[13] Los Aycinena orientarán el comercio hacia Inglaterra y Estados Unidos y se dedicarán al contrabando de textiles ingleses a cambio del añil. Esta nueva orientación del comercio con el Atlántico empieza a crear pugnas con España y con los comerciantes españoles, que veían lesionados sus intereses, lo cual explica la posición a favor de la Independencia de los comerciantes contra otros sectores, como la familia Urruela, que abogaban por seguir dependiendo de la Corona española. Esto marcará una gran disputa entre dos generaciones distintas de emigrantes vascos por el control del comercio y el poder local.

---

13. Lista de las propiedades añileras de Vicente Aycinena en Guatemala y El Salvador, Fuente: Ramón A. Salazar, *Mariano de Aycinena*, Guatemala, Pineda Ibarra, 1952. Véase el análisis de Ralph Lee Woodward, *Rafael Carrera. And the emergence of the Republic of Guatemala*, Georgia: Georgia University Press, 1993.

Del matrimonio de Vicente con Juana Piñol y Muñoz nacerán tres hijos: Juan José, Pedro y Manuela. De ellos, el primogénito, Juan José Aycinena y Piñol, será el tercer Marqués de Aycinena después de la muerte de su padre en 1814. Fue abogado y sacerdote, Obispo de Trajanópolis, maestreescuela y arcediano de la Catedral de Guatemala y Rector de la Universidad de San Carlos. Pasó a la historia por su labor de Obispo y por ser diputado y ministro de Gobernación, Justicia y Asuntos Eclesiásticos, así como de Relaciones Exteriores, durante el período conservador del presidente Carrera. Podemos considerar a Juan José de Aycinena y Piñol como uno de los principales intelectuales orgánicos del pensamiento conservador guatemalteco. Juan José escribió innumerables escritos y discursos políticos, religiosos, sobre temas de comercio y educación. Cabe destacar el compendio denominado *Los Toros Amarillos*, conjunto de ensayos sobre la necesidad de una reflexión política en Centro América, que reflejan la visión de un intelectual de la clase dominante, quien vuelve sus ojos hacia Estados Unidos de América, proponiéndolo como modelo de Federación, y llama a la sublevación contra Morazán y la Federación Centroamericana.[14]

Pedro Aycinena y Piñol, hijo de Vicente, nació en 1802 y murió en 1897. Fue abogado y consejero de Estado y ministro de Relaciones Exteriores durante el régimen de Rafael Carrera y presidente interino de la República a la muerte de éste. Políticamente fue un hombre conservador que estuvo en contra de la Federación Centroamericana y Morazán, quién había derrocado de la presidencia años antes a su tío, Mariano Aycinena y Piñol. Casó con su prima hermana, Dolores Aycinena Micheo y Delgado de Nájera, teniendo dos hijos: Juan Fermín y Rafael Aycinena y Aycinena. El primero fue un ilustre literato, académico de la lengua, diputado y consejero de Estado de varios gobiernos a lo largo del siglo XIX. Contrajo matrimonio con la hija de un rico comerciante, Antonia Payés y Payés. Su hermano, Rafael, fue el administrador de las vastas propiedades de su familia y con el auge del café convirtió sus propiedades de El Naranjo, Mixco, en grandes producciones agrícolas, casó con Carmen Álvarez de las Asturias, una de las familias viejas de mayor abolengo de Guatemala, descendientes de los hermanos Jorge y Pedro de Alvarado. Esta rama llegará hasta nuestros días como agroexportadores de café y grandes financieros. Las fincas de Rafael están ubicadas en Mixco, que en su tiempo fueron usurpadas a los pocomames, por el corregidor del Valle, Ignacio Aycinena y Piñol.

---

14. David Chandler, *Juan José de Aycinena...*, pp. 93-94.

Del matrimonio de Juan Fermín de Aycinena e Irigoyen con María Micaela Delgado de Nájera y Mencos nacerán Bernarda, Josefa y Micaela. Bernarda sellaba la alianza con los Piñol, al casarse con el hijo del rico comerciante catalán e influyente hombre de negocios en Cádiz, Tadeo Piñol y Muñoz. Su madre, Manuela, era una de las mujeres de mayor abolengo del reino, ya que procedía de los Barba de Figueroa y Álvarez de las Asturias. El hijo de Bernarda, Bernardo Piñol y Aycinena, apuntalará su sólida influencia sobre la Iglesia. La segunda hija, María Josefa casará con el navarro Juan de Marticorena, gran comerciante al por mayor, prior del Real Consulado del Comercio en 1807 y síndico procurador general del Ayuntamiento.

La tercera hija, Micaela, casará con José Pavón y Muñoz, hijo de uno de los más acaudalados hombres de negocios de ese tiempo, el extremeño Cayetano Pavón y Gil de Escalante. Su hermano mayor contrajo matrimonio con Manuela de Arrivillaga y Castilla y Portugal, heredera del Mayorazgo de Arrivillaga que, a partir de entonces, pasará a manos de la familia Pavón. Estructurando el núcleo de la red familiar con sus alianzas endogámicas con los Piñol, se conformará una amplia dinastía que controlará la mayor parte de los puestos importantes del Cabildo y del Real Consulado. Asimismo, unirán sus fortunas, siendo socios mercantiles en Cádiz y Guatemala, socios en la producción del añil y el ganado, y por último, casi todos ellos adquirirán un título nobiliario para culminar su estatus. Micaela Piñol y Muñoz Salazar y Álvarez de las Asturias será la primera Marquesa de Aycinena.

Del tercer y último matrimonio del marqués de Aycinena, nacerá Teresa de la Santísima Trinidad, que se hizo monja carmelita. El segundo hijo del matrimonio Aycinena-Piñol será fray Miguel de Aycinena y Piñol, prior del Convento de Santo Domingo. El tercer hijo será el coronel de Milicias sin descendencia; el cuarto falleció soltero y el quinto, quien es el que nos interesa señalar, Mariano Aycinena y Piñol, será jefe del Estado de Guatemala de 1827-1829. Fue síndico primero del Ayuntamiento de Guatemala y uno de los primeros que firmó el Acta de Independencia. Meses más tarde se convertirá en un ferviente monárquico, apoyando la anexión con México.

El líder liberal Francisco Morazán será el encargado de desplazarlo de la presidencia en 1829, amenazando de muerte a él y a sus allegados, entre ellos a Manuel Montúfar y Coronado y Mariano Beltranena, más tarde fueron expulsados del país, junto al arzobispo Casaús y Torres. Ésta fue la primera ofensiva contra la familia Aycinena después de la Independencia. Ya habían sido expulsados anteriormente en tiempos de Bustamante y Guerra, pero habían retornado años más tarde. Una vez más vuelven victoriosos, en 1839, con Rafael Carrera, con quien se mantendrán en el gobierno ocupando distintos ministerios durante 30 años.[15]

Mariano casará con Luz Batres y Juarros en 1823, hija de una familia prestigiosa de ganaderos. A través de su mujer, hermana del poderoso ministro del Interior, Luis Batres Juarros, Mariano ejercerá muchos cargos públicos a lo largo del régimen de Carrera, apoyando así a toda la red familiar y compartiendo el poder con otros miembros de la familia, como Juan José de Aycinena y Piñol, tercer Marqués de Aycinena y el arzobispo de Trajanópolis y Pedro de Aycinena y Piñol, ministro de Relaciones Exteriores durante diez años.

Otro miembro prominente del clan familiar de los Aycinena fue Ignacio Aycinena y Piñol, quien jugará un papel muy importante durante el régimen de Carrera, ya que será el corregidor del Valle de Guatemala, teniendo así el control directo sobre el trabajo forzoso y la distribución de los alimentos del valle, así como gran cantidad de fincas de cochinilla en los alrededores. Éste casará con una prima suya, Antonia Piñol, concentrando nuevas cuotas de poder.[16]

Coincidimos en términos generales con el trabajo de Wortmann, acerca de la función de las redes familiares en Centroamérica y en especial, la importancia de los Aycinena a lo largo de los siglos XVIII y XIX: "El clan de los Aycinena era la más importante y duradera de las nuevas familias. Más aún, representa el prototipo de aparición de las familias notables iberoamericanas en este primer período de la revolución comercial".[17] Compartimos la opinión de que el casamiento representó la principal ligazón para la creación de las redes familiares, y de este modo "mientras los casamientos creaban la red, era el comercio lo que le daba su importancia".[18]

---

15. Véase Lee Woodward, *Rafael Carrera*... La preponderancia de los Aycinena se mantiene a lo largo de todo el siglo XIX: miembros de esta familia acaudillaron la Federación Centroamericana, el gobierno conservador de Rafael Carrera y a pesar de que se replegaron de la política durante los gobiernos liberales volvieron más tarde como clan familiar durante el gobierno conservador de Carrera, liderados por Juan José de Aycinena. En 1852 llegaron a tener más de 30 diputados en la Cámara y dos vicepresidentes y al año siguiente coparon la municipalidad con 7 de los 13 miembros (David Chandler, *Juan José Aycinena*..., p. 5).

16. En los anexos 1 y 2, observamos el enorme poder político y económico que llegó a tener la familia Aycinena a lo largo de los siglos XVIII y XIX y los cargos que ocuparon ellos y su familia política.

17. Balmori *et al.*, *Las alianzas de familias*..., p. 84.

18. *Ibíd.*, p. 88.

Uno de los hechos más relevantes y que mejor se plasman en el caso de la familia Aycinena, es su capacidad para sobrevivir en épocas de crisis económica y política y de conservar el poder de su estirpe durante más de tres siglos. Si bien es cierto que pierden parte de su hegemonía en cuatro ocasiones: en 1814, con la caída del gobierno liberal en España; en 1823, con el fracaso de la anexión con México; en 1829, con el triunfo de los liberales en América Central y en 1870 con la implantación de las reformas liberales.[19] Lo indudable es que se recuperan con una facilidad asombrosa y acceden de nuevo al poder durante los interregnos conservadores, a lo largo del primer período de la federación 1823-1829 y durante la dictadura de Rafael Carrera, de 1842 a 1865.[20] En el siglo XX, gobiernan con Ubico (1931-1944), con los gobiernos militares que se suceden después de la contrarrevolución de 1954, y con el retorno de la oligarquía al poder en las elecciones de 1990 y 1995. Ello es explicable por la pervivencia del entramado familiar y por la extensión, dispersión e influencia de la red en todos los ámbitos de la sociedad (Anexos 1 y 2).

A lo largo de la historia de esta familia, aparece una constante: en momentos de crisis y vacío de poder, la red de los Aycinena, asegura su pervivencia a través de las conexiones familiares y de los nexos de sangre, pasando por encima de las ideologías, de los partidos políticos o de los cambios económicos. Así sucede durante la transición del período de los Borbones a la Independencia, de la emancipación a la Anexión y de ésta a la Federación y posteriormente al gobierno conservador de Rafael Carrera. A lo largo de los sucesivos cambios políticos, algunos de ellos bruscos y violentos, los Aycinena siempre mantuvieron a uno o dos miembros en el poder. Y desde entonces, no han dejado de participar en la vida política, directa o indirectamente, durante el siglo XX.

Sin embargo, no coincidimos con Balmori *et al.*,[21] en su comentario acerca de la importancia del factor generacional de las redes familiares.

---

19. *Ibíd.* Véase también: Paul Burguess, *Justo Rufino Barrios, una biografía,* Guatemala: Editorial del Ejército, 1971.

20. Según Ralph Lee Woodward: "Durante el período de Carrera casi todos los funcionarios del gobierno y la mayoría de las casas comerciales estaban vinculadas con la familia Aycinena Piñol, por sangre o por matrimonio", *Rafael Carrera...,* p. 10 y ss.

21. Véase Milles Wortman, "Centroamérica" en Balmori *et al., Las alianzas de familias...*, *pp. 73-108;* Marta Elena Casaús Arzú, *Las redes familiares como estructuras de larga duración,* Vitoria: Congreso de Hispanistas, 1994, y "La metamorfosis de las oligarquías centroamericanas...".

A juicio de éstas, en la tercera generación se produce un declive de las familias y en algunos casos su desaparición como redes. En el caso centroamericano lo que se produce es un proceso de rotación y de mutación de las élites, pero no su desaparición. De lo contrario, no sería explicable cómo la familia Aycinena Beltranena o la familia Arzú, que sufren un importante declive en la primera mitad del siglo XX, se recompongan y no pierdan la hegemonía a través de su presencia constante en los sucesivos gobiernos militares que se implantan en el país a partir de 1963.

Su importancia en el ámbito económico es un hecho probado a lo largo de las tablas presentadas en los anexos, y su presencia en el ámbito político se expresa en la participación activa de muchos de sus miembros en el partido de extrema derecha, Movimiento de Liberación Nacional (MLN). Recordemos que el cofundador de este partido, Armando Sandoval Alarcón, hermano del fundador Mario Sandoval Alarcón, está casado con Lucía Valladares Molina y el hermano de ésta, Acisclo Valladares Molina Aycinena, fue miembro fundador de las juventudes del MLN. En similar situación se encuentra la rama de los Beltranena-Aycinena, quienes han colaborado como políticos y como cerebros de varios regímenes militares, durante las últimas tres décadas.

Tal vez los casos más sintomáticos del retorno al poder de estas redes familiares sean el de la ex ministra de Educación, María Luisa Beltranena Aycinena y del procurador general de la Nación, Acisclo Valladares Molina Aycinena, en el gobierno del presidente Serrano Elías. Posteriormente Acisclo Valladares se postuló como candidato a la presidencia por el Partido Libertador Progresista (PLP) y a la alcaldía de la capital en varias ocasiones. Durante el gobierno de Portillo fue embajador de Guatemala en el Vaticano, como había sido anteriormente su padre Luis Valladares y Aycinena.[22]

CONCLUSIONES

a) Los Aycinena constituyen la red principal que domina la actividad política y económica centroamericana durante más de dos siglos. En torno a ellos se aglutinan una serie de redes secundarias, casi todas de origen vasco, que les permite la extensión y consolidación de su

---

22. Acisclo Valladares Molina es secretario general del Partido Libertador Progresista (PLP) y fue aliado del Frente Republicano Guatemalteco (FRG) en las elecciones del año 2000.

Diagrama 8
FAMILIA AYCINENA, SIGLO XX

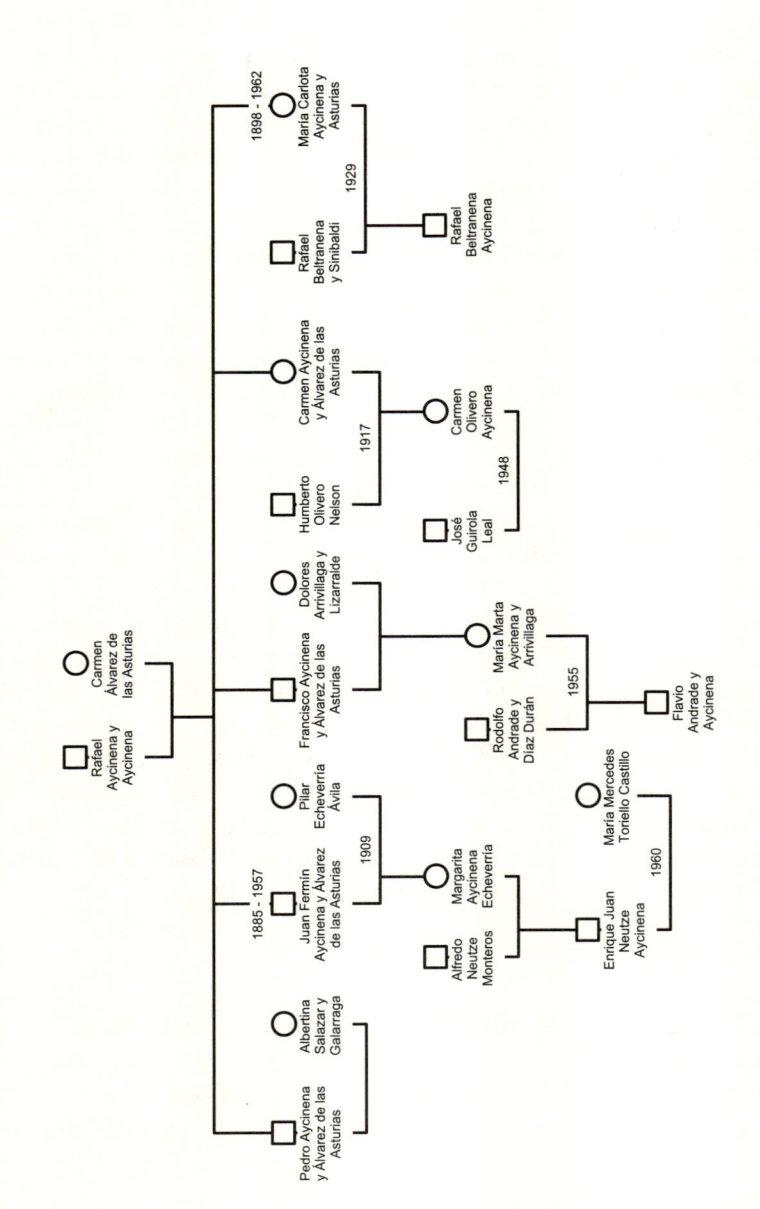

Fuente: Elaboración propia con base en datos de archivo.

red familiar no sólo en América Central y México, sino en la península ibérica, en donde poseen importantes cargos públicos e influencia política.

b) La red de los Aycinena representa a los "nouveaux arrivés" del siglo XVIII, quienes generan una revolución económica y comercial, permitiendo la incorporación de Centroamérica al mercado internacional a través de la producción a gran escala del añil y del comercio de esclavos y otros productos con otras potencias como Inglaterra y Holanda. Esta revolución comercial genera profundos cambios políticos en América que se plasman, años más tarde, en la Independencia de las repúblicas centroamericanas en 1821 y posteriormente en la Federación Centroamericana.

c) La importancia del matrimonio como estrategia básica para la formación y consolidación de la red familiar y como mecanismos primarios de acumulación de capital, quedan brillantemente plasmados en los tres matrimonios de Juan Fermín Aycinena, que casó con las tres mujeres más importantes del reino; primero con la más rica, segundo con la más noble y tercero con la más bella, procedente de una poderosa familia de peninsulares que engarza a los Aycinena con los comerciantes peninsulares de origen catalán, los Piñol.[23]

Con ello los Aycinena logran una acumulación de poder y de dinero que les permite sobrevivir y reproducirse como dinastía a lo largo de varios siglos, convirtiéndose de este modo, la familia, en una estructura de larga duración.

d) La cooptación de cargos públicos en la administración local, regional y peninsular, les permite ampliar su red de influencias políticas y les sirve de soporte económico a sus actividades comerciales y financieras. El caso de la familia Aycinena aparece como prototipo, en la medida en que esta estrategia les permitió acumular, en menos de 50 años, más de 60 cargos públicos de gran relevancia y de una importante cuantía económica.

e) Insistimos en la importancia de la migración vasco-navarra, a partir de 1750, dado que este grupo, por razones históricas y sociales propias de su lugar de origen, desarrollan de una forma hábil,

---

23. Véase la genealogía de estas dos familias reconstruida por Lee Woodward y la enorme importancia que tuvieron ambas redes familiares durante el período de Rafael Carrera. Estas dos familias, comenta Woodward, procedentes de inmigrantes comerciales españoles, José Piñol y Juan Fermín Aycinena, estaban enlazados por matrimonio con toda la élite comercial (Woodward, *Rafael Carrera...*, p. 10).

Diagrama 9
Familia Aycinena, rama Aycinena Beltranena

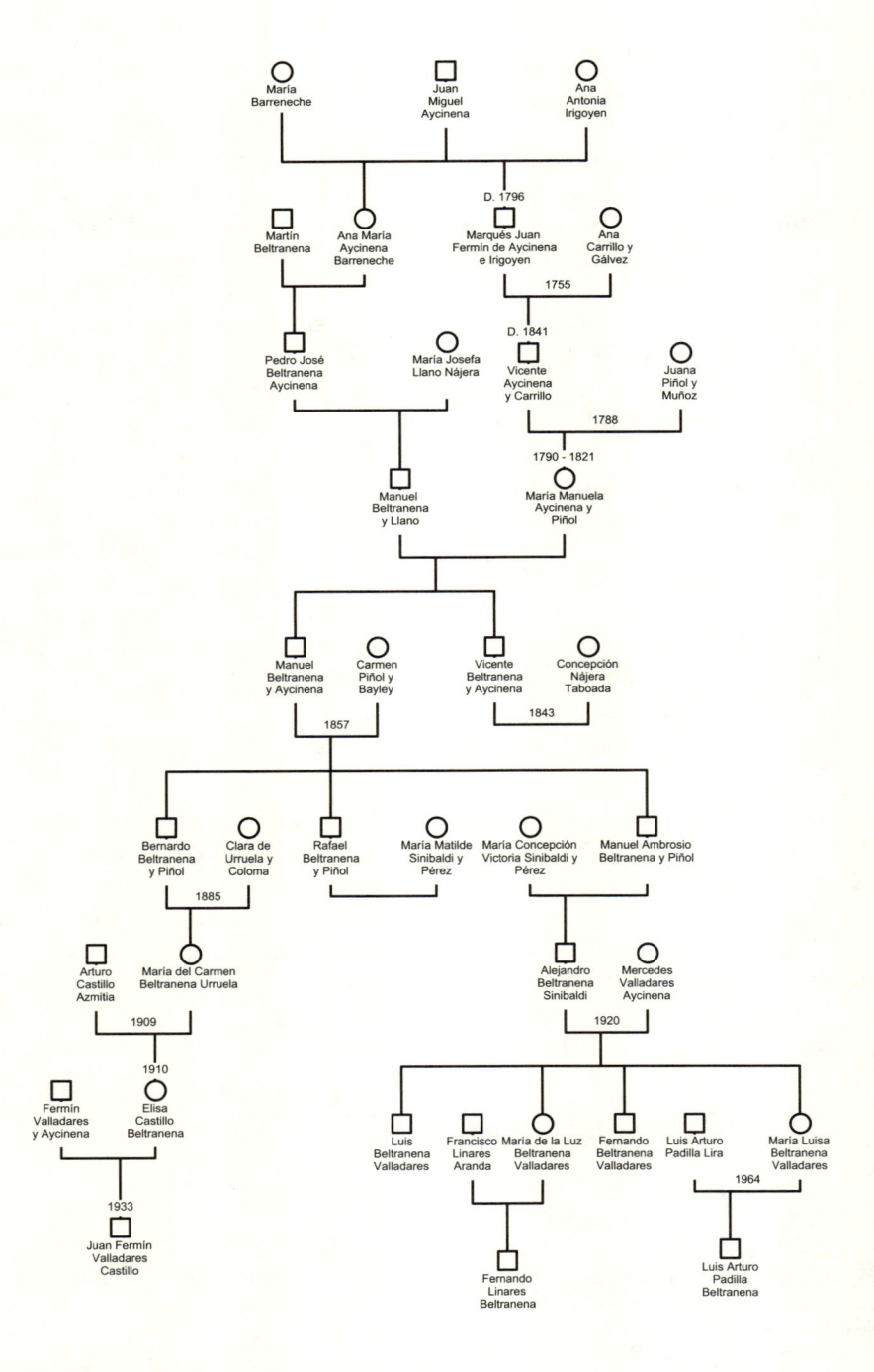

Fuente: Elaboración propia con base en datos de archivo.

Diagrama 11
FRECUENCIA DE MATRIMONIOS EN LA RED AYCINENA

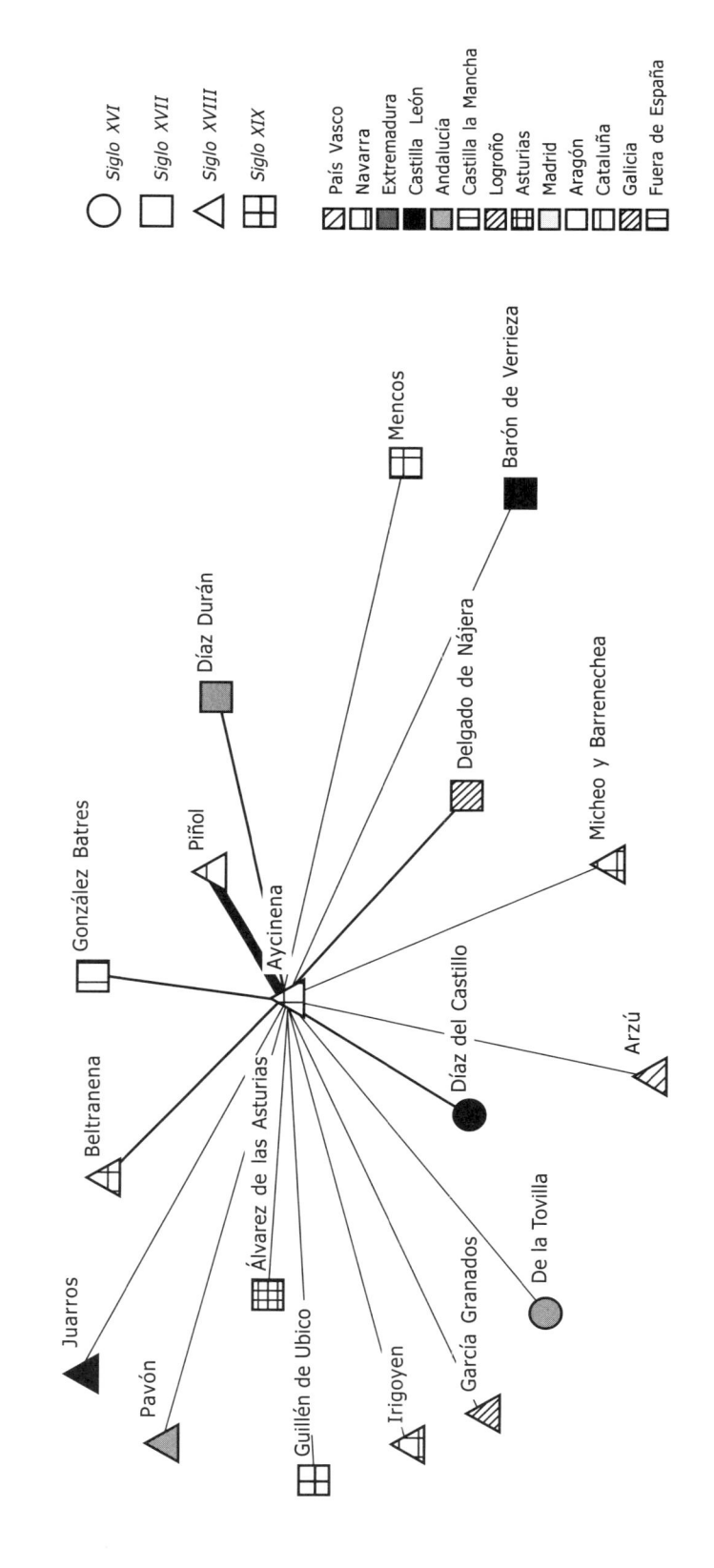

sistemática e insuperable, estas alianzas matrimoniales y de negocios, que les permiten elaborar una estrategia de larga duración, a través de la construcción de un intrincado engranaje social, basado en la familia, como principal mecanismo de acumulación de capital y de poder.

f) Los Aycinena como red principal local y regional, representan mejor que ninguna otra familia la amplia capacidad de alianzas de la red familiar para sobrevivir en momentos de crisis económica y política y, a través de la reestructuración de su clan, pasar de un período histórico a otro sin perder la hegemonía. Otra de sus características básicas es la capacidad para generar intelectuales, que en momentos de crisis dan coherencia y consistencia a la ideología de la clase dominante, desde el primer marqués, Juan Fermín de Aycinena e Irigoyen, Juan José de Aycinena y Piñol, Pedro Aycinena y Piñol o Fernando Beltranena Aycinena, son algunos ejemplos notables.

g) Consideramos que estas redes familiares de larga duración, que hegemonizan con su presencia largos períodos, perviven a lo largo de la historia y no desaparecen, solo rotan y mutan en coyunturas de crisis y reaparecen en ciertas coyunturas políticas críticas para reforzar su presencia en el Estado. El retorno al poder de esta red oligárquica, se observa en el gabinete del presidente Serrano Elías y de Oscar Berger, a través de varios miembros prominentes de la red.[24]

2.
LA FAMILIA ARZÚ

La familia Arzú procede del país vasco; era una familia de abolengo que obtuvo certificación de nobleza y escudo de armas en tiempos de Sancho IV el Bravo, por luchar contra los franceses. Los antepasados del primer emigrante, José Antonio Arzú, ocuparon cargos públicos en Fuenterrabia, fueron alcaldes y regidores. Debemos resaltar que es el segundo de los varones el que se marcha de casa, tal y como era la costumbre en Vascongadas.

José Antonio Arzú y Díaz de Arcaya nació en Vitoria y se dedicó a la profesión de militar; fue cadete en el Regimiento de Vitoria, guardia

---

24. Sobre este tema, Casaús, *La metamorfosis de las oligarquías...*

de Corps y caballero de la Orden de Santiago; el rey le concede el grado de teniente de Caballería de los Reales Ejércitos. Posteriormente pasa a América y se instala en Guatemala en 1770, ocupando el cargo de alcalde mayor y teniente capitán de Tecpán Atitlán. En Guatemala, al poco tiempo se casó con Josefa Delgado de Nájera y Mencos, hermana de Micaela casada con Juan Fermín Aycinena. Fruto de este matrimonio nacen seis hijos, de los cuales, el quinto, es el que más nos interesa, en la medida en que continúa la línea de los Arzú y como su padre, juega un papel prominente en la vida política y militar. Manuel de Arzú y Delgado de Nájera se educa en España e ingresa a la carrera militar como cadete en 1790; peleó contra los franceses en Castilla y Cataluña y regresa a Guatemala en 1810, donde obtiene el grado de teniente coronel. En 1821 es ascendido a coronel y en 1824, por orden del Gobierno Federal, defiende la ciudad de León, en Nicaragua, y también lucha en El Salvador. Ocupó las carteras de Hacienda, Guerra y Marina con el gobierno de Manuel José Arce y llegó a ser comandante general del Estado de Guatemala. Se le considera fundador de la Escuela Militar.[25]

Contrajo matrimonio en 1816 con Teresa González de Batres, también de origen vasco, tuvo una larga descendencia y emparentó con las familias más importantes de la clase dominante local, entre ellas, los Batres, Saborío, Nájera, Aguirre, Romá. Trataremos sólo de aquellas ramas que por su influencia e importancia entroncan con la actual oligarquía y son miembros prominentes de algunas de las fracciones de la clase dominante actual.

Las ramas Arzú Batres son fruto del casamiento de dos primos hermanos, Manuel de Jesús Policarpo Arzú y Batres con María Manuela Batres Montúfar y el de Mariano Cayetano de Arzú Batres con Trinidad González de Batres y García Granados. A esta rama pertenece José Batres Montúfar, capitán de Artillería, ingeniero e ilustre poeta, de principios del XIX. Nació en El Salvador, pero pronto se domicilió en Guatemala, donde ocupó importantes cargos junto con su primo el general Miguel García Granados. De la rama sexta de los Arzú Batres, Guillermo Arzú Batres se casó con Luz Ramírez y Valenzuela y a su vez una de sus hijas, Luz Arzú Ramírez, emparenta con Juan José Alejos de la Cerda, rico latifundista de Retalhuleu, productor de café ganado y azúcar. De este matrimonio realizado en 1915, nacerán cuatro hijos,

---

25. Edgar Aparicio y Aparicio, "La familia Arzú", *Revista de la Academia Guatemalteca de Estudios Genealógicos, Heráldicos e Históricos*, Guatemala: 3-4, 1969-70, pp. 69-115.

Diagrama 12
Familia Arzú, rama Arzú Batres

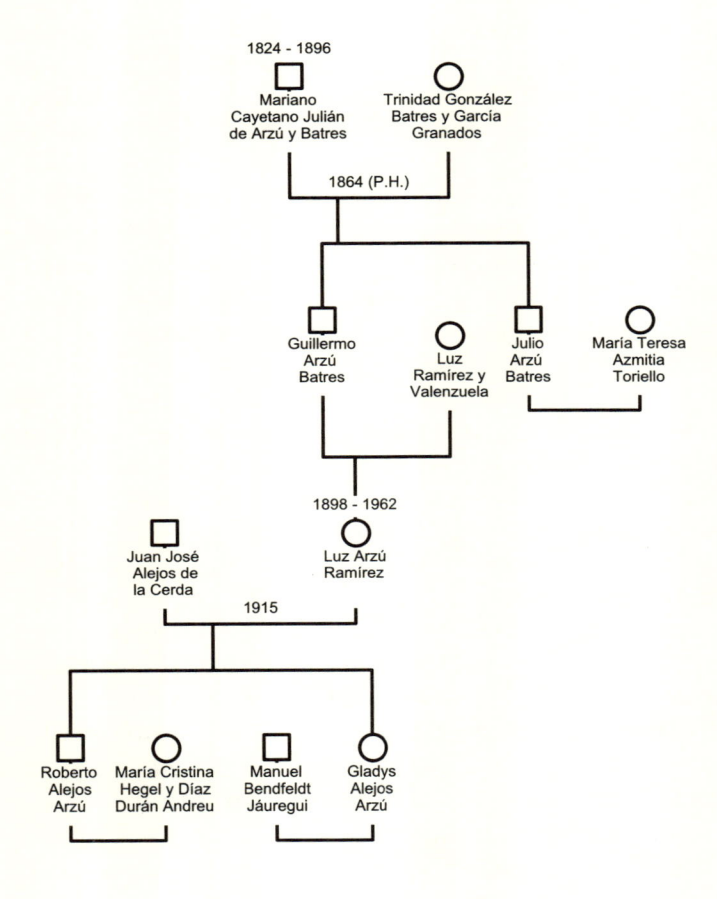

1824 - 1896
Mariano Cayetano Julián de Arzú y Batres — Trinidad González Batres y García Granados

1864 (P.H.)

Guillermo Arzú Batres — Luz Ramírez y Valenzuela

Julio Arzú Batres — María Teresa Azmitia Toriello

1898 - 1962

Juan José Alejos de la Cerda — Luz Arzú Ramírez

1915

Roberto Alejos Arzú — María Cristina Hegel y Díaz Durán Andreu

Manuel Bendfeldt Jáuregui — Gladys Alejos Arzú

Fuente: Elaboración propia con base en datos de archivo.

siendo uno de ellos, Roberto Alejos Arzú, uno de los miembros más poderosos e influyentes de la oligarquía en la década de 1970-80.

De esta misma rama procede Juan de Arzú y Batres, quien nace en la Antigua en 1860 y muere en 1924, casa con Isabel Herrarte de Guzmán, fue ingeniero, escritor y periodista, dos de sus hijos van a destacar como escritores y periodistas. Especial relevancia posee para nuestro estudio José Arzú Herrarte, diplomático en Francia, escritor, periodista y folklorólogo, amigo y compañero de varios escritores de la generación del 20 como Ramón Aceña Durán, Epaminondas Quintana, César Brañas. Escribe una biografía dedicada a su tío abuelo, "Pepe Batres íntimo"; es uno de los primeros intelectuales que defiende a los indígenas e incluso tiene una columna en el periódico *El Imparcial*, en la que le pide perdón a los mayas por los agravios que han cometido los ladinos en contra de su cultura.[26]

Otros miembros más contemporáneos de la red familiar y que van a jugar un rol importante en la preservación económica y política de la red van a ser: Roberto Alejos Arzú, que se casó con Cristina Hegel Díaz Durán Andreu, confluyendo así los intereses de tres familias poderosas, así como la rama de los Arzú Batres. El sobrino de Roberto Alejos, hijo de su hermana Gladys, Manuel Benfeldt Alejos, fue ministro de Desarrollo Urbano y Rural del gobierno de Serrano Elías, en coalición con el Partido de Avanzada Nacional (PAN); dedicado a asuntos inmobiliarios y actividades comerciales, miembro del club Rotario y vinculado directamente con la rama Arzú Batres, será uno de los múltiples miembros de la oligarquía de origen vasco que retornará al poder por la vía de las urnas en la década de 1980.

Los Arzú Aguirre, emparentaron con los Aycinena, por el matrimonio de María Dolores Trinidad Aguirre y Arzú con Vicente Beltranena y Nájera (nieto de los segundos marqueses de Aycinena). A su vez, los enlaces con los Arrivillaga y los Valladares Aycinena los ligan a la fracción agroexportadora y a la industrial. Antonio Aycinena Arrivillaga, latifundista agroexportador, presidente de la Fundación del Centavo y

---

26. José Arzú Herrarte, en su intento de impactar a su clase, se vistió de indígena y publicó la foto en los periódicos y escribió unas cartas dirigidas a los "Mayas" en las que expresaba sentirse descendiente directo de los mayas, con deseos de casarse con una indígena y les pidió perdón por todos los abusos cometidos en contra de ellos. Véase las cartas abiertas de José Arzú, en el periódico *El Imparcial*, tituladas: "Nuestros Indios", 20 de febrero de 1937, "Nuestros amigos los Indios", 5 de febrero de 1937 y "El orgullo de ser Maya", 30 de junio de 1936, en Casaús Arzú y García Giráldez, *Las redes intelectuales centroamericanas:...*

Diagrama 13
FAMILIA AGUIRRE ARZÚ

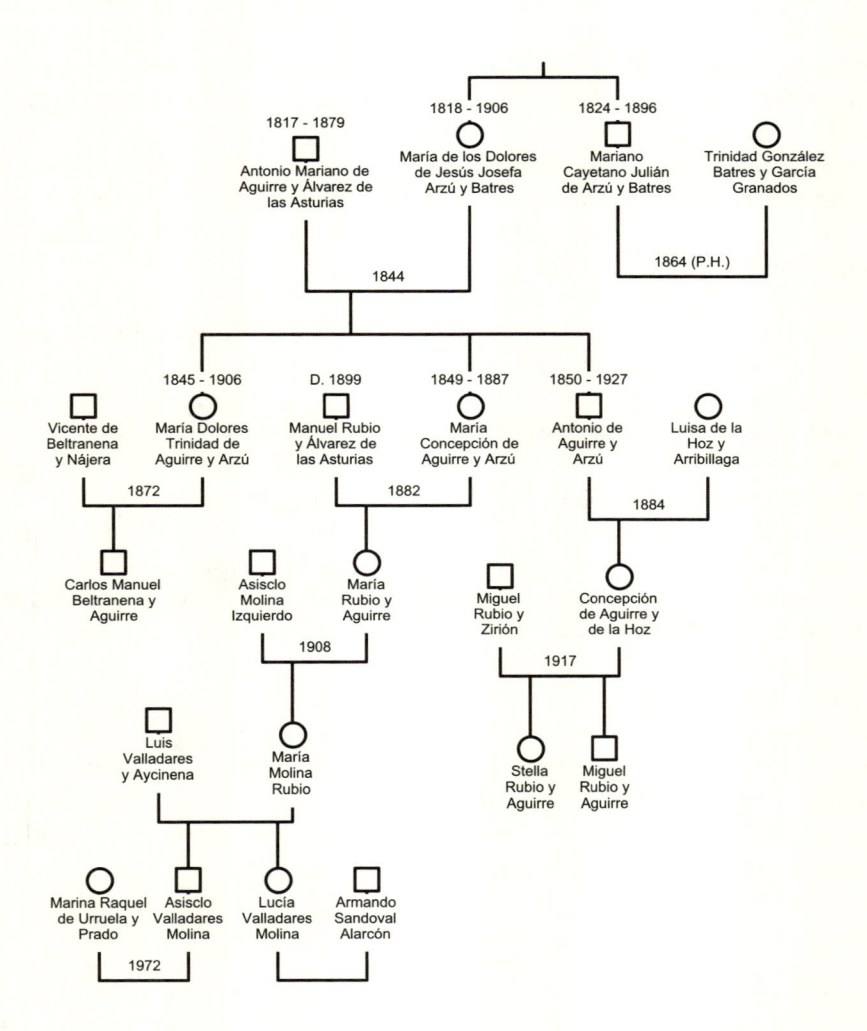

1817 - 1879
☐ Antonio Mariano de Aguirre y Álvarez de las Asturias

1818 - 1906
○ María de los Dolores de Jesús Josefa Arzú y Batres

1824 - 1896
☐ Mariano Cayetano Julián de Arzú y Batres

○ Trinidad González Batres y García Granados

1864 (P.H.)

1844

1845 - 1906
☐ Vicente de Beltranena y Nájera

○ María Dolores Trinidad de Aguirre y Arzú

D. 1899
☐ Manuel Rubio y Álvarez de las Asturias

1849 - 1887
○ María Concepción de Aguirre y Arzú

1850 - 1927
☐ Antonio de Aguirre y Arzú

○ Luisa de la Hoz y Arribillaga

1872

1882

1884

☐ Carlos Manuel Beltranena y Aguirre

☐ Asisclo Molina Izquierdo

○ María Rubio y Aguirre

☐ Miguel Rubio y Zirión

○ Concepción de Aguirre y de la Hoz

1908

1917

☐ Luis Valladares y Aycinena

○ María Molina Rubio

○ Stella Rubio y Aguirre

☐ Miguel Rubio y Aguirre

○ Marina Raquel de Urruela y Prado

☐ Asisclo Valladares Molina

○ Lucía Valladares Molina

☐ Armando Sandoval Alarcón

1972

Fuente: Elaboración propia con base en datos de archivo.

fundador del Banco Metropolitano, uno de los empresarios modernizantes que puede incorporarse a través de las finanzas al proceso de globalización. Su hijo Alfonso Aycinena Valverde se casó con una importante familia vasca de origen reciente y de gran capital, Emilia Abascal Pérez. Su hermano Álvaro casó con una Arenales Catalán. Otro miembro de la red es Acisclo Valladares Molina Aycinena, abogado dueño de "ITURISA", empresa de servicios turísticos y hermano de Luis Domingo, dueño de un noticiero de televisión; Acisclo fue, durante el gobierno de Serrano Elías, procurador general de la Nación, se presentó como candidato a la presidencia en dos ocasiones y ha sido embajador ante la Santa Sede hasta el 2004. Éste emparenta con una Urruela, Raquel Urruela Prado, finalizando la separación entre las dos redes más fuertes de origen vasco. Uno de los hijos de este matrimonio vuelve a emparentar con una Urruela.

La familia Arzú Romá es una de las redes poderosas en la actualidad. Esta rama parte de un importante entronque entre los Arzú, Delgado Nájera, González Batres y Álvarez de las Asturias, en 1816. A finales del siglo XIX extienden su influencia mediante el parentesco con los Cobos Urruela, familias que colaboraron activamente durante el gobierno conservador de Estrada Cabrera. Hay que destacar la dinámica participación de María Cobos Batres Urruela, nieta de Luis González Batres y Juarros, persona muy influyente y activo unionista. Sus hermanos Luis y Manuel Cobos Batres, jugaron un papel muy importante en la lucha contra la dictadura de Estrada Cabrera.

Uno de los hijos del matrimonio Arzú Romá y Batres Urruela, José Mariano Arzú Cobos, se casó con una hija de Mariano Castillo Córdova y Elisa Azmitia, Marta Castillo Azmitia, cuyos hijos Arzú Castillo serán prominentes miembros de la red central de los Castillo Azmitia.

Juan José Alejos Arzú fue una de las personas más relevantes de esta familia, colaboró con el derrocamiento de Jorge Ubico, fue consejero personal de los gobiernos de Arévalo y Árbenz y los representó diplomáticamente en Argentina y México.

Es importante resaltar las bodas de conveniencia que se producen en esta familia con otras redes familiares que poseen en distintas coyunturas el poder político o económico. Tal es el caso de José Antonio Arzú y Díaz de Arcaya con María Josefa Delgado de Nájera y Mencos, o el de Teresa Arzú y Saborío con Antonio Batres Jáuregui, o el de José Mariano Arzú Cobos con Marta Castillo Azmitia. En todos los casos se producen alianzas entre capital y prestigio o entre poder

Diagrama 14
FAMILIA ARZÚ ROMÁ

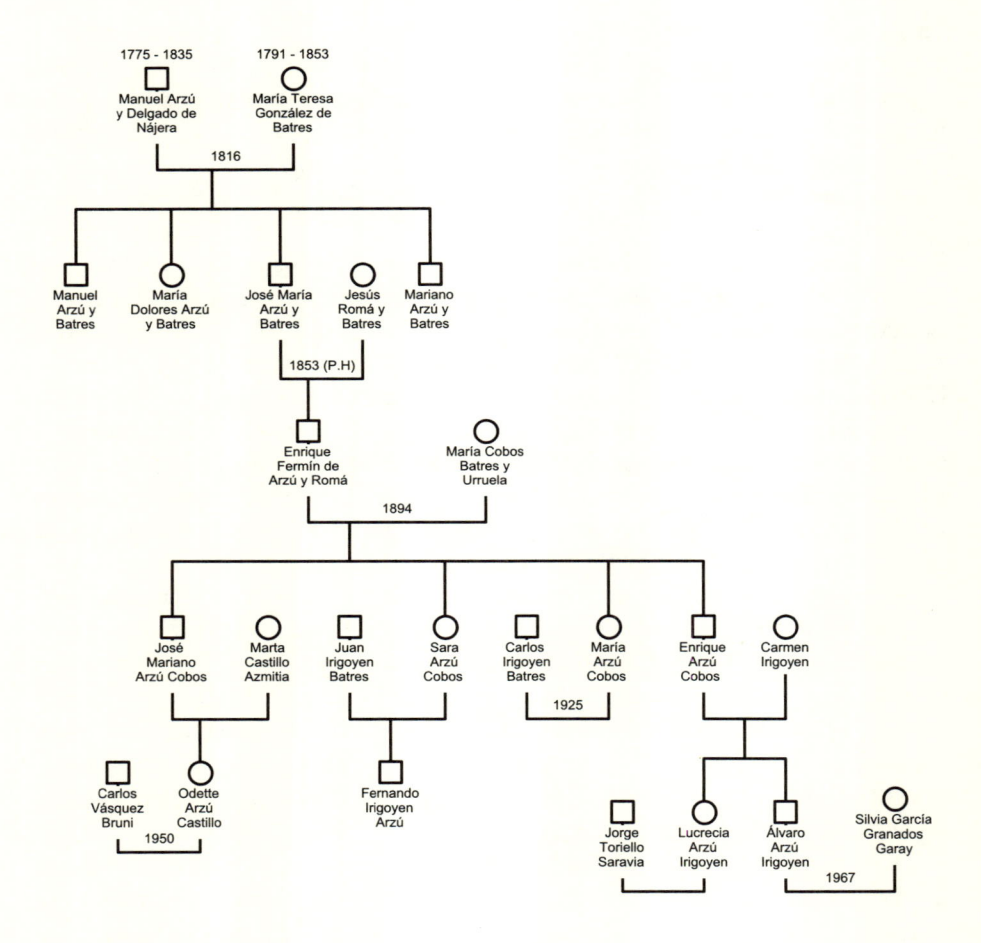

Fuente: Elaboración propia con base en datos de archivo.

político y económico, representando un importante mecanismo de expansión familiar y de consolidación y concentración de poder.[27]

Conviene detenernos en la biografía de Antonio Batres Jáuregui, por su calidad de intelectual orgánico del período liberal y para comprender la alianza de clases que se establece en el siglo XIX; y cómo los Arzú, por medio de ese matrimonio, logran mantenerse en el bloque en el poder y no verse defenestrados por los sucesivos gobiernos liberales, tal y como les sucedió a los Aycinena y los Urruela.

Antonio Batres Jáuregui, del que ya hemos hablado, fue un destacado abogado, historiador, filólogo y político de la época, además de testigo presencial y protagonista de importantes hechos históricos. Tal vez lo más importante de su obra fue el intento de relatar la historia política de un siglo muy convulso y conflictivo con una gran objetividad, tratando de no tomar partido por uno de los bandos en pugna. Son suyas las palabras: "Hay que rehacer nuestra historia, con amplitud de miras; hay que levantar el nivel intelectual, moral y físico de nuestra patria".[28] Como intelectual supo darse cuenta de los cambios de la historia, de la necesidad de diversificar la producción y transformar el aparato del Estado y generar un nuevo bloque hegemónico. Fundó la Escuela de Agricultura y participó activamente con los Ospina y Russignon en la introducción del cultivo de café, creó las escuelas de artesanos y agricultores y participó activamente en el Congreso pedagógico donde plantea una propuesta muy novedosa acerca de la educación. Ocupó la Secretaría de la Sociedad de Amigos del País, durante 18 años y catedrático de Economía Política, Derecho Internacional y de Literatura. Su concepción ideológica está muy influida por el organicismo spenceriano y por Le Bon, sin poderse despojar de ciertos criterios del pensamiento positivista racialista inherentes a su época, como expresar que la fusión de la raza española con la indoamericana supuso una mejora de la raza que dio origen al criollo. En su obra *Los indios: su historia y su civilización*,[29] es donde se expresa su visión más etnocéntrica

---

27. Similares estrategias matrimoniales son señaladas por Balmori *et al.*, *Las alianzas de familias...* para el noroeste de México, Centroamérica y Argentina; por Menno Vellinga y Cerutti, para Monterrey, *Desigualdad, poder y cambio social en Monterrey,* México: Siglo XXI, 1988, p. 31; por S. Socolow para Buenos Aires, *Los mercaderes del Buenos Aires Virreinal,* Buenos Aires: Ediciones de la Flor, 1991, p. 49 y ss.

28. Antonio Batres Jáuregui, *La América Central ante la Historia,* Guatemala: Tipografía Nacional, 1950.

29. Antonio Batres Jáuregui, *Los indios: su historia y su civilización,* Guatemala: Tipografía Nacional, 1889.

respecto al indio. Como todo pensador liberal de la época poseía un imaginario sociopolítico de exclusión del indígena en su concepción de "nación civilizada y moderna". Para Batres Jáuregui, resultaba imprescindible la instrucción del indígena, con el fin de cambiar su conducta y su vida atrasada y desordenada.[30] La escuela se convertía en el principal mecanismo de integrar a los indígenas a la civilización con el fin de poder convertirlos en seres civilizados capaces de adquirir los derechos de ciudadanía.[31]

Por sus antepasados, entre los cuales se encontraban en línea directa los Díaz del Castillo, Delgado Nájera, Pérez Dardón, De la Tovilla, todos ellos antiguos conquistadores y encomenderos, más la incorporación de nuevas redes de procedencia vasca como los Batres, Jáuregui, Cóbar y por último con el matrimonio con Teresa Arzú y Saborío logra articular un nuevo bloque histórico de carácter modernizante, haciendo posible el tránsito de estas familias de antiguos pobladores y de advenedizos al período liberal, sin que sus propiedades fueran afectadas, ni su poder político mermado. En las siguientes tablas podemos observar este fenómeno. En ellas presentamos la transición de las principales familias del período conservador al liberal, sin que en realidad se produzca una ruptura, sino una modificación de la correlación de fuerzas al interior del bloque histórico.[32] La hija de Antonio Batres Jáuregui se casará con José Guirola Leal, ministro de Economía, embajador ante la Santa Sede, caballero de la Orden de San Gregorio.

La red de los Arzú Cobos (Diagrama 14) juega un papel importante en el ámbito político, de principios del siglo XX, especialmente por la importancia de los hermanos Luis y Manuel Cobos Batres que lucharon en contra de la dictadura de Estrada Cabrera. Manuel Cobos Batres (1878-1953) fue uno de los principales líderes que derrocó a Estrada Cabrera, fundó el Partido Unionista en 1920 y se opuso a la reelección de Orellana y a la dictadura de Ubico, pidiendo a la ciudadanía un minuto de silencio. Su pariente, el obispo José Piñol y Batres, fue quien

---

30. Sobre estos temas véase, Casaús Arzú, *Los proyectos de integración social...* y "El pensamiento racial y la Nación en Guatemala...", así como el excelente artículo de García Giráldez, *Nación cívica, nación étnica...*

31. Para mayor información véase Edgar Esquit, "La nación imaginada y la destrucción de la identidad comunitaria indígena 1940-1971", ponencia presentada en el II Congreso de Historia Centroamericana, agosto, 1994.

32. Ver las listas de las principales familias estudiadas, los cargos políticos y sus propiedades a lo largo del siglo XIX, así como la transición del período conservador al liberal. Fuente: Palma Murga, *Núcleos de poder local...*, pp. 150 y ss., anexos 8 y 9.

llamó a la rebelión contra el dictador, desde el púlpito, en sus famosos sermones contra Estrada Cabrera, lo que le valió la cárcel y el exilio.[33]

De esta misma rama, su sobrino Enrique Arzú Cobos, contrae matrimonio con su prima, Carmen Irigoyen, de cuya descendencia surgirá el actual alcalde de Guatemala, Álvaro Arzú, anterior presidente de la República, en 1995 y fundador del actual Partido Unionista que pretende rescatar el pasado histórico de sus parientes Cobos Batres.

Álvaro Arzú Irigoyen fue miembro activo del Movimiento de Liberación Nacional, director del Instituto Guatemalteco de Turismo en tiempos del general Lucas García, cuando su suegro Raúl García Granados, era el Secretario de la Presidencia. Ganó la alcaldía metropolitana en 1982, pero no la ocupó por el golpe de Estado y la volvió a ganar en 1985. Durante el mandato del presidente Vinicio Cerezo, fundó el Partido de Avanzada Nacional (PAN) y se lanzó como candidato presidencial en las elecciones de 1990. Su candidato a vicepresidente fue Fraterno Vila, importante terrateniente, industrial y financiero y una de las mayores fortunas del país. En el gabinete del presidente Jorge Serrano Elías, ocupó la cartera de Relaciones Exteriores, y su partido, el Partido de Avanzada Nacional, ocupó cuatro ministerios en carteras importantes y varios viceministerios. Tras la crisis institucional provocada por el autogolpe de Serrano Elías y después de las elecciones para el Congreso de la República, Álvaro Arzú gana la presidencia de la República en las elecciones generales de 1995 con el PAN. Durante su mandato se firmó la paz en 1996. En su gabinete presidencial fue notable la presencia de figuras procedentes de las élites políticas tradicionales y familiares como García Gallont, Flores Asturias, Serra Castillo, Berger Perdomo. El hecho de que su sucesor en las elecciones del 2000, fuera Óscar Berger Perdomo que no triunfara en dichas elecciones, pero sí en las siguientes del 2004, hace pensar que de nuevo se produce un reciclaje de las redes familiares vinculadas con ciertos sectores de empresarios más modernizantes como Eduardo González, Mike Fernández, Richard Aitkenhead, Jorge Briz Abularach, Alfredo

---

33. A la luz de la historia guatemalteca, se reconoce la importancia de la "Carta Abierta al Sr Don Manuel Estrada Cabrera", escrita en 1919, en la que le pedía su dimisión y el retorno a la democracia (*El Imparcial*, 9, 10 y 11 de abril, de 1945). Así como los sermones del obispo José Piñol y Batres que prepararon la rebelión en contra de la dictadura cabrerista en 1920. Resulta interesante que las mujeres que lideraron la protesta en contra de la detención del obispo fueran mujeres de la élite y esposas de miembros del Partido Unionista, Matilde Bianchi, Dolores Aycinena de Valladares y Elvira Larraondo Aparicio, entre otras. "Rebelión contra Estrada Cabrera, Las Conferencias del Obispo Piñol", *El Imparcial*, 30 de abril de 1945.

Diagrama 16
Familia Arzú y Saborío

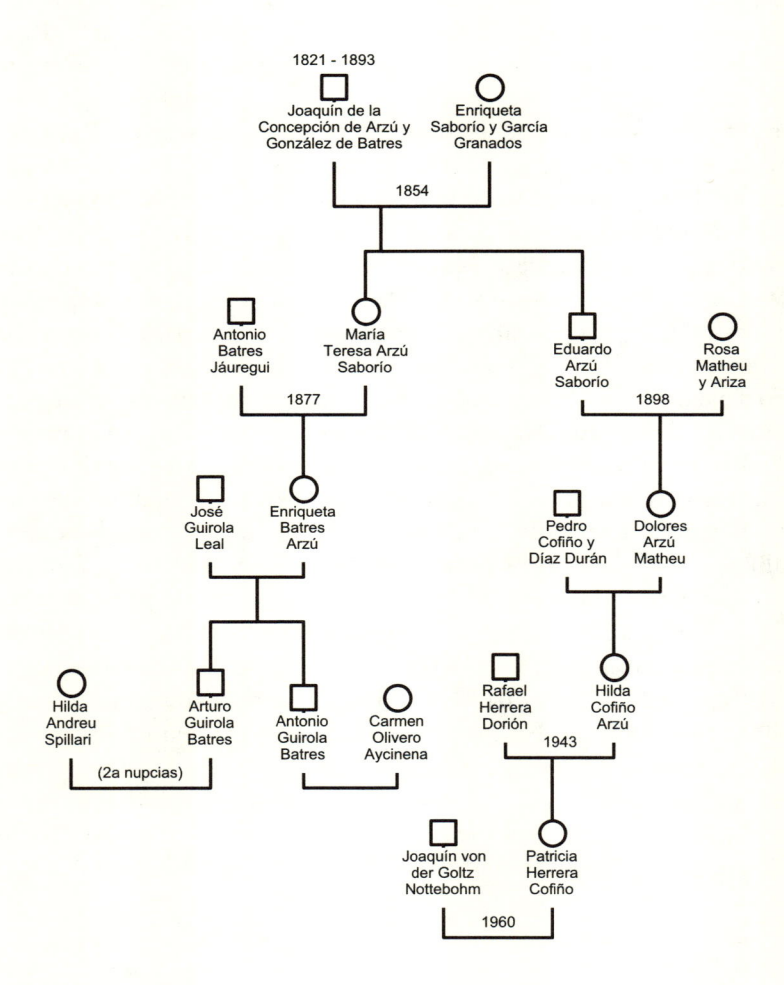

Joaquín de la Concepción de Arzú y González de Batres (1821 - 1893) — **Enriqueta Saborío y García Granados** (1854)

Hijos:
- **María Teresa Arzú Saborío** ⚭ **Antonio Batres Jáuregui** (1877)
- **Eduardo Arzú Saborío** ⚭ **Rosa Matheu y Ariza** (1898)

De María Teresa Arzú Saborío y Antonio Batres Jáuregui:
- **Enriqueta Batres Arzú** ⚭ **José Guirola Leal**
  - **Arturo Guirola Batres** ⚭ **Hilda Andreu Spillari** (2a nupcias)
  - **Antonio Guirola Batres** ⚭ **Carmen Olivero Aycinena**

De Eduardo Arzú Saborío y Rosa Matheu y Ariza:
- **Dolores Arzú Matheu** ⚭ **Pedro Cofiño y Díaz Durán**
  - **Hilda Cofiño Arzú** ⚭ **Rafael Herrera Dorión** (1943)
    - **Patricia Herrera Cofiño** ⚭ **Joaquín von der Goltz Nottebohm** (1960)

Fuente: Elaboración propia con base en datos de archivo.

Vila, los hermanos Jorge y Alfredo Skinner Klee, Guillermo Castillo, Enrique Matheu[34] y de otros grupos empresariales pertenecientes a los sectores más avanzados de las redes como Eduardo Stein Barillas, Max Santacruz Wyld y Andrés Botrán, Fernando Andrade Falla, etcétera.[35]

CONCLUSIONES

a) Desde el inicio de la dinastía, la mayor parte de los varones se dedican a la profesión militar, obteniendo importantes cargos y rangos como el de regidores, corregidores, tenientes, coroneles, llegando a ser algunos de ellos ministros, como Manuel de Arzú y Delgado de Nájera o su hijo Manuel de Jesús Policarpo de Arzú y Batres o Álvaro Arzú.[36]

b) Esta familia de origen vasco como los Aycinena, pero de menor relevancia política que éstos en los siglos XVIII y XIX, poco a poco ha ido adquiriendo más poder y se ha situado en puestos clave de la política en el siglo XX, que refuerzan la red como Manuel y Luis Cobos Batres, José Piñol y Batres, Roberto Alejos Arzú, Manuel Benfeldt Alejos, Álvaro Arzú Irigoyen.

c) Buena parte de la familia se dedica a la agricultura, el comercio y las finanzas, aunque su actividad política fue de menor relevancia que la de los Aycinena a lo largo del siglo XIX. En oposición a la familia Aycinena, que hace su fortuna a través de la política, es el ejercicio del poder militar lo que les permite beneficiarse del aparato del Estado. También en oposición a los Aycinena, siempre fueron de ideología católica-conservadora, y no tuvieron virajes en la política en cuanto a ideología se refiere. Pocos participaron activamente en ella, pero los que lo hicieron tuvieron un papel relevante.

---

34. Muchos de ellos vinculados al sector azucarero como los Vila, Fernández, Botrán o al sector financiero como Eduardo González, Gutiérrez Boch, Gutiérrez, Granai y Castillo. La pugna interna entre los intereses de varios sectores al interior del gobierno se hace sentir en la escasa capacidad de maniobra para formar gobierno y para gobernar y en el poco control del aparato del Estado.

35. No pretendemos ser exhaustivos en el manejo de nombres y apellidos en los actuales gobiernos centroamericanos y especialmente guatemaltecos, pero sí señalar el reciclaje de las redes familiares, especialmente las de origen vasco, en el núcleo actual de poder.

36. Algunas excepciones serían: el coronel Manuel de Arzú quien fue Secretario de Estado (1825), su hijo del mismo nombre fue administrador de Rentas de Quetzaltenango. José Antonio Arzú y Díaz de Arcaya, quien fue alcalde mayor de Sololá, de Atitlán y Tecpán Atitlán (1769), Juan de Arzú y Batres fue regidor de la municipalidad de la capital (1879) y Álvaro Arzú Irigoyen, ex presidente en 1995 y actual alcalde de la ciudad de Guatemala desde el 2004.

d) Los Arzú, al igual que los Aycinena, presentan un claro patrón de matrimonios endogámicos y casi siempre emparentan con otras familias vascas como Batres, Irigoyen, Aycinena, Aguirre, Beltranena, Arrivillaga.
e) En general fueron menos prolíficos que los Aycinena o Delgado Nájera, lo cual les restó capacidad de alianzas con otras familias y sus enlaces matrimoniales no fueron tan brillantes como los de sus antecesores.
f) Las ramas más exitosas en sus alianzas fueron los Arzú Romá, Cobos Batres y los Arzú Saborío, que enlazan con los Castillo Azmitia, Herrera Dorión, García Granados, Díaz Durán, Matheu, Alejos. En la actualidad, la conjunción de estas ramas con las familias mencionadas representa básicamente a las distintas fracciones de élite de poder.
g) Económicamente ocupan un lugar relevante, aunque a nuestro juicio no se encuentran al mismo nivel que otras redes familiares como los Castillo, Neutze, Gutiérrez, para insertarse en el proceso de globalización, debido a que su nivel de desarrollo productivo y tecnológico y su escasa incidencia en la estructura financiera, les impide participar en la configuración de nuevos bancos. Políticamente, representan el ala conservadora y tradicional de la élite de poder, aunque por razones electorales y de apropiación de nuevos espacios políticos, se han vinculado a un partido de nuevo cuño tras la ruptura con el PAN, el Partido Unionista, liderado por Álvaro Arzú y su pariente Fritz García Gallont, quienes parecen desconocer las bases originales del Partido Unionista de 1920, por la incorporación del himno fascista español de "Cara al Sol" como lema de su partido y por el escaso énfasis que dan a la regeneración de la sociedad y a las alianzas policlasistas, así como el enorme impulso renovador y progresista que dicho movimiento tuvo en la década de 1920.[37]
h) El triunfo de Álvaro Arzú de nuevo a la alcaldía de la capital, en el 2005, asegura la presencia de esta familia en la arena política por la vía de la alcaldía, plataforma que es utilizada por casi todos los políticos centroamericanos desde tiempos inmemoriales para acceder de nuevo a la presidencia. Tal ha sido el caso de varios

---

37. Sobre este tema véase Casaús Arzú y García Giráldez, *Las redes intelectuales centroamericanas...* Especialmente el artículo de Teresa García Giráldez, "La Patria grande centroamericana, la elaboración del proyecto nacional por las redes unionistas", pp. 123-197.

políticos como Lacayo Oyanguren en Nicaragua, Óscar Berger en Guatemala, Calderón Sol en El Salvador, etc. Lo que parece indicar que vuelven a intentar la vía local como trampolín político para lanzarse posteriormente a la conquista de la presidencia de la República.

3.
LA FAMILIA URRUELA

Dado su origen vasco, el período en que emigran y su actividad económica, esta red familiar posee características similares a la de los Aycinena y a la de los Arzú, pero difiere en cuanto a estilo, práctica y comportamiento de clase. Nos detenemos en su estudio por ser la segunda red en importancia a lo largo de los siglos XVIII y XIX, porque sobrevive a los avatares de 1871 y del período democrático burgués de 1944-1954 y continúan perteneciendo al bloque hegemónico.

Gregorio Ignacio de Urruela y Angulo fue el primero de la familia que emigró a América, en 1774, junto con su sobrino José Eleuterio de Urruela y Valle, que llegó unos años más tarde, en 1786. Ambos eran de Retes de Tudela, Álava, y desde su llegada se vincularon estrechamente a la Iglesia, realizando importantes obras benéficas y la construcción de varios de los templos más importantes de la Nueva Guatemala de la Asunción. La biografía de José Eleuterio Urruela y Valle cuenta que fue hermano mayor del Hospital de San Juan de Dios y contribuyó a la construcción de los templos de Santa Teresa, Santa Clara y San Francisco, en cuya obra invirtió fuertes cantidades de dinero.[38] Se casó con su prima hermana María Dolores de Urruela y Casares, fundando una de las ramas más prolíficas de los Urruela. Uno de sus hijos, José María Rosendo de Urruela y Urruela, fue un abogado prestigioso y ocupó importantes cargos de magistrado de la Corte Suprema, consejero de Estado en 1844, 1849, 1854 y 1856, diputado de la Constituyente, 1843, 1848, 1851, consiliario del Consulado de Comercio, 1856, miembro de la Sociedad de Amigos del País, ministro de Hacienda y Guerra y de Relaciones Exteriores. Realizó numerosas obras de caridad y llevó a Guatemala la Congregación de las Hijas de la Caridad de San Vicente de Paúl. Su hermano Manuel José Arcadio de Urruela y Urruela, también

---

38. Juan Echeverría Lirrazalde, *Historia genealógica de la familia Urruela*, Guatemala: Academia Guatemalteca de Estudios Genealógicos, Heráldicos e Históricos, 1965.

se dedicó a obras de beneficencia y terminó de construir el templo de San Francisco, fue miembro de la Sociedad de Amigos del País y contador del Consulado de Comercio.

Gregorio Ignacio de Urruela y Angulo, hijo segundo de José Urruela y Bárcena, procedente de Retes, fundó la segunda rama de los Urruela en Guatemala, se casó con María Josefa Casares y Olaberrieta, dejando una vasta descendencia de 20 hijos. Josefa procedía de la familia de Díaz del Castillo y Cárcamo, por lo que el entronque de los Urruela con los Díaz del Castillo es uno de los primeros que se produce entre vascos y antiguos pobladores. Por lo que se colige de su biografía, parece que fue un hombre que llegó a América con dinero, pues desde su arribo emprende importantes construcciones de templos y hospitales en la capital. Su dinero lo inviertió en tres frentes: a) El comercio, tuvo fletes de barcos, comerció vinos con España a través de Cádiz, fundando la Casa Urruela e hijos. b) Los préstamos, se dedicó a prestar dinero a interés. c) Obras de beneficencia y construcción de iglesias, templos y hospitales. Todo parece indicar que de alguna manera administraban los bienes de la Iglesia que en ese momento eran cuantiosos. Ocupó importantes cargos públicos como regidor del Ayuntamiento en 1779 y 1781, alcalde ordinario en 1809, regidor bienal en 1811, diputado del Comercio y prior en 1803, síndico de la Provincia de la Religión Franciscana, capitán de la Primera Compañía de Voluntarios de Fernando VII de Guatemala.

Del matrimonio Urruela-Angulo con Casares Olabarrieta merece distinguir los siguientes entronques: uno de los hijos, Gregorio Ignacio Urruela y Casares se casó con María de Anguiano y Maestre y de este matrimonio dos de sus hijos, María del Carmen y Gregorio Urruela y Anguiano, emparentan con las redes más prósperas económicamente y poderosas políticamente. Como se puede observar en el Diagrama 17, María del Carmen Urruela y Anguiano se casó con Manuel Guillén de Ubico, iniciándose así el parentesco con el que fuera presidente y dictador de Guatemala durante 13 años, Jorge Ubico y Castañeda.

Una de las hijas, Ernestina Ubico y Urruela se casó con otro hombre público de relevancia, Manuel Herrera Moreno, quien fue diplomático y ministro de Hacienda de Justo Rufino Barrios. El hombre que elaboró y firmó la Ley de Jornaleros y uno de los mayores usurpadores de tierras de la época; fundará la dinastía de los Herrera, mediante la vinculación de los Herrera con los Ubico. El otro hijo, Arturo Ubico y Urruela fue abogado y político de renombre y miembro de la Asamblea Nacional. De su matrimonio con Matilde Castañeda y Castañeda nacerá Jorge Ubico y Castañeda; otra hija emparentará con los Altolaguirre, Robles y Klee. Con este enlace matrimonial de consolidación y ampliación de redes familiares, nos volvemos a encontrar con el mismo hecho que veíamos en el siglo XVI y XVII, la conjunción del capital agrario, financiero e industrial.

Francisco Urruela y Anguiano casa con Guadalupe Lara Pavón y uno de sus hijos, Francisco Urruela Lara, vuelve a España donde reside hasta su muerte. Por su casamiento con María del Milagro García Sancho, Marquesa de Montealegre, adquiere varios títulos más y es caballero de la Real Maestranza de Zaragoza y gentilhombre de Cámara de Alfonso XIII. Es interesante resaltar el hecho de que casi no existe familia guatemalteca de renombre en que uno de sus hijos no retorne a España y no funde Mayorazgo o adquiera título de nobleza. Éste fue el caso de los Guzmán, Barahona y Sotomayor en el siglo XVI, de los Delgado Nájera y Arrivillaga en el XVII, de los Aycinena, Urruela, Arzú, Díaz Durán y Aparicio en el siglo XIX.[39]

De los 20 hijos del matrimonio sólo queremos resaltar a Gregorio Urruela y Casares, cuyo hijo Gregorio de Urruela y Anguiano se casó con su prima María Josefa de Coloma y Urruela, en 1859; sus hijos entroncarán con tres fracciones importantes. Esta rama emparenta de nuevo con las antiguas familias más poderosas del siglo XX, produciéndose así un reciclaje de aquellas familias más antiguas que pierden su hegemonía a principios del XX y vuelven a aparecer en escena a partir de la segunda mitad de este siglo. Se realiza así un nuevo reagrupamiento entre las nuevas familias y aquellas más tradicionales. En el diagrama 18, podemos observar el retorno de los Beltranena, Piñol, Álvarez de las Asturias, Castillo Aycinena, Arzú y la incorporación de familias alemanas en su seno, los Nottebohm, Schlesinger, Von Merck, Widmann. Todo pareciera indicar que a finales de la década de los 1880 y tras un período de recomposición de la oligarquía, se produce una nueva remodelación del bloque en el poder, en donde las familias tradicionales se reciclan por la vía del matrimonio y retornan al poder reforzadas por nuevos elementos. En el caso de Guatemala se produce una alianza entre miembros de las redes vascas: Arzú, Aycinena, Beltranena, con familias de origen belga o alemán: Boppel, Berger, Widmann, Dieseldorff y grupos de origen mestizo: Barrios, Herrera, Samayoa, etc.

---

39. La fundación de mayorazgos jugó un papel importante en el proceso de concentración de poder político y económico y como uno de los principales mecanismos de adquirir prestigio y abolengo. Para mayor información véase De La Peña, *Oligarquía y propiedad...* y Bartolomé Clavero, *Mayorazgo,* Madrid: Siglo XXI, 1989.

Diagrama 17
Familia Urruela-Angulo-Anguiano-Olabarrieta

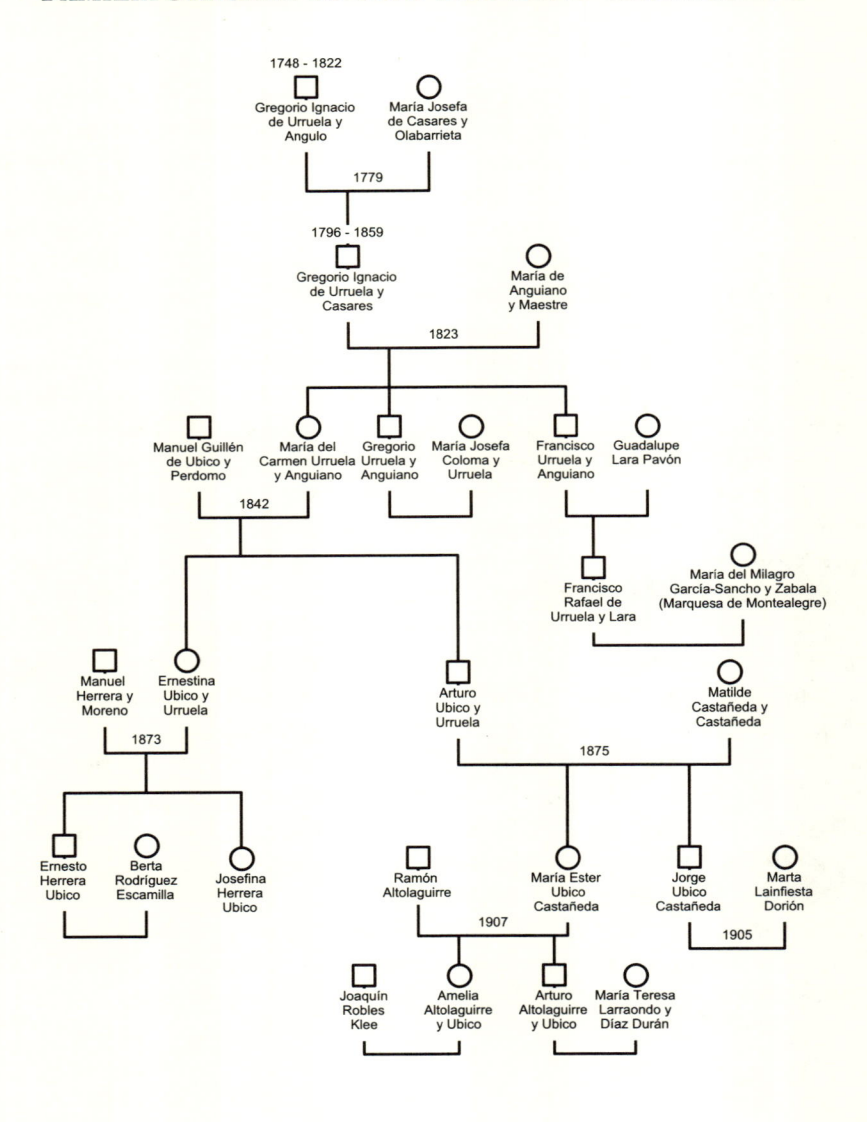

1748 - 1822
Gregorio Ignacio de Urruela y Angulo — María Josefa de Casares y Olabarrieta
1779

1796 - 1859
Gregorio Ignacio de Urruela y Casares — María de Anguiano y Maestre
1823

- Manuel Guillén de Ubico y Perdomo — María del Carmen Urruela y Anguiano *(1842)*
- Gregorio Urruela y Anguiano
- María Josefa Coloma y Urruela
- Francisco Urruela y Anguiano — Guadalupe Lara Pavón

Francisco Rafael de Urruela y Lara — María del Milagro García-Sancho y Zabala (Marquesa de Montealegre)

Manuel Herrera y Moreno — Ernestina Ubico y Urruela *(1873)*

Arturo Ubico y Urruela — Matilde Castañeda y Castañeda *(1875)*

- Ernesto Herrera Ubico
- Berta Rodríguez Escamilla
- Josefina Herrera Ubico

- Ramón Altolaguirre — María Ester Ubico Castañeda *(1907)*
- Jorge Ubico Castañeda — Marta Lainfiesta Dorión *(1905)*

Joaquín Robles Klee — Amelia Altolaguirre y Ubico
Arturo Altolaguirre y Ubico — María Teresa Larraondo y Díaz Durán

Fuente: Elaboración propia con base en datos de archivo.

Con el matrimonio de Arturo Castillo Azmitia y Carmen Beltranena Urruela se sella una de las alianzas más prósperas de la época, por la importancia que la Cervecería Centroamericana había ido adquiriendo. Arturo Castillo Azmitia fue uno de los dueños y mayores accionistas de la Cervecería Centroamericana y uno de los fundadores del Banco de Guatemala, alcalde de la capital, miembro de la Real Academia Española y uno de los hombres más prominentes de su época.

Sus hijos emparentan con los Ubico, Aycinena, Valladares. De esta forma, las antiguas familias que habían visto mermada su fortuna y su hegemonía vuelven a pertenecer a la élite de poder, reforzando de este modo el bloque hegemónico.

El matrimonio de José Víctor Urruela con Raquel Vásquez les enlaza con la oligarquía cafetalera, a través de la familia colombiana Vásquez y Ospina, quienes introdujeron el cultivo del café a Guatemala y fundaron el Banco Colombiano. Los hijos de este matrimonio se dedicaron en su mayor parte a actividades artísticas y diplomáticas. Uno de ellos, Federico, emparenta con los Prado Rossbach, también dueños de fincas y beneficios de café. Su hija Raquel Urruela Prado enlaza con un Valladares Molina y Aycinena. Otro de sus hijos, Federico Urruela Prado, emparenta con los Arenales Catalán; diplomático, trabajó en importantes embajadas de Guatemala, como la de Canadá y la Misión Permanente de Naciones Unidas en Ginebra.

Sólo en esta rama, en la que nos hemos detenido a analizar, nos encontramos con enlaces que conectan a los Urruela con las fracciones de clase más importantes del bloque hegemónico, aunque el apellido se pierde debido a que son las mujeres las que enlazan con las familias más importantes de la clase dominante, como son los matrimonios de: Carmen Urruela y Anguiano con Manuel Guillén Ubico; Ernestina Ubico y Urruela con Manuel Herrera Moreno; Clara Urruela Coloma con Bernardo Beltranena Piñol; María Beltranena Urruela con Barón Von Merck; Concepción Beltranena Urruela con Enrique Álvarez de las Asturias y Carmen Beltranena y Urruela con Arturo Castillo Azmitia.

Como en otras redes familiares prolíficas son las mujeres las que, por matrimonios de conveniencia y con el estímulo de la dote, enlazan con las familias más poderosas del bloque hegemónico y son las que tejen la tela de araña en cada coyuntura histórica. En aquellos casos en que las mujeres son mayoría se pierde el apellido y lo absorben otros grupos familiares dominantes, dispersándose de esta forma la dinastía. En la rama Urruela Angulo y Urruela Coloma, esto parece haber sido la principal causa de la desaparición del apellido Urruela, aparte de la gran cantidad de hombres y mujeres solteras que aparecen en esta red familiar, en la que podemos enumerar hasta 25 miembros. Este alto porcentaje de solteros puede deberse a varios factores, pero principalmente hay que atribuirlo a su afán religioso que los llevaba a tomar los hábitos, a realizar votos de castidad y dedicarse a obras de caridad. Un miembro soltero de esta familia, Julio Urruela Vásquez, preguntándosele respecto a este punto, afirmó que su tío, quien tenía cinco hijas solteras, cuando se casó la primera, advirtió al resto que no debería contraer matrimonio ninguna más. El resto de las mujeres así lo hicieron y se dedicaron a hacer obras de beneficencia.[40]

CONCLUSIONES

a) La familia Urruela y Angulo, Urruela y Valle proceden del país vasco, de Retes de Tudela, Álava. Emigran en la misma época que los Aycinena y los Arzú y llegan a Guatemala en 1774, treinta y cuatro años más tarde que los Aycinena. Esta pequeña diferencia de tiempo y el tipo de enlaces matrimoniales más exitosos de Juan Fermín Aycinena, les proporcionó a éstos una cierta hegemonía sobre los Urruela, quienes desde el inicio se asientan en Guatemala como la segunda red más poderosa de la época.

b) Al igual que los Aycinena, se dedicaron al comercio y con el dinero acumulado hicieron obras de infraestructura en su pueblo de origen. La fundación de mayorazgos constituyó uno de los principales mecanismos de acumulación de poder y abolengo en esta familia.[41] Ambos se dedicaron a prestar dinero, gestión que llevaron a cabo con secreto y discreción. Asimismo se dedicaron al comercio con la metrópoli. Los Aycinena al comercio de añil y los Urruela al flete de barcos y negocios de vinos. Ambas redes fueron muy prolíficas con una media de diez hijos, lo cual les permitió establecer una amplia red familiar y entroncar con las familias más poderosas de la época.

c) Los Urruela, a diferencia de los Aycinena, se dedicaron de forma especial y casi esencialmente a las obras de beneficencia; se vincularon estrechamente con la Iglesia local, colaborando en la construcción de iglesias y conventos, llevando a Guatemala diversas órdenes religiosas como es el caso de Manuel José Arcadio Urruela y Urruela, que hizo grandes obras de beneficencia y concluyó la iglesia de San

---

40. Entrevista abierta mantenida con Julio Urruela. Madrid, 1983.

41. Según miembros de la familia y por informaciones de los vecinos de Retes, esta familia volvió a su pueblo y construyó el acueducto, la iglesia principal y varias edificaciones del pueblo de Retes.

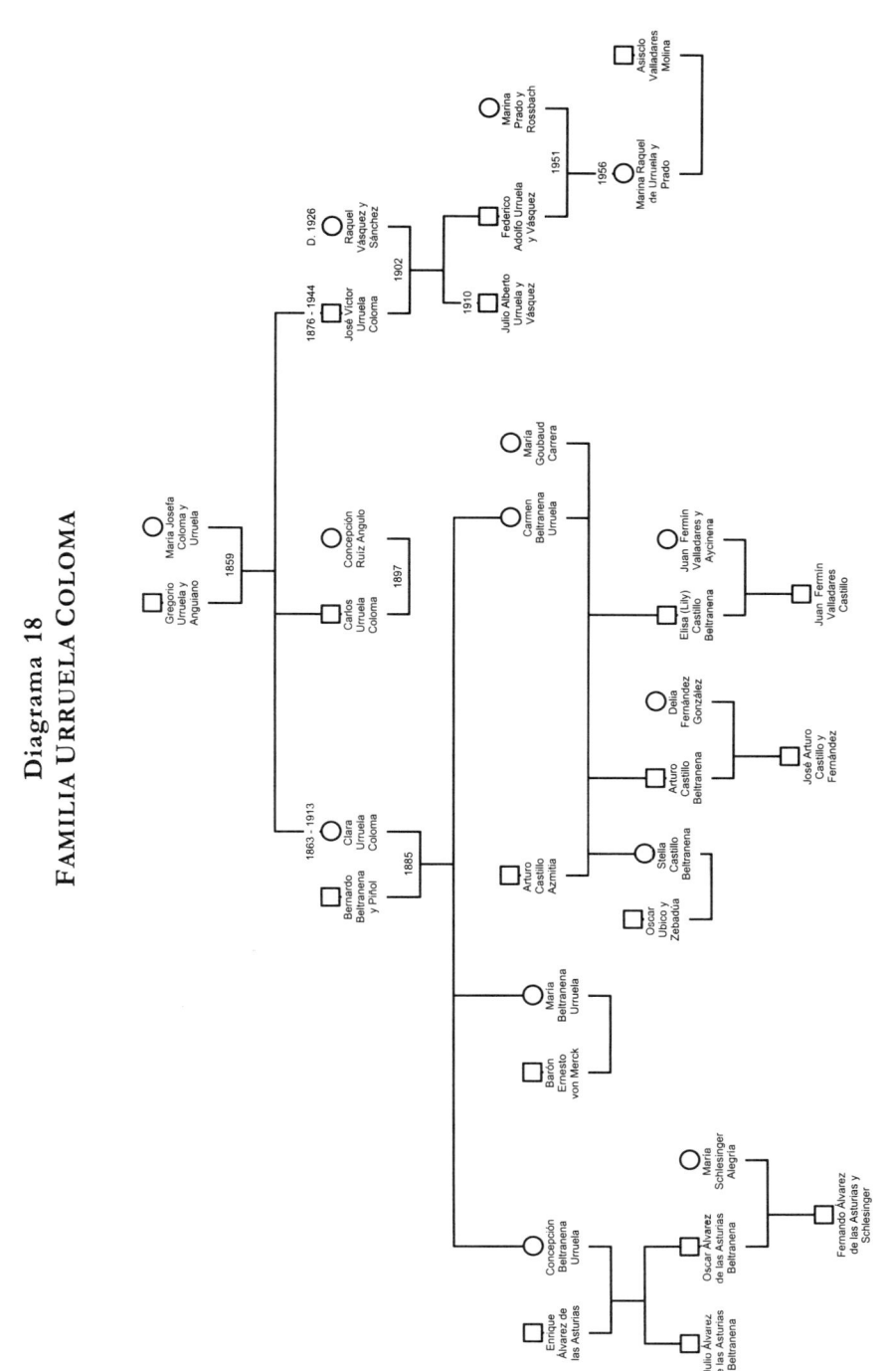

Las principales redes familiares de la oligarquía guatemalteca...

Diagrama 18
FAMILIA URRUELA COLOMA

Fuente: Elaboración propia con base en datos de archivo.

Francisco; Juan Francisco de Urruela y Urruela, quien fundó la Casa Central; Rafael José de Angulo y Urruela, quien dirigió y dedicó su vida al hospital San Juan de Dios de la capital. Muchos de sus miembros ingresaron en conventos o profesaron votos de pobreza y castidad, de ahí el gran número de solteros. En la actualidad, salvo algunas excepciones, se la sigue considerando como una familia de beatos, poco dedicada a la política, a la que muchas veces consideran como una actividad deshonrosa.

d) El índice de endogamia de la familia Urruela es el más alto de las familias vascas que emigraron en el siglo XVIII. Existen al menos tres ramas que se casan múltiples veces entre primos hermanos: Angulo-Urruela, Zirión-Urruela, Cobos-Urruela, Penedo-Urruela y Urruela-Urruela. Así mismo es la red familiar que emparenta con mayor número de familias vascas y posiblemente, de las tres redes de origen vasco que hemos estudiado, la que guarda mayor conciencia e identidad de su ascendencia. Entre las familias vascas con las que se emparentan a lo largo del siglo XVIII hasta la actualidad, podemos mencionar: Angulo, Ruiz, Casares, Zirión, Viteri, Olabarrieta, Saravia, Aguirre, Valladares, Aycinena, Beltranena, Cobos, Arzú y Echeverría.

e) Es importante resaltar el hecho de que a lo largo de dos siglos casi no entroncan con la familia Aycinena, a pesar de ser tan endogámica y de tratar de emparentar todo el tiempo con familias vascas. Este hecho nos lleva a pensar que existió una profunda rivalidad entre ambas redes familiares y que las dos ocuparon espacios políticos y económicos diferentes, guardando sus límites de poder paralelos y estableciendo fuertes relaciones de competencia a nivel de ambas dinastías. Es interesante el hecho de que ambas familias sufren un declive de su poderío a partir del siglo XX. No obstante, en la última década se rompieron sus espacios de influencia tradicionales y varios de sus miembros retornan al poder en las elecciones presidenciales de 1990. Entre los miembros destacados de la familia, en la actualidad, podemos citar a los ingenieros Juan José Urruela y Jorge Luis Urruela Nanne, industriales y miembros del Comité Coordinador de Asociaciones Agrícolas, Comerciales, Industriales y Financieras (CACIF). Luis Urruela de los Monteros y Arturo Urruela, dueños de grandes fincas de café en Barberena y de la exportadora Export Café S.A. José Luis Chea Urruela, fue viceministro de Relaciones Exteriores y diplomático; Federico Urruela Prado, embajador en Canadá y en Ginebra ante Naciones Unidas.

Una de las ramas poderosas que controlan más poder, en la actualidad, son los Urruela de los Monteros, que emparentan con los

Nanne, Aguirre, Zaid y Kong. Otros miembros de renombre se encuentran en la rama de los Urruela Vásquez, Julio Urruela Vásquez, diplomático, artista y escultor y Federico Urruela Prado, abogado, juez y diplomático.

f) Su ideología fue marcadamente conservadora desde sus inicios hasta nuestros días. Fue una de las pocas familias de criollos que se opuso a la Independencia, algunos de sus miembros fueron a España a luchar en las filas de Fernando VII contra los franceses y colaboraron con fuertes cantidades de dinero para los capitanes generales, González Mollinedo y Bustamante y Guerra, quienes los recomendaron ante el rey por su comportamiento monárquico y antiindependentista. Durante la época liberal fueron perseguidos y parte de sus bienes expropiados por su estrecha relación con la Iglesia.

g) No fue una de las familias que contrajera mayores vínculos con los alemanes que emigraron en el siglo XIX; tal vez ésta haya sido una de las razones que les restó poderío en el siglo XX. Durante el siglo XIX solo emparentan con los Von Merck y Klee y en el siglo XX, con los Nanne, Kong y Neutze, pero ninguna de estas uniones es determinante en la red. Sólo el último matrimonio de Juan Pablo Maegli Novella con Isabel Agüero Urruela, puede convertirse en un nuevo eje de poder y nos sirve a su vez para ejemplificar el retorno de las familias tradicionales al núcleo de poder.

h) Al igual que en las familias Aycinena y Arzú, la de Urruela es una de las redes en las que casi no aparece el mestizaje, ya que por su endogamia y por su afán de casarse con familias vascas, a fin de conservar la pureza de su sangre, no se mezclaron con ningún ladino a lo largo de tres siglos. Algunos de los encuestados de esta familia, al preguntarles si poseían sangre indígena, adujeron que no tenían ninguna gota, prueba de ello era sus certificados de limpieza de sangre y el hecho de que aún conservaban, casi todos sus miembros, el grupo sanguíneo "O" negativo, característica racial procedente de la etnia vasca. Seguramente es la red que con mayor rigidez haya tratado de conservar su "pureza de sangre" y de diferenciarse étnicamente del indígena, del ladino o del mestizo.

i) Es probable que sea la familia que concentre el mayor número de títulos nobiliarios de la oligarquía guatemalteca: marqueses de Tavora, Guadalest y Algecilla, Marquesado de San Román, de Ayala y marqueses de Retes, barones de Valvert. Curiosamente, la mayor parte de los títulos nobiliarios de esta familia, que hizo su capital en

Guatemala, se encuentran en España y pertenecen a aquellas ramas que se asentaron en España a finales del siglo XIX.

4.
LA FAMILIA DÍAZ DURÁN

La familia Díaz Durán nos interesa básicamente por el poder que ha ido adquiriendo en los últimos años, producto de sus estrategias en los negocios, en la política y en la ampliación de la red familiar. La familia Durán procede de Extremadura. Bernardo Durán fue capitán y contador de las Reales Cajas en Perú y posteriormente se trasladó a San Salvador, donde fijó su residencia. Su hijo Bernardo Durán y Baca, fue alcalde ordinario de San Salvador. Se casó con Antonia Núñez de Guzmán. Ambos tenían propiedades agrícolas en aquel país, eran dueños de una hacienda de 40 caballerías y producían ganado y añil. Su hija, Juana Durán y Núñez de Guzmán, se casó con Manuel Herrera. Desconocemos si esta familia Herrera tiene relación con la de Guatemala. La nieta de esta pareja, Catarina Lobo y Herrera, casó con Domingo Durán y Hernández, quien fue regidor del Ayuntamiento de San Salvador. La familia Durán, como puede observarse en el diagrama 19, enlaza con las principales familias centroamericanas del momento, entre ellas los Guzmán, Herrera y Lobo, Díaz Cárcamo de Guatemala; los Arce Aguilar y Nora de El Salvador; los Valle de Honduras y con otras redes secundarias en Nicaragua y Costa Rica, como los Barahona, Aycinena y Lacayo Briones. Éstas son redes regionales que se extienden por toda Centroamérica, jugando un papel muy importante en la Independencia y en la Federación.

Fue en el siglo XVIII cuando los Durán pasaron a Guatemala, posiblemente debido a las actividades políticas de algunos de sus miembros. El licenciado José Joaquín Durán y Aguilar fue ministro de El Salvador, durante el gobierno de la Federación. Posteriormente fue nombrado por el gobierno de Guatemala para desempeñar los cargos de secretario de la Gobernación de Estado en 1839; secretario de Gobernación, Guerra y Negocios Eclesiásticos; diputado por el Distrito de Antigua; delegado, junto con Rafael Carrera, para la elaboración del tratado de paz con el gobierno de El Salvador; secretario de Relaciones Exteriores en 1844; presidente de Guatemala por unos meses. Por su labor conciliadora y por el conocimiento de la región se pudo firmar con el gobierno de Honduras el tratado de paz. Según un comentario de Mercedes Guirola Leal:

"Joaquín Durán fue hombre que figuró mucho en la política, desempeñando altos cargos del Gobierno, diputado a varias asambleas, representante de los gobiernos de El Salvador y Honduras para tratar con el de Guatemala, no habiendo casi, pacto o convención entre los gobiernos de Centroamérica, en que no apareciera su nombre".[42]

Dos hermanos de Joaquín jugarán papeles clave en la consolidación y extensión de la red al resto de la región centroamericana: Manuel José Durán y Aguilar ocupó varios cargos públicos en El Salvador y Guatemala, fue administrador general de Rentas en 1845, se casó con Cornelia Incháurregui y posteriormente emparentará con la familia Valladares, Santis y Gálvez. María Antonia Durán y Aguilar nace en El Salvador y contrae matrimonio, en la Antigua, con Joaquín María Díaz y Cárcamo. El hijo de ambos, José María Díaz Durán, fue un gran terrateniente que poseía fincas de café en El Zapote, para la cría de ganado y la producción de caña de azúcar. Éste casó con su prima hermana, Josefa Durán, en 1842. Del matrimonio habrá tres hijos que empezarán a emparentar con las redes familiares más tradicionales de Guatemala, sin perder sus vínculos con la región, a través de la familia Valle, de origen salvadoreño y hondureño.

Otro de los enlaces exitosos de esta rama fue el matrimonio de María Antonia Díaz Durán y Durán con Francisco Camacho y Gallegos. Tres de las hijas de este matrimonio: Concepción, Ana y María Camacho Díaz Durán, emparentarán con dos diplomáticos peninsulares de gran renombre: Castro y Casaleiz y Ramírez y Villa Urrutia, este último con título nobiliario, y la tercera enlaza con una de las mayores fortunas del país, también de origen extranjero, Carlos Novella Klee, hijo de Carlos Novella y Damerio de origen italiano y de Dolores Klee Ubico. La descendencia de este entronque familiar sitúa a la rama Díaz Durán y Camacho con los Wyld y los Berger. Una de las hijas de Estuardo Novella Camacho y de Margarita Wyld y Goubaud, María Eugenia Novella y Wyld, casó con Francois Berger, enlazando por esta vía con los Berger Dorión.

De esta misma rama cabe resaltar a Eduardo Camacho y Díaz Durán, un hombre prominente del Partido Unionista y quien llegó a ser presidente del Congreso de la República. Su matrimonio con María Bory y Mata permitirá que su descendencia emparente con los Saravia y Toriello,

---

42. Mercedes Guirola Leal de Aceña Durán, "La familia Durán", *Revista de la Academia Guatemalteca de Estudios Genealógicos, Heráldicos e Históricos*, Guatemala: 5-6, 1971-72, p. 211.

Diagrama 19
Familia Durán Núñez de Guzmán y Aguilar

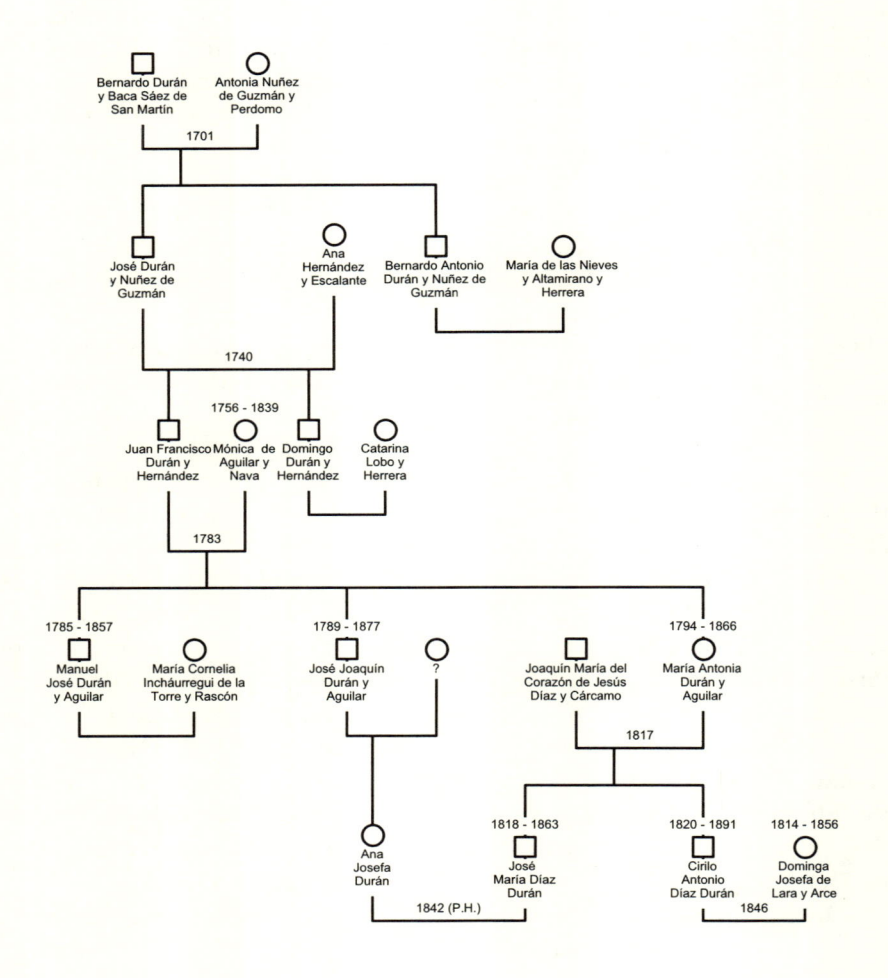

Fuente: Elaboración propia con base en datos de archivo.

Las principales redes familiares de la oligarquía guatemalteca... 113

Diagrama 20
FAMILIA DÍAZ DURÁN

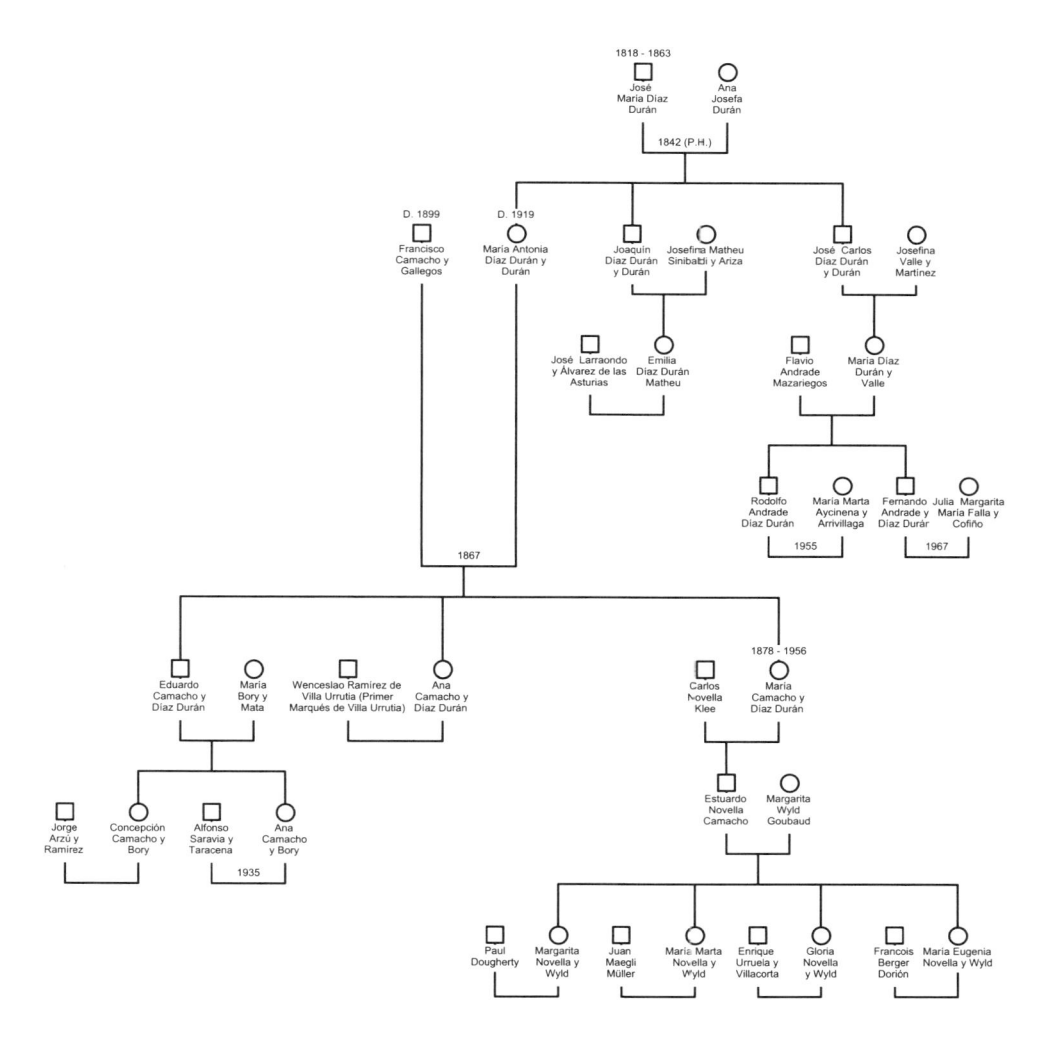

Salazar, Zirión, González de Saravia, Arzú, Batres y Álvarez de las Asturias.

Nos interesa resaltar la figura de Ramón Aceña Durán, licenciado en Farmacia, escritor, poeta y periodista, miembro de la generación del 20, colaboró en varias revistas y periódicos, jefe de redacción de *El Excelsior* y del *Diario de Guatemala,* colaborador asiduo de *El Imparcial,* y uno de los primeros intelectuales de la década del 20 que junto con José Arzú Herrarte y Carlos Wyld Ospina, generaron un amplio debate acerca de la naturaleza de los indígenas y la necesidad de incorporarlos con plenos derechos a la ciudadanía.[43] Casa en 1923 con María de las Mercedes Guirola y Leal, escritora y miembro de la Academia Guatemalteca de Estudios Genealógicos, Heráldicos e Históricos y autora de la genealogía de los Díaz Durán. Uno de sus hijos Ramón Aceña y Guirola casa con Sara Villacorta y Fajardo, de cuya descendencia procede la ministra de Educación del gobierno de Oscar Berger: María del Carmen Aceña Villacorta.

Esta misma rama de los Díaz Durán emparentará más tarde con los Andrade Mazariegos, a través del matrimonio de María con Flavio Andrade, cuyos hijos más prominentes, en el ámbito político-diplomático serán Rodolfo y Fernando Andrade Díaz Durán.

Rodolfo Andrade Díaz Durán contraerá matrimonio con María Marta Aycinena Arrivillaga, uniéndose de nuevo a las antiguas familias de origen vasco navarro, y Fernando Andrade Díaz Durán va a casar con Julia Falla Cofiño, hija de uno de los intelectuales más prestigiosos de la década de 1920, Salvador Falla y Arís y Concepción Cofiño y Díaz Durán; uno de sus hijos enlazará con la familia Castillo Love.

Los hermanos Rodolfo y Fernando Andrade Díaz Durán, a partir de 1960, diversifican su producción hacia cultivos no tradicionales, como flores y legumbres y transfieren parte de su capital hacia el comercio y las finanzas fundando una casa de agroexportación, cadenas de hipermercados y varios bancos: el Banco del Quetzal en 1985 y el Banco del Istmo en 1994 con capital mexicano. Ello les permite incorporarse al proceso de globalización financiera e integrarse con mayor facilidad

---

43. Ramón Aceña Durán en un acto de provocación, juzgado así por sus colegas, se viste de indígena mam y manda la foto a *El Imparcial* para mostrar su simpatía por los indígenas. Muy interesante es la correspondencia entre Brañas y Aceña Durán sobre el origen de los artículos en apoyo a los indígenas (*El Imparcial*, 20 de febrero de 1937). Correspondencia con Aceña Durán, biblioteca "César Brañas" No. 10,058. Sobre este tema, Casaús Arzú y García Giráldez, *Las redes intelectuales...,* especialmente el artículo "La Generación del 20 en Guatemala y sus imaginarios de Nación (1920-1940)", pp: 253-267.

en el capital transnacional. Otros ejemplos de familias que diversifican su producción, modernizan sus industrias, incorporan alta tecnología y se insertan en el proceso de globalización son los Castillo Lara y Castillo Monge, los Novella, Botrán, Gutiérrez, Nottebohm, etc.[44] Los diagramas muestran sólo algunas de las redes y alianzas matrimoniales que establecen los Díaz Durán, una vez que se asientan en Guatemala, a partir del siglo XIX. En ellos se encuentran las principales familias que conforman el bloque hegemónico en la actualidad. Así podemos observar sus vínculos con los Rodil, Klee, Schwank, Herrera, Castillo Love, Arzú, Castillo Córdova, Falla, Cofiño, Alejos, Aguirre, Saravia, Novella y Wyld. La familia Díaz Durán logra unificar en sus redes familiares a las familias de mayor tradición y abolengo: Valladares, Arzú, Álvarez de las Asturias, Urruela, Arrivillaga, con aquellas que hicieron sus fortunas, producto de la usurpación a partir de 1871, como los Herrera, con el capital alemán, a través de los Klee, Spatz, Schwank y con capital extranjero, como los Novella y Wyld. Por los apellidos mencionados podemos observar que reúne a la mayor parte de las fracciones del bloque hegemónico, tales como agroexportadores de café: Falla, Cofiño, Herrera, Klee, Alejos; industriales: Novella, Castillo Lara y Castillo Love, Herrera; capital financiero: Aguirre, Saravia, Castillo Love, Matheu.

Conclusiones

a) La familia Díaz Durán no pertenece a las familias de conquistadores ni primeros pobladores de Guatemala, ni forman parte de los advenedizos que emigraron de España en los siglos XVII y XVIII. Llegan en el siglo XVII a El Salvador y pronto ocupan cargos públicos de relevancia. Desde el inicio emparentan con la familia Herrera y Díaz del Castillo-Cárcamo. Es a raíz de su traslado a Guatemala, cuando empiezan a ejercer influencia en el ámbito político e intelectual y ampliar su capital a través de la compra de haciendas de añil, ganado y café, en la Antigua Guatemala. El hecho

---

44. En los diagramas 20 y 22 puede observarse la amplia red que logran los Andrade Díaz Durán en los últimos 50 años. María Díaz Durán heredó innumerables casas en la Antigua Guatemala y en la capital, así como una importante finca de café en el departamento de Sacatepéquez. Por su origen salvadoreño y al ser una familia que estaba emparentada con importantes redes de El Salvador y Nicaragua, parece ser que existía una estrecha vinculación con la familia Ungo, Chamorro y Duarte, lo que le facilitó a Fernando Andrade Díaz Durán la relación diplomática con todas las fuerzas políticas centroamericanas.

de ubicarse en La Antigua, también les circunscribe a un espacio regional determinado con características propias a nivel de la producción.
b) En la familia Díaz Durán existe una larga vocación política, diplomática e intelectual. Varios antepasados ocuparon cargos de relevancia política nacional y regional, a saber: Joaquín Durán y Aguilar; Manuel Durán y Aguilar, secretario de Hacienda y Guerra; Carlos Martínez Durán, médico, rector de la Universidad, ministro de Educación en 1945 y 1958 y embajador ante el gobierno de Italia; Eduardo Camacho y Díaz Durán, presidente del Congreso de la República; Manuel Irungaray Díaz Durán, diputado de la Asamblea Legislativa en 1929 y jefe de la Sección de Guerra y Hacienda en el gobierno de Guatemala; Pedro Cofiño y Díaz Durán, ministro de Agricultura en 1944; por último Fernando Andrade Díaz Durán, abogado, ministro de Relaciones Exteriores en 1983-85, presidente del Consejo Permanente de la OEA y precandidato a la presidencia por el Partido Revolucionario y Partido Nacional Renovador, en las elecciones de 1990 y candidato a la vicepresidencia con la Democracia Cristiana en 1995 y con la Unión Nacional de la Esperanza (UNE) en el 2003.[45] Su hijo Fernando Andrade Falla, colabora con el actual gobierno de Oscar Berger en la vicepresidencia de la República.
c) Esta familia, probablemente por sus orígenes salvadoreños y los entronques que establece con otras familias hondureñas y nicaragüenses, posee una larga tradición regional y federativa. Muchos de sus parientes ocuparon cargos en El Salvador, otros fueron importantes miembros de la Federación y del Partido Unionista, como Eduardo Camacho y Díaz Durán, miembro prominente del Partido Unionista o Manuel Irungaray quien fue administrador general en El Salvador y ocupó las carteras de Relaciones, Hacienda y Guerra y la de ministro general; Juan Francisco Durán fue Ministro de Estado de El Salvador. El caso más excepcional fue el de Joaquín Durán y Aguilar, del que ya hemos hablado. Esta larga tradición federativa y unionista a nivel centroamericano, así como sus lazos familiares con otras familias de la región, se plasma en el

---

45. Desde que escribimos nuestro libro *Linaje y racismo,* en 1985, y analizamos con detenimiento las estrategias de las redes familiares y la capacidad de sus intelectuales orgánicos, anunciamos que los únicos tres personajes que tenían posibilidad de llegar a la presidencia por sus alianzas estratégicas matrimoniales, de negocios y por el entramado de parentesco eran Fernando Andrade Díaz Durán, Álvaro Arzú y Óscar Berger y de hecho entre ellos se ha disputado la presidencia y la vicepresidencia en los últimos tres períodos electorales.

pensamiento de Fernando Andrade Díaz Durán, quien planteó la política de neutralidad activa en la región y apoyó el Parlamento Centroamericano.

d) En comparación con los Aycinena, podemos decir que ambas son redes extensas que van más allá del ámbito nacional y elaboran una política con proyección regional. Ambas familias poseen intelectuales y políticos en sus filas y generalmente juegan un papel determinante en coyunturas de crisis como lo fue el período Independentista, la Federación o el Régimen Conservador, o la transición a la democracia en 1984, de ahí la relevancia de los ideólogos del grupo dominante. A diferencia de otras familias como los Arzú, o los Urruela, existe un mayor laicismo en la familia Díaz Durán. En esta familia hay escasez de militares, religiosos, abundancia de profesionales y políticos, pero sobre todo, hay una cantera de intelectuales. Entre ellos podemos citar a José Constantino Díaz Durán y Matheu, miembro de la Sociedad de Geografía e Historia de Guatemala; Joaquín Durán y Aguilar, artífice de la pacificación de la región en el siglo XIX; Carlos Manuel Pellecer Díaz Durán, diplomático, escritor y periodista, hombre que militó en las filas de izquierda pasándose después a la extrema derecha. Ramón Aceña Durán, escritor, periodista y poeta, jefe de redacción del *Diario de Guatemala* y colaborador de *El Imparcial*, miembro de la generación de 1920, participó activamente en una serie de debates a favor de la incorporación de los indígenas a la ciudadanía y posiblemente el único de su red familiar que se vistió y retrató en los periódicos vestido de indígena de la etnia mam, en 1937, para mostrar su apoyo a la causa indígena.[46]

e) Esta familia fue una de las primeras que se dedicó al cultivo del café en la Antigua Guatemala, desde la época de José María Díaz Durán que compró la finca "El Zapote" en 1880. Su primo Cirilo Antonio Díaz Durán fue uno de los primeros en cultivar café en La Antigua, era propietario de las fincas "El Pavón", "Santa Lucía y Anexos", "San Jerónimo y anexos", "El Pintado", "Cabrejo", casi todas situadas en los alrededores de Antigua Guatemala. La confluencia

---

46. Ramón Aceña Durán escribe una serie de artículos en *El Imparcial* en 1936 que titula bajo el nombre de "Indología", en los que se propone abrir un debate sobre la necesidad de incorporar plenamente a los indígenas a la nación. El debate generó una fuerte polémica en la opinión pública a lo largo de todo el año 1936 y 1937, que continuó otro de los parientes, Carlos Gándara Durán. Sobre este tema, Marta Elena Casaús Arzú y Teresa García Giráldez, *Las redes intelectuales centroamericanas...*, especialmente el capítulo "La Generación del 20 en Guatemala y sus imaginarios de Nación (1920-1940)", pp. 253-267.

posterior de los Díaz Durán con los Herrera, los Falla y Cofiño, explica por qué todas estas familias poseen fincas de café en La Antigua y prácticamente controlan una buena parte de la producción del departamento, siendo sus fincas de las más tecnificadas y de mayor rendimiento por hectárea.

Así podemos explicar la política matrimonial de los Díaz Durán con los Klee, los Cofiño, los Falla y los Herrera, con ello incrementaron su producción de café y entre ellos fundaron su propia exportadora de granos, monopolizando de este modo la producción, distribución y comercialización de uno de los cafés más cotizados de Guatemala. Matrimonios como el de Concha Díaz Durán y Salvador Falla Ariza o el de María Lisandra Díaz Durán e Irungaray con Agustín Hegel Fahsen, incrementaron sus propiedades en fincas de café. Así como el matrimonio de su nieta María Cristina Hegel y Andreu Díaz Durán con Roberto Alejos Arzú, que termina de consolidar sus alianzas con la oligarquía cafetalera (ver diagrama 13). Fernando Andrade Díaz Durán actualmente es copropietario de una exportadora de café con los Falla y Cofiño y además posee varias fincas de café en La Antigua y urbanizaciones.

f) Otros enlaces de los Díaz Durán se realizan con las fracciones del sector industrial, como es el matrimonio de María Luisa Cofiño y Díaz con Carlos Castillo Lara, dueños de las primeras fábricas de helados, tejidos, leche y aguas gaseosas. El matrimonio de Clara Díaz Durán con Manuel Matheu Ariza, caficultor y dueño de varias industrias como La Harinera, Construcciones Modernas. El enlace con el capital financiero, a través del Banco Granai & Townson Continental, Seguros Universales. La relación familiar, fruto del matrimonio de María Camacho Díaz Durán y Carlos Novella Klee y las ramas de los Novella Wyld y Novella Urruela, le aseguran otro de los monopolios industriales más fuertes de Guatemala: Cementos Novella y todas las industrias anexas a este complejo industrial financiero.

g) Esta amplia red de signo modernizante, compuesta en sus orígenes principalmente por profesionales de ideología liberal, laica y federalista, en la actualidad dispersa y engarzada con casi todas las fracciones de clase que componen el bloque hegemónico, le asegura a la familia Díaz Durán, una gran incidencia en el ámbito de los negocios y de la política. Buena parte de estas relaciones es lo que le permitió a Fernando Andrade Díaz Durán, realizar una serie de alianzas entre distintas fracciones, que otros políticos en la coyuntura de la transición en 1984-85 no se podían permitir por su falta de conexiones interoligárquicas. Sin duda alguna estos pactos interelitarios colaboraron de forma decisiva en el proceso de transición democrática y en la recomposición del bloque hegemónico contribuyendo a salir de la crisis orgánica en la que se encontraba el país desde 1980. A su vez posibilitó que los sectores más modernizantes de la oligarquía, accediesen al poder y apoyasen los procesos de paz y de modernización económica y política del país y también contribuyó a que las redes familiares tradicionales se reciclaran y pudieran participar en las elecciones de 1995, 1999, y 2003, mimetizadas de empresarios modernizantes. Resulta evidente el importante papel que Fernando Andrade Díaz Durán jugó como intelectual orgánico de la transición democrática.[47]

Conviene resaltar la vinculación de esta familia con los militares, a través de sus enlaces matrimoniales con la familia Ariza y de sus estrechas relaciones personales con la cúpula militar.[48] Si bien es cierto que el proyecto político de esta red familiar, así como de los linajes primarios y secundarios que le acompañan son de carácter modernizante, en aras de la preservación de su estirpe y con el fin de insertarse en el nuevo orden económico mundial, lo que también resulta evidente es que su imaginario social, respecto a otros grupos socio-raciales, especialmente el indígena, continúa siendo profundamente endogámico, racista y elitista.

Podríamos concluir afirmando que estas redes de larga duración subsisten por los enlaces matrimoniales exitosos, por las alianzas de negocios, por la expansión regional y por la diversificación de su producción en períodos de crisis económica y en el momento actual, por su inserción en el mercado internacional de capitales. Se legiti-

---

47. Sobre este tema de la metamorfosis de las redes familiares en la actualidad, véase Marta Casaús, "La pervivencia de las redes familiares de la élite de poder en Centroamérica: El caso de la familia Díaz Durán", San José: *Anuario de Estudios Centroamericanos*, Universidad de Costa Rica, 20 (2): 41-69, 1994.

48. Los Ariza son de origen vasco y pasaron a establecerse en Guatemala en 1814, generalmente residieron en Quetzaltenango. Poseen una larga tradición militar. A finales del XIX se vinculan con las familias Matheu, Bouscayrol, Aguirre y Díaz Durán. Josefina Matheu Ariza se casó con Joaquín Díaz Durán en 1873 y desde entonces estas dos familias permanecen vinculadas en negocios y en alianzas matrimoniales. Para mayor información ver Edgar Aparicio y Aparicio, "La familia Ariza o Arizaga", *Revista de la Academia Guatemalteca de Estudios Genealógicos, Heráldicos e Históricos*, Guatemala: No. 8, 1983, p. 119. Así como Teresa García Giráldez, *La emigración de los vascos a América Central...*"

man o logran consolidarse porque su poder emerge de la sociedad civil en donde poseen un complejo entramado de relaciones sociales verticales y horizontales, de alianzas paritarias, subalternas y de intereses de mercado, y porque en los períodos de vacío de poder se apoderan de la sociedad política, sustituyen a los partidos ejecutando ciertas funciones que corresponderían al Estado, pero que ante su fragilidad y escasa legitimidad, son estas redes familiares las que ocupan ese lugar.

De este modo los Díaz Durán constituyen una de las redes familiares que juega un papel de árbitro o de mediación entre los diferentes sectores sociales y entre las mismas las redes familiares y en los diferentes gobiernos, sea cual fuere su signo. Esta capacidad de mediación entre legitimidades plurales que coexisten en el ejercicio del poder, no sería posible sin el apoyo de sus propios intelectuales orgánicos que son los encargados de establecer esas alianzas y de proporcionar a su red los instrumentos de cambio necesarios para subsistir en el bloque hegemónico. En el gobierno de Óscar Berger, las personas clave de esta familia son, la ministra de Educación, María del Carmen Aceña Villacorta, Roberto González Díaz Durán, asesor personal del presidente y anterior ministro de Energía y Minas, y Fernando Díaz Durán Falla.

5.
LA IRRUPCIÓN DEL MESTIZO Y DEL EXTRANJERO EN LA ÉLITE DE PODER

LA IRRUPCIÓN DEL MESTIZO

La historiografía clásica guatemalteca ha prestado escasa atención a la presencia de los mestizos en la estructura social guatemalteca, al quedar este grupo marginado de la regulación colonial administrativa y tributaria y al carecer de un espacio territorial en donde desenvolverse. Como opina Isabel Rodas, los mestizos no cupieron en el esquema de expoliación colonial ni tuvieron un espacio territorial circunscrito, ni tierras para producir. Esto contribuyó a que los mestizos fueran "individuos sin territorio, sin atribuciones ni competencias" y que por ello tuvieran que encontrar ubicación en los márgenes de la sociedad. Rodas confirma cómo se produjo una política de segregación residencial practicada desde la Audiencia de Guatemala y cómo, en muchas ocasiones fueron despreciados por los otros grupos sociales, españoles e indígenas.[49]

La irrupción del mestizo, como grupo diferenciado ya aparece en Cortés y Larraz, pero toma cuerpo a finales del XVIII. En los Ayuntamientos de 1810 aparece un informe que habla de los mestizos en los siguientes términos: "La segunda clase de habitantes son los 313,334 pardos inclusos algunos negros; casta menos útil por su innata flojera y abandono".[50] En un documento posterior de 1820, volviendo a referirse a los mestizos se dice: "Vive en la oscuridad (...) sumergido en una vergonzosa ignorancia. Su género de vida excita al desprecio de muchos; por su falta de luces le aleja de la compañía de otros".[51] A pesar de la escasa acogida que los ladinos tenían en el núcleo oligárquico, poco a poco fueron infiltrándose en las áreas rurales y asentándose en las tierras comunales, las haciendas y en amplios sectores de las capas medias urbanas. Aquellos que contaron con una posición holgada pudieron ingresar a la universidad y ocupar cargos profesionales de cierta importancia.

Según Severo Martínez, este grupo de ladinos por su extracción de clase y también por su grupo socio-racial, fueron los primeros en oponerse a la sociedad colonial por considerarla una sociedad elitista y discriminatoria contra las otras castas. Por ello buscaron en la Independencia una forma de romper con la rígida estructura social de la Colonia. Personajes como Mariano Bedoya, Pedro Molina, Simón Bergaño y Villegas, Basilio Porras, fueron grandes activistas y algunos de ellos próceres de la Independencia. Su procedencia étnica era claramente mestiza. Evidentemente, no sólo ellos llevaron a cabo la Independencia, pero posiblemente sus intereses de clase y aspiraciones no eran las mismas que las de los sectores medios de origen criollo. No obstante, a ambos grupos les beneficiaba por diferentes razones:

"Bajo el gobierno español había distinciones y clases privilegiadas. Había una clase media, y el pueblo, que no gozaba de ninguna consideración. Las familias españolas ricas, y de los primeros empleados, casi siempre peninsulares, componían la primera clase. La segunda consistía en personas españolas, de mediana fortuna o pobres, dedicadas regularmente a las letras, en que solía ingerirse talentos distinguidos de otras razas. En la tercera entraban los jornaleros, los sirvientes, los menestrales y aún algunos

---

49. Isabel Rodas Núñez, *De españoles a ladinos...*, p. 164 y ss.
50. Severo Martínez Peláez. *La Patria del Criollo. Ensayo de interpretación de la realidad colonial guatemalteca,* Guatemala: Editorial Universitaria, 1973, p. 317.
51. Martínez Peláez, *Ibíd.*, p. 318.

propietarios no tenidos por españoles (...) La idea de la independencia era más general en la clase media y más natural en los individuos que no gozando de los privilegios de la primera, conocían, por sus luces, y sentían, por consiguiente, más que la última, las restricciones y males de la dependencia. Hubo, pues, promovedores de la independencia en esa clase, y fueron los más activos, no por alcanzar las distinciones que aborrecían, sino por mejorar de suerte, sin opción a mejorarla hasta entonces".[52]

En esta cita podemos apreciar varios factores. En primer lugar, observamos que el estatus social tenía una estrecha relación con el grupo socio-racial al que se pertenecía; que en la tercera clase, en donde se encontraban los sirvientes, había propietarios que no eran españoles. Concluimos diciendo que las relaciones de producción no eran el único factor determinante del lugar que debía ocupar un individuo en el proceso productivo. Así, en la segunda clase había personas "españolas pobres" y "talentos distinguidos de otras razas", con lo que es muy probable que de esas "otras razas" a las que se refiere, fueran los mestizos de las capas medias, que se encontraban discriminados dentro de la estructura social. Por último, se evidencia que estos sectores confiaban en que la Independencia aboliera ese sistema de privilegios y distinciones y creían en la mejora de su suerte. No conocemos al autor, por ser anónimo el texto, pero es evidente que se trata de un ladino ilustrado de las capas medias urbanas que se lamenta de la situación de privilegio de ciertos grupos socio-raciales y de la situación de discriminación en la que se encuentran "otras razas".[53]

Con el gobierno de Carrera, a pesar del retorno de las élites conservadoras y de la configuración oligárquica por los miembros de las redes familiares aglutinadas por los Aycinena Piñol, que componían su gabinete, muchos historiadores consideran que fue el momento de la irrupción de los mestizos al poder. El origen de Carrera era mestizo, con fuertes rasgos indígenas, según sus biógrafos.[54] Durante su gobierno se consolida la República de Guatemala y la irrupción de sectores rurales y la institucionalización del ejército como grupo de poder, proporciona un nuevo espacio de interrelación en donde se incorpora buena parte de la población mestiza a la política nacional. Éstos se empiezan a hacer con

---

52. Martínez Peláez, *Ibíd.*, p. 329.

53. Similar situación relatan otros autores para otros países como Chile, México y América Latina en general. Sobre este tema, Mörner: *Estado, razas...* y *La mezcla de razas ...*; Lipschutz, *El problema racial...*; John Chance, *Race and class...*

54. Véase Woodward, *Rafael Carrera...*, p. 84.

el control económico de las áreas rurales en donde antes permanecían marginados, mediante usurpaciones de las tierras comunales o por medio del ejercicio de la política.

A juicio de Taracena, el ejército de Rafael Carrera estuvo reclutado en su mayoría por ladinos de oriente y éstos constituyeron un componente nuevo de la identidad nacional. Más tarde, con el triunfo de la revolución liberal, en 1871, la organización del nuevo ejército y la legislación de reclutamiento forzoso, permitió la incorporación de los ladinos por esta vía.[55]

Resulta interesante observar su crecimiento demográfico y económico a lo largo del siglo XIX. Según Pinto Soria, en 1804 existían ya 4 mil familias de pequeños arrendatarios mestizos en Guatemala, y a principios del XIX, llegaron a ser 10 mil arrendatarios.[56] Con la reforma liberal de Barrios consolidaron su poder económico y político, y pasaron por primera vez en la historia a formar parte del bloque hegemónico. Fueron los finqueros de occidente, apoyados por Justo Rufino Barrios, de origen mestizo, quienes muy pronto se convirtieron en una de las fracciones más agresivas contra el campesinado indígena. Estos finqueros de origen ladino, que asumen la ideología liberal como forma de llegar al poder, muy pronto desplazan a los antiguos criollos que no compartían estos presupuestos y se convierten en la fracción de clase que amalgama todos los intereses de los nuevos propietarios de la tierra, de los cultivadores de café.

Según Castellanos Cambranes,[57] muchos de estos liberales de origen ladino vuelven a los viejos prejuicios coloniales, como la inferioridad del indio, el alcoholismo y la pereza, para poder implantar el trabajo forzado. Si durante la Colonia se había colonizado en nombre de Dios y de la Corona, ahora se haría en nombre del progreso y de la civilización. Pero los fines pretendidos, por esta fracción de clase dominante, eran similares a los de la anterior: institucionalizar el trabajo forzado y el sistema de peonaje; expropiar a los indígenas de las tierras comunales y suprimir el censo enfitéutico; abolir antiguos impuestos coloniales y crear una legislación más acorde con el nuevo cultivo; desarrollar una

---

55. Arturo Taracena (Comp.), *Etnicidad, Estado y nación en Guatemala 1808-1944,* Antigua Guatemala: CIRMA, 2002, p. 182 y ss.

56. Julio César Pinto Soria, *Raíces históricas del Estado en Centroamérica,* Guatemala: Editorial Universitaria, 1980, p. 6.

57. Julio Castellanos Cambranes, *Café y campesinos en Guatemala, 1853-1897,* Guatemala: USAC, 1985. p. 71 y ss.

infraestructura vial de acuerdo con las necesidades de una economía moderna de plantación.

A juicio de Taracena Arriola y de Little Siebold fue durante el período liberal y con la elaboración de las estadísticas nacionales entre 1880 y 1893, cuando se redujo la diversidad étnica de Guatemala a dos categorías, indígena y ladino, desapareciendo el resto de grupos socio-raciales existentes en el país. A nuestro juicio y coincidiendo con Rodas, fue el Estado liberal el que concibió al ladino como un proyecto político; fue el afán homogeneizador del pensamiento liberal positivista lo que invisibilizó a los mestizos convirtiéndolos en ladinos, con el fin de conseguir una identidad nacional por la vía del blanqueamiento de la nación.[58]

El objeto de nuestra investigación no es entrar en el debate historiográfico sino mostrar algunas de estas redes familiares de mestizos que se incorporan al bloque hegemónico y que serán de interés en nuestro estudio, por el control que su dinastía tiene sobre gran parte del poder económico en la actualidad: la familia Herrera, Samayoa, Pivaral, Barrios. Una vez que los ladinos llegan al poder intentan emular a los viejos criollos y asumir su mismo estilo de vida y pautas de comportamiento. A partir de entonces intentan blanquear su color y ennoblecer su apellido.

Un caso anecdótico, pero muy ilustrativo es el de la familia Barrios. Francisca Aparicio y Mérida, natural de Quetzaltenango, descendiente de los Aparicio, una de las familias de conquistadores y viejos colonos, contrae matrimonio en 1874, a los 16 años, con el general Justo Rufino Barrios. Con él tuvo seis hijos de apellido Barrios Aparicio. A la muerte de Justo Rufino Barrios, su viuda viaja a Europa y se casa con un español, senador por Tarragona, José Martínez de Roda, marqués de Vistabella. Del segundo matrimonio no hubo descendientes. A la muerte del marqués, Francisca de Aparicio solicita el título de marquesa para ella y para los descendientes de su primer esposo. La reina regente, María Cristina, le concede el título para ella y los hijos de su matrimonio con el general Barrios. De esta forma, una familia humilde, de origen mestizo, que conquistó en pocos años una gran fortuna y se hizo con las riendas del país, consiguió finalmente un título de nobleza para sus descendientes: el marquesado de Vistabella. Por ese motivo el título de marqués de Vistabella lo heredará Edgar J. Aparicio, al ser sobrino de Francisca.

---

58. Arturo Taracena, *Etnicidad, Estado y Nación...*, p. 124 y ss.; Piel y Siebold, *Entre comunidad...*; Casaús y García Giráldez, *Las redes intelectuales...*

La incorporación del extranjero al bloque del poder

Con el cultivo del café, los extranjeros se incorporan al poder, como una fracción de clase modernizante y progresista en sus inversiones, aportando gran parte del capital necesario para dicho cultivo. En su mayor parte de origen alemán, influyeron profundamente en la legislación y en la conformación del Estado liberal de la época. Los finqueros alemanes presionaron desde el principio al gobierno para que emitiera leyes liberalizadoras del comercio de la tierra.

Uno de los primeros inmigrantes que se establecieron en la región de Cobán fue el alemán Heinrich Rudolff Dieseldorff; con la llegada de sus sobrinos en 1880, fundan una compañía de exportación e importación, la H.R. Dieseldorff, constituyéndose en una de las empresas agrocomerciales más fuertes de la época. Sus sobrinos August y Willie Dieseldorff se casarán con sus dos hijas Agnes y Julia y otra de sus hijas se casará con un extranjero pionero del cultivo del café en Cobán, Hempstead Smith, vinculándose desde entonces ambas familias Hempstead Dieseldorff. Otros inmigrantes alemanes que impulsan la caficultura, el comercio y las finanzas serán los Sarg, Sapper y Nottebohm.[59]

En 1874, un finquero exportador de cochinilla, perteneciente al núcleo de dominación alemana, Karl Rudolph Klee, estaba interesado en que el gobierno le cediese mil cien caballerías de tierra de la comunidad de Pochuta, Chimaltenango. En diciembre del siguiente año, ya se habían distribuido más de 60 caballerías de las tierras comunales de Pochuta que, en parte, habían sido concedidas a Rudolph Klee. Lo mismo ocurrió con otros alemanes que pronto se establecieron en la región de Alta Verapaz y San Marcos.[60]

La clave del éxito de los finqueros extranjeros consistía en la aplicación racional de sus capitales, controlando a través de la exportación e importación los mecanismos financieros de las casas comerciales, principalmente las pertenecientes a la Liga Hanseática y posteriormente, monopolizando la comercialización interna y externa del producto. Todo ello, combinado con la aplicación de trabajo forzado del indígena

---

[59]. Véase la exhaustiva información sobre la configuración del núcleo cafetalero alemán en Guatemala en el libro de Wagner, *Los alemanes...*

[60]. Hacia 1900, de 320 propiedades inscritas en Alta Verapaz 100 pertenecían a 45 propietarios alemanes y entre todas poseían más de 3,500 caballerías. El valor estimado en esa época era de un millón de marcos (Wagner, *Los alemanes...*).

y de una legislación liberal proclive al libre comercio de la tierra, tenía que producir en poco tiempo grandes beneficios para los nuevos caficultores.

Para ilustrar la influencia de los empresarios cafetaleros en el gobierno, transcribimos parte de una carta en la que se señalan las demandas de éstos al presidente Cerna, el 22 de agosto de 1867. En un principio, le relatan los problemas que tienen para conseguir mano de obra y lo importante que es para ellos, no sólo la concesión de tierras, sino la mano de obra. Para eso, proponen que el presidente ordene a las autoridades locales:

> "Que nos faciliten los auxilios necesarios para lograr la traslación de algunas pequeñas poblaciones que viven miserablemente por no tener ni aún siquiera los terrenos necesarios para sus sementeras... Finalmente pedimos al Supremo Gobierno se digne conceder a uno de nosotros, residente en la finca, una comisión de Corregidor de departamentos, para vigilar el buen orden de dicha población".[61]

Si nos abstraemos del tiempo y del vocabulario en que fue escrita, da la impresión de ser la petición de un encomendero con el fin de que la Corona le otorgue una encomienda o indios vacos. Sin embargo, las peticiones de los finqueros alemanes sobre el trabajo forzado y la asignación de indígenas en sus fincas, fue legalizada años más tarde. Las manifestaciones racistas de los finqueros alemanes no van a ser menores que las de sus antecesores, y serán una constante en todos sus escritos, tratando de justificar con ello el bajo salario, la traslación de los indígenas y el trabajo forzado. Es interesante conocer el juicio del cafetalero y vice cónsul alemán, Gustav Le Boy, quien refiriéndose a la población indígena y a cómo debía tratársela, dice:

> "Es preciso acostumbrarlos a la sumisión, para lo cual es indispensable usar de algún rigor, porque esa es la condición desgraciada de esta raza, como consecuencia del salvajismo en que se les ha mantenido".[62]

Los presupuestos de discriminación racial de Le Boy son evidentes en él y en casi todos los inmigrantes alemanes de la época. En efecto, consideraban al indígena como simples bestias de carga, a los que había que hacer trabajar a destajo y con rigor, dada su inferioridad racial y cultural. El racismo de los extranjeros venía a incrementar el de los criollos y ladinos locales. La remodelación de la estructura social guatemalteca

---

61. Castellanos Cambranes, *Café y campesinos...*, pp. 153-154.
62. Castellanos Cambranes, *Ibíd.*, p. 220.

se produjo con el auge del café, la consolidación del Estado oligárquico y la incorporación de una nueva fracción de clase, los cafetaleros, cuyo origen étnico era extranjero o mestizo y que, a pesar de todo, no desencadenó ningún cambio para la población indígena. En efecto, los naturales continuaron siendo el último eslabón de la cadena y el soporte de todo el trabajo forzado. Es interesante resaltar que el ladino tiene acceso al poder político y económico, pero ningún indígena como grupo social, logra acceder a la clase dominante. No pudieron ascender entonces, ni pudieron lograrlo en el siglo XX, pese a la existencia de indígenas ricos y poderosos del occidente del país.

6.
LA FAMILIA SKINNER KLEE.
LA INCORPORACIÓN DE LOS ALEMANES AL BLOQUE HEGEMÓNICO

Los descendientes de la familia fundada por Karl Friederich Rudolph Klee Schraeder, constituyen uno de los entronques más extensos y poderosos de la estructura social guatemalteca. De 1830 a 1986 fundaron un imperio, se relacionaron con las familias más importantes de la oligarquía guatemalteca, incluyendo a los mestizos, e introdujeron a gran parte de la inmigración alemana. Después de la Independencia de Centroamérica, en el año de 1821, y fundamentalmente durante la República Federal, se acrecentó el número de comerciantes europeos. Entre ellos cabe destacar a Karl Friederich Rudolph Klee, nacido en Ahdler, Hannover, el 12 de noviembre de 1803 y posible descendiente de una familia de comerciantes judíos. Según Castellanos Cambranes:

> "Por medio de hábiles maniobras financieras (se enriqueció de la noche a la mañana introduciendo armas de Belice y revendiéndolas a las fracciones en pugna durante las guerras civiles) y aprovechando la confusión y ruina en que cayó gran parte de los mercaderes criollos e hispanos a causa de las confrontaciones políticas y armadas post-independentistas, logró acumular un determinado capital, que colocó en el comercio".[63]

En 1830, Karl Rudolph Klee se asoció con el inglés George Ure Skinner, estableciendo ambos la casa mercantil con funciones bancarias más importante desde mediados del siglo XIX. Aprovechando el auge de la cochinilla, compraron en 1834 las fincas "El Rincón" y "San Antonio"

---

63. Castellanos Cambranes, *Café y campesinos...*, p. 14.

y en ese mismo año recibieron el primer contrato de construcción de la empresa y acentuaron su poder, diversificando sus inversiones. Durante el período de 1840-1860, la cochinilla pasó una etapa de expansión, los comerciantes financiaban a través del capital usurario la producción del colorante natural, obteniendo como garantía la cosecha futura y por lo tanto el control del producto que —unido al monopolio de los mercados más importantes de exportación, como lo eran Inglaterra y Alemania— permitió a la casa Skinner-Klee ser la propietaria y exportadora más grande de cochinilla. El apellido Skinner-Klee se formó por la herencia del apellido que dejó George Skinner a su ahijado Jorge Klee, hijo de su socio Karl Rudolph. La casa Skinner-Klee utilizó el capital usurario a través de la casa comercial y como representante del banco inglés Reid Irving, concentraron casi toda la producción del principal cultivo de agroexportación y gozaron de una gran influencia bajo el régimen de Carrera, quien les concedió un préstamo de 30 mil pesos al 50% de interés anual.

La creciente necesidad del régimen de Carrera por desarrollar una infraestructura necesaria para la exportación contribuyó a que, en 1840, Klee fuera nombrado miembro del Consulado de Comercio y supervisara los trabajos de carreteras hacia los puertos.[64] Como una forma de salvaguardar sus cuantiosos intereses en medio de la turbulencia político-social del momento, Karl Rudolph Klee solicitó a la ciudad de Bremen ser el cónsul general, solicitud que fue rechazada a lo largo de diez años, hasta que en 1841, fue nombrado cónsul de Hamburgo y un año más tarde de Lubeck, en reconocimiento por todas las gestiones realizadas ante el gobierno de Guatemala para promover y acoger a la emigración alemana. Klee logra la creación y firma de un tratado de comercio y amistad entre el gobierno alemán y el guatemalteco, que fomentaría y protegería las inversiones alemanas en Guatemala:

> "La conclusión de un tratado recíproco significaba darle respaldo jurídico internacional, o sea, posibilitar jurídicamente una intervención militar expedicionaria por parte del país capitalista (...) y garantías a la inversión de capitales en aquellos países jóvenes, muy celosos de su independencia política, más no de su subyugación económica (...). De esta forma, mediante la firma del tratado de amistad, era posible una verdadera dominación colonial indirecta".[65]

---

64. Ralph Lee Woodward, *Privilegio de clase y desarrollo económico, 1793-1871*, San José, Costa Rica: EDUCA, 1981, p. 124.
65. Castellanos Cambranes, *Café y campesinos...*, p. 15.

Como recompensa a su intensa actividad diplomático-empresarial, fue nombrado, además cónsul general de las ciudades hanseáticas, en Centroamérica, y en 1845, cónsul de Prusia y más tarde condecorado con las Reales Órdenes del Águila Roja de Prusia y la de Leopoldo de Bélgica. De esta forma, Klee se convertiría en un hombre respetable de empresa y en el primer diplomático alemán de Centroamérica. Aumentó y consolidó su poder e influencia, casándose con una criolla de origen aragonés, nacida en El Salvador, en 1807, Josefa Juliana de Guadalupe Guillén de Ubico y Perdomo, cuya familia será la pieza clave para el futuro de sus descendientes y para la consolidación de los alemanes y de un sector de mestizos en la estructura de poder de Guatemala. Sólo subrayaremos que la familia Guillén de Ubico proporciona el nicho de ubicación necesario para los Klee en la sociedad guatemalteca de entonces. Sus múltiples entronques familiares facilitarán, hasta hoy, su influencia política, económica y social en el bloque en el poder.

El hermano de Josefa Guillén de Ubico, Manuel Guillén de Ubico y Perdomo, se casó con María del Carmen de Urruela y Anguiano y emparentó directamente con una de las familias guatemaltecas de mayor abolengo y la rama de mayor fortuna, los Urruela Anguiano. Uno de sus hijos, Arturo Ubico y Urruela, fue hombre prominente de leyes, político, diplomático, ministro de Estado, diputado y presidente del poder legislativo. Contrajo matrimonio, en 1875 con Matilde Castañeda y Castañeda, y uno de sus hijos, Jorge Ubico Castañeda, llegó a ser presidente de la República, ejerciendo su poder dictatorial durante 13 años, de 1931 a 1944, en que fue derrocado por una revuelta popular que instaura un régimen democrático.

No es fruto del azar que este hombre llegara a la presidencia en la medida en que concentraba gran parte de las alianzas de clase y de las familias oligárquicas, Castañeda, Urruela, Anguiano. Como familia consanguínea, pero estrechamente conectada, los Herrera, Dorión, Klee, Saravia y directamente relacionada con un sector de los militares. Era presumible que este hombre, militar, terrateniente cafetalero y apoyado por una amplia fracción de clase relacionada con el café y con el sector más recalcitrante de la oligarquía guatemalteca, llegara al poder y se instalara en él durante 13 años, ejerciendo uno de los períodos de mayor represión de la historia del país. No es casual que contrajera matrimonio con su pariente Marta Lainfiesta Dorión, a su vez emparentada con los Dorión Klee, y de esta forma la cuadratura se cerraba sobre sus propias bases, reproduciendo el capital relacional su red oligárquica en la primera mitad del siglo XX.[66]

Según la mayor parte de sus biógrafos, Ubico era el prototipo de caudillo latinoamericano, cuya fisonomía se asemejaba a la de un finquero con rasgos de militar. Era gran fanático de Justo Rufino Barrios y de Napoleón, de este último admiraba no sólo su estrategia militar y su despotismo, sino el haber sido capaz de crear un nuevo Estado. Por las fracciones de clase a las que representaba, Ubico elaboró una serie de leyes a favor de los finqueros y en contra del campesinado, una de ellas la Ley de Vagancia de 1934, por la cual, acogiéndose a los presupuestos etnocéntricos de que los indios son vagos y haraganes por naturaleza e ignorantes, se les obligaba a trabajar gratis en las fincas durante un mínimo de 150 días al año y principalmente en la época de cosecha. De acuerdo con su mentalidad racista, informó al congreso que esa ley la disponía para librar a "los indios de la esclavitud y para que tuvieran un trabajo digno". Esas mismas leyes permitían al finquero disparar y matar a aquellos indígenas que estuvieran robando, dañando la cosecha o invadiendo la tierra, sin que hubiera cargos legales contra ellos. Uno de sus intelectuales orgánicos y secretario de la Presidencia, Carlos Samayoa Chinchilla, relata de forma magistral este tipo de dominación oligárquica y racista en su libro *El dictador y yo, verídico relato sobre la vida del general Jorge Ubico.*[67]

En otro orden de asuntos, Jorge Ubico saneó la economía del país, trató de profesionalizar al ejército y de mejorar el sistema educativo, con patrones de corte occidental, intentando que los indígenas abandonaran sus costumbres y se ladinizaran para asimilarse a la cultura occidental. Abolió todos los partidos políticos y no permitió ninguna oposición durante la dictadura, hasta que fue derrocado por un amplio movimiento popular en 1944.

Los Skinner Klee por razones de parentesco y de negocios, tuvieron estrechos vínculos de matrimonio y negocios con los Ubico. Su pariente Alfredo Skinner Klee fue ministro de Relaciones Exteriores de Jorge Ubico, hasta su muerte en 1936. Fue a su vez, uno de sus más cercanos consejeros y se le atribuye el haber sido el artífice de toda la política centroamericana tendiente a reactivar una política unionista y conseguir la primacía de Guatemala en la región.

---

66. Kenneth Grieb, *Guatemalan Caudillo. The Regime of Jorge Ubico (1931-1944),* Athens, Ohio: Ohio University Press, 1979.

67. Carlos Samayoa Chinchilla, *El dictador y yo. Verídico relato sobre la vida del general Jorge Ubico C.,* Guatemala: José de Pineda Ibarra, 1967.

LA FAMILIA KLEE UBICO

El matrimonio Klee Ubico tuvo diez hijos: siete mujeres y tres hombres. Concentraremos nuestro análisis en la primera generación y en los entronques familiares, políticos y de negocios que éstos formaron, incorporando al bloque hegemónico, a un sector de mestizos y a los alemanes. Los matrimonios más destacados fueron: Tomasa Klee Ubico que casó, en 1861, con un hombre de empresa, banquero y ministro de Barrios, José María Samayoa Enríquez; Josefa Elisa Klee Ubico, que casa, en 1859, con el empresario francés, recientemente emigrado a Guatemala, Julio Guillermo Dorión; Dolores Klee Ubico, que contraerá matrimonio con el ingeniero italiano Carlos Novella Damerio, en 1870; Josefa Cristina Klee Ubico se casó con el comerciante vasco Joaquín de Alcaín y Esponda, en 1876; Daniela Klee Ubico, que casará en 1866 con el comerciante de origen gaditano por vía paterna e italiano por vía materna, Juan Matheu y Sinibaldi; Jorge Klee Ubico se casó, en 1860, con Francisca de Sales Prado y González de Saravia, criolla, cuya estirpe materna está relacionada con la familia Delgado de Nájera.

Analizaremos a esta primera generación por separado, aproximadamente desde la fecha de sus matrimonios, desde 1860 a 1900, época en que se consolida la red familiar como élite de poder y capital relacional, llegando sus descendientes hasta nuestros días, y estando presentes en el gobierno de Oscar Berger.

El matrimonio Samayoa-Klee Ubico se realiza con el acaudalado comerciante mestizo José María Samayoa, que fue uno de los primeros productores e impulsores del café en Guatemala. En 1856 aparece asociado con José Tomás Larraondo en la finca cafetalera "Trapiche Grande", juntamente con los colombianos Ospina, Jaramillo y Vázquez y los franceses Bramma, Rosignon y du Teil; que:

> "(Representarán) lo que pronto sería una nueva clase económico-social, que haría posible el desarrollo capitalista de Guatemala, sobre la base de los cultivos extensivos y de una nueva organización agraria y económica".[68]

En 1864, tres años después de su matrimonio con Tomasa Klee, Samayoa inicia un ataque directo contra los comerciantes y prestamistas

---

68. Valentín Solórzano, *Evolución económica de Guatemala,* Guatemala: Seminario de Integración Social Guatemalteca, 1970, p. 324. Para más información Héctor Pérez Brignoli (Ed.), *Historia general de Centroamérica, Tomo III: De la Ilustración al Liberalismo, 1750-1870,* Madrid: FLACSO, Sociedad Estatal Quinto Centenario, 1993.

136   *Guatemala: linaje y racismo*

Diagrama 23
Familia Klee Ubico

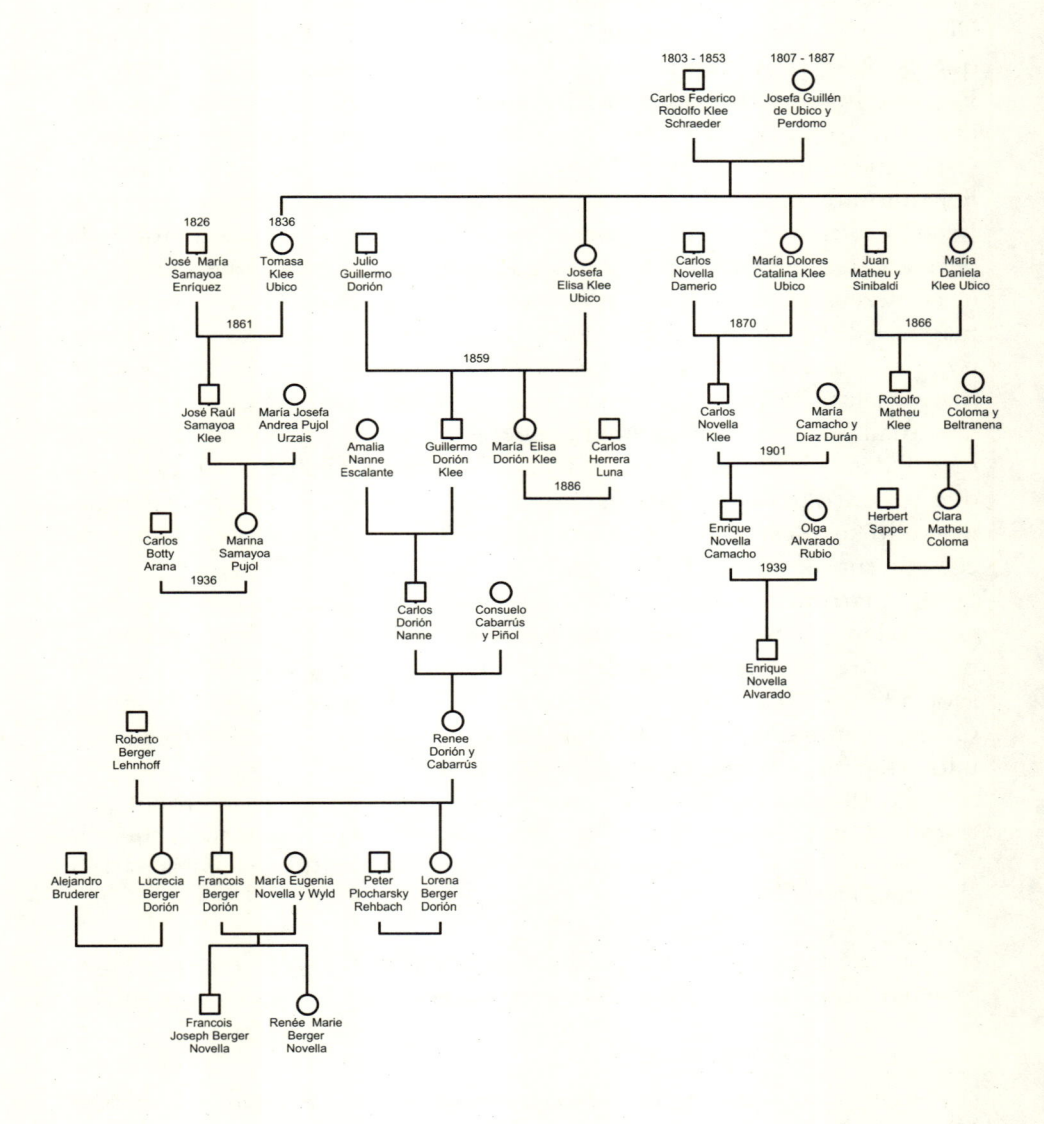

Fuente: Elaboración propia con base en datos de archivo.

conservadores que dominaban a Carrera, compuesto por familias como los Aycinena, Urruela, Piñol Batres. Para eliminarlos trata de fundar el primer Banco Nacional con representantes de la Banca Nacional Suiza de Ginebra, el marqués de Filly y Miguel García Granados; debido al poder de los comerciantes conservadores, que veían atacados sus intereses, Carrera denegó la autorización.

Samayoa, aprovechando la legislación liberal, comienza a usurpar tierras en diferentes regiones del país y, posteriormente las legitima cuando accede al Ministerio de Fomento, durante el régimen liberal, las legaliza y de esa manera, se apodera de la hacienda y caserío de Bárcenas, situada a cuatro leguas de la capital.[69]

Encontramos múltiples quejas de los jefes políticos de la municipalidad de Sacatepéquez, denunciando estos hechos: "La municipalidad de Magdalena reclama 16 caballerías de terreno que José María Samayoa usurpó de los ejidos de este pueblo para ensanchar los de su hacienda Bárcenas".[70] Según Cambranes, a José María Samayoa, junto con otros ministros de Barrios como Manuel María Herrera y al propio Barrios, se les puede considerar como los más grandes usurpadores de tierras de las comunidades indígenas. Algunas de estas tierras usurpadas pertenecen actualmente a sus descendientes; Samayoa también incrementa su fortuna con la compra de solares a bajo precio dentro de la capital, al sur de la ciudad. En la revalorización de las tierras, él y sus descendientes utilizan su influencia política, impulsando el crecimiento de la ciudad hacia donde estaban situadas las propiedades urbanas de la familia.

Podemos considerar a José María Samayoa como el ideólogo de una nueva clase en el poder: los cafetaleros, quienes, junto con Manuel María Herrera, representaron la irrupción del sector de mestizos en el bloque hegemónico. Al final de su mandato como ministro de Fomento en 1872, logró suprimir el Consulado de Comercio, bastión de los conservadores, quienes se vieron desplazados del poder, a excepción de los más audaces, que se convirtieron en cafetaleros, como los Aycinena, Batres y Urruela. Así mismo, logró renegociar la ingente deuda pública del gobierno, derivada de las revueltas centroamericanas. Por primera vez, se creó el impuesto sobre la importación del café, que debía destinarse a la construcción de caminos y puentes. Promovió la creación

---

69. Manuel Cobos Batres, *Carrera*, Guatemala: Editorial Renacimiento, vol. 3, p. 249. Lee Woodward, *Rafael Carrera*...

70. Castellanos Cambranes, *Café y campesinos...*, p. 414. Para más información consultar Pérez Brignoli (Ed.) *Historia general de...*

del sistema bancario nacional en 1874, cuando el gobierno liberal fundó, con los bienes procedentes de la desamortización de la Iglesia, el primer banco del país: el Banco Nacional de Guatemala. Junto con otros ministros aprobó el reglamento de jornaleros que legitimó el trabajo forzado de los indígenas. Este reglamento será uno de los instrumentos jurídicos del régimen liberal hasta que fue abolido en 1944, y contribuyó a generar la mayor plusvalía para los cafetaleros. En 1874, Samayoa fue nombrado ministro de la Guerra, puesto clave debido a los deseos unionistas centroamericanos de Justo Rufino Barrios. En 1876, fue encargado de la Presidencia y en 1879, fundó con los colombianos Ospina, Vázquez, Jaramillo y el propio Barrios el Banco Colombiano, el más importante de la época. Años más tarde terminó su carrera política siendo desplazado y vapuleado por el mismo Barrios.

Los descendientes de los Samayoa continúan concentrando gran parte de las tierras que usurparon, 22 extensas fincas rurales y urbanas, entre las que se encuentran varias zonas de la capital de Guatemala, como son las zonas 3, 7 y 8. Las principales fincas se encuentran situadas en los departamentos de Sacatepéquez, San Marcos, Suchitepéquez y Santa Rosa. Además de ello contaban con la cadena de cines más grande de la capital y otros negocios y comercios a lo largo de toda la República.[71] Así mismo, siguen incrementando su poder a través de importantes enlaces familiares con los Azmitia, Matheu, Ayau, Aycinena, Delgado o con redes de origen hondureño, como las Del Valle. Gran parte de sus matrimonios continúan realizándolos con extranjeros como los Bramma, Wyld, Kennedy, Bickford y sobre todo familias de origen alemán como los Springmühl, Von Lambsdorff, Lowenthal, Nanne, Widmann.

Manuel Francisco Ayau Cordón, es pariente directo de los Samayoa mediante el casamiento de su abuela, María del Pilar Dolores Samayoa Klee con Manuel Silvestre Ayau y de los Monteros. Es uno de los intelectuales orgánicos neoliberales, miembro de la Sociedad de Amigos del País, del CACIF, ex rector de la Universidad Francisco Marroquín y uno de los representantes de la extrema derecha guatemalteca. Sus artículos en contra de la consulta nacional y de las reformas constitucionales a favor de los derechos indígenas son una prueba de su pensamiento racial.

---

71. Véase anexo de la familia Samayoa y diagrama Klee Ubico.

La familia Dorión Klee

El entronque familiar Dorión Klee, es uno de los más importantes para hacer un estudio en profundidad de la clase dominante guatemalteca. Del matrimonio de Josefa Elisa Klee y Ubico y el ciudadano francés Julio Guillermo Dorión, saldrá una de las redes familiares más importantes del país. El matrimonio tendrá cuatro hijos: María Josefa Dorión Klee casó con José Víctor Lainfiesta en 1882. Serán los suegros del presidente Jorge Ubico Castañeda, al contraer matrimonio éste con Marta Lainfiesta Dorión, de cuyo enlace no habrá descendientes. Guillermo Dorión Klee nace en 1862, y se casa en 1895 con Amalia Nanne Escalante, de origen alemán e hija de los primeros ingenieros alemanes que llegaron a Guatemala. María Elisa Dorión Klee contrae el matrimonio más afortunado, desde el punto de vista económico, al casar en 1886 con Carlos Herrera Luna, hijo de uno de los hombres de negocios más acaudalados del siglo XIX.

Dada la gran importancia que esta red llega a adquirir en el siglo XX, vamos a detenernos en el inicio de la formación de la misma, que llegará a ser en la actualidad una de las tres primeras en importancia en función de su extensión, ramificaciones, poderío económico y control político. El fundador de la red fue Manuel María Herrera, padre de Manuel Herrera Moreno, ministro de Instrucción Pública durante el gobierno de Barrios; y de Carlos Herrera Luna, fruto de su segundo matrimonio con Delfina Luna Soto, quien emparentará con los Dorión Klee y llegará a ser presidente de la República. Al igual que José María Samayoa, su origen era mestizo y ninguno de ellos procedía de las familias oligárquicas o de abolengo de Guatemala. Ambos personajes ascienden vertiginosamente con Justo Rufino Barrios y es el cultivo del café y las alianzas con antiguos criollos venidos a menos, pero con abolengo, lo que les permitió el acceso al poder.

Dentro de su carrera política cabe destacar el haber sido miembro de la segunda Asamblea Constituyente en 1879 y ministro de Fomento durante varios años durante el gobierno de Barrios. El hecho de mayor importancia, por el que pasó a la historia, fue el de haber firmado el Reglamento de Jornaleros, por el que los campesinos indígenas fueron forzados a trabajar en los latifundios de café a cambio de un mísero jornal.

En 1865, Manuel María Herrera adquirió 57 caballerías de la comunidad de Santa Lucía Cotzumalguapa, donde fundó sus plantaciones azucareras, que siguen existiendo hasta nuestros días. Sus descendientes aún conservan el Ingenio "Pantaleón" y la finca "El Baúl", propiedades que adquirió en la época de Barrios. En 1866, junto con José María Samayoa y otros accionistas, obtuvo el derecho exclusivo de fabricar y exportar aguardiente de caña de todos los estancos del país y, al igual que sus descendientes, inició la diversificación de sus inversiones. Empezó como cultivador de caña de azúcar con un trapiche situado a 500 metros de altitud; más tarde se dedicó al café, y a la cría de ganado. Herrera controlaba todas las fases de producción de la caña de azúcar, desde el ingenio hasta la producción de aguardiente; así como las del café: desde la mata, café cerezo, hasta el café oro. Es importante subrayar que Manuel María Herrera adquirió sus propiedades antes del período liberal y las consolidó cuando llegó a ser ministro de Fomento con Barrios.[72] Las principales usurpaciones de tierras las realizó alrededor de 1840, en los ejidos de los pueblos de San Pedro Necta, Santo Domingo y San Marcos, tierras que aún pertenecen a sus descendientes. También adquiere tierras en San Juan Cotzal y Quiché. Según Miguel Ángel Reyes:

"Al adueñarse de tierras y poblados dio origen en varios lugares, a las fincas de mozos colonos, que desde entonces proveen de mano de obra temporal a las fincas de café de Acatenango y a otras en el departamento de Escuintla, entre las cuales, la más importante es El Baúl".[73]

La familia Herrera, desde la reforma liberal, posee fincas de colonos en diferentes partes del país, algunas de las cuales están situadas en San Martín Jilotepeque, donde tiene las fincas de "Rosario Canajal" y la de "Mayaguey". Ello significa que, cuando las necesidades de cultivo o cosecha lo requieran, posee suficiente mano de obra barata situada en sus propias fincas de mozos colonos. Otras fincas que se nutrían de mano de obra eran "San Andrés Osuna" y "Santa Anita de las Canoas"; la primera de ellas, expropiada por el gobierno de Árbenz Guzmán y convertida en finca nacional, y la segunda, vendida al gobierno de Castillo Armas. "En 1873 adquiere al menos 21 caballerías de tierra confiscada por el gobierno por 634 pesos".[74] La mejor tierra para café adquirida por el fundador de los Herrera fue la de Sacatepéquez.

No cabe duda de que, Manuel María Herrera y sus descendientes, ocuparon cargos importantes en la administración pública, modificaron la conformación del bloque histórico y lograron incorporarse a la élite

---

72. Ver las notas de usurpación de ejidos en 1840, AGCA, Sig. B.100.1, exp. 33234, Leg. 1419.

73. Miguel Ángel Reyes, "Conflicto social en San Martín Jilotepeque", *Polémica*, diciembre 1982, p. 7.

74. Reyes, *Ibíd.*, p. 7.

dominante, a pesar de ser mestizos y no haber pertenecido a ella durante los siglos anteriores. El hijo de su primer matrimonio, Manuel María Herrera Moreno, será ministro de Instrucción Pública. El otro hijo de su segundo matrimonio, Carlos Herrera Luna, llegará a ser presidente de la República en 1920, durante el breve gobierno de los unionistas. Estando en el gobierno llegó a adquirir una inmensa cantidad de tierra en Chimaltenango. A su vez, fue director del Banco Comercial Agrícola de Guatemala y del Banco Agrícola Hipotecario. A lo largo de su vida ocupó cargos de gran relevancia, como ministro de Fomento y Desarrollo, miembro de la Asamblea Legislativa de 1894 a 1900, del Consejo de Estado y de la Sociedad de Agricultores de Guatemala.

Sus descendientes, los Herrera Dorión, desarrollarán un gran imperio económico en el que abarcarán casi todos los sectores de la producción: desde el cultivo de los principales productos de agroexportación como el café, la caña, la ganadería, pasando por el control de las casas exportadoras, hasta la industrialización de esos productos: azúcar, aguardiente, café molido. Industrias de transportes marítimos, como la Sociedad Agencia Marítima, industria y casas comerciales. Accionista principal de los bancos más importantes del agro, como el Banco Agrícola, Banco Central de Guatemala, Banco del Agro y Banco Internacional.[75]

En la rama de los Herrera Dorión, merece la pena destacar a Carlos Herrera Dorión, miembro de la Cámara de Comercio, diputado por Quiché, dueño de fincas de café, como "El Portal" en La Antigua, y de azúcar en la Costa Sur, fundador de la Agencia Marítima en 1955 y gerente general de Herrera y Cía., de 1945 a 1955. Arturo Herrera Dorión fue representante de la Sociedad Herrera Hnos., dueño de la finca de algodón "El Limón", en Escuintla. El más importante de ellos fue Rafael Herrera Dorión, copropietario de "Pantaleón" y "El Baúl" en Escuintla y de "Tzanciapa" en San Pedro la Laguna, "El Portal" y sobre todo la gran finca "Café Pastores" en Sacatepéquez. Sus alianzas matrimoniales no fueron menos afortunadas que otras redes e incluso establecieron fuertes vínculos con las oligarquías nicaragüense y salvadoreña.

La rama de los Berger enlazó por el matrimonio de Elisa Dorión Klee con Carlos Herrera Luna, rico cafetalero y presidente de la República, siendo uno de los entronques más exitosos de esta red. Este enlace

---

75. Marta Casaús Arzú, "La pervivencia de las redes familiares en las élites empresariales centroamericanas y su inserción en el nuevo orden mundial", ponencia presentada en 48 Congreso Internacional de Americanistas, Estocolmo 4-9 de julio, 1994.

triangular les va a permitir a los Berger Dorión vincularse con las principales redes extranjeras: alemanas y francesas y mestizas del momento: Herrera, Samayoa, sin dejar por ello de emparentar con importantes ramas de criollos como los Sánchez Perales, Beltranena, Poggio y Azmitia.

Es interesante apreciar como los Berger Dorión, después de dos generaciones de matrimonios con élites locales, entre ellos los Sánchez Perales, Reyes, Perdomo, Azmitia, Poggio, vuelven a emparentar a partir de 1960, otra vez con extranjeros de origen inglés, alemán e italiano, situándose de nuevo en la cúspide de la red con el matrimonio Renée Dorión Cabarrús y Roberto Berger Lehnhoff, sus tres hijos Lucrecia, Françoise y Lorena Berger Dorión, emparentan con los Bruderer, Novella, Wyld, Plocharski Rossbach y Widmann. Por lo tanto, no es casual que un miembro de esa red, Françoise Berger Dorión, haya sido miembro del Consejo Específico en 1990 durante el gobierno de Serrano Elías, en cuyo Consejo de la Presidencia había otros miembros de la redes familiares como Ernesto Viteri Echeverría y Arturo Bianchi.[76]

La red de los Berger Perdomo tiene un origen diferente y se remonta a la familia de los Sánchez Perales, que emigran a Guatemala en 1780, y se asientan en Guatemala de la Asunción, fundando una importante casa de comercio. Esta red no llega a emparentar con las principales familias vascas del momento y se vincula colateralmente con Aceituno de Guzmán Mencos y Azmitia.

El enlace más importante de los Sánchez Perales, a principios del siglo XX, fue el matrimonio, en segundas nupcias, del presidente de la República, Carlos Herrera Luna, con Mercedes Llerandi y Sánchez Perales, logrando así entroncar con las principales ramas de la élite gobernante.

La otra rama exitosa de los Sánchez Perales-Poggio se vincula con los Berger de forma secundaria, por la vía de la familia Perdomo-Reyes. Es en la década de 1960 cuando se produce un enlace importante: Oscar Berger Perdomo casa con Wendy Widmann Lagarde, la hija del rico azucarero, industrial y financiero Walter Widmann Luna. De este modo, los Berger vuelven a enlazar con capital alemán. Este casamiento

---

76. En el gabinete de Serrano Elías convergieron en cargos ministeriales o de gobierno más de seis redes familiares entre los que podemos destacar a: Acisclo Valladares Molina, primo de María Luisa Beltranena Valladares, quien a su vez está emparentada con los Arzú Romá y Arzú Batres. Otros miembros de su gabinete, Álvaro Arzú Irigoyen, Adolfo Boppel Carrera y Carlos Mirón, los dos últimos ligados al sector cafetalero.

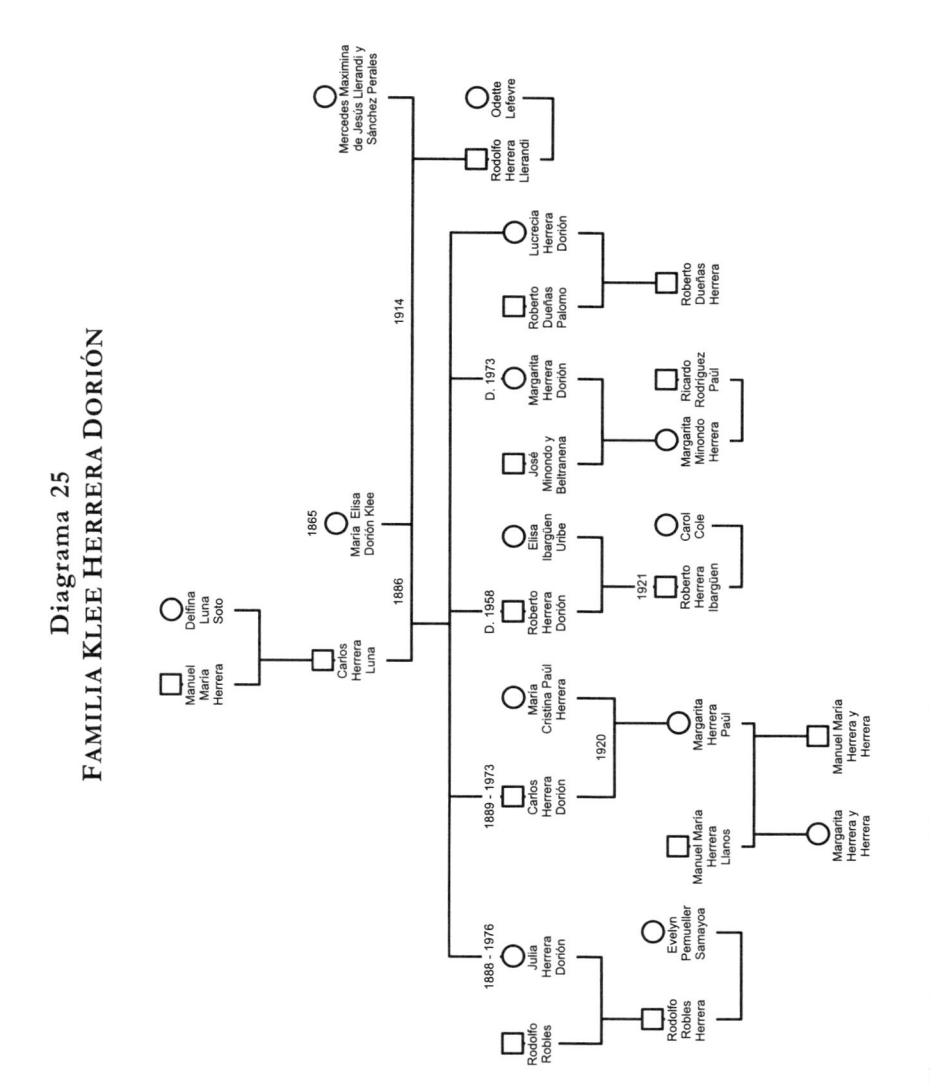

Las principales redes familiares de la oligarquía guatemalteca... 145

Diagrama 25
FAMILIA KLEE HERRERA DORIÓN

le permite a Oscar Berger situarse en primera línea de la fracción de clase azucarera, terrateniente y financiera de origen extranjero y le posibilitan reciclar a su red mediante el control del poder económico por la vía del Ayuntamiento, y posteriormente la Presidencia, mecanismo que cinco años antes había realizado Álvaro Arzú Irigoyen (véase diagrama de los Berger Dorión).[77]

De los hijos de María Elisa Dorión Klee y Carlos Herrera Luna, merece la pena destacar los matrimonios siguientes:

Julia Herrera Dorión, se casó con el doctor Rodolfo Robles, eminente médico y sabio de fama internacional, cuyo nombre lleva hoy el Hospital de Ojos y Oídos. Su hijo, Rodolfo Robles Herrera, se casó con Evelyn Pemueller Samayoa, emparentando nuevamente con esta red familiar. Carlos Herrera Dorión casó en 1920 con su prima hermana, María Cristina Paúl Herrera y agrandó el patrimonio familiar con la finca "El Portal", en el departamento de Sacatepéquez. Una de sus hijas, María Cristina Herrera Paúl, se casó con Manuel Portocarrero, de la red familiar Portocarrero de Nicaragua, cuyos hijos emparentan en la segunda década del siglo XX, con los Saravia Aguirre, Neutze y Herrera, vinculándose de nuevo entre primos hermanos. Roberto Herrera Dorión se casó con Elisa Ibargüen Uribe. Su hijo Roberto Herrera Ibargüen participó activamente en la política, fue en 1954, embajador en El Salvador una vez derrocado el gobierno de Árbenz; miembro del Congreso de la República por el departamento de Guatemala en 1964 y delegado en las Naciones Unidas en 1968; llegó a ser ministro de Relaciones Exteriores y de Gobernación en la época de Carlos Arana. Margarita Herrera Dorión contrajo matrimonio con José Minondo y Beltranena, emparentando así con grandes terratenientes y agroexportadores de café, dueños de grandes fincas como "El Injertal", "La Argentina", "Las Delicias" y "El Potrero y Anexos", y con las antiguas familias de vascos Beltranena, venidos a menos en la primera mitad del siglo XX. Rafael Herrera Dorión casó en la década de los cincuenta con Hilda Cofiño Arzú, hija de Pedro Cofiño y Díaz Durán y Dolores Arzú

---

77. Resulta interesante llamar la atención sobre la forma cómo las redes familiares copan y ocupan el poder históricamente a través del control de las instituciones locales, cabildo, alcaldías menores, corregimientos, y como en el siglo XX vuelven a utilizar similares mecanismos, la alcaldías de la capital, para posteriormente dar el salto hacia la presidencia. Tal parece haber sido la estrategia en Guatemala de Oscar Berger y de Álvaro Arzú y el intento fallido de Acisclo Valladares, lo mismo sucedió en El Salvador con Calderón Sol y en Nicaragua con Lacayo Oyanguren. Casaús "La metamorfosis de las oligarquías centroamericanas", en Casaús Arzú y Castillo Quintana, *Centroamérica: Balance de la década...* pp. 225-321.

y Matheu. Este matrimonio resulta estratégico para Rafael Herrera en la medida en que le sirve para enlazar con las redes oligárquica de mayor abolengo: los Cofiño, Arzú, Matheu y Díaz Durán, pero, sobre todo, extiende su poderío económico al control de grandes fincas de café situadas en la misma región de Sacatepéquez, como "Santa Rosa" de los Alejos Arzú, "El Tempixque" de los Falla y Cofiño, "San Pedro", "El Panorama" de los Castillo Cofiño, "Pavón" de los Díaz Durán.

Todas estas familias de forma directa o indirecta, ven acrecentado su poder al compartir con los Herrera relaciones de negocio o de prestigio. Una hija de Rafael Herrera y de Hilda Cofiño, Patricia Herrera Cofiño, se casará, en primeras nupcias, con Joaquín Van der Goltz Nottebohm, vinculándose nuevamente con los alemanes cafetaleros. Guillermo Dorión Klee se casó con Amalia Nanne Escalante, de procedencia alemana, quienes hicieron una importante fortuna al amparo de la construcción del ferrocarril. Las vinculaciones de los Herrera-Dorión con los Klee, Plocharski, Lehnhoff, Pemueller, Van der Goltz, Nottebohm, son una prueba de sus vínculos estrechos con el capital alemán.

El matrimonio de María Dolores Klee Ubico con el ingeniero italiano Carlos Novella Damerio, en 1870, será otro enlace que se integra en uno de los monopolios mayores del país, Cementos Novella. En este entronque cabe destacar la interrelación estratégica entre un ingeniero italiano con capital intangible, que aplicará sus conocimientos técnicos en mejorar la infraestructura necesaria para la exportación del café. Serán casi siempre ingenieros extranjeros, como los Novella, Miller, Lattmann, Schlesinger, Nanne, quienes entroncarán con familias de abolengo, de grandes fortunas y, a través de los enlaces matrimoniales, ampliarán la riqueza familiar. No olvidemos que, para la oligarquía de finales del siglo XIX y principios de XX, era más importante contraer matrimonio con un extranjero pobre, pero de origen alemán, que con un mestizo o un criollo rico. Al ser la familia Novella más corta y menos extensa concentran, por lo tanto, mayor riqueza en términos cuantitativos y la gestión de la empresa se realiza en su mayor parte por miembros de la propia familia.

El primer hijo del matrimonio Novella-Klee, Carlos Novella Klee, fundará la fábrica Cementos Novella, explotando la patente norteamericana de "Portland". Este monopolio se convertirá en la pieza clave del sector de la construcción desde principios de siglo. En 1930, Carlos Novella compra la finca "Las Piedrecitas", donde produce maíz y alfalfa y posteriormente instala la fábrica. En el campo de la industria, después del monopolio de la cervecería y de las aguas gaseosas de los Castillo, y de la industria avícola de los Gutiérrez, los Novella representan el segundo monopolio de importancia y de extensión en la República.

Carlos Novella fue miembro de la Cámara de Comercio y de Industria de Guatemala, del club Americano y de los Rotarios. La familia Novella Klee tendrá una tendencia marcada a casarse con extranjeros y con criollos, tal es el caso de los enlaces realizados con los Melville, Wyld, Goubaud, Dougherty, Maegli, Berger.

De todos los matrimonios de la familia, destacamos el del fundador de la red, Carlos Novella Klee, quien casa en 1901 con María Camacho Díaz Durán. Un hijo de los mismos, Estuardo Novella Camacho, fue gerente de la empresa "Mezcladora S.A.", "Arena y Grava S.A.", así como otras empresas relacionadas con la industria del cemento. Estuardo Novella se casó con Margarita Wyld Goubaud y una de sus hijas María Marta Novella Wyld emparenta con Juan Maegli Müller. Su padre fue cónsul de Suiza en Guatemala. El hijo muy pronto se enriqueció con la exportación del café y algodón y la importación de insumos necesarios para la agricultura, desde abonos hasta tractores. Juan Maegli es miembro de la Sociedad de Amigos del País. Uno de los hijos del matrimonio Maegli Novella se casó con una Urruela, en 1987, reciclándose de nuevo las viejas familias vascas, los Urruela y los Aycinena, con las familias que componen el nuevo bloque en el poder. Esta familia emparentará con los Berger Dorión, Alvarado Rubio y Torrebiarte. La muerte de Enrique Novella supuso un claro golpe para esta red y su reproducción familiar.

El matrimonio Klee Ubico y Alcaín de Esponda, celebrado en Guatemala en 1876, posee importancia por enlazar directamente con los Díaz Durán. El tercer hijo del matrimonio Alcaín Klee casó con Dominga de Jesús Díaz Durán y García de Zelaya en 1909. Los demás hijos mueren solteros y la rama no llega a insertarse en el bloque en el poder. El matrimonio Klee Ubico y Matheu Sinibaldi, en 1866, es uno de los más importantes, porque sus descendientes llegan hasta nuestros días. El padre de Juan Matheu Sinibaldi, Juan Matheu Batellini, de origen gaditano, se casó en 1805 con Zoe Sinibaldi, hija de los marqueses de Sinibaldi que llegaron a Guatemala a mediados del siglo XIX; llegó a ser presidente del Congreso de Guatemala. Se dedicaron a la importación, tuvieron tiendas, almacenes, casa de comercio. En 1878 lo hicieron con la exportación del café. Durante el período de Rafael Carrera acumulan una serie de cargos en la Cámara de Representantes, Consejo de Estado, Sociedad Económica, Consulado de Comercio, etc. En la época liberal, casi toda la familia Matheu Sinibaldi se convirtió en ricos cafetaleros de la zona de Chimaltenango y Sacatepéquez. Además de ello, poseían acciones en las más importantes vías de transporte, como línea de vapores Harrisson, la IRCA, empresas de hostelería y de automóviles, financieras e industrias harineras.

La mayoría de los Matheu entroncan con familias extranjeras, como los Kennedy, Bickford, Bouscayrol, Schafer y Neutze. La rama de los Sinibaldi emparentará, principalmente, con los Castillo Lara, Castillo Azmitia, Castillo Valenzuela y Monge, vinculándose de esta forma al capital industrial y financiero desde principios del siglo XX. Los matrimonios de los Klee Ubico con los Samayoa, los Herrera y los Matheu, Sinibaldi, Castillo, Novella construyen la tela de araña que permitirá a la familia estructurar un nuevo bloque en el poder, compuesto principalmente por la fracción cafetalera y por la incorporación de un sector de mestizos y varios extranjeros, principalmente alemanes, conformando un nuevo bloque histórico que será el hegemónico hasta 1970 aproximadamente. Esta alianza continúa manteniéndose en la formación de nuevos bancos y financieras, siendo uno de los principales grupos financieros capaz de insertarse en el proceso de globalización.[78]

La rama Klee Ubico, también apellidada Skinner-Klee,[79] será la más prolífica, procrearon trece hijos. Enlazarán directamente con las familias del siglo XVII, al casarse con Francisca de Sales Prado y González de Saravia, vinculada por línea materna con el presidente de la Real Audiencia de Guatemala y, a su vez, con Concepción Delgado de Nájera. El heredero de Karl Rudolph Klee, Jorge se dedicará a manejar los negocios de la familia y a adquirir más tierras de la zona kekchí de Alta Verapaz. También establecieron negocios de maderas finas en Petén y de minas de plata en Chiquimula. Su poder familiar se incrementa al casar su hijo, Ricardo Carlos Skinner Klee Prado, con Cristina García Granados y Saborío, hija del primer presidente liberal, cafetalero y usurpador de tierras de la Boca Costa, Miguel García Granados. Este enlace se mantendrá a lo largo del siglo XX. Las familias Klee y García Granados permanecerán emparentadas durante los regímenes militares, de 1963 a 1981.

Otros de los hijos, Alfredo Skinner Klee Prado, fue secretario de Relaciones Exteriores durante el gobierno de su pariente Jorge Ubico y Cónsul de Guatemala en San Francisco; casó con Dolores Cantón Solórzano, miembro de la oligarquía guatemalteca. Uno de sus hijos, Alejandro Skinner Klee Cantón, emparentó nuevamente con familias

---

78. Véase Marta Elena Casaús "La metamorfosis de las oligarquías centroamericanas", en *Centroamérica*, ...

79. De los hermanos Klee Ubico fue únicamente Jorge "Skinner" Klee Ubico y sus descendientes quienes utilizaron el apellido Skinner.

alemanas de gran fortuna en el siglo XX. En primeras nupcias se casó con Leslie Hempstead Dieseldorff, cuyas propiedades en fincas de café en las Verapaces son de las mayores de todo el país.[80]

A Jorge Skinner Klee Cantón se le considera uno de los intelectuales de la clase dominante actual. Es abogado y notario, posee negocios con empresas multinacionales de origen norteamericano, especialmente relacionadas con la minería. Fue el fundador de la Sociedad de Empresas Mineras Centroamericanas en 1955. Representante en el extranjero de la casa Phillips, Helena Rubinstein, Sociedad Comercial, Industrial y Agrícola, Tappan y de un sinnúmero de multinacionales que representa en su bufete, compartido con Jorge Luján y con Federico Urruela. Ha ocupado diversos cargos en la política del país. Fue ministro de Asuntos Exteriores de 1956-1957, embajador en El Salvador, fue diputado de la Asamblea Nacional en 1965 y consejero de Estado de 1970 a 1974. Es catedrático de la Universidad Landívar y ha sido vicerrector de la misma, miembro del Consejo Consultivo del Seminario de Integración Social y autor de varios libros, como *Legislación indigenista* y *Los pueblos del Lago de Atitlán*. Se casó con Concepción Arenales Catalán, miembro de la familia Arenales Catalán, que hemos señalado con anterioridad. Una de sus hijas, Carolina Skinner Klee Arenales, se casó en 1979 con William Hempstead Smith, uno de los principales cafetaleros y terratenientes de origen inglés, volviendo de este modo a concentrarse el capital alemán con el inglés como lo hicieran sus antepasados al principio de siglo.[81] Sus hijos: Jorge Skinner Klee Arenales es diplomático, fue viceministro de Asuntos Exteriores con Berger y actual embajador de Guatemala ante Naciones Unidas; casó con Gabriela Ponce Widmann, emparentando por esta vía de nuevo con los alemanes. Alfredo Skinner Klee, secretario general del partido de gobierno (2004-2008), GANA, continúa los negocios del padre. Su hermana, Cecilia Skinner Klee Arenales, trabaja como asesora en la Vicepresidencia de la República.

La vinculación de estas redes familiares se plasma en el campo de las finanzas con la creación de nuevos bancos como el Banco Uno, S.A., el

---

80. Wagner. *Los alemanes...* p. 175. Wagner describe minuciosamente la llegada de los primeros inmigrantes a Cobán, la adquisición de tierras, la implantación del café y la importancia que tuvieron los matrimonios establecidos entre los sobrinos de Heinrich R. Dieseldorff y los Hempstead; alianza que perdurará hasta la actualidad.

81. La concentración de fincas en manos de capital alemán era muy grande en Alta Verapaz; según Regina Wagner, de un total de 320 propiedades registradas en la región, 100 pertenecían a unos 45 propietarios alemanes y abarcaban más de 3,500 caballerías, siendo los Nottebohm, Dieseldorff y Sapper los mayores latifundistas (Wagner, *Los alemanes...* p. 175).

antiguo Banco de América, en el que las familias de origen anglo-alemán, como los Lippmann y los Hempstead, se vinculan con los Castillo Monge, Saravia Castillo, Castillo Love y Granai, para insertarse al nuevo proceso de integración financiera regional e internacional a través de las fusiones bancarias.

CONCLUSIONES

a) Los entronques familiares que componen la estructura social de la clase dominante guatemalteca se verán afectados por la imbricación tan fuerte en la economía de la primera ola de emigrantes alemanes y la entrada de capitales procedente de las ciudades hanseáticas, a partir de 1880. El tratado de amistad, comercio y navegación, firmado por Karl Rudolph Klee entre el gobierno de Guatemala y el imperio alemán, asegurará la protección de las inversiones alemanas y la primera penetración de capital extranjero en el país.

b) La penetración alemana toma como primera forma la creación de filiales comerciales de las casas de Bremen y Hamburgo. Estas casas fueron las primeras beneficiarias del auge del café de Guatemala, que en muy poco tiempo se convertiría en el segundo productor mundial de café de alta calidad. Las casas de comercio alemanas controlaron la producción desde el principio, mediante créditos y la comercialización hacia el exterior del café guatemalteco. Familias como los Dieseldorff, Sapper, Sarg, Nottebohm, jugaron un papel relevante en este proceso.

c) Con la llegada de los alemanes se produce la creación de los primeros bancos nacionales, en su mayoría de capital alemán. Así se creó el Banco Internacional, en 1878, el Banco de Occidente en 1881 y el Banco Agrícola Mercantil. A finales de siglo XIX poseerán gran parte de las acciones de todos estos bancos y el 30% de un nuevo banco de procedencia norteamericana: el Banco de América. A fines del siglo XX seguirán manejando buena parte de los bancos más importantes.

La participación alemana en obras de infraestructura fue decisiva sobre todo en la construcción de la red ferroviaria, en compañías navieras, en la creación de la empresa eléctrica y en general en la construcción de vías de comunicación en el occidente del país y los puertos del Atlántico. Familias como Dieseldorff, Sapper, Thomas, Neutze, Sthal y Meyer jugaron un papel relevante.

d) Con la primera crisis del café a fines del siglo XIX y la irrupción de Brasil en el mercado mundial en 1897, muchos de los cafetaleros medianos entrarán en quiebra, momento que aprovecharán las grandes casas comerciales alemanas para comprar esas tierras a bajo precio: ese será el caso de las fincas "La Concepción", "El Porvenir", "Perla del Café" y "Chocolá". Todas ellas pasan a ser propiedad de compañías alemanas, como la Capco, Nottebohm Hermanos, Sapper Cía. Ltd.; Dieseldorff y Cía. Posiblemente los Dieseldorff y los Nottebohm sean los más beneficiados.[82]

e) La creación de una amplia red vial, para el transporte y posterior comercialización del café hacia los principales puertos del país, será también uno de los principales sectores de inversión de los alemanes, que valorizarán sus tierras gracias al paso de las carreteras y del ferrocarril por sus fincas. Una compañía alemana, la Ocós Eisenbahngesellschaft A.G., será la principal propietaria del ferrocarril que va al puerto del Pacífico y de las instalaciones portuarias. La compañía marítima Hamburg-Amerika Line será la mayor compañía de transporte de café hacia los puertos europeos. De 1885 a 1900, alrededor del 60% de las exportaciones de café iban dirigidas hacia Bremen y Hamburgo.

f) La reforma liberal, en sus primeros años, permitió el desplazamiento de los sectores más conservadores de la élite de poder y la incorporación de los alemanes al bloque hegemónico. Esta última se produce de una forma vertiginosa y en menos de 70 años acaparan los principales sectores de la producción, especialmente de la tierra, del cultivo del café y de su comercialización y del capital financiero a través de las casas comerciales, de préstamo y años más tarde de la creación de la banca.

g) Así como en el siglo XVI, la familia Castillo parece aglutinar toda la red oligárquica, en el XVII son los Delgado Nájera y en los siglos XVIII y XIX, los Aycinena; a mediados del XIX, serán los Skinner Klee y los Dieseldorff los que realicen ésta función. En el caso de la red Skinner Klee, una vez que se apropian de la tierra, primero se dedican al cultivo de la cochinilla y más tarde al café. Mediante influencias y nombramientos diplomáticos en su país de origen y la ocupación de cargos políticos y públicos en Guatemala, los Skinner Klee y otros alemanes como los Sarg, y los Sapper, influyen en los gobiernos de turno para que modifiquen las leyes a su favor e incidir

---

82. Ver Anexo 4. Resulta interesante comprobar la concentración de capital de algunas familias alemanas en 1930, especialmente la compañía CAPCO, Nottebohm, Sapper y Dieseldorff. Véase Regina Wagner, *Los alemanes...* p. 282 y ss.

en el despojo de las tierras comunales. Su influencia política es tal que, sin estar en el poder modifican y controlan el aparato del Estado. Como en el caso de los Díaz Durán, es una de las familias que desde hace casi dos siglos se mantiene dentro de la élite de poder ocupando varios cargos políticos en diferentes gobiernos.

h) Los alemanes de la primera generación de inmigrantes establecen sus redes matrimoniales con familias de criollos y mestizos acaudalados, que les permiten crear su nicho de ubicación. A partir de entonces van generando un amplio capital relacional, que al igual que los Castillo, Delgado de Nájera, Urruela y Aycinena, les permite abarcar toda la estructura social de la clase dominante.

El matrimonio Klee Ubico tiene diez hijos, de los cuales una de sus hijas y luego una de sus nietas se casan con acaudalados mestizos y miembros prominentes del gobierno liberal: Samayoa y Herrera, que utilizan el aparato del Estado para enriquecerse y usurpar las tierras comunales. Otras dos hijas se casan con extranjeros que poseían fuertes capitales e influencias, como los Matheu Sinibaldi y Novella; más adelante su tataranieta enlaza también con los Berger. Todos ellos logran hacer grandes fortunas y fuertes monopolios y a su vez se insertan en las redes hegemónicas del momento, con los Díaz Durán, los Alvarado, Hempstead, Maegli, Castillo. Otros dos hijos casan con familias criollas de abolengo, de origen español, principalmente vasco, los Alcaín de Esponda y los González de Saravia, emparentados a su vez con los Delgado Nájera y los Aycinena.

A partir de esta primera inserción, estas familias permanecerán unidas y continuarán casándose entre sí, especialmente los Klee, Ubico, Herrera, Dorión y Samayoa, formarán amplias e intrincadas redes familiares, vastas redes de negocios, generalmente relacionadas con la producción, exportación y comercialización del café y en la actualidad con el capital financiero. Muy pronto estas redes se verán fortalecidas por otras menores que, por razones de matrimonios y cercanía geográfica de sus fincas, se incorporarán a la red principal, tal es el caso de los Falla, Cofiño y Díaz Durán.

i) Con el acceso al poder de los Klee y de un pequeño pero significativo grupo de alemanes como los Dieseldorff, Nottebohm, Sarg, Sapper, Weissemberg, Thiemer, Schulbach, Neutze, Sthal, etc., que emigrarán entre finales del siglo XIX y principios del XX, logran consolidar un importante capital entre 1910 y 1930. Este grupo entra a formar parte del bloque hegemónico, que se abre y reconvierte en épocas de crisis para volverse a cerrar y pasar a formar parte de las fracciones de clase más poderosas e influyentes de la oligarquía guatemalteca.

A pesar de los efectos negativos que, las dos guerras mundiales y la crisis de 1929, tuvieron sobre sus propiedades, su enorme capacidad de reciclaje y recuperación y su tenacidad les permitió seguir ejerciendo una fuerte influencia en el ámbito económico y en el político a lo largo del siglo XX. En los últimos procesos electorales y con la crisis del café han recuperado parte de su poder a través de las finanzas y de la globalización de sus empresas.

j) Las alianzas matrimoniales de los alemanes, una vez que logran un buen nicho de acogimiento, tras el matrimonio con alguna familia de poderosos criollos que les permite insertarse en el bloque hegemónico, se vuelven a cerrar estableciendo vínculos claramente endogámicos pero con un fuerte capital relacional. Constituyen el grupo social que menos relaciones establece con el resto de los criollos o mestizos guatemaltecos. Los matrimonios de los Samayoa y de los Herrera son la excepción y se establecen debido al estatus y ámbito de influencias políticas que ambos personajes poseían en la época. El patrón matrimonial de este grupo, a lo largo de casi todo el siglo XX, se produce básicamente entre alemanes o extranjeros, estableciendo escasas relaciones de parentesco con las antiguas familias de la oligarquía; ni siquiera se relacionan con la fracción industrial o financiera de la red oligárquica anterior.

En las últimas dos décadas, se empieza a observar un reciclaje de las antiguas familias criollas de los siglos XVIII y XIX, que perdieron gran parte de su poder en el siglo XX. A través de alianzas matrimoniales muy recientes, 1960-1980, vuelven a insertarse en el núcleo oligárquico. Mediante el matrimonio con los alemanes, tratando así de permanecer dentro del bloque hegemónico, tal será el caso de las redes familiares vascas como los Beltranena, Aycinena, Batres, Díaz Durán y Urruela.

k) La formación y consolidación de esta amplia red oligárquica, fundamentada básicamente en la actividad agroexportadora, comercial y financiera, conforma un tipo de Estado oligárquico de carácter autoritario y liberal, cuya forma de dominación se basaba en el uso de la fuerza y de la exclusión social. No es casual que a partir de principios del siglo XX, se hayan sucedido regímenes dictatoriales y represivos, prolongados y sangrientos. Esta debilidad del Estado, producto de su composición oligárquica, hace que, en épocas de crisis o de cambios de coyuntura política, sean las propias redes oligárquicas las que, a través de uno de sus representantes, con el apoyo de las redes familiares, sustituyan muchas de las funciones estatales. El acceso al poder del dictador Jorge Ubico Castañeda es fruto de la confluencia de intereses económicos y políticos de una fracción de clase nueva, representada en las familias Guillén de Ubico, Klee, Samayoa, Herrera, Dieseldorff, etc., quienes impulsaron al poder a un hombre de su red oligárquica, que era militar de carrera, y que durante las crisis del 29 y la II Guerra Mundial, defiende los intereses de la clase dominante y en especial de su amplia red familiar.

7.
LA FAMILIA CASTILLO
(SIGLOS XVI–XXI)

Ya hemos observado en apartados anteriores la doble vinculación de los comerciantes Lira, Cárcamo y Núñez con los Díaz del Castillo y Urruela, produciéndose de esta manera el entronque de estas dos familias desde 1779.[83] La rama Díaz del Castillo y Castellanos, cuyos miembros se apellidan también Castillo y Cárcamo, es la que nos conducirá directamente a los Castillo Córdova.

José Díaz del Castillo y Castellanos fue Capitán y Contador del Reino y encomendero de San Mateo Ixtatán; se casó con Magdalena Aguilar de la Cueva, hija de Antonio de Aguilar y de la Cueva y de Francisca de la Tovilla, familia de la que ya hemos hablado anteriormente. Su hijo José Díaz del Castillo y Aguilar de la Cueva fue también capitán y se casó en 1700, en segundas nupcias, con Marcela Sánchez Prieto y Dubois, a su vez hija de encomenderos de la región. Uno de sus hijos, José Díaz del Castillo y Sánchez Prieto, se casa con Mariana Pimentel y Montúfar, cuya familia emparentó con los González Donis y Méndez Sotomayor, comerciantes y encomenderos que ya hemos estudiado en el siglo XVI.

Podemos observar cómo los Díaz del Castillo continúan estableciendo alianzas con las hijas de los antiguos pobladores, encomenderos y comerciantes de Santiago de los Caballeros. El matrimonio de Manuel Díaz del Castillo y Pimentel con Josefa Larrave y Loaisa, cuya familia

---

83. Ver diagramas 3 y 4 de los entronques de las familias Díaz del Castillo, Lira, y Cárcamo y Urruela y su vinculación con los Castillo y Segura y las redes completas desde el siglo XVI hasta nuestros días.

ocupó puestos importantes en la Audiencia de Guatemala,[84] es un ejemplo de ello. La hija de este matrimonio, María Josefa Díaz del Castillo Larrave, fue la fundadora de una nueva rama de la familia: Castillo-Larrave, quienes emparentarán con los advenedizos vascos de mediados del siglo XVIII. La primera vinculación con los vascos tiene lugar a través de la familia Urruela en 1779 y la segunda, por medio del matrimonio de María Josefa Díaz del Castillo Larrave con Pedro Alcántara González Batres y Delgado de Nájera, familias que ya hemos estudiado con anterioridad. Mediante estos matrimonios los advenedizos vascos enlazan con las familias más antiguas y poderosas de la época siendo, en la mayor parte de las veces, los Delgado Nájera el puente entre unos y otros. A partir de entonces los Batres, Arzú y Castillo marcharán juntos, tal y como lo observamos en el diagrama, culminando toda esta relación con el matrimonio de José Mariano Arzú Cobos y Marta Castillo Azmitia, quien enlaza directamente con Castillo Córdova, los fundadores de la "Cervecería Centroamericana".

Merece la pena detenernos en este entronque, porque de aquí saldrá una de las redes que en la actualidad forma parte del bloque hegemónico, por sus posteriores vinculaciones con el capital financiero e industrial y por el hecho de aunar varios de estos apellidos en la figura de Antonio Batres Jáuregui y de casi todas las familias más destacadas del siglo XIX. En el diagrama 18 observamos cómo, a lo largo de un siglo, la familia Díaz del Castillo, va perdiendo el Díaz y empieza a utilizar sólo el segundo apellido. Durante este período, emparentó con cinco familias vascas: Batres, Jáuregui, Arzú, Larrave, Arrivillaga. Sin embargo, casi no se vincula con las dos redes más poderosas de la época: los Urruela y los Aycinena. Consultados algunos miembros de la familia Castillo al respecto, respondieron que la familia Castillo no pertenecía en ese tiempo a la élite de poder, debido principalmente a su mestizaje. La falta de abolengo no les permitía acceder directamente a esas élites y por eso lo hacían a través de redes secundarias.

En el caso de la familia Díaz del Castillo, son los hombres los que casan con advenedizas vascas y fundan nuevas ramas. Durante este siglo, la profesión de los Díaz del Castillo continuó siendo la de comerciantes y no parece que hayan sobresalido en política ni en el

---

84. Su padre, Manuel Ignacio Larrave y Tovilla, fue alcalde ordinario en 1754, 1759 y 1768. Su abuelo paterno, Lucas Larrave, oriundo de la Villa de Durango en el Señorío de Vizcaya, fue alcalde ordinario de la Ciudad de Santiago en 1700 y 1714 y tesorero de la Santa Cruzada. Su abuelo materno, el capitán Sebastián Loaisa y Ledesma, fue corregidor de Quetzaltenango (1695) y alcalde del Ayuntamiento de Guatemala. Su tío Lucas Larrave y Tovilla fue alcalde mayor de la Provincia de Sonsonate en 1750 y alcalde ordinario de Santiago de Guatemala, etc.

ámbito intelectual. A excepción de Cayetano Batres Díaz del Castillo que fue ingeniero, abogado, diputado y magistrado de la Corte Suprema. Antonio Batres Jáuregui sobresale por las razones que ya hemos expuesto, pero lo abordamos en la rama Arzú Batres por considerar que la línea es más directa. Sólo queremos hacer constar que está directamente emparentado con los Díaz del Castillo y Delgado Nájera. A través de los Piñol emparentarán directamente con los Aycinena y con los Guirola Batres. Es a partir de la primera mitad del siglo XX, una vez que ingresan al bloque dominante, cuando la familia Castillo vuelve a emparentar con las redes más importantes de la época, tal como lo veremos en el segundo diagrama. En la rama Castillo Larrave y Castillo Pimentel, el apellido Castillo se pierde y es absorbido por los Batres, Arzú y los Guirola Batres. Estas dos ramas no enlazan directamente con los Castillo Córdova, quedando un poco desplazados del bloque hegemónico en el siglo XX.[85]

LA FAMILIA CASTILLO ESTRADA

José Mariano Castillo y Segura fue el fundador de la rama. Su abuelo, Manuel Silvestre Segura y Díaz del Castillo, fue escribano y teniente de alcalde mayor de Chimaltenango. Su bisabuelo Antonio de Segura Porras y Villavicencio fue guarda mayor de la Real Caja de Moneda y oficial de su Contaduría en Guatemala. José Mariano Castillo y Segura luchó por la Independencia de Guatemala y se adhirió al Acta de 1821. Casó en 1820, con Ana María Estrada Orantes, hija de hacendados de Petapa y descendiente de las antiguas familias que se establecen en el oriente del país. Fueron padres de José Domingo de las Nieves Castillo Estrada, que se dedicó a la agricultura en las fincas de su familia en Petapa; cultivó la cochinilla y llegó a ser director de estudios de la Escuela de Agricultura y miembro de la Sociedad de Amigos del País. Transcribió la *Historia verdadera de la Nueva España,* de su pariente Bernal Díaz del Castillo. En 1845 se casa con Delfina Dolores Córdova y Minueza, natural de San Martín Jilotepeque. Por información de su familia, inferimos que Delfina era de origen mestizo, procedente de una familia de ladinos ricos de San Martín. Tuvieron once hijos, de los cuales reseñamos cinco en el diagrama, por ser los que conforman en la

---

85. La información sobre la familia Castillo ha sido obtenida de varias fuentes: Edgar Aparicio y Aparicio, *Bernal Díaz del Castillo y sus...* Archivos y documentos de la familia Castillo, historia de la Cervecería Centroamericana. Historia oral y testimonios de miembros de la familia Castillo.

Diagrama 26
FAMILIA DÍAZ DEL CASTILLO BATRES ARZÚ (SIGLOS XVIII-XIX)

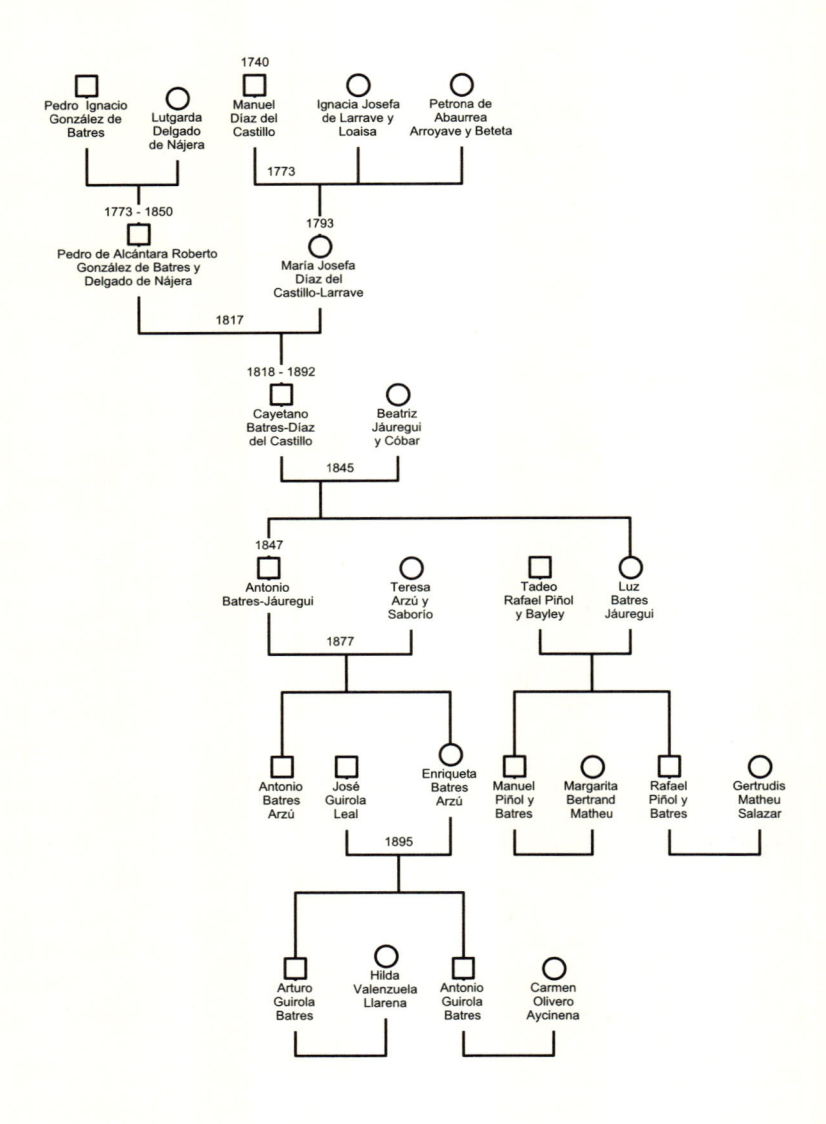

1740

Pedro Ignacio González de Batres — Lutgarda Delgado de Nájera

Manuel Díaz del Castillo — Ignacia Josefa de Larrave y Loaisa — Petrona de Abaurrea Arroyave y Beteta

1773

1773 - 1850

Pedro de Alcántara Roberto González de Batres y Delgado de Nájera

1793

María Josefa Díaz del Castillo-Larrave

1817

1818 - 1892

Cayetano Batres-Díaz del Castillo — Beatriz Jáuregui y Góbar

1845

1847

Antonio Batres-Jáuregui — Teresa Arzú y Saborío

Tadeo Rafael Piñol y Bayley — Luz Batres Jáuregui

1877

Antonio Batres Arzú

José Guirola Leal — Enriqueta Batres Arzú

Manuel Piñol y Batres — Margarita Bertrand Matheu

Rafael Piñol y Batres — Gertrudis Matheu Salazar

1895

Arturo Guirola Batres — Hilda Valenzuela Llarena

Antonio Guirola Batres — Carmen Olivero Aycinena

Fuente: Elaboración propia con base en datos de archivo.

Diagrama 27
FAMILIA CASTILLO VALENZUELA

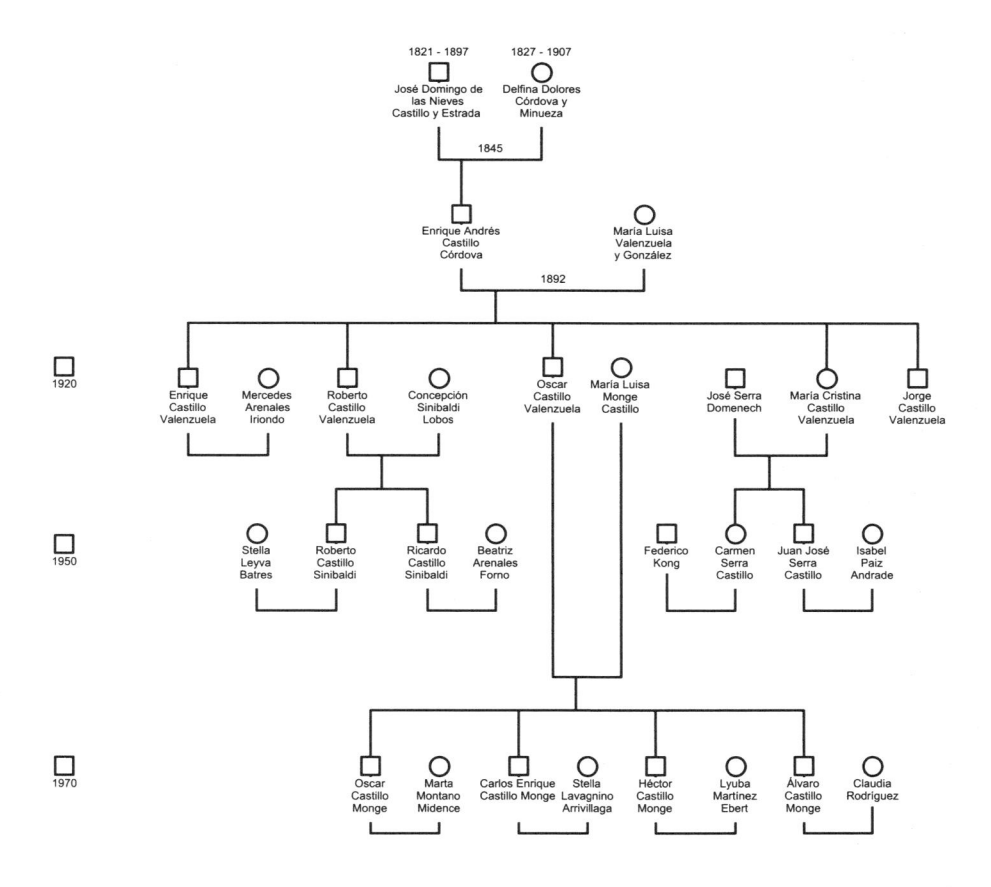

1821 - 1897 José Domingo de las Nieves Castillo y Estrada
1827 - 1907 Delfina Dolores Córdova y Minueza
1845

Enrique Andrés Castillo Córdova
María Luisa Valenzuela y González
1892

1920
- Enrique Castillo Valenzuela — Mercedes Arenales Iriondo
- Roberto Castillo Valenzuela — Concepción Sinibaldi Lobos
- Oscar Castillo Valenzuela — María Luisa Monge Castillo
- José Serra Domenech — María Cristina Castillo Valenzuela
- Jorge Castillo Valenzuela

1950
- Stella Leyva Batres — Roberto Castillo Sinibaldi
- Ricardo Castillo Sinibaldi — Beatriz Arenales Forno
- Federico Kong — Carmen Serra Castillo
- Juan José Serra Castillo — Isabel Paiz Andrade

1970
- Oscar Castillo Monge — Marta Montano Midence
- Carlos Enrique Castillo Monge — Stella Lavagnino Arrivillaga
- Héctor Castillo Monge — Lyuba Martínez Ebert
- Álvaro Castillo Monge — Claudia Rodríguez

Fuente: Elaboración propia con base en datos de archivo.

actualidad gran parte del bloque hegemónico y sobre todo porque Rafael y Mariano Castillo Córdova fueron los fundadores de la "Cervecería Centroamericana". Los otros tres se dedicarán a la industria y al comercio.

Por considerar relevante la inserción de esta familia en el bloque dominante, nos detendremos a analizar los entronques de estas tres generaciones que ocupan un siglo, desde 1886 a 1986.[86] Dos hermanas de Mariano y Rafael, Manuela y Teresa Castillo Córdova, emparentan con los hermanos Saravia Conde, comerciantes y dueños de tierras. Manuela se casa con el abogado Salvador Augusto Saravia Conde. Y Teresa se casa con el abogado José Miguel, hermano del anterior. Un hijo de aquellos, Adalberto Augusto Saravia Castillo, fue abogado, notario y secretario general del Partido Unionista y ocupó varios cargos públicos durante el gobierno de Carlos María Herrera, entre ellos ministro de Estado, Gobernación y Justicia. En este período la familia Saravia se enriqueció mediante el cultivo del café, el comercio y la formación de la Banca en Guatemala. Augusto Saravia se casó con una pariente lejana: María Luisa Enríquez Castellanos. Un hijo suyo vuelve a emparentar con una Castillo: Telma Castillo Love, hija de Rodolfo Castillo Azmitia y Ruby Love. De esta forma, los Saravia se vincularon con la rama más poderosa de los Castillo —los Castillo Love— pasando a formar parte de la fracción industrial y financiera. Otro de los hijos del matrimonio Saravia Castillo, Raúl, se casa con Clemencia Samayoa Ramírez, hija de Julio Samayoa Klee, familia de la que hemos hablado ampliamente en otra red familiar. Elvira Saravia Castillo emparenta con Alfredo Toriello Garrido; uno de sus nietos Leonel Toriello Nájera, juega un papel relevante en la remodelación del bloque de poder a partir de 1980 y puede considerársele como un empresario modernizante. Dos hermanos de Alfredo Toriello, Guillermo y Jorge, emparentarán con dos redes familiares primarias a través de su casamiento con María Mercedes Castillo Menocal y con Leonor Saravia Camacho. La descendencia de estas dos ramas volverá a emparentar con los Arzú, Echeverría, Matheu.[87]

La hermana de Manuela Castillo Córdova, Teresa, se casó con un hermano de Salvador Saravia Conde, José Miguel. Esta familia emparentará posteriormente con los Gual, Murga, Aldana, etc., con menos éxito en sus entronques, al no enlazar con ninguna de las familias del actual

---

86. Ver diagramas 27 y 28, de la familia Castillo Valenzuela, Castillo Córdoba y Azmitia Lara.

87. La familia Toriello procede de Italia y es de emigración tardía a Guatemala. La tercera generación de dicha familia estuvo formada por profesionales liberales y hombres de una

bloque histórico. Enrique Castillo Córdova se casó con María Luisa Valenzuela González en 1892. Serán los fundadores de otra empresa de aguas gaseosas, "La Mariposa". Fundaron la única fábrica de textiles y celulosa de Centroamérica, "El Gallo". Cuatro de sus hijos, Oscar, Enrique, Roberto y Salvador Castillo Valenzuela continúan los negocios de su padre incorporando nuevas empresas al monopolio familiar. Los matrimonios de estos hijos les reportan un incremento de capital y les da acceso a nuevas empresas y a otros sectores de la producción, tal y como podemos observar en el diagrama de los Castillo Valenzuela.

Enrique Castillo Valenzuela se casa con Mercedes Arenales Iriondo, hija de Pedro Arenales y Paula Iriondo, su sobrino Jorge Arenales Catalán, fue ministro de Relaciones Exteriores y representante ante las Naciones Unidas durante el período de Julio César Méndez Montenegro. Los Arenales son dueños de fincas de café en Quetzaltenango, de compañías de minas de níquel y petróleo y de empresas de agroexportación. Roberto Castillo Valenzuela se casó con Concepción Sinibaldi Lobos. Su padre Joaquín Sinibaldi era dueño de fincas en Jalapa y poseía una gran producción de maíz, guisantes, caña, tabaco y ganado. Un hijo de este matrimonio, Roberto Castillo Sinibaldi, contrajo matrimonio con Stella Leyva Batres, vinculándose una vez más los Batres con los Castillo. Otro de sus hijos Ricardo Castillo Sinibaldi jugó un papel muy importante dentro del CACIF, siendo vicepresidente de la Cámara de Industria y presidente del CACIF en 1968 y ministro de Desarrollo en 1993 durante la presidencia de Serrano Elías. Salvador Castillo Valenzuela se casa con Leonor Orellana Flores, hija del general José María Orellana, que fue presidente de Guatemala. Como sus hermanos, era copropietario y poseía una casa de exportación. Oscar Castillo Valenzuela se casa con su prima María Monge Castillo, hija de María Luisa Castillo Lara, y emparenta así con otra de las ramas más poderosas de la familia, los Castillo Lara.

Los hijos de este matrimonio son quienes actualmente ocupan cargos de gran relevancia en el CACIF y en la Cámara de Industria y de alguna manera representan a los sectores más modernizantes de la oligarquía. Carlos Enrique Castillo Monge es dueño de Representaciones Castillo y fue gerente general de "La Mariposa", de embotelladoras "El Pacífico"

---

gran talla intelectual y política que jugaron un rol relevante en la historia política guatemalteca, en especial los hermanos Guillermo y Jorge Toriello durante el derrocamiento de Jorge Ubico y posteriormente durante la revolución de 1944. Guillermo Toriello fue ministro de Asuntos Exteriores de Árbenz y después de su largo exilio en México y Cuba, fundó el Tribunal Antiimperialista de Nuestra América (TANA), autor de innumerables libros.

y de otras industrias agroalimentarias. Posee solares, edificios y múltiples construcciones en el centro de la ciudad y es accionista de "Cervecería Centroamericana".

Enrique Castillo Monge se casa con Stella Lavagnino Arrivillaga, emparentando así con una de las familias vascas de abolengo procedente del siglo XVII, dueña de grandes fincas de algodón y de café. Su sobrino Roberto Mata Castillo, hijo de su hermana, es el que continúa los negocios familiares y realiza la fusión con la empresa Bravha. Es asesor de Berger y uno de los hombres más cercanos a él.

En los Castillo Monge se unen dos de las tres ramas de industriales: los Castillo Valenzuela y los Castillo Lara. Oscar Castillo Monge es uno de los principales accionistas de "La Mariposa", gerente de la embotelladora "El Pacífico" y miembro de la Cámara de Industria. Se casa con Marta Montano Midence, hija de Francisco Montano Novella, y así emparenta con la familia Novella, dueña del monopolio "Cementos Novella" y de otras empresas del ramo de la construcción. Álvaro Castillo Monge es ingeniero y uno de los hombres más activos y representativos de la iniciativa privada en la actualidad. Durante 1986 y 1987 fue presidente de la Federación Centroamericana de Cámaras de Industria (FECAICA), presidente del CACIF, miembro de la directiva del mismo organismo, presidente de la Cámara Empresarial de Guatemala (CAEM), de la Cámara de Industria y director del periódico *El Industrial*, es accionista y miembro del consejo editorial del diario *Siglo Veintiuno* y por su talante modernizador se incorpora al proceso de globalización a través de la creación de un nuevo banco: Banco Uno, antiguo Banco de América, con fuerte capital alemán y de otros miembros de la red, los Saravia Castillo. Está casado con Claudia Rodríguez, que pertenece a una familia de propietarios de extensas tierras en la Costa Cuca, grandes productores de café y bienes inmuebles en la capital. La familia Castillo Monge y en especial Álvaro Castillo Monge, representan una de las fracciones más modernizantes en los últimos tiempos, que más ha colaborado con el proceso de transición democrática. Puede ser considerado como un empresario modernizante de la fracción agroindustrial y financiera, que pretende conformar en el país un nuevo bloque hegemónico que desplace a la oligarquía tradicional. La estrategia de los hermanos Castillo Monge, especialmente Alvaro, Enrique y el sobrino de éste, Roberto Mata Castillo, así parecen indicarlo con su estrategia de insertarse en el mercado internacional a través de la alianza con una gran multinacional de la cerveza Ambev-Interbrew.

Carmen Castillo Valenzuela se casó con Oscar Alejos Vázquez, miembro de una de las familias terratenientes y exportadoras de café más importantes del país. Cristina Castillo Valenzuela se casó con José Serra Domenech y su hija, Carmen Serra Castillo, se casará con Federico Kong, una de las familias más poderosas de Guatemala, dueña de fincas en Chimaltenango, desmotadoras de algodón y de las mayores refinerías de aceites y grasas del país. El hermano de Carmen Serra Castillo, Juan José, se casará con Isabel Paiz Andrade, de la familia del fundador de los supermercados Paiz.[88]

El marido de Isabel Paiz Andrade, Juan José Serra Castillo, formó parte del Comité directivo del PAN y fue embajador de Guatemala en España y México. De nuevo podemos observar cómo una sola rama familiar, los Castillo Valenzuela, enlazan en menos de un siglo con las familias y los capitales más importantes de la actualidad, logrando expandir la red hacia distintos sectores de la producción, la agricultura, el comercio, la industria y las finanzas. Éste es otro caso en el que la alianza familiar entre una Paiz Andrade y un Castillo, permite a este último situarse en una mejor posición para competir políticamente.

SURGIMIENTO Y DESARROLLO DE LA CERVECERÍA CENTROAMERICANA (LAS RAMAS CASTILLO LARA Y CASTILLO AZMITIA)

Los fundadores de la "Cervecería Centroamericana", en 1886, fueron los hermanos Rafael y Mariano Castillo Córdova, hijos de Domingo Castillo Estrada y de Delfina Córdova. El inicio de la fábrica fue difícil por la falta de medios técnicos. Durante los dos primeros años la Cervecería fue administrada por los dos hermanos, pero debido al rápido crecimiento de la empresa, en 1887, nombraron administrador a José Azmitia, cuñado de Mariano Castillo. Azmitia fue un hombre sobresaliente en su época al haber opuesto resistencia a la dictadura de Estrada Cabrera, quien, según se cuenta, lo mandó a azotar con una

---

88. Sobre la familia de los Paiz Andrade existe una amplia documentación sobre su origen colonial procedente de dos familias españolas, una vasca, los Ayala y otras dos valencianas, los Paiz y los Victoria, quienes se van a asentar en Zacapa. Ambas familias terratenientes ocuparon cargos en el Cabildo y posteriormente fueron regidores de Teculután. Del matrimonio de Manuel José Paiz y de Isabel Ayala Victoria nace el abuelo Carlos Paiz Ayala quien contrae matrimonio con Piedad Graciela Andrade cuya descendencia van a ser los hermanos Carlos Manuel, María Isabel, Fernando, Rodolfo, Sergio y Roberto, propietarios del consorcio de supermercados Paiz. Sobre el tema, Carlos Benjamín Paiz Ayala y Anabella Schloesser de Paiz, *La historia de Carlos Paiz. Un hombre de Guatemala*, Guatemala: Fundación Paiz, 1997.

pena de 1,400 azotes y posteriormente lo encarceló.[89] Alrededor de 1898, compraron la Finca "El Zapote", situada al norte de la ciudad, en donde se construyó de forma definitiva la nueva cervecería. A partir de 1900 son los hijos de Rafael y de Mariano los que empiezan a hacerse cargo de la fábrica. Desde entonces la cervecería y sus filiales han sido administradas paritariamente por miembros de las dos ramas familiares.[90] Durante los primeros 50 años del siglo XX, la cervecería moderniza todas sus instalaciones y compra la Cervecería de Quetzaltenango, que se encontraba en manos de capital alemán, para evitar con ello toda posible competencia. A su vez diversifican la producción hacia otros sectores. En 1936 fundan la venta de aguas gaseosas y en 1947, compran fincas de ganado y las inscriben a nombre de Castillo Hermanos.

Resulta curioso resaltar cómo en otras regiones de América Latina –Chile, México, Nicaragua– las empresas cerveceras constituyeron uno de los principales promotores de la industrialización y en la mayor parte de las ocasiones fueron grupos familiares quienes promovieron el desarrollo industrial.

Así, la sociedad anónima moderna en estos casos surge sobre la base del capital que aportó una familia o un grupo de familias vinculadas por alianzas matrimoniales.[91]

Es a partir de 1960, coincidiendo con la etapa de sustitución de importaciones y de auge del Mercado Común Centroamericano, cuando se produce una fuerte diversificación de capital hacia sectores industriales, comerciales y financieros, cuando se creó la Industria Centroamericana de Vidrio (CAVISA), fábrica de vidrios que produce la mayor parte de las botellas y otros artículos de vidrio para toda Centroamérica. En 1965 surge Alimentos S.A. e Industrias Agrícolas, que comercializa todos los productos agrícolas de las fincas, especialmente el ganado Angus, la Incaparina, etc. En 1966 se fundó Plásticos Industriales S.A. y Maderas

---

89. Testimonio oral de miembros de la familia Castillo. Este incidente es referido también por Carlos Haeussler Yela, *Diccionario general de Guatemala*, Guatemala: 1983, tomo I, p. 159.

90. Documentos de la Cervecería Nacional Centroamericana con motivo de su centenario. En éstos se puede observar el manejo de la empresa por miembros de la propia familia, conservándose como empresa familiar, a pesar de constituirse como sociedad anónima (datos de 1986). Este proceso de empresa familiar se ha ido modificando en función de las necesidades de insertarse en el mercado mundial y de racionalizar la empresa para hacerla competitiva.

91. Véase Menno Vellinga, *Desigualdad, poder...*; Roderic Camp, *Los empresarios y la política en México. Una visión contemporánea,* México: FCE, 1990; Cerutti y Vellinga, *Burguesías industriales...*

Centroamericanas, todo ello con capital de la cervecería, pero con fuerte ayuda de la AID.

En 1967 y 1968, se da el gran salto hacia el sector financiero, asociándose al Banco Industrial y un año más tarde FIASA, una de las mayores financieras del país; se funda con el apoyo de la AID, cuya finalidad era integrar el capital transnacional norteamericano con las fracciones más modernizantes de la oligarquía. FIASA quedó constituida por tres grupos de familias: los Castillo, los Canella y los Granai, correspondiendo a la rama de los Castillo Love la fundación y manejo de la financiera. En 1990 se funda el Banco Continental, siendo los socios fundadores Canella Neutze y Castillo Love y posteriormente con la fusión con el Banco Granai y Towson, se convierte en la actualidad en uno de los más grandes del país.[92] Con lo expuesto anteriormente, nos encontramos con dos monopolios que abarcan buena parte de la industria agroalimentaria, de bebidas gaseosas y jugos, junto con los Gutiérrez, que ocupan el sector avícola y harinero del país. La red familiar de los Castillo Azmitia poseían el monopolio de la cerveza en Guatemala hasta el año 2004 en que la familia Castillo Monge entra a competir con ellos con la Cervecería Río, del grupo Ambev.

Ambas ramas de la red poseen mayoría de acciones en varios bancos del país: el Banco Industrial, Banco Uno y el G&T Continental, lo que les facilita su inserción en el proceso de globalización financiera.

El gran acierto de la Cervecería Centroamericana ha sido su diversificación hacia otros sectores de la producción agrícola, comercial y, sobre todo, financiera y el haber mantenido la empresa matriz en manos de miembros de la familia, sin establecer hasta el momento alianzas comerciales internacionales con otras empresas del ramo.[93]

LA ARTICULACIÓN DE LA RED FAMILIAR EN EL BLOQUE HEGEMÓNICO

Los fundadores de la familia Castillo y de la cervecería dan origen a dos redes familiares extensas que se han mantenido unidas desde 1886, compartiendo la administración y la gerencia de todas las empresas del

---

92. Datos del Banco Continental, aparecidos en la *Revista Crónica* y en *Panorama*, reportados en Casaús Arzú, *La pervivencia de las redes familiares...*

93. La diversificación del Grupo Castillo Hermanos, en el 2002, era bastante importante, no solo en marcas de cerveza y refrescos carbonatados sino de jugos de frutas (Del Frutal y Del Monte), cereales, harinas, plásticos, vidrieras e inmobiliarias, ocupando un variado sector del mercado alimenticio y de bebidas (Guía de productos del grupo Castillo Hermanos, 2002).

consorcio en una forma bastante paritaria y equitativa. El desarrollo conjunto de estas dos redes muy prolíficas desde sus orígenes, así como los enlaces matrimoniales con otras redes familiares nos llevan a afirmar que los Castillo, conjuntamente con los Herrera, Paiz y Gutiérrez, representan los cuatro entronques de origen hispánico más fuertes, extensos y poderosos del bloque hegemónico. Sus enlaces matrimoniales nos dan una visión de conjunto de la importancia de esta red. Mariano Castillo Córdova se casa con Elisa Azmitia y González, hija de Santiago Azmitia, rico hacendado y hombre de gran prestigio político y social. De este matrimonio nacen diez hijos, de los cuales cinco jugaron un papel determinante en la consolidación de la Cervecería Centroamericana: Arturo, Mariano, Rodolfo, Guillermo y Gustavo. Todos ellos fueron gerentes de la empresa y durante el período de su gestión, que va de 1917 a 1950, se consolidó y amplió su capital. A lo largo de estos años, compran la Cervecería de Quetzaltenango, modernizan las instalaciones de la fábrica trayendo toda la maquinaria de Alemania, crean la fábrica "Salvavidas" y la de aguas gaseosas y adquieren fincas para la cría de ganado.[94]

Sus matrimonios fueron clave para incrementar y consolidar su poder y sobre todo para tener acceso al bloque hegemónico, que, por razones de estirpe y abolengo se encontraba en manos de las antiguas familias de origen vasco, como los Aycinena, Urruela, Arzú, Batres o las de origen alemán, como los Klee, Dieseldorff, Nottebohm, Neutze, etc.

Arturo Castillo Azmitia fue un hombre ilustrado, miembro de la Real Academia de la Lengua, gerente de la cervecería y miembro fundador del Banco de Guatemala, casó con Carmen Beltranena Urruela, redes familiares de abolengo y poder a lo largo del siglo XIX y que, durante el siglo XX, no habían emparentado con los Castillo, por considerarlos de baja alcurnia. El primer enlace que se da entre estas dos familias es el de Carmen y Arturo, de este matrimonio nacerán tres hijos, uno de los cuales fue gerente de la cervecería desde 1955 hasta 1980: Arturo Castillo Beltranena.

Las dos hijas de Arturo casan con miembros de familias prominentes: Lily Castillo Beltranena con Juan Fermín Valladares Aycinena, emparentando, de este modo, los Aycinena con la fracción industrial. A lo largo del siglo XIX, ningún Aycinena había emparentado con la familia Castillo; caso muy similar al de los Urruela, que emparentan en la primera década

---

94. Actualmente esas fincas de ganado se han convertido en un gran centro comercial "Concepción", construido por la familia Castillo y Gutiérrez.

del siglo XX. Stella Castillo Beltranena casa con Oscar Ubico, pariente del dictador Jorge Ubico. El segundo matrimonio de Arturo fue con María Goubaud Carrera, del que no hubo descendencia.

Mariano Castillo Azmitia casa con Teresa Samayoa Ramírez, nieta de José Samayoa, ministro de Justo Rufino Barrios. Otra hermana de Teresa, Clemencia Samayoa Ramírez, emparenta con Raúl Saravia Castillo, hijo de una hermana de Mariano Castillo Córdova. Guillermo Castillo Azmitia emparenta con María Luisa Zirión Lara,[95] cuya hermana mayor, María Jesús Inés Zirión y Lara, casa con Eduardo Enmanuel Saravia Castillo, abuelos de quien fuera ministro de Economía durante el gobierno de Serrano Elías, Gustavo Saravia Aguirre.

Las hijas de Guillermo y María Luisa emparentan con grandes terratenientes cafetaleros: María René Castillo Zirión casa con Federico Battle Aberle, rico hacendado de origen salvadoreño, con grandes fincas de café en El Salvador y en Guatemala. Aída Castillo Zirión emparenta con Arturo Falla Cofiño, quien a su vez se encuentra estrechamente emparentado con los Herrera y los Díaz Durán, poseyendo fincas y negocios de café en toda la zona de Antigua Guatemala: "El Pintado", "Palomo", "El Tempisque" y "San Sebastián" son algunas de las mayores y mejores fincas de café en el departamento de Sacatepéquez. Los hijos de estas dos hermanas, a su vez, contraen matrimonio, los de una con los Presa Abascal, grandes cafetaleros de la zona de Suchitepéquez y los de la otra con los Saravia Aguirre, todas ellas de origen vasco: los primeros procedentes de una oleada de emigrantes del siglo XX y los segundos familias vascas de viejo abolengo. La rama de los Falla Castillo será una de las que más pronto se vincularán a las iglesias pentecostales, a través de la Iglesia del Verbo y que mayor influencia ejercerán en otras familias de la oligarquía, quienes en el gobierno de Serrano Elías aparecen ejerciendo cargos públicos como los Alejos, Benfeldt, Zepeda Castillo, Bianchi, etcétera.[96]

Gustavo Castillo Azmitia casa con Isabel Sinibaldi Arbúrez, nieta del marqués de Sinibaldi, que llegó a Guatemala en el siglo XIX. Este

---

95. La familia Zirión es de origen vasco y está estrechamente relacionada con los Urruela. El primer Zirión que vino a Guatemala se llamaba Antonio Julián de Zirión y Urruela y contrajo matrimonio en Guatemala, en 1836, con su prima hermana doña María Teresa de Urruela y Urruela. Desde entonces los Urruela y los Zirión han estado emparentados.

96. Resulta interesante observar las nuevas alianzas interelitarias entre un sector católico integrista y ciertas iglesias evangélicas de corte neopentecostal, como el Verbo y Shaddai, con el fin de configurar un nuevo bloque de poder que les legitime en el gobierno con la base de apoyo en los conversos neopentecostales. La alianza fue posible con Serrano Elías y con Ríos Montt porque el proyecto de Estado-Nación de ambos es conservador,

matrimonio tiene varios hijos, uno de los cuales, Edgar Castillo Sinibaldi, casa con una prima suya, Amelia Castillo Echeverría, en 1950. Edgar Castillo ha sido presidente de la cervecería. Sus primos hermanos, Ricardo y Estuardo Sinibaldi Castillo ocupan importantes cargos de dirección en la empresa, desde 1954. Ricardo contrae matrimonio con los Balleza, terratenientes de origen venezolano y Estuardo con Aída Samayoa Santolino. Sus hijos emparentan de nuevo con las familias de origen vasco como: Azmitia, Guirola Batres, reciclándose de nuevo las redes.

Rodolfo Castillo Azmitia se casó con Ruby Love. Sus hijos, Jorge, Ramiro, Raúl y Francisco Castillo Love, representan el ala más modernizante y que mejor se ha vinculado al capital financiero a través de la fundación del Banco Industrial y Continental. Ramiro Castillo Love fue presidente del Banco Industrial desde sus inicios y de la Financiera FIASA. Jorge Castillo Love es fundador del Banco Continental y artífice de su fusión con el Banco Granai. Los cuatro hermanos han ocupado cargos de relevancia en la cervecería y en sus empresas filiales, especialmente en el sector financiero. Por último y a los efectos de nuestro estudio, Marta Castillo Azmitia se casó con José Mariano Arzú Cobos y enlaza con otra de las ramas principales del bloque hegemónico a lo largo del siglo XIX y secundaria en el XX. De sus tres hijos, José Mariano se casó con Antonia Mateos, Paloma con su primo hermano Leonel Castillo Zirión. Odette se casó en primeras nupcias con Angel Casaús, del que tiene una hija, Marta Casaús Arzú;[97] en segundas nupcias con Carlos Vázquez Bruni, grandes cafetaleros procedentes de la familia Vázquez Ospina, de origen colombiano, que introdujeron el cultivo del café a Guatemala y en terceras nupcias con Pedro Canivell Freites del que sí hubo descendencia: dos hijas, Odette, escritora y académica, y Rocío, empresaria y trabajadora del consorcio Castillo Hermanos y un hijo, Pedro Canivell.

La otra rama de Rafael Castillo Córdova con Refugio Lara Dardón emparenta directamente con los encomenderos de Suchitepéquez Pérez Dardón. Los Castillo Lara se vinculan casi con los mismos apellidos

---

neoliberal, racista y excluyente. Véase Marta Elena Casaús, *Análisis de contenido de algunos documentos de las iglesias neopentecostales o de la restauración,* Madrid: Instituto Ortega y Gasset, 1992. Pilar Sanchiz Ochoa, "Influencia de la sectas protestantes sobre las comunidades indígenas de Centroamérica", en Marta Casaús y Rolando Castillo, *Centroamérica: Balance de la década de los 80. Una perspectiva regional,* Madrid: CEDEAL, 1992.

97. Una de las mayores críticas en las primeras ediciones de *Linaje y racismo,* fue el hecho de no ubicarme como miembro de la red Arzú Castillo. La razón de no hacerlo fue no cumplir con el criterio de éxito y reproducción social de la red familiar con otras familias de la élite guatemalteca.

mencionados en la rama anterior, más directamente con los Cofiño, Herrera y Díaz Durán. Un hijo del matrimonio Castillo-Lara, Carlos Castillo Lara, que fue director de la fábrica de 1931 a 1945, se casó con María Cofiño Díaz Durán; hermana de Pedro Cofiño y Díaz Durán, hombre prominente y ministro de Agricultura, quien, a su vez, emparenta con Dolores Arzú y Matheu, cuya hija, Hilda Cofiño Arzú, casará con Rafael Herrera. En estas redes, observamos rasgos endogámicos, con matrimonios entre primos y primos hermanos y el reciclaje de antiguas familias de abolengo que pierden su poder en el siglo XX.

CONCLUSIONES

a) Los Castillo se presentan como una familia muy extensa, cuyos orígenes se remontan al conquistador, colono e historiador Bernal Díaz del Castillo. Desde el principio se desarrolla como una red extensa que, a lo largo de los siglos XVI y XVII, emparenta con los encomenderos más ricos de la región: los Becerra, Medinilla, Mazariegos, Pérez Dardón, Lobo. Desde sus inicios se produce el mestizaje, siendo la esposa de Bernal Díaz del Castillo, Teresa Becerra, fruto de la unión de Bartolomé Becerra con una india cholula. A partir del siglo XVI, los Castillo inician sus relaciones con familias de comerciantes, como los Lira, Núñez, Salazar Monsalve. En el siglo XVII, establecen relaciones con los emigrantes vascos, a través de enlaces matrimoniales con los Urruela, Batres, Delgado Nájera y Arzú. En el siglo XIX la familia Castillo pierde el Díaz, y es la rama Castillo Segura y Castillo Estrada la que enlaza directamente con los fundadores de la cervecería, los Castillo Córdova.

b) A lo largo de su trayectoria, casi ninguno de ellos ha sobresalido en la política, ni ocupado cargos de relevancia en ningún período histórico, a excepción del mismo Bernal Díaz del Castillo, Francisco Antonio Fuentes y Guzmán y Cayetano Batres Díaz del Castillo. En el siglo XX, casi ninguno de ellos ha sobresalido como político ni como intelectual, con las excepciones de José Azmitia y Arturo Castillo Azmitia. Desde sus inicios se destacaron como comerciantes y supieron establecer amplias redes de negocios y utilizar las alianzas matrimoniales como una forma de incrementar su poder y su fortuna. Hay una característica constante en toda la familia Castillo desde sus orígenes hasta la actualidad y es posible que constituya uno de los elementos que ha asegurado su supervivencia como familia a lo largo de cuatro siglos: la de saber diversificar su producción en los momentos de crisis económica o de cambio de coyuntura política y social. Así lo hicieron Francisco Díaz del Castillo y Becerra, Nicolás Lira y Cárcamo, Cayetano Batres y Díaz del Castillo, Mariano y Rafael Castillo Azmitia, especialmente sus descendientes, sobre todo la rama de los Castillo Love. Sus alianzas matrimoniales buscan ampliar su red económica, más que conservar la pureza de sangre en sus lazos de consanguinidad o su abolengo, factor este que les ha diferenciado sustancialmente de otras redes familiares. Posiblemente el origen mestizo desde sus inicios y el posterior mestizaje que se produjo a lo largo de toda su historia les hayan permitido tener una visión más pragmática y modernizante de la sociedad y del mercado, al igual que los Herrera, Samayoa y Gutiérrez.

c) Un elemento diferenciador en relación con otras redes familiares ha sido la casi ausencia de religiosos y de militares en la familia. A lo largo de los siglos XVI y XVII, apenas existen militares en la familia. Sólo se conoce el caso de José Díaz del Castillo y Castellanos y son escasas las hijas que pasaron a los conventos; en el XVII, María Ignacia Díaz del Castillo y Larrave profesó la orden carmelita; ambos constituyen casos excepcionales. En el XIX y XX no se conocen miembros de la familia cuya profesión sea la de militar o religioso. Al ser preguntado un miembro de la familia sobre este particular, contestó que la familia Castillo se enorgullecía de no tener ningún "chafarote", ni a ningún cura en su familia. De donde inferimos que ha sido una familia bastante laica y sin grandes ambiciones de poder político. Caso que se contrapone a los Urruela por lo que se refiere a sus inclinaciones religiosas, y a los Aycinena y Díaz Durán, por sus ambiciones políticas, y a los Arzú que, durante los dos primeros siglos, tuvieron grandes militares en el seno familiar y en la actualidad participan activamente en la política.

d) Otra característica peculiar de la familia Castillo es que surge directamente como una fracción comercial e industrial, cuyo capital no proviene del sector agrícola, sino que se produce directamente en la industria. Es posteriormente cuando invierten en el campo y en bienes agroalimentarios, pero sin dejar la industria como actividad principal. Puede considerarse como uno de los monopolios más fuertes del país, sólo comparable al de cemento de los Novella, los licores de los Botrán, Pollo Campero de los Gutiérrez y los aceites de los Kong. Como consorcio, se ha extendido al resto de Centro América, sobre todo en la época de auge del Mercado Común Centroamericano; algunas de las empresas como CAVISA, Plástico, Alimentos y la Empaquetadora, cubren buena parte del mercado centroamericano.

e) Por último, conviene hacer hincapié en que los Castillo son de las pocas redes de origen hispánico que se instalan en Guatemala desde la Colonia y llegan hasta nuestros días, conservando el poder económico a lo largo de cuatro siglos y renuevan su red familiar. Otras redes que se mantienen a lo largo de la historia, llegan uno o dos siglos más tarde, como es el caso de los Arrivillaga, Urruela, Aycinena, Arzú, Batres. Otras pierden su poder económico y sólo conservan su abolengo, como los Alvarado, Álvarez de las Asturias, Delgado de Nájera, Dardón, Barahona. Otras se incorporan más tarde y son claramente fruto de la época liberal y de la usurpación de tierras que se produce en la época de Justo Rufino Barrios, como los Herrera, Samayoa y Barrios; y los más recientes que llegan al país en los años treinta del siglo XX, como los Gutiérrez, Vila, Rodríguez, no han sido objeto de nuestro estudio por carecer del perfil idóneo para nuestra muestra.

La incorporación al bloque hegemónico de los Castillo se produce hasta el inicio del siglo XX y son las redes familiares que habían sido hegemónicas en el XIX, las primeras en emparentar con ellos. Así, podemos establecer el hecho de que la rama Castillo Azmitia entabla relaciones principalmente con los vascos del siglo XVII y XVIII, cuyas redes fueron hegemónicas a lo largo del siglo XIX; tal es el caso de los Aycinena, Beltranena, Arzú, Saravia, Zirión, Urruela, Batres. Estas redes, que pasan a ser secundarias en el XX, se reciclan a través de los Castillo Azmitia a lo largo de todo este siglo. Los Castillo Lara enlazan con la fracción agraria del bloque hegemónico que en la actualidad controlan la mayor parte de las tierras y de la agroexportación del país: tal es el caso de los Falla, Herrera, Díaz Durán, Rodríguez, Hempstead, Nottebohm. El comportamiento de los extranjeros de origen no español y en especial los de ascendencia alemana varía notablemente, tal y como lo vimos en su red. En general se conserva de una manera casi endogámica sin apenas establecer lazos de unión con las familias de antiguos colonos o advenedizos guatemaltecos. Son escasos los matrimonios entre alemanes y la familia Castillo.

De nuevo nos encontramos con un fenómeno, que ya observábamos en el siglo XVI, en el caso de la familia Castillo Lira Cárcamo. Las ramas Castillo Lara y Castillo Azmitia unifican su red a lo largo del siglo XX. Los Castillo llegan a articular amplias alianzas matrimoniales, de negocios y de clase con otros sectores de la producción, especialmente con el capital agrario, industrial y financiero. En la actualidad representan, dentro del bloque hegemónico, a una de las fracciones de clase más importantes de las redes familiares, sin embargo su escasa participación en la política en general, salvo raras excepciones como la de Guillermo Castillo Zirión, ex viceministro de Economía y actual embajador de Guatemala en Estados Unidos, les ha restado posibilidades de utilizar al Estado, como mediador de sus intereses, cosa que otros grupos familiares han realizado con mucho más éxito; como la familias Paiz Andrade, Arzú, y los Gutiérrez. A pesar de su diversificación productiva y financiera que les sitúa en una magnífica posición para insertarse en la nueva fase de globalización, no lo han sabido hacer de forma tan exitosa como los Paiz, Gutiérrez o Novella que se insertaron en su debido momento al proceso de globalización.

Capítulo IV

Pensamiento y práctica racista en la oligarquía guatemalteca

1. Elementos metodológicos

Caracterización de la población estudiada

La población que fue objeto de nuestro estudio estuvo determinada por los siguientes parámetros:

Se investigó a aquellas familias de origen hispano asentadas en Guatemala durante la conquista y colonización, a lo largo de sucesivas oleadas en el tiempo. Las redes familiares estudiadas se fueron estableciendo a partir del siglo XVI en función de los primeros enlaces matrimoniales entre encomenderos y pobladores, peninsulares y criollos, o criollos y advenedizos; así como las interrelaciones entre unos y otros. Analizamos de forma especial aquellas familias que por su importancia en el proceso productivo del momento, por su influencia económica y política, por su capacidad de reproducción y de establecer extensos y exitosos enlaces matrimoniales, pudieron reproducir su linaje y lograr que su estirpe sobreviviera hasta nuestros días, como parte integrante del bloque en el poder.

Escogimos las que, en cada siglo, jugaron ese papel y supieron diversificar su producción a tiempo y establecer una red familiar amplia y exitosa. Por ello pasaron de un siglo a otro hasta llegar a la actualidad, a saber: a) los Castillo (1544-1995); b) los Díaz Durán (1600-1995); c) los Delgado Nájera (1648-1995); d) los Aycinena (1753-1995); e) los Arzú (1770-1995); f) los Urruela (1774-1995); g) los Skinner Klee (1803-1995). Estas redes principales dominaron la vida política y económica del país durante más de un siglo y son las redes familiares oligárquicas que hoy toman parte del núcleo central de la oligarquía constituyendo parte del bloque hegemónico en el 2006. De todas ellas, la familia Castillo ocupa un papel primordial, porque inicia su hegemonía desde el siglo XVI y la conserva hasta el siglo XX, siendo en la actualidad uno de los grupos familiares más numerosos, exitosos y con poder en el país.

Al margen de nuestra muestra, quedan aquellas familias de origen extranjero (alemán, francés, etc.), que también pertenecen al núcleo oligárquico, pero que no fueron objeto del universo escogido, aunque sí les dedicamos un apartado para tener una visión global de la estructura oligárquica y del peso económico que tuvieron en cada período histórico. Es el caso de las familias Skinner Klee, Dorión, Sinibaldi, Berger, Novella, Widmann, Hempstead, Nottebohm, etcétera.

Tampoco hemos tenido en cuenta aquellas familias de procedencia española que llegaron a Guatemala a partir de 1930, y que en la actualidad conforman un importante grupo empresarial, industrial y financiero, como los Botrán, Gutiérrez, González, Rodríguez, Vila, etc., dado a que su asentamiento en el país es muy reciente y al no poseer un linaje remoto, podría distorsionar el objetivo de nuestra muestra.

Hemos dedicado especial atención a aquellas ramas familiares que cobijaron intelectuales orgánicos en las diversas épocas, como por ejemplo, las familias Castillo, Batres, Díaz Durán, Beltranena y Aycinena. Hemos hecho hincapié en las familias vascas que emigraron a Guatemala en el siglo XVIII, que obtuvieron el poder económico y político en este siglo y en el XIX y que aún continúan conservando parte de su influencia y conforman el bloque histórico. La principal razón para la elección de los vascos ha sido su fuerte identidad como grupo étnico, su amplia capacidad para las alianzas matrimoniales y de negocios dentro de su mismo grupo y su caracterización con los alemanes, como el grupo más endogámico de la oligarquía guatemalteca.

La conjunción de los seis entronques familiares, que nosotros hemos denominado "redes principales", son los que a lo largo de estos cuatro siglos, a través de enlaces de carácter endogámico y dentro de un núcleo muy reducido, han dado origen a buena parte de las 22 familias más poderosas en la actualidad. Alrededor de ellos se han ido generando redes secundarias entrelazadas con estos seis entronques hasta llegar a formar parte del núcleo central, este sería el caso de los Lara, Beltranena, Sinibaldi, Zirión, Aguirre, Álvarez de las Asturias y Jáuregui.

CRITERIOS DE ELECCIÓN DE LAS FAMILIAS

Las 22 familias seleccionadas forman parte de las principales fracciones de la clase dominante y controlan la mayor parte de la industria, la agroexportación, las finanzas y el comercio. La principal fuente de acumulación de capital de estas familias procede de la agricultura, después han pasado a otros sectores de la producción. En el siglo XIX y XX sólo siete de ellas hicieron su fortuna directamente en la industria o el comercio: es el caso de los Castillo, Azmitia, Saravia, Lara, Paiz Ayala y Dardón.

Estas 22 familias vienen ejerciendo directa o indirectamente el poder político en Guatemala, y miembros de todas ellas forman parte del CACIF, órgano de máximo poder de la iniciativa privada con una gran influencia política en sucesivos gobiernos, que concentra y representa el poder económico. Miembros de las mismas aparecen como los principales accionistas, consejeros, o representantes de los más destacados bancos del país. Muchas de ellas han fundado dichos bancos: es el caso de las familias Castillo, Falla, Aguirre, Samayoa, Urruela, Díaz Durán, Saravia, etc. Algunas de estas redes familiares poseen los monopolios más fuertes: los Castillo, Herrera, Novella, Ibargüen, etc. Otras son las fundadoras de las principales universidades privadas del país, a través de las cuales forman, entrenan y educan a sus cuadros y les transmiten la ideología dominante: nos referimos en concreto a las Universidad Francisco Marroquín y a la Universidad del Valle.

De todo ello deducimos que estas 22 familias, procedentes de seis entronques principales, forman parte, sin lugar a duda, del núcleo oligárquico y del bloque hegemónico en la actualidad. Ello no supone que sólo estas familias constituyan la élite de poder guatemalteca, pero sí que estas redes familiares se encuentran formando parte de la misma y siguen constituyendo una parte importante de la clase dominante y además son ilustrativas de los mecanismos que generan las redes familiares para reproducir su capital social y preservar la hegemonía en el núcleo de poder. Por supuesto que existen otras redes familiares que han alcanzado un gran capital y manejan importantes empresas familiares como los Paiz, los Gutiérrez, los Botrán, los Mansilla, los Arrivillaga, todos ellos de origen español. Pero nuestro objetivo no era hacer un estudio de todas las familias guatemaltecas, sino de los mecanismos por los que éstas se configuran como élites de poder de larga duración.

Un último criterio de selección fue la procedencia histórica, geográfica y socio racial. De las 22 familias, cuatro proceden del núcleo inicial de conquistadores, pobladores y funcionarios peninsulares que llegaron a Guatemala en el siglo XVI: Díaz del Castillo, De León, Pérez Dardón, Lara; su procedencia es andaluza y pronto se asentaron en Guatemala. En tres de las familias mencionadas hubo un mestizaje inicial y en el caso de los Lara Morgrobejo fueron peninsulares, funcionarios de la Corona, que en la segunda generación se unen a las hijas de encomenderos y se asientan definitivamente en el país.

Otras seis llegaron en el siglo XVII y fueron consideradas por los criollos antiguos como "advenedizos": Arrivillaga, Batres, García Granados, Guillén de Ubico y Díaz Durán. Las dos últimas se ubicaron en la provincia de El Salvador durante el siglo XVII y pasaron a Guatemala en el siglo XVIII, por razones económicas, políticas y por enlaces matrimoniales de algunos de sus miembros. Diez más llegaron durante la primera mitad del siglo XVIII, y la mayor parte de ellos procedentes de las provincias vascongadas. Desde el inicio se hicieron con el poder político y económico: Arzú, Aycinena, Azmitia, Aparicio, Beltranena, Piñol, Saravia, Urruela, Zirión.

Tres son de origen mestizo y proceden del occidente del país, hacen su fortuna a raíz de la revolución liberal en 1871, utilizando el aparato del Estado para acumular su riqueza y poder: Samayoa, Herrera y Barrios. De todas las familias mencionadas, cinco aglutinan en cada siglo al núcleo oligárquico por las razones aducidas con anterioridad: a) Díaz del Castillo en el siglo XVI, b) Delgado Nájera en el XVII, c) Aycinena en el XVIII, d) Skinner Klee en el XIX, e) Castillo en el siglo XX.

Su principal nicho de ubicación geográfica en la actualidad se ha seleccionado en función de su actividad primordial y de la acumulación originaria de capital en el último siglo. Estas ubicaciones de acogimiento de nuestro universo se encuentran concentradas en cuatro grandes áreas:

a) La oligarquía cafetalera periférica. Desde la conquista se mantuvo en los lugares de origen de su encomienda y desde allí inició su acumulación de capital que posteriormente se vería incrementada con las desamortizaciones y compras de tierras en 1871. Tal es el caso de los De León, Barrios, Aparicio, cuyos nichos de ubicación fueron Quetzaltenango, San Marcos y Suchitepéquez. La familia Batres posee grandes extensiones de tierras en este último departamento, probablemente por haber sido corregidores de Sololá y Suchitepéquez durante el siglo XVIII.

GUATEMALA:
NICHOS DE UBICACIÓN GEOGRÁFICA DE LA OLIGARQUÍA

b) La oligarquía cafetalera modernizante. Es la más importante y tecnificada, sin contar con los alemanes, no sólo por el número de fincas y hectáreas cultivables, sino por la intensificación del cultivo y de la producción, lo cual provoca que ésta se triplique y sus ganancias aumenten sustancialmente pudiendo diversificar el capital hacia otros sectores productivos, como la agro-industria. Este grupo está concentrado en su mayor parte en departamentos cercanos a la capital –especialmente Sacatepéquez y Chimaltenango– que poseen grandes industrias, monopolios y bancos. Por medio de alianzas matrimoniales y de negocios se convierten en uno de los grupos más poderosos del país. Tal es el caso de los Herrera, Falla, Cofiño y Arrivillaga.

c) La oligarquía cafetalera más tradicional. En su mayor parte es de procedencia vasca, con grandes extensiones de tierra y baja tecnificación. Posee sus propias compañías de agroexportación y tienen menor productividad y rendimiento que el sector anterior. Se encuentran ubicados en el oriente, en el departamento de Santa Rosa. Dentro de ese sector estarían algunas familias que hemos estudiado: los Urruela, Samayoa y Dardón.

d) Otros departamentos de menor agrupamiento de familias, en el caso de nuestro universo, son Escuintla y la Costa Sur, en donde se concentran los Piñol, Ubico y los García Granados Widman con fincas de café, algodón, ganado y caña. Los Samayoa y los Aycinena, desde el inicio de su ubicación, poseían propiedades en la nueva capital del reino, Guatemala de la Asunción. En este lugar, debido a que los Aycinena fueron corregidores del Valle de Guatemala, todas sus propiedades quedaron dentro del casco urbano. Al extenderse la ciudad, la mayor parte de las fincas de estas dos familias han sido dedicadas a la propiedad inmobiliaria.

e) Otras cinco familias poseen su capital, primordialmente, en el sector de la industria, las finanzas, o el comercio, por lo que sus propiedades se encuentran ubicadas básicamente en la capital; éste es el caso de la familia Castillo, Lara y Monge, Saravia, Azmitia, Zirión, casi todas vinculadas a la red familiar de los Castillo, Cordero y Monge.

f) Otro grupo, muy definido en la última década, es el perteneciente al sector financiero que, a través de sus inversiones en financieras, bancos y bolsa, ha logrado insertarse en el proceso de globalización introduciendo sus capitales en la banca mundial. Este sector generalmente tiene su origen en la agroexportación tradicional o en la industria y a partir de 1985, se lanzan a la creación de nuevos

bancos y a la ampliación de capital de los bancos tradicionales. Entre las redes más fuertes podemos citar a los Herrera, Novella, Neutze, Díaz Durán, Castillo Monge, Castillo Love, Botrán, etc. El siguiente mapa nos da una idea de la ubicación de las familias estudiadas por nosotros.

CRITERIOS DE SELECCIÓN DEL TIPO DE MUESTRA

Una vez seleccionada la población, hemos considerado conveniente ubicar en parámetros al conjunto de familias, teniendo en cuenta los factores económicos y políticos. En el diagrama que a continuación presentamos, hemos ordenado los 22 troncos familiares en función de su influencia económica y política. Así en la coordenada **X** hemos situado aquellas ramas o unidades familiares que han sido más exitosas en función de su actividad económica y política.

Se ha dividido a las 22 familias en dos grupos: Grupo 1: familias con mayor poder, grupo primario. Grupo 2: familias con menor poder, grupo secundario. Además, establecimos las coordenadas **X** y **Y**, en función de los principales troncos y de las unidades familiares más importantes y elaboramos un parámetro, de modo que: **X** = familias con mayor poder, **Y** = unidades familiares con mayor poder. En función de ambas coordenadas, estratificamos a la población seleccionando como variable principal a aquellas familias que poseían mayor poder. Ello coincidió con aquellas que poseían mayor frecuencia en sus enlaces matrimoniales y mayor número de relaciones interfamiliares. Obtuvimos el resultado que presentamos en el diagrama.

En la combinación de parámetros nos encontraríamos con cuatro grandes grupos que corresponderían a la siguiente clasificación:
1. Grupo A: Familias con mayor poder
              Unidades familiares con mayor poder
2. Grupo A1: Familias con mayor poder
              Unidades familiares con menor poder
3. Grupo B: Familias con menor poder
              Unidades familiares con mayor poder
4. Grupo B1: Familias con menor poder
              Unidades familiares con menor poder

De los cuatro grupos señalados, en el primero se encuentra la mayor concentración de riqueza y de dominio político y social y el mayor número de redes interfamiliares, dado que todos los grupos sociales dominantes pretenden enlazar matrimonialmente con este sector. En nuestra terminología vendría a ser el grupo hegemónico dentro del bloque de poder y estaría representado por las grandes redes oligárquicas mencionadas anteriormente, en especial por los Castillo, Herrera, Díaz Durán, Arzú, Urruela.

En el segundo grupo A1, tendríamos a los troncos familiares con mayor poder y las unidades familiares con menor poder. Entre las familias que continúan teniendo poder económico y político, pero que no se pueden concentrar en el primer cuadrante, tendríamos a los Neutze Aycinena, Urruela Vázquez, Urruela Prado, Ibargüen Herrera. Entre las unidades con menor poder, pero que poseen una gran influencia en medios políticos y culturales tendríamos a Alejos Arzú, Herrera Ibargüen, Ayau Cordón, Beltranena y los Aycinena; en algún momento varios de sus miembros han tenido importantes cargos públicos y han sido los intelectuales orgánicos de la clase dominante.

En el tercer grupo B, encontramos a los troncos familiares que poseen menor poder, pero en donde algunas de sus unidades familiares continúan teniendo una fuerte influencia o un gran poderío económico, como miembros individuales de una de las familias y no como red familiar. Dentro de este grupo encontraríamos a algunos intelectuales que se han mantenido dentro del bloque hegemónico por los servicios prestados a la clase dominante, a pesar de que su tronco familiar haya venido a menos. Tal sería el caso de los Beltranena, Cofiño, Ubico, Piñol y Klee.

En el cuarto grupo B1, encontramos a aquellas familias que, como troncos y como unidades, han ido perdiendo todo el poder e influencia y se han ido desgajando del bloque hegemónico, siendo desplazados por nuevos grupos oligárquicos más modernizantes y tecnificados que han obtenido el poder político y económico en los últimos 50 años, modificando la correlación de fuerzas de bloque dominante. Tal es el caso de los Gutiérrez, Botrán, Mansilla, Presa Abascal, González. Estas ramas que han sido desplazadas en las últimas décadas se encuentran en el cuadrante en donde se produce una cierta movilidad social y circulación de las élites. No les queda otra alternativa para sobrevivir en el bloque hegemónico y conseguir una movilidad ascendente que los enlaces exitosos con los otros segmentos o servir de intelectuales orgánicos a dicha clase.

Por las razones expuestas anteriormente consideramos que podemos catalogar nuestra muestra como de elección razonada. Hemos realizado una fijación proporcional de la muestra a favor de los segmentos con mayor poder. La proporción escogida para pasar el cuestionario fue la siguiente: Grupo A: 4; Grupo A1: 3; Grupo B: 2; Grupo B1: 1. El grupo

A fue proporcionalmente más entrevistado que el resto por ser donde se concentra el mayor núcleo de poder y constituir el segmento hegemónico del bloque dominante, además de poseer las redes familiares más extensas y las interrelaciones más numerosas. Por ende, era el más representativo de dicho grupo como referente social.[1]

Este hecho se observa fácilmente por el registro de cada familia y por el número de interrelaciones y conexiones que éstas presentan y que a continuación reseñamos:

1)	Castillo	20
2)	Herrera	15
3)	Díaz Durán	14
4)	Urruela	12
5)	Arzú	10
6)	Saravia	9
7)	García Granados	8
8)	Aycinena	8
9)	Samayoa	7
10)	Beltranena	7
11)	Batres	7
12)	Lara	6
13)	Piñol	15
14)	Ubico	4
15)	Zirión	4
16)	De León	3
17)	Azmitia	3
18)	Dardón	3

El resto tiene un número insignificante de relaciones y viven más de la nostalgia y de glorias pasadas, generalmente son familias venidas a menos y lo único que conservan es su abolengo, estatus de prestigio y sus recuerdos. Es interesante observar el hecho de que muchas de las familias que perdieron su poder económico, añorando el pasado, continúan realizando casamientos de conveniencia con las élites, a quienes ofrecen su prestigio y su buen nombre e incluso título nobiliario, a cambio de cierta fortuna y de no ser desplazadas del núcleo oligárquico.

---

1. Sobre metodología y técnicas de investigación en selección de la muestra y parametrización de las élites véase, Herbert Hyman, *Diseño y análisis de las encuestas sociales,* Buenos Aires: Amorrortu, 1968.

CRITERIOS DE SELECCIÓN DEL ENTREVISTADO

En nuestra investigación se han seleccionado individuos pertenecientes a estas 22 familias. La selección ha sido razonada y en función de la variable de mayor poder e influencia en la sociedad, tomando en cuenta los siguientes elementos:

a) Ser miembros prominentes de estas familias en la actualidad. Por ello entendemos, aquellas personas que ocupen importantes cargos económicos en sus empresas, que sean propietarios de fincas o desempeñan funciones públicas y políticas en el gobierno o en sus gremiales. Para localizarlos hemos acudido a las listas de algunos organismos como ANACAFE, CACIF, los organigramas de sus empresas y en algunos casos número de fincas, extensión o capital social. Otra forma de selección se hizo sobre la base de informantes clave, preguntando a miembros de su propia red familiar sobre los individuos que gozaban de la confianza y prestigio de la misma.

b) Se escogieron preferentemente aquellas ramas familiares que han tenido más éxito, es decir, que han reproducido con mayor fortuna su red, estableciendo alianzas matrimoniales que les han proporcionado un incremento del patrimonio o una mayor influencia política y que formaban parte del bloque en el poder en esos momentos (1979 y 1980 cuando se pasó la encuesta).

c) La selección de los miembros encuestados se hizo sin tener en cuenta la edad, ni el género, sino únicamente su pertenencia a esa rama familiar, por considerar que el racismo y la ideología como tal se extiende por igual a todo el grupo social, sin que se perciban diferencias sustanciales dentro de la misma unidad familiar.

d) Se trató de escoger a los intelectuales orgánicos de cada red, por considerar que poseían la ideología más estructurada y sistematizada de su grupo y porque en algún momento de su vida habían jugado un rol importante en el mantenimiento y reproducción de su estirpe. Para ello habían tenido que acudir a presupuestos de carácter etnocéntrico o racista frente al indígena.

e) Intentamos seleccionar a distintos miembros de la red familiar que se encontraban en distintas ramas de la producción o en diferente actividad económica, con el fin de que estuvieran representadas todas las fracciones de la clase dominante: agroexportadores, industriales, comerciantes, financieros, etcétera.

f) Se intentó escoger dentro de cada rama productiva aquellos que tuvieran mayor concentración de riqueza, siguiendo la información que poseíamos de sus cargos, número de fincas, propiedades inmuebles, cifras de exportación, participación en la banca, etc. Así como aquellos miembros que hubieran ejercido una influencia directa o indirecta en la vida política nacional.

2.
RESULTADO DE LOS DATOS
E INTERPRETACIÓN DE LA ENCUESTA

IDENTIDAD Y RACISMO

Autodescripción de los entrevistados

Lo primero que vamos a analizar en nuestra entrevista es la adscripción étnica de esta oligarquía por considerar que a partir de su autoidentificación, van a catalogar al indígena. Por ello iniciamos nuestro estudio con el análisis de las preguntas:
a) ¿Usted qué se considera?
b) Razone su respuesta.
c) ¿Cree usted que tiene algo de sangre indígena?

Recordemos que la etnicidad, según algunos autores,[2] es un proceso personal de carácter subjetivo, por el cual una persona o grupo de personas adquiere un *self* de pertenencia a un grupo o comunidad. Este grupo adquiere la percepción de una serie de atributos que lo caracterizan y a su vez lo distinguen de otros grupos. Para Barth, el elemento esencial de la pertenencia a un grupo determinado, no viene dado en función de sus valores culturales o por el contraste con un grupo étnico cercano, sino por adscripción o toma de conciencia y de pertenencia de los individuos a esa comunidad o grupo étnico, a la vez que los otros le confieren esa pertenencia:

---

2. En esta línea se encontraría Guillermo Bonfil Batalla, *Utopía y revolución. El pensamiento político de los indios latinoamericanos,* México: Nueva Imagen, 1981; Jorge Solares, *Estado y nación, las demandas de los grupos étnicos en Guatemala,* Guatemala: FLACSO, 1992; Arnold Leonard Epstein, *Ethos and Ethnicity, Three studies in ethnicity,* Londres: Tavistock, 1978; y sobre todo Frederick Barth, *Los grupos étnicos y sus fronteras,* México: FCE, 1976, quien considera como elemento esencial para definir a los grupos étnicos la característica de autoadscripción y de la adscripción de otros. Ver también: Joan Josep Pujada, *Etnicidad, identidad cultural de los pueblos,* Madrid: Eudema, 1993; Centro de Estudios Integrados de Desarrollo Comunal (CEIDEC), *Etnia y clases sociales,* México: CEIDEC, 1992.

"En la medida en que los actores utilizan las identidades étnicas para categorizarse a sí mismos y a los otros, con fines de interacción, forman grupos étnicos en este sentido de organización".[3]

En nuestra muestra de 110 individuos del núcleo oligárquico:
59 se consideran blancos.
23 se consideran criollos.
12 se consideran mestizos.
14 se consideran ladinos.
2 se consideran otra cosa.

Los dos entrevistados que se consideraron "otra cosa", uno de ellos hispano y otro amerindio, presentaron altos índices de intolerancia y de opiniones racistas y hemos preferido analizarlos por separado, como prototipo, y dejarlos al margen de la encuesta o citar algunas de sus respuestas.

Dentro de la muestra no hubo ninguno que se considerara indígena; primero, por la característica de la muestra y por la imposibilidad de este grupo de tener acceso al núcleo oligárquico. El 55% se considera blanco y el 21% criollo, lo cual supone que un 76% de la muestra se considera blanco por nacimiento o ascendencia y sin mezcla de sangre indígena. Sólo un 24% se considera mestizo y/o ladino y aceptan poseer sangre indígena. Del total de la muestra 67% considera no poseer sangre indígena y un 31% que lleva algún mestizaje. De las principales razones que aduce la mayoría, el 51% hace referencia a que desciende de españoles o europeos.

No parece existir una marcada diferencia en la consideración de su identidad relacionada con la edad, sexo u ocupación, como se observa en las gráficas que a continuación presentamos. El 53% de los que se consideran "blancos" se encuentran en edades comprendidas entre los 26 y 45 años y la adscripción étnica es muy similar en ambos sexos: un 55% en los hombres y un 56% en las mujeres. El considerarse como blancos es algo que rebasa la edad, el sexo y la ocupación; respecto a esto último, tanto los industriales como los comerciantes y los agricultores se consideran, en primer lugar, blancos y en los mismos porcentajes, ladinos y mestizos. Sólo en la variable de los estudios (gráfica 3), es donde encontramos una diferencia significativa y que no corresponde

---

3. Véase Barth, *Los grupos étnicos...*, p. 15. Para información actualizada sobre este tema véase Philippe Pouticnat y Jocelyne Streiff-Fenart, *Théories de L'ethnicité,* París: PUF, 1995.

Gráfica 1
AUTOADSCRIPCIÓN ÉTNICA

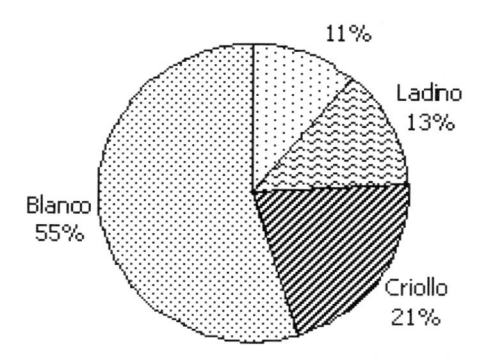

- 11%
- Ladino 13%
- Criollo 21%
- Blanco 55%

a los trabajos de investigación de otros sociólogos, como Bethelheim y Haimowitz,[4] Wieviorka[5] y Adorno[6] para quienes a mayor nivel de estudios correspondería menor grado de intolerancia o viceversa. En nuestra muestra la correlación se invierte, siendo aquellos que poseen estudios superiores los que presentan mayores índices de intolerancia y de opiniones racistas o etnocéntricas. Los universitarios niegan en mayor porcentaje el poseer sangre indígena, un 39%; y los que poseen estudios primarios son los que consideran en un 80% que sí la llevan. Esta relación entre estudios superiores y adscripción étnica la iremos encontrando en casi todas las respuestas de las encuestas, y en este grupo es en donde se manifiestan mayores tendencias racistas.

A nuestro juicio, es en el origen de la autoidentificación y de la adscripción étnica en donde empieza a operar el principio discriminatorio hacia el indígena, fenómeno este que parte en gran medida del hecho de considerarse biológicamente blancos puros y sin mezcla de sangre.

---

[4]. Para mayor información véase Bruno Bettelheim y Morris Janowitz, *Cambio social y prejuicio,* México: FCE, 1975.

[5]. Michel Wieviorka, *El espacio del racismo,* Barcelona: Paidós, 1992. Este trabajo constituye uno de los mejores aportes al estudio del racismo desde la perspectiva sociológica, incorporando nuevas propuestas teórico-metodológicas ubicando al racismo como una unidad que debe ser abordada desde una óptica interdisciplinaria.

[6]. Véase Else Frenkel-Brunswik, Daniel J. Levinson, Theodor Wiesengrund Adorno y Nevitt R. Sanford, *The authoritarian personality,* New York: Harper & Bross, 1950. A nuestro juicio uno de los mejores estudios realizados respecto al prejuicio racial y su relación con la personalidad autoritaria y los regímenes políticos.

Gráfica 2
NIVEL DE EDUCACIÓN
SEGÚN AUTOADSCRIPCIÓN ÉTNICA

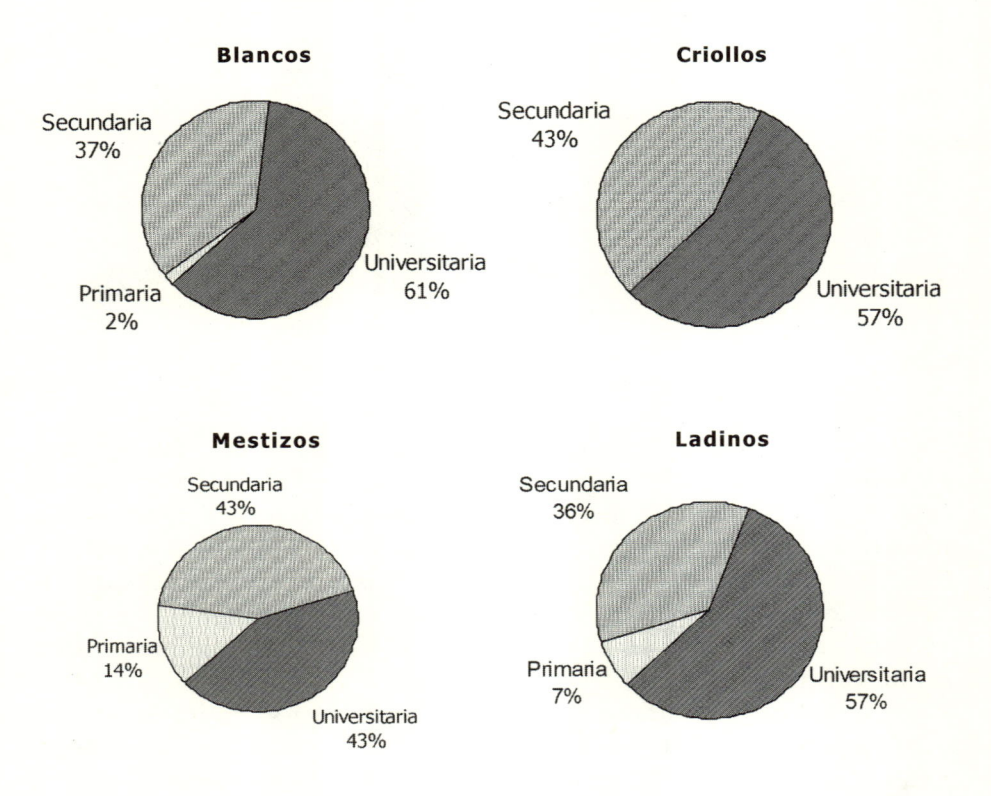

Blancos
Secundaria 37%
Primaria 2%
Universitaria 61%

Criollos
Secundaria 43%
Universitaria 57%

Mestizos
Secundaria 43%
Primaria 14%
Universitaria 43%

Ladinos
Secundaria 36%
Primaria 7%
Universitaria 57%

Como en otros tiempos, el factor racial continúa sirviendo como principio justificador para discriminar a otros grupos étnicos, y la pigmentocracia el elemento de peso en la ideología de la clase dominante guatemalteca.[7]

Nos parece importante hacer algunas matizaciones acerca de las adscripciones y de las razones por las cuales esta muestra se cataloga

---

7. Este fenómeno, contrario a lo descrito anteriormente por autores clásicos, correspondería más a la línea de trabajo de Van Dijk, para quien el prejuicio étnico es elaborado por las élites blancas que controlan el poder y los medios de comunicación y que son las que construyen el discurso racista, siendo estas élites las que reproducen el racismo al resto de la sociedad. Teun A. Van Dijk, *Racismo y discurso de las élites,* Barcelona: Gedisa, 2003.

como "blanca", "criolla", "mestiza" y/o "ladina".[8] En efecto, si bien es cierto que existe una unidad de respuestas de dicho grupo respecto a tendencias, actitudes y estereotipo del indígena también, existen diferencias de matices que nos parece interesante resaltar, por considerar que existe una relación causal entre identidad y racismo, en la medida en que, cuanto más blanco se considera el individuo mayores tendencias racistas en sus respuestas.

a) Los que se consideran "blancos"

Del 55% de los que se consideran blancos, el 93% justifica su respuesta aduciendo no poseer sangre indígena. Las principales razones expuestas para considerarse blancos son:
- Su ascendencia española 51%.
- Su ascendencia europea 27%.

Es curioso observar cómo son sus antepasados lejanos europeos los que les confieren identidad como blancos. Algún miembro de la familia Urruela, llegó a afirmar que ellos poseían dos pruebas irrefutables: sus certificados de pureza de sangre desde la época colonial y continuar poseyendo el grupo sanguíneo 0 negativo, prueba de su ascendencia directa vasca y de la ausencia de mestizaje.

Esta obsesión por la pigmentación de la piel y por la pureza de sangre es un elemento significativo y reiterativo a lo largo de los siglos, tal como lo hemos estudiado en el siglo XVI, con las familias Castillo, Becerra y De León y lo volvemos a encontrar en el siglo XVIII con los Urruela, Aparicio, Arzú y Aycinena; y aparecerá nuevamente en el estudio de las familias entrevistadas. Esto nos lleva a afirmar que la adscripción étnica supone un elemento diferenciador y, a la vez, de discriminación sociocultural. El fantasma de los colores continúa proyectándose en la oligarquía guatemalteca.

---

8. El entrecomillado es nuestro y tiene como principal objeto resaltar que dicha catalogación o caracterización obedece a la percepción del entrevistado y es una autoadscripción personal; y que en la mayor parte de ellas, por no decir en todas, no obedece a la realidad objetiva, debido al intenso mestizaje que se produjo en América, desde la Colonia a nuestros días, así como a la intrínseca dificultad de considerarse blancos en sociedades que sufrieron un mestizaje. Por otra parte y de acuerdo con un retrato que hicimos de nuestros entrevistados, por sus rasgos físicos y por sus tablas genealógicas y anécdotas históricas, ninguno de ellos podría catalogarse como blanco, ni criollo. Ya que una de las delimitaciones de la población estudiada fue que su procedencia fuera de origen hispano o que llevaran viviendo en Guatemala más de cuatro generaciones, además de que en su familia existieran pruebas históricas, culturales, sociales y familiares de mestizaje.

Gráfica 3
RAZONES ADUCIDAS PARA LA AUTOADSCRIPCIÓN ÉTNICA SEGÚN GRUPO ÉTNICO
(Pregunta 5)

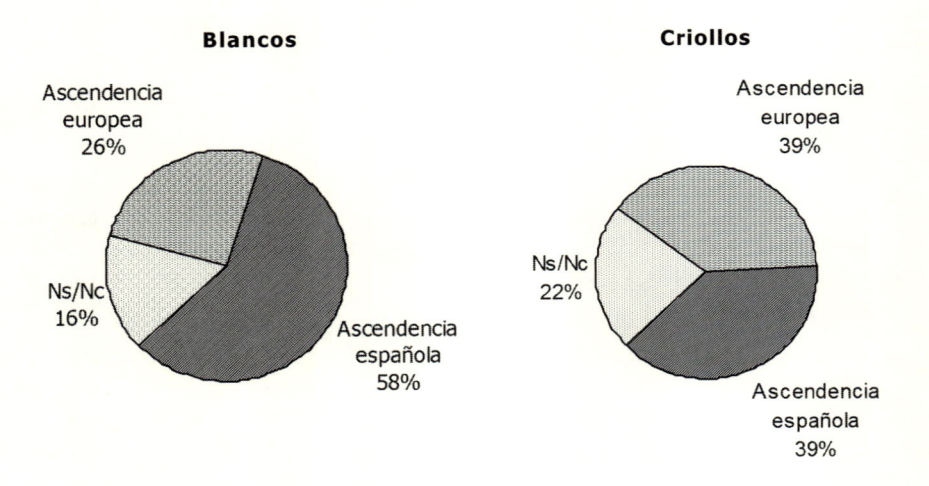

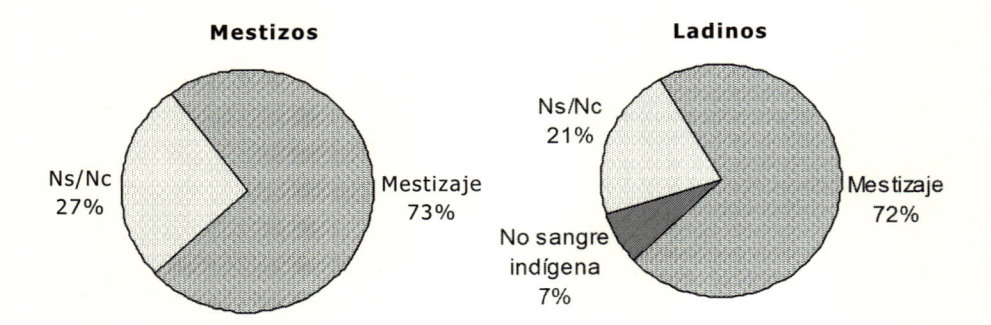

Blancos
- Ascendencia europea 26%
- Ns/Nc 16%
- Ascendencia española 58%

Criollos
- Ascendencia europea 39%
- Ns/Nc 22%
- Ascendencia española 39%

Mestizos
- Ns/Nc 27%
- Mestizaje 73%

Ladinos
- Ns/Nc 21%
- No sangre indígena 7%
- Mestizaje 72%

Una de las respuestas más gráficas de este grupo la encontramos en un joven de 30 años, de profesión industrial, que visitando España nos comentó:

"Me gusta profundamente España y cada vez me identifico más con ella porque todo es blanco; sus pueblos son blancos, su gente blanca, huelen a blanco y no a carbón y leña como nuestros pueblos de indios".[9]

---

9. Entrevista libre realizada en España el 16 de octubre de 1987.

A nuestro juicio, por otros datos que iremos mostrando en la encuesta y por un largo periodo de observación participante, consideramos que este sector de la oligarquía expresa un fuerte rechazo hacia el indígena e intenta desvincularse de su país. Busca desesperadamente sus raíces fuera de su comunidad de origen en una huida hacia el vacío, de diferenciarse y desvincularse de todo aquello que tenga relación con el indígena.

b) *Los que se consideran "criollos"*

Del 21% de los que se consideran criollos, solo el 35% acepta llevar sangre indígena en sus venas, el 61% restante se consideran blancos puros. Las principales razones aducidas para considerarse criollos son:
- Ascendencia española   30%
- Por haber nacido en Guatemala   30%

Las razones de su criollismo varían respecto a las razones aducidas por los que se consideran "blancos" y son muy similares a las respuestas de la época colonial. La ideología del criollo colonial estaba sustentada en dos valores por excelencia: la necesidad de señalar el abolengo, su estirpe y las hazañas y títulos de sus antepasados; la necesidad de expresar su admiración y amor por la nueva tierra conquistada y sentirse orgullosos de haber nacido en el Nuevo Mundo. Fuentes y Guzmán expresa de forma constante estos dos elementos en toda su obra: como descendientes de Bernal Díaz del Castillo, "mi rebisabuelo" y una constante exaltación a las bellezas y bondades de "la nueva tierra".[10]

Esta disgregación viene al caso, porque encontramos en el "criollo del siglo XX" los mismos elementos que le confieren identidad: su ascendiente español y el haber nacido en Guatemala. Razón que no es en ningún momento aducida por los ladinos, ni mestizos y que los blancos citan minoritariamente. Esta actitud de cierta ambivalencia ante el amor a su nueva patria y a sus antepasados se manifiesta, en el siglo XX, en actitudes nacionalistas y hasta cierto punto paternalistas hacia el indígena y por ende, menos intolerantes que las del "blanco". Resulta muy corriente presenciar conversaciones de criollos con extranjeros en las que hacen constantes alusiones a sus antepasados

---

10. Francisco Fuentes y Guzmán, *Recordación florida* (Guatemala: Editorial Pineda Ibarra, 1967, p. 15).

españoles. Este desgarre de personalidad, este "yo dividido" como diría Laing, es un rasgo histórico e intrínseco de la personalidad del criollo guatemalteco. Esta ambivalencia entre uno y otro país, entre una y otra visión del mundo, se traslada en la práctica política a conflictos interoligárquicos. En una palabra entre peninsulares y criollos. Así pues, el que se considera criollo conserva en su ideología muchos vestigios coloniales y no asume un rechazo tan profundo de su realidad, ni de su identidad por contraste con aquel que se considera "blanco".

Con estas matizaciones no queremos decir que la identificación de cada grupo étnico es lo que le define y ubica dentro de su clase. Ello sería un error teórico y metodológico grave y se encuentra fuera de nuestro planteamiento general. Queremos dejar constancia de que, entre miembros de una misma clase, o de una pequeña élite, como es el núcleo oligárquico, existen matices y diferencias entre las cosmovisiones de uno y otro grupo; se producen distintas formas de justificar ideológicamente su posición de dominación. Sin embargo, en última instancia, todos ellos van dirigidos a justificar su superioridad como grupo étnico y como clase frente a la inferioridad étnico-racial y cultural del indígena.

c) Los que se consideran "mestizos"

Del 11% de los que se consideran como tales, el 100% afirman poseer sangre indígena y el 92% afirma que la principal razón es el proceso de mestizaje entre indígena y español que se produjo a lo largo de la colonia. El porcentaje de NS/NC es muy bajo comparado con el resto de los grupos. A pesar del escaso número de mestizos en la muestra, da la impresión de que su identidad está más consolidada que la de los otros grupos y que la conciencia de su ser mestizo, se encuentra plenamente asumida.

Este hecho nos parece muy interesante porque de algún modo en Guatemala y hasta la fecha, la mayor parte de los científicos sociales han venido equiparando el concepto de mestizo al de ladino, por considerar que correspondía a la modalidad asumida en Guatemala. No obstante, ni terminológica, ni conceptualmente, es lo mismo. Son dos grupos étnicos claramente diferenciados desde la colonia y a pesar de sus similitudes poseen algunas diferencias. Para nosotros el mestizo es un concepto socio-racial producto de la fusión de un indígena y de un español, o de un indígena con otro grupo étnico. El mestizaje posee un origen biológico y posteriormente se convierte en un grupo étnico con rasgos culturales y sociales muy diferenciados.[11]

En Guatemala se ha hecho algún estudio, el de Carmack,[12] que demuestra la existencia de un sector social intermedio entre el indígena y el ladino, que la población denomina "mestizo". Esta catalogación no es muy común en Guatemala, en donde la tendencia es polarizar la población entre indios y ladinos; sin embargo, nosotros insistimos en distinguirla por la forma diferente de abordar su identidad y por los diversos mecanismos ideológicos que justifican su denominación étnica y de clase y que se diferencian de las del ladino. Si bien las similitudes son mayores que las diferencias, merece la pena resaltar éstas, en cuanto muchas actitudes y comportamientos del ladino se asemejan más a los del grupo que se considera blanco.[13]

d) Los que se consideran "ladinos"

El 13% de la muestra se identifica como "ladino"; de ese porcentaje, el 79% cree que tiene sangre indígena y el 21% afirma que no la tiene. En el caso de este último porcentaje su ladinidad no vendría asumida únicamente por razones de mestizaje, sino que de ese 21% y un 7% de dicho porcentaje, justifica su identidad de ladino en función de *no ser indio y de no llevar sangre indígena en sus venas*. Esta identificación, por contraste, frente al indígena, supone una consideración de carácter socio-racial y no simplemente cultural, como afirman Adams y otros antropólogos.

Merece la pena resaltar que un 28% de la muestra se considera ladina por no tener sangre indígena, en contraste con el mestizo, que la única

---

11. Nos sorprende un poco la afirmación de Charles Hale en su artículo "Mistados, cholos, y la negación de la identidad en el altiplano guatemalteco", acerca de la reciente aparición de la identidad mestiza, a raíz de los Acuerdos de Paz en la década de los noventa, cuando ya Carmack habla de éste fenómeno de la identidad mestiza diferenciada, Robert Carmack *Evolución del Reino Quiché,* Guatemala: Editorial Piedra Santa, 1979; y yo hice mención de la existencia de esa diferencia étnico-social ya en 1985 y 1992, ambos autores basados en estudios empíricos y que no son mencionados como antecedentes en su estudio. Véase, Darío Euraque, Jeffrey Gould y Charles Hale (Eds.) *Memorias del mestizaje. Cultura política en Centroamérica de 1920 al presente,* Antigua Guatemala: CIRMA, 2004.

12. Carmack, *Evolución del Reino...*

13. Por razones históricas, poco estudiadas por los científicos sociales, existe una resistencia a considerarse mestizo; sólo en los últimos años, en los que se está produciendo una reformulación de las identidades, aparece un resurgimiento del mestizaje como teoría que logra superar los conflictos entre mayas y ladinos. Véanse los artículos de Mario Roberto Morales en *Siglo Veintiuno* julio y agosto de 1996.

razón que aduce es la fusión de dos razas. Ello nos hace pensar que, para este grupo, su ser ladino está en función de su profundo rechazo hacia el indígena y que se define por contraste en función de no ser indígena, ni poseer sangre indígena. Esta definición del ladino en términos negativos, por lo que no es, sin poder explicitar lo que es, ha llevado a algunos autores a catalogarlo como ser ficticio, carente de identidad. Un ser que se escapa permanentemente del indio y de la realidad y que no posee un proyecto colectivo propio, un nosotros, que está condicionado al "ellos". "El ladino es un fugitivo; él intenta realizar una doble fuga: del indio y de sí mismo".[14]

Un último dato a tener en cuenta en el grupo ladino es su ambivalencia e inseguridad a la hora de justificar las razones de su identidad. Es el grupo que arroja mayores índices de abstención en todas las preguntas, el 21% de los encuestados de este grupo responden: NS/NC, acerca de las razones por las cuales se consideran ladinos y el índice de los restantes grupos es de un 8%, 4% y 8%. Esta inseguridad y ambivalencia del ladino, es una constante a lo largo de la encuesta. Probablemente, aquellos que se consideran ladinos en nuestra muestra es el grupo que ofrece rasgos de mayor contradicción y ambigüedad frente a sí mismos y frente a los otros, sobre todo en su visión del "indio".

La pregunta de la entrevista fue formulada en los siguientes términos:

"¿Considera usted que existen diferencias entre el indígena y el no indígena? En caso afirmativo, enumere las diferencias."

Del total de los 108 entrevistados, el 89% respondió que sí existen diferencias y el 10% las negó. Al enumerar las diferencias, un 44% opinó que éstas eran de carácter cultural; un 19% que las diferencias se daban a todos los niveles: físicas, culturales, raciales y psicológicas y un 14% se refirió únicamente a las diferencias raciales. De este porcentaje, el 67% correspondió al grupo blanco y criollo. Se produjo un 11% de respuestas no contestadas.

---

14. Sobre el relato del ladino el mejor estudio es el de Carlos Guzmán Böckler y Jean Loup Herbert, *Guatemala: una interpretación histórico social,* México: Siglo XXI, 1970. Véase Demetrio Cojtí Cuxil, *Políticas para la reivindicación de los mayas de hoy,* Guatemala: Cholsamaj, 1995; y *Ri maya moloj pa Iximulew, El movimiento maya (en Guatemala),* Guatemala: IWGHIA-Cholsamaj, 1997; Agustín Besave Benítez, *México mestizo, análisis del nacionalismo mexicano en torno a la mestizofilia de Andrés Molina Enríquez,* México: FCE, 1992; Octavio Paz, *El laberinto de la soledad,* México: FCE, 1987.

A primera vista, según los índices de esta pregunta pareciera que existe una posición etnocentrista más que racista. Sin embargo, a lo largo de la entrevista iremos viendo cómo ambos niveles se articulan y conjugan. Son los "blancos" los que consideran, en un 95%, que sí existen diferencias. Un 46% de este grupo piensan que son de carácter cultural y un 17% que son exclusivamente raciales. Del 5% que apunta que las diferencias son físicas, un 60% corresponde a los blancos. En este grupo observamos que la diferenciación física y racial posee proporcionalmente más importancia que en otros. En consecuencia, afirmamos lo contrario de lo sostenido por la antropología cultural, y es que las diferencias raciales sí cuentan a la hora de definir a un grupo.

Los "criollos" presentan un patrón similar de respuestas que los "blancos". Priorizan las diferencias culturales, seguido de "todas las diferencias" y en un 13% apuntan hacia las diferencias raciales. Los "mestizos" presentan un patrón de respuestas más homogéneo. El 50% prioriza las diferencias culturales y un 25% todas las diferencias. Sólo un 8% prioriza las raciales y ninguno las físicas. En los "ladinos" se manifiesta un tipo de respuesta similar a los mestizos, solamente difieren en el alto porcentaje de preguntas no respondidas, un 21%.

Nos parece importante resaltar algunas de las respuestas individuales, ya que en ellas se muestra que la diferencia en sí no supone un elemento de discriminación, sino que es la valorización de esa diferencia, en términos negativos y en contra del discriminado, lo que da origen a la actitud racista o etnocentrista. Tal y como lo plantea Albert Memmi,[15] el racismo se constituye sobre la base de insistir en las diferencias reales o imaginarias y valorizarlas en provecho del discriminador. "Si falta la diferencia, el racista la inventa, si existe, la interpreta en su provecho".[16] Así, la valorización de la diferencia tiende a crear una distancia entre ambos grupos, descalificando al discriminado y valorizando al discriminador.

En las siguientes respuestas se puede valorar este hecho, ya que expresan la diferencia valorizada y elevada a rango absoluto. Un hombre que se considera blanco, de 55 años, ingeniero civil, doctorado en Estados Unidos, empresario y constructor, respondió a la pregunta:

---

15. Albert Memmi, *El retrato del colonizado,* Madrid: Cuadernos para el Diálogo, 1971; del mismo autor *Le racisme,* París: Gallimard, 1984.

16. *Ibíd.*, p. 217. Para Memmi, la diferencia significa desigualdad y la diferencia biológica y cultural conduce a la desigualdad económica y política, es decir, a legitimar el sistema de dominación y de privilegios. Para mayor información sobre este tema véase, Memmi, *Le racisme...*

"Las diferencias se manifiestan en todo, pero sobre todo en su sangre india. Yo abriría las puertas a europeos para que se mezclaran y mejoraran la raza, pues esta raza es peor a la de antes".[17]

Un hombre que se considera blanco, abogado, miembro de la Real Academia de España, respondió:
"La vida de un sujeto está programada por sus genes, los genes determinan su conducta y desarrollo. La transmisión genética de los indios es de una raza inferior. Los genes de la raza blanca son superiores y esa raza superior produjo grandes inventos y artistas, la otra no ha creado nada".[18]

Una mujer de 45 años, que se considera blanca, ama de casa, esposa de industrial, responde:
"Existen diferencias claras, porque la mezcla del alemán con indio es más pura, más sana, porque la raza española no era pura, por eso el indio mezclado es más perverso y haragán".[19]

Obsérvese que todos los encuestados hacen referencia a la raza y a la inferioridad de la misma. En estos ejemplos el racismo biológico y el mestizaje de razas inferiores son los que confieren a ese grupo social, el indígena, características socioculturales intrínsecamente inferiores. Tal y como afirmaba Fannon y Memmi, "Detrás de todo racismo cultural, se esconde un racismo biológico".[20] Éstas y otras respuestas indican que la valorización negativa de estas diferencias, elevadas a niveles absolutos y convertidas en una doctrina o cuerpo teórico, es lo que hemos definido como ideología racista.[21] Para Wieviorka, existe un

---

17. Entrevista No. 57.
18. Entrevista No. 45.
19. Entrevista No. 65.
20. Franz Fanon, *Sociología de una revolución,* México: ERA, 1973, p. 43. No coincidimos con Pierre-André Taguieff, en su artículo "Las metamorfosis ideológicas del racismo y la crisis del antirracismo", en J. Juan Pedro Alvite (Coord.), *Racismo y antirracismo e inmigración,* Donostia: Gokoa, 1995, en la consideración de que el racismo biológico o su expresión teórica, el racialismo, ya no sea operativa como ideología y haya dado lugar a un racismo diferencialista y *culturalista,* más sofisticado e invisible, lo que algunos autores denominan el neorracismo. En Guatemala el racismo biológico o zoológico, continúa siendo un mecanismo ideológico eficaz y de primera magnitud que se complementa con el racismo diferencialista. Para mayor información véase Pierre-André Taguieff (Dir.), *Face au racisme,* París: La Découvert, 1992.
21. En palabras de Memmi, "El racismo es una de las actitudes mejor compartidas del mundo... antes de estar en el individuo está en las instituciones y en las ideologías, en la

racismo de la diferencia y otro de la desigualdad, ambos suelen yuxtaponerse o integrarse, pero en algunas ocasiones aparecen como dos lógicas diferenciadas, un racismo de la desigualdad basado en relaciones de explotación económica, deja paso, cuando esas relaciones se disuelven, a un racismo de la identidad. La lógica de la inferioridad implica un proceso de rechazo y de segregación, ambas lógicas necesitan complementarse para ser eficaces como ideología y servir de principio legitimador. Este argumento lo aplica Demetrio Cojtí para el caso de Guatemala y afirma:

"En resumen, el racismo es uno de los recursos que utiliza el colonialismo criollo-mestizo, independientemente de su posición social, para agredir al maya y justificar la dominación material y espiritual que mantiene sobre él. Utiliza las diferencias biológicas y culturales que presenta para negarle trato igualitario en lo individual y colectivo y en los planos político, económico, social, racial y étnico. La utilidad del racismo es coadyuvar a mantener la dominación y la hegemonía criollo-mestiza sobre los mayas, evacuando la tensión entre dogmatismo universalista de los primeros y particularismo de estos últimos."[22]

EL ESTEREOTIPO DEL INDIO EN LA VISIÓN DE LA CLASE DOMINANTE GUATEMALTECA

El estereotipo del "indio" de la oligarquía actual, no difiere mucho de aquel que surgió en la Colonia. Recordemos las cartas de los encomenderos al rey, en las que se ponía de manifiesto cómo su haraganería, conformismo y pereza habitual hacían imprescindible continuar con la esclavitud o el servicio personal, como única forma de obligarles a trabajar. En el siglo XIX, volvemos a encontrar este estereotipo del indio sumiso, conformista e inepto para el trabajo y para el desarrollo de nuevos cultivos. Según la ideología liberal, su habitual tradicionalismo y apego a las costumbres le impedían entrar por el camino del progreso y

---

educación y en la cultura... la acusación racista es un hecho psicosocial, porque el racismo es un hecho institucional. De este modo la ideología racista sería la justificación adecuada de ciertas actitudes y tendencias racistas. Esta ideología vendría a justificar y legitimar la situación de superioridad de la clase dominante frente al dominado." Sobre el racismo como ideología existe una amplia bibliografía; véanse, Michael Banton, *Racial theories*, Cambridge: University Press, 1994; Robert Miles, *Racism*, London: Routledge, 1993; Benedict Anderson, *Comunidades imaginadas*, México: FCE, 1993; Van Dijk, *Racismo y discurso*...

22. Demetrio Cojtí Cuxil. "Heterofobia y racismo guatemalteco: perfil y estado actual", en Clara Arenas, Charles Hale y Gustavo Palma Murga (Eds.), *Racismo en Guatemala, abriendo el debate sobre un tema tabú*, Guatemala: Avancso, 1999.

del desarrollo económico y social. Este tipo de razonamiento, se plasma en una frase de Justo Rufino Barrios que opinaba que para modernizar el país: "250 extranjeros son más útiles que 2,500 campesinos".[23] Encontramos caracterizaciones similares del "indio" en toda la antropología cultural de los años cincuenta. Autores como Sol Tax,[24] Redfield,[25] Adams,[26] contraponen al indio tradicional, sumiso y conformista con el ladino progresista, creativo y modernizante: "La visión del mundo de los indígenas es de tipo tradicional y primitivo, los indígenas guatemaltecos tienen la mente obscurecida por el animismo".[27]

Es lógico que nos encontremos en la encuesta con estereotipos similares, que la oligarquía y sus intelectuales han ido configurando, con objeto de tener un retrato del "indio" a imagen y semejanza de sus intereses y su concepción ideológica. Definimos el estereotipo como: "Un concepto falso por el cual se emplea una palabra o frase para adjudicar a una persona o grupo, características generales o abstractas, que la investigación científica no confirma".[28] El estereotipo vendría a ser como la etiqueta que se coloca a un grupo en función de la valoración negativa de una diferencia. Esta diferencia no está comprobada que sea objetiva sino que obedece, generalmente, a un juicio apriorístico. Así, el prejuicio vendría a ser el conjunto de frases o adjetivos estereotipados dirigidos hacia un grupo, con el fin de etiquetarlo y encasillarlo con juicios valorativos, generalmente de carácter negativo.

Ahora bien, no todo prejuicio tiene el mismo carácter, ni cumple la misma función. A nosotros nos interesa centrarnos en el prejuicio étnico, que es definido por Allport como:

"Una antipatía que se apoya en una generalización imperfecta e inflexible; que puede sentirse y expresarse; que puede estar dirigida hacia un grupo en

---

23. Carta de Justo Rufino Barrios al cónsul de Alemania, en Julio Castellanos Cambranes, *Café y campesinos...*

24. Sol Tax, *El capitalismo del centavo,* Guatemala: Seminario de Integración Social Guatemalteca, 1965.

25. Robert Redfield, "La cultura y la educación en el altiplano medio Occidental de Guatemala", en *Cultura Indígena de Guatemala. Ensayos de Antropología Social,* Guatemala: SISG, 1962.

26. Richard Adams, *Encuesta sobre la cultura de los ladinos en Guatemala,* Guatemala: Seminario de Integración Social Guatemalteca, 1956.

27. Tax, *El capitalismo...* p. 124. Una crítica francamente interesante al concepto de cultura de la antropología cultural norteamericana, especialmente a Redfield, Tax y Tumin ha sido expuesta por John Hawkins, "El concepto de cultura en Robert Redfield y la antropología mesoamericana", en Carl Kendall, John Hawkins y Laurel Bossen, *La herencia de la conquista, treinta años después,* México: FCE, 1986.

28. Kimbal Young, *Psicología social del prejuicio,* Buenos Aires: Editorial Paidós, 1969, p. 7.

general o hacia un individuo por el hecho de ser miembro de ese grupo y cuyo fin es colocar al objeto de prejuicio en una situación de desventaja no merecida por su propia conducta".[29]

Conviene señalar que autores como Allport,[30] Young[31] y desde otra perspectiva Taguieff,[32] poseen distintas ópticas al referirse al prejuicio étnico, los dos primeros consideran que el factor biológico o racial es uno de los elementos que se emplea con mayor frecuencia para marcar la diferencia y valorarla negativamente. Taguieff y Guillaumin, consideran que el factor biológico como elemento de racialismo se encuentra superado y que la generación del prejuicio se produce hoy día por la absolutización de la diferencia y la incapacidad de asimilar al otro por razones culturales. Así, el racismo genético habría dado paso al racismo "diferencialista" o "culturalista".

A nuestro juicio, en Guatemala, muchos estereotipos surgen y tienen relación con esa diferencia biológica:

"El primer elemento de importancia es la diferencia física, el más evidente de estos rasgos es el color de la piel... pero también pueden tener importancia otros rasgos físicos como las características faciales... Un segundo elemento está relacionado con los factores psicológicos".[33]

En nuestra encuesta son siete los adjetivos más empleados para caracterizar al indígena. En orden de prioridad nos encontramos con: sumiso, conformista, moreno, bajo, haragán, tradicional, introvertido.

Nos parece significativo en la configuración del prejuicio el hecho de que de los siete adjetivos, dos se refieran a rasgos físicos: bajo y moreno, y ocupen el tercer lugar. Esta enumeración de rasgos contradice de nuevo las tesis de los antropólogos norteamericanos que afirman que: "... el poco prejuicio que existe contra los indígenas se expresa no tanto en el menoscabo del carácter, rasgos físicos y sangre india, como en el

---

29. Gordon W. Allport, *La naturaleza del prejuicio,* Buenos Aires: Eudeba, 1962, p. 11. Un repaso sobre el tema en John F. Dovidio, Peter Glick y Laurie A. Rudman, *On the Nature of Prejudice. Fifty Years After Allport*, Great Britain, 2005.
30. *Ibíd.*
31. Young, *Psicología...*, p. 21.
32. Pierre-André Taguieff, *Le force de préjugé, Essai sur le racisme et ses doubles,* París: La Découvert, 1988; del mismo autor *Face au racisme...* Teun Adrianus Van Dijk, *Communication, racisme. Ethnic prejudice in thought and talk,* Newbury Park: Sage, 1987; Christian Delacampagne, *L'invention du racisme: antiquité et Moyen Age,* París: Fayard, 1983; Colette Guillaumin, *L'idéologie raciste*, Mouton, París La Haya, 1972.
33. Young, *Psicología...*, p. 21.

Gráfica 4
ESTEREOTIPOS MÁS COMUNES DEL PREJUICIO ÉTNICO

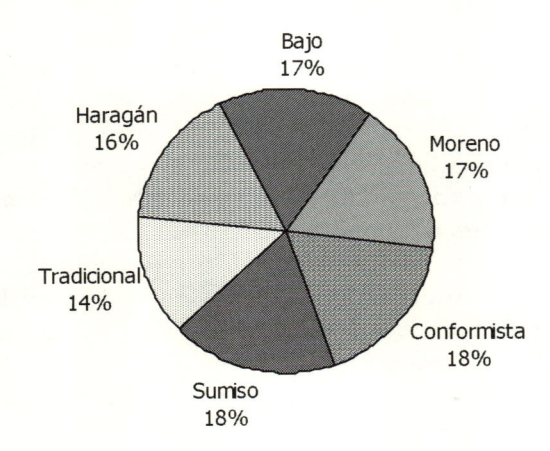

- Bajo 17%
- Moreno 17%
- Conformista 18%
- Sumiso 18%
- Tradicional 14%
- Haragán 16%

desprecio al «atraso» cultural".[34] Coincidimos más con el planteamiento de Memmi[35] y Fanon,[36] Young[37] y Allport[38], quienes afirman que el primer paso para diferenciarse del otro viene determinado por rasgos físicos y biológicos; posteriormente, por los psicológicos y por último, por los culturales. Un rasgo que no podría pasar inadvertido y que aparece como una constante desde el siglo XVI hasta hoy es el color de la piel: "El indio es moreno, frente a nosotros, que somos blancos", afirma el oligarca. El estereotipo de los colores, la pigmentación, continúa

---

34. Tax, *El capitalismo...*, p. 105. Esta afirmación es compartida no sólo por culturalistas, sino por otros antropólogos como Colby, Van der Berghe, así como por la corriente del marxismo tradicional, que negaba las diferencias étnicas y las englobaba dentro de un planteamiento clasista. Richard Adams, "De la hegemonía a la antihegemonía, racismo y antropología estadounidense en Guatemala", en: Clara Arenas, Charles Hale, Gustavo Palma (eds.), *¿Racismo en Guatemala? Abriendo el debate sobre un tema tabú*, Guatemala: AVANCSO, 1999.

35. Memmi, *El retrato...*

36. Fanon, *Sociología...*

37. Young, *Psicología...*

38. Allport, *La naturaleza...* Sobre el tema existe abundante bibliografía, entre la que cabe mencionar: Virginia Domínguez, *White by definition,* Princeton: Princeton University Press, 1992; David Theo Goldberg (Ed.), *Anatomy of racism,* Minneapolis: University of Minnesota Press, 1990, una excelente recopilación sobre la construcción del prejuicio como mecanismo de reforzamiento de la identidad; David T. Wellman, *Portraits of white racism,* Cambridge: Cambridge University Press, 1993.

siendo uno de los rasgos diferenciadores entre ambos grupos y en nuestra muestra ocupa el tercer lugar.

Los dos primeros adjetivos que aparecen en el listado: "sumiso" y "conformista", son dos prejuicios indispensables para la clase dominante. Considerar al indígena conformista, parece lógico, pues de lo contrario, ¿cómo iba a aceptar su situación de pobreza, miseria y carencia de sus derechos más fundamentales, sino es porque al indígena, en el fondo, le da igual vivir así? Es más, algunos de ellos llegan a afirmar que les gusta vivir de esta forma. En una pregunta que realizamos en el pre-test sobre la causa por la que los indígenas no comían carne, ni usaban zapatos y vivían en ranchos, muchos de ellos contestaron que: "Les gustaba vivir así, no tenían necesidades y se conformaban con poco". Y nosotros nos preguntamos, ¿de qué forma podrían justificar ideológicamente las enormes desigualdades sociales si no es en función del estereotipo de que el indio es conformista, que tiene necesidades y que se contenta con poco? Severo Martínez,[39] en su análisis sobre el indio colonial, afirma que los tres prejuicios básicos del criollo contra el indio durante toda la colonia fueron: haragán, conformista, borracho.

Considerar que el indio es sumiso, también resulta lógico para tranquilizar las conciencias de la clase dominante. Pareciera un deseo inconsciente de que el indígena no se levantara y fuera sumiso y servil siempre. Este hecho no coincide con la realidad; basta recordar las sublevaciones quiché y cakchiquel en los siglos XVI y XVII y la incorporación del indígena en los últimos años a la lucha revolucionaria. La sumisión del indígena no es un rasgo inherente de su carácter, sino que, como bien expresa el término, ha sido producto del sometimiento del indígena por medio de la violencia y la represión desde la colonia hasta nuestros días. Un comentario del siglo XIX ilustra muy bien este hecho:

"Es preciso acostumbrarlos a la sumisión, para lo cual es indispensable utilizar algún rigor, porque esa es la condición desgraciada de esta raza, como consecuencia del salvajismo en que se les ha mantenido".[40]

El quinto estereotipo señalado por los entrevistados es el de haragán. Este prejuicio viene siendo utilizado desde la colonia y fue uno de los argumentos más empleados por los encomenderos: "Se dejan llevar tanto de la ociosidad que los arrastra a procurar hacer robos, embriagueces

---

39. Martínez Peláez, *La patria del criollo...*

40. Castellanos Cambranes, *Café y campesinos...*, p. 220. Tomado del AGCA, Ministerio de Gobernación y Justicia; legajo 28631, expediente No. 188, del Jefe Político de Chimaltenango al Ministro de Gobernación, 21 de junio de 1872.

y otros delitos enormes que se han experimentado".[41] Un finquero y vicecónsul de Alemania en Retalhuleu, afirmaba: "La raza india es por naturaleza indolente y haragana".[42] El trabajo forzado, la sobreexplotación, el colonato y otras formas de trabajo semiserviles tienen su racionalización ideológica y su justificación en el carácter perezoso, vago y haragán del indio. Este estereotipo de la haraganería aparece como característica común a todos los oprimidos y colonizados. Memmi lo expone en el retrato del colonizado, afirmando que la pereza es uno de los estereotipos más comunes utilizado por el colonizador. Según Memmi,[43] el rasgo de la pereza es el que mejor legitima el privilegio de la clase dominante:

> "Nada podría legitimar mejor el privilegio del colonizador que su trabajo; nada podría justificar mejor la miseria del colonizado que su ociosidad. En consecuencia, el retrato mítico del colonizado comprenderá una pereza increíble".[44]

Tal vez el hecho más negativo de todo prejuicio es que adquiere caracteres inherentes a la personalidad de un grupo y los eleva a términos absolutos y generalizados para toda la población. Así, el indio es haragán por naturaleza, es una raza indolente. Con esta afirmación, la clase dominante no se refiere a un indígena o a ciertos grupos, sino a todos los indígenas, que por el hecho de "ser indios", son haraganes por naturaleza. Y para colmo, esa diferencia adquiere caracteres definitivos e irreversibles; ese "indio" en abstracto, ha sido, es y será haragán toda su vida. No hay esperanza de cambio, ni salvación posible, está condenado históricamente a llevar la etiqueta de haragán.

La historia comprueba lo contrario, y la misma oligarquía afirma en otras preguntas que prefiere contratar personal indígena porque es más trabajador, existe un buen número de respuestas que catalogan al indígena como buen trabajador. A esta valoración negativa generalizada hacia un grupo determinado y elevada a caracteres absolutos y definitivos es a lo que denominamos racismo. Qué duda cabe de que el racismo es una de las mejores justificaciones de la opresión y uno de los legitimadores más fuertes de la injusticia y la desigualdad social.

Los dos estereotipos que aparecen en sexto y séptimo lugar con 23 puntos son el carácter tradicional e introvertido del "indio". Por

---

41. Carta del Cabildo al Emperador Carlos V, 1554, AGI, AGCA.
42. Castellanos Cambranes, *Café y campesinos...*, p. 221.
43. Memmi, *El retrato...* y *Le racisme...*
44. *Ibíd...*, p. 91.

tradicional entienden muchos de ellos el apego a las costumbres y tradiciones, lo cual no deja de ser cierto como mecanismo colectivo de resistencia para mantener su identidad. Otros definen tradicional como contrapuesto a moderno y progresista, tal y como lo entienden los culturalistas. En este mismo sentido lo emplean los liberales:

"El indio es conocido siempre, desde su nacimiento, reacio a todo lo que se le llama adelanto y por más que las autoridades buscan los medios de encurrirlos por la civilización se asustan, y (...) se desbandan".[45]

El estereotipo de tradicional ha sido acuñado básicamente por la ideología liberal y neoliberal y por algunos marxistas ortodoxos, que conciben el apego a la tradición, a las costumbres y a su cosmovisión, como algo atrasado, oscurantista, o pequeño burgués y son partidarios de ladinizar o proletarizar al indígena como forma de sacarlo de su atraso y de su tradición.

El prejuicio del indio, que es además un prejuicio étnico y de clase, está directamente relacionado con la posición de clase de la oligarquía y con la explotación y opresión que ejerce sobre él. Este estereotipo del "indio" que posee el núcleo oligárquico, y que tiene profundas raíces históricas, no sirve más que para legitimar una situación de dominio para continuar ejerciendo su condición de privilegio.

Para finalizar, coincidimos con Janowitz y Bethelheim al afirmar que el prejuicio étnico y la identidad son factores que se encuentran estrechamente relacionados. El prejuicio muchas veces actúa como defensa contra la difusión de la identidad: "Cuando coincide con una honda duda acerca de la propia identidad étnica social, personal o sexual, el prejuicio es un probable resultado psicológico".[46] Otras veces, el prejuicio actúa como proyección para afianzar un débil sentido de la identidad del otro grupo. Es interesante observar cómo las dos personas de nuestra encuesta que se consideran "otra cosa", son las que expresan un nivel de intolerancia más alto en toda la muestra. En la pregunta sobre los rasgos más sobresalientes del indígena uno de ellos responde: "Es introvertido, infiel, haragán, sucio, amoral... me estoy poniendo un poco agresivo contra estos ishtos de mierda ¿no cree?".[47]

---

45. Castellanos Cambranes, *Café y campesinos...*, p. 273. Documento del Ministerio de Fomento, legajo 14865 del jefe político de Izabal al Ministerio de Fomento, 3 de noviembre de 1897.

46. Bethelheim y Janowitz *Cambio social...*, p. 65.

47. Si realizáramos un modelo, tal y como hacen Janowitz y Bethelheim, sobre la distribución de actitudes racistas frente al indígena, distribuiríamos a la población estudiada en cuatro

Probablemente, el considerarse "otra cosa" y no enmarcarse dentro de ninguno de los grupos mencionados, les genere una mayor inseguridad personal y les haga poseer un menor grado de identidad que el resto de los encuestados. Deducimos que sus respuestas proyectan una mayor tendencia racista y una intolerancia. Este hecho no puede probarse por la falta de representatividad de la muestra, pero lo sugerimos como elemento a profundizar en futuros análisis sobre la identidad de la clase dominante.

De nuevo, observamos en esta pregunta que la edad, el género y la ocupación, no parecen variar sustancialmente en relación con actitudes racistas de los encuestados. El estudio de Bethelheim, sobre un tema muy similar, coincide en este punto con nuestra investigación. Este aspecto se irá confirmando a lo largo de toda la entrevista y está avalado por otros estudios realizados en otros países. Se confirmaría así nuestra hipótesis de que la ideología racista se difunde e internaliza en la totalidad de los miembros de la sociedad, independientemente de su edad, sexo y ocupación.

A pesar de las afirmaciones de sociólogos como Adorno[48] y Wieviorka[49] de que el prejuicio está en razón directa con la personalidad autoritaria y antidemocrática. En nuestra investigación, no poseemos suficiente información para confirmar el primer supuesto, debido al escaso número de preguntas personales y políticas existentes en nuestro cuestionario y por no haber podido realizar una escala de medición de actitudes,

---

categorías: tolerantes, estereotipados, abiertos e intensos. Tendríamos en nuestra muestra que, el hecho de que aquellos que poseen una identidad más difusa, presentan caracteres más racistas y dentro de esta catalogación estarían incluidos en el grupo de intenso, abierto y franco, en su desprecio y rechazo frente al indígena. Dado que el número es poco significativo, no podemos establecer una relación de causa efecto, aunque consideramos que podría ser objeto de posteriores investigaciones.

La emergencia del movimiento maya y el pensamiento político de sus élites en la actualidad pone en cuestión toda la teoría del prejuicio y genera en la sociedad guatemalteca un cataclismo psicológico y social que obliga a la población ladina a reformular sus identidades y sus percepciones del **otro** y a repensar en otros términos las relaciones sociales y de poder. Véase Marta Casaús, "La renegociación de las identidades..."

48. Adorno, *The authoritarian...* John Duckitt, "Personality and Prejudice", in: John F. Dovidio, Peter Glick y Laurie A. Rudman, *On the Nature of Prejudice. Fifty Years After Allport*, Great Britain, 2005.

49. Wieviorka, *El espacio...* Frente al planteamiento de Adorno, Allport o Bethelheim, que dan una gran importancia a la relación entre prejuicio y estructura de la personalidad y consideran que el racismo se convierte en la incapacidad de algunas personas para enfrentarse a la diferencia y por ende, al Otro o al extranjero, Wieviorka y Miles, *Racism...*, proponen situar la teoría del prejuicio en el contexto de las relaciones sociales y de la acción social y a estudiar más el proceso histórico y al actor social.

muestras pilotos a otros sectores. No obstante, pudimos intuir que existe una relación entre racismo y autoritarismo, pero no podemos confirmarlo por falta de datos. Lo que sí nos atrevemos a afirmar, en la línea de Wieviorka, Miles, Van Dijk y Banton es que existe relación entre clase dominante y actitudes o tendencias racistas y entre identidad y racismo. Aquellos que se consideran "blancos" asumen actitudes de mayor intolerancia hacia el indígena y el estereotipo del "indio" se encuentra más definido en términos biológico raciales. Su posición respecto al "indio" es de mayor intransigencia que la del resto de los grupos. Todo ello nos permitiría afirmar que existe una clara relación entre prejuicio étnico y clase social y entre identidad y prejuicio en el caso de nuestro estudio.[50]

FAMILIA Y RACISMO

El roce interétnico

Estas preguntas fueron elaboradas para constatar la existencia de marcadas diferencias entre investigaciones sobre el rechazo o aceptación del contacto interétnico entre la oligarquía y el indígena. En otras encuestas se había constatado esta actitud en relación con los ladinos, en los estudios de Colby,[51] Tumin,[52] Carmack,[53] se manifiestan conflictos en el roce interétnico entre ladinos e indígenas de una comunidad, pero no existen estudios sobre este tema en la clase dominante.

En dichos trabajos se llegó a la conclusión de que las relaciones entre indígena y ladino eran frecuentes, siempre y cuando existiera una relación de subordinación y/o dominación del ladino hacia el indígena. Sin embargo, todas aquellas relaciones íntimas de afectividad, relaciones maternales o sexuales, no se practicaban o aparecían con escasa frecuencia.

---

50. Claude Grignon "Racisme et ethnocentrisme de classe" en *Bulletin interne de L'Association critiques sociales*, N°. 2, 1988, p. 3. Para este autor existen dos formas de racismo, el racismo de clase y racismo étnico, ambos poseen las mismas propiedades: estigmatizar, excluir o asimilar al Otro. La diferencia radica en que el racismo étnico es más visible y evidente que el de clase. En esta línea se encuentran los trabajos de N. Mayer "Ethnocentrisme, racisme et intolérance", en *L'électeur française en questions,* París: Presses FNSP, 1990, pp. 17-43; Wellman, *Portraits of...*; Van Dijk, *Racismo y discurso...*

51. Benjamin Colby y Pierre van der Berghe, *Ixiles y ladinos,* Guatemala: Editorial José de Pineda Ibarra, 1977.

52. Melvin Tumin, *Cultura indígena de Guatemala,* Guatemala: Seminario de Integración Social Guatemalteca, 1952.

53. Carmack, *Evolución del Reino...*

Así, en el estudio de Tumin,[54] cuando se les pregunta a los ladinos si pedirían a un indígena que fuera padrino de su hijo, de los 22 encuestados: 11 respondieron que nunca lo pedirían y 11 que sería imposible aceptar un padrino indígena. Las principales razones aducidas para este tipo de respuestas fueron: "La gente se reiría y criticaría"; "Los indígenas son considerados como personas inferiores"; "Nunca se lo pediríamos". Estas respuestas llevan a Tumin a considerar que indígenas y ladinos se encuentran rigurosamente separados por una línea de castas severamente rígida y que el matrimonio entre los dos grupos es un fenómeno poco común y el comensalismo es más extraordinario aún.[55]

Colby y Berghe,[56] en un estudio realizado en 1977, llegan a similares conclusiones, afirmando que la división entre indígenas y ladinos es profunda y puede ser descrita como sistema de castas y cuasi castas: "Los grupos son jerárquicos, casi completamente autónomos, y adscriptivos, cuya membresía está determinada por nacimiento y para toda la vida".[57] En la entrevista que realizaron a la población ladina de Nebaj para medir el grado de aceptación y contacto entre ambos grupos étnicos, nos encontramos con datos que refuerzan nuestra hipótesis.

En todas aquellas preguntas en las que existía una relación de dominación, subordinación o explotación del ladino hacia el indígena, la respuesta fue afirmativa. Las preguntas: ¿Aceptaría un sirviente indígena? ¿Aceptaría un ahijado indígena? Fueron contestadas positivamente por la muestra. Sin embargo, en aquellas preguntas que suponían una proximidad sexual o afectiva, en preguntas como: ¿Escogería a un indígena como padrino de sus hijos? ¿Escogería como esposo a un indígena?, fueron respondidas en su mayoría negativamente. Por lo que terminan deduciendo, que la demarcación étnica continúa siendo muy rigurosa y las relaciones paritarias entre ambos grupos muy poco frecuente.[58] Carmack, sin elaborar una encuesta, llega a las mismas

---

54. Tumin, *Cultura indígena...*

55. No obstante Tumin no lo explica por un fenómeno de tipo discriminatorio, o por la existencia de manifestaciones racistas, sino que acude a una explicación psicosocial y casi estereotipada, recurriendo a la sumisión y sojuzgamiento del indígena respecto al ladino y a la condición de inferioridad de éste. Sobre este encubrimiento de la antropología cultural norteamericana véase: Carol Smith, "Interpretaciones norteamericanas sobre la raza y el racismo", en: Clara Arenas, Charles Hale, Gustavo Palma (eds.), *¿Racismo en Guatemala? Abriendo el debate sobre un tema tabú*, Guatemala: AVANCSO, 1999.

56. Colby y Van der Berghe, *Ixiles...*

57. *Ibíd...*, p. 100.

58. Al igual que Tumin, estos autores achacan a la separación geográfica y al escaso roce interétnico, a resabios de la sociedad colonial o a factores de carácter cultural y social,

conclusiones afirmando que: "El matrimonio en Tecpanaco es endógamo en una gran proporción dentro de los dos grupos étnicos. El matrimonio interétnico es desaprobado fuertemente tanto por los ladinos como por los indígenas".[59]

Dados estos antecedentes nos parecía importante conocer cuál era la opinión de este núcleo oligárquico respecto de estos temas, conociendo su trayectoria histórica para realizar matrimonios endogámicos encaminados por un lado, a mejorar la raza y por otro, a consolidar su poder político y económico. Las preguntas fueron elaboradas en forma directa y sobre temas que siempre han sido tabúes para la oligarquía, como son todos aquellos que supongan relación íntima ya sea de compadrazgo, amistad o relación sexual con el indígena. Los resultados obtenidos a estas dos preguntas fueron:

Respecto de la pregunta "¿Adoptaría a un niño indígena?":
- El 23% contestó afirmativamente.
- El 48% contestó negativamente.
- El 29% se abstuvo de contestar.

Este alto porcentaje de respuestas no contestadas se podría interpretar en función de algunas variables:
- La sorpresa ante la pregunta y el desconcierto frente a no saber cómo responder.
- La incapacidad psicológica de dicho grupo para plantearse este dilema, que suponemos no habría pasado por su imaginación.
- No querer definirse, o expresar de forma patente, su rechazo hacia el contacto interétnico.

Del 48% de respuestas negativas a esta pregunta, el 65% corresponden a los "blancos" y el 21% a los criollos. Los que se consideran mestizos y ladinos muestran menores niveles de rechazo al roce interétnico. También queremos resaltar que el 50% de las preguntas no contestadas corresponden a los "blancos".

Entre las razones aducidas para no adoptar a un niño indígena encontramos las siguientes respuestas:
- Por prejuicios   15%
- Por ser una raza inferior   12%

---

llegando a afirmar textualmente que "el racismo ha desaparecido virtualmente"; opinión que nosotros no compartimos y consideramos que esta clara demarcación tiene un origen racista y etnocéntrico.

59. Carmack, *Evolución del Reino...*, p. 320.

Gráfica 5
¿ADOPTARÍA A UN NIÑO INDÍGENA?
(Pregunta 8)

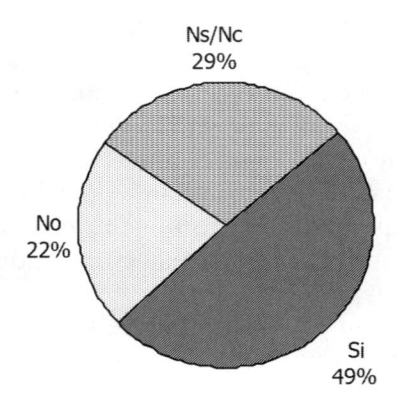

- Ns/Nc 29%
- No 22%
- Si 49%

Estas razones son muy similares a las que aparecen en la entrevista de Tumin, 30 años antes. Nótese que el hecho de considerar al indígena una raza inferior, continúa siendo una razón de peso. Las respuestas más comunes a esta pregunta fueron:
- "No son de mi raza".
- "Tengo prejuicios hacia esa raza".
- "No sabría convivir con ese grupo y sus parientes".
- "No son igual a uno".

Hemos querido distinguir entre prejuicio y raza inferior porque en el primer caso se reconoce tener ciertas ideas estereotipadas que les impide o dificulta la adopción. Sin embargo, los que responden llanamente que es una raza inferior, están aceptando el hecho de que las razones son estrictamente socio-raciales y afirman explícitamente que es una raza inferior. A ello habría que añadir un 9% que responde que los indios "son feos y no le gustan", y sin embargo, el hecho de pertenecer a una clase diferente ocupa un bajo porcentaje, el 2%. Estos resultados confirman el hecho de que constituye más un prejuicio racial que de clase. Aunque, un 9%, no constituye un porcentaje muy elevado, sí podemos afirmar la existencia de racismo biológico en el núcleo dominante, que se manifiesta de una forma nítida y transparente cuando se trata de tomar decisiones que afectan a la intimidad y a la vida afectiva del grupo étnico dominante.

Otro elemento que se debe tomar en cuenta es el bajo porcentaje en los que aparecen los factores culturales y sociales, un 2% y un 7%

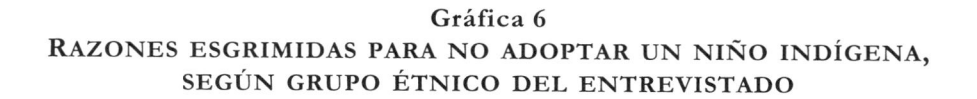

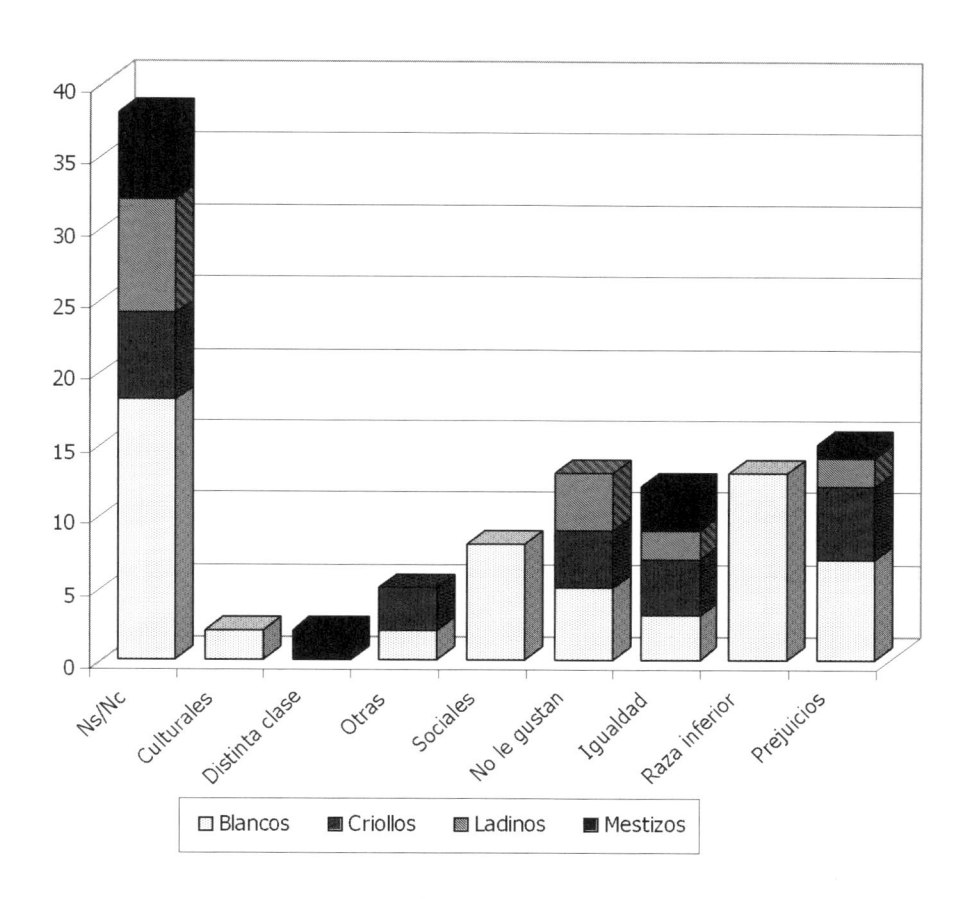

Gráfica 6
RAZONES ESGRIMIDAS PARA NO ADOPTAR UN NIÑO INDÍGENA, SEGÚN GRUPO ÉTNICO DEL ENTREVISTADO

respectivamente. El porcentaje total de preguntas no contestadas continúa siendo muy alto: un 35%. El grupo de "blancos" es el único que aduce que la causa principal es la de pertenecer a una raza inferior y ocupa el primer lugar en sus respuestas. Los criollos priorizan los prejuicios. Los mestizos y los ladinos se abstienen mayoritariamente en un 50 y 57%. La gráfica 6 muestra las respuestas de la población encuestada respecto de la pregunta del cuestionario.

El índice de aceptación de un indígena en la familia, ya sea como hijo o esposo, es muy similar: un 23 y 25% respectivamente. Sin embargo, los niveles de rechazo a contraer matrimonio con un indígena, son superiores a los de la adopción. La explicación a este hecho la encontramos en una práctica familiar que se origina en la colonia y que continúa produciéndose en muchos hogares guatemaltecos.

Hemos estudiado algunos ejemplos de hijos ilegítimos de españoles con indias. Los primeros mestizos que en muchos casos fueron a vivir al hogar paterno, incluso algunos de ellos fueron legitimados por bula papal, y pasaron a constituir "los primeros criollos", siendo aceptados de esta forma por el núcleo familiar y por la incipiente oligarquía colonial. Estos primeros mestizos llegaron a poseer encomiendas y algunos de ellos hasta escudo de armas y título nobiliario. Por citar algunos ejemplos, Leonor de Alvarado, hija de Pedro de Alvarado y la princesa Luisa Xicotencatl, Pedro de Barahona, Pedro Cueto y Teresa Becerra, esta última hija de Bartolomé Becerra y de una india cholula.[60] Esta práctica familiar, un poco encubierta, pero bastante frecuente, ha sido y continúa siendo bastante tradicional en muchas familias del núcleo oligárquico. La esposa, "para esconder la vergüenza de la familia", recibe en la casa familiar a los hijos ilegítimos y los cuida como propios, en el caso de que el padre los hubiera reconocido y llevaran su apellido, o bien los emplea como capataces o mayordomos cuando no llevan su apellido.

Este tema poco conocido haría meritorio un trabajo monográfico. A efecto de nuestro estudio interesa resaltar tres aspectos: a) Que el mestizaje ha sido un proceso constante y común en la oligarquía guatemalteca, a pesar de que ésta se niegue a admitir este hecho, fácilmente comprobable a través de los estudios genealógicos y prosopográficos. b) Que la inclusión de niños mestizos o ilegítimos dentro del núcleo oligárquico ha sido una constante a lo largo de la historia y continúa siendo una práctica común, difícilmente reconocida en público, pero aceptada en silencio; de ahí el grado de ambivalencia y de preguntas no contestadas. c) Que la endogamia ha sido una constante en todas las familias de la élite de poder. Es una práctica generalizada en la medida en que la relación conlleva mejora de la raza y concentración de poder político y económico. Probablemente, el alto índice de matrimonios por conveniencia ha sido una de las causas de relaciones extramatrimoniales y de hijos ilegítimos.

---

60. Esta información nos fue dada por escrito, a petición nuestra, por el Dr. Francisco Luna, historiador y genealogista guatemalteco y también aparece citada en un Juicio de Residencia en el Archivo General de Indias.

Una vez más, la edad y el género no muestran diferencias considerables y, en este caso, la ocupación sí parece indicar una cierta tendencia a un mayor rechazo interétnico en los agricultores: del 36% de los finqueros; el 62% no adoptaría a un niño indígena y las dos razones principales son: "ser una raza inferior" y "ser feos, no gustarles y oler mal".

En la pregunta "¿Dejaría a su hija contraer matrimonio con un indígena?", el rechazo al contacto interétnico es superior. Un 68% no aceptaría, frente a un 28% que sí las dejarían. Las respuestas mayoritarias por las que se justifica el rechazo son:
- Prejuicios   22%.
- Distinta clase   19%.

Estas dos respuestas son aducidas en su mayoría por los "blancos" y los "criollos". Los que se consideran "mestizos y ladinos" aceptan mayoritariamente el matrimonio de sus hijas con un indígena: un 13% y un 23% respectivamente; la principal razón que ambos grupos aducen es el respeto a la libertad individual de sus hijas. Esto indica cierta coherencia con la consideración de su identidad, ya que son los dos grupos más propensos a realizar este tipo de alianzas interétnicas y a adoptar un hijo indígena. Tal hecho posee sus raíces históricas en la época colonial, puesto que el mestizaje se produjo principalmente entre indígenas y otras castas, sobre todo entre castizos, mulatos y mestizos. Durante el primer siglo y medio de la conquista, en la ciudad de Santiago de los Caballeros (por la inscripción de los matrimonios en cuatro parroquias) apenas se produjeron matrimonios entre indígenas y españoles; pero sí se produjo un fuerte mestizaje entre éstos y otras castas.[61] Los mestizos aparecen más permeables a este tipo de uniones, y el hecho de identificarse como tales, les hace aceptar esta situación como algo más natural e históricamente consentido.

De nuevo vemos que las respuestas no varían sustancialmente ni por la edad, ni por género, aunque este parece expresar de una forma más virulenta sus juicios de valor, únicamente la ocupación: los agricultores manifiestan un mayor rechazo que los otros grupos ocupacionales, aduciendo como razones principales, prejuicios y considerarlos feos y malolientes. Se produjeron algunas respuestas de gran intolerancia y de machismo. Sobre todo, de aquellos que se consideran blancos y criollos,

---

61. Para mayor información sobre este tema consultar a Christopher Lutz, *Historia socio demográfica...* En las tablas elaboradas por él, respecto de los matrimonios interétnicos que se produjeron durante la colonia de 1593 a 1770, nos damos cuenta que la endogamia entre los peninsulares y criollos, y en los indígenas, fue muy alta.

hombres, agricultores y de estudios superiores. Éstos opinaron que dejarían tener relaciones sexuales a un hijo siempre y cuando fueran extramatrimoniales, pero nunca a una hija. Esto también tiene su explicación en la práctica de violación y derecho de pernada que los finqueros ejercitan con las indígenas en las fincas y que constituye un hecho unánimemente admitido por toda la comunidad. Existe una cierta permisividad en las relaciones sexuales de los finqueros con las mujeres indígenas de sus fincas. Esta situación es abordada con mucho tacto por los hijos y mujeres legítimas, quienes al hablar del tema se refieren a "asuntos delicados".[62]

Stolcke y otras autoras procedentes del feminismo, Lagarde y Gordon, plantean la intersección existente entre el género y la raza como dos estructuras diferentes de dominación que afectan a las mujeres. En este contexto, el resurgimiento del racismo se encuentra vinculado con la discriminación de género y con la xenofobia, de ahí que el género, la clase y la raza jueguen un papel crucial e interrelacionado en la constitución y perpetuación de una sociedad de clases, basada, según Stolcke, en la "naturalización" de las desigualdades sociales en una sociedad de clases. De ahí que resulte lógico que en sociedades permeadas por el racismo, el machismo sea un elemento consustancial en las relaciones de género y se exprese de una forma muy virulenta.[63]

Observamos que los "blancos" dan respuestas más viscerales, contundentes e intolerantes que el resto. La misma seguridad que les confiere su supuesta identidad de blancos, les lleva a emitir juicios y opiniones de una fuerte carga racial. Respuestas como:

- "En la sangre se lleva la raza".
- "No me gustaría por la inferioridad del indio. Va a ser indio toda la vida".

---

62. Pansini, Pepe Milla y otros autores se refieren a estos casos como algo muy común en las casas acomodadas y que la sociedad denomina como niños "pepes", o "hijos de casa", al referirse a la ilegitimidad de los mismos. Normalmente, si son hijos reconocidos por el padre, ocupan un lugar secundario en la familia y son administrativos o capataces de la finca. Si no son reconocidos legalmente, aunque sí aceptados formalmente, les dan un estatus inferior, el de mayordomos o criados, etc. Muchas veces se les trata con especial crueldad por parte de la mujer oficial.

63. Sobre este tema véase Verena Stolcke, "¿Es el sexo para el género como la raza para la etnicidad?", *Mientras tanto*, 1992; Linda Gordon, *Woman's body, woman's right,* London: Penguin, 1977. Marcela Lagarde, "La triple opresión de las mujeres indias", *México Indígena*, N° 21, año IV, 1988. El libro colectivo, *La palabra y el sentir de las mujeres mayas*, Guatemala: Cholsamaj, 2004, de Kaqlá, es un extraordinario ejemplo de la interrelación entre racismo, género y opresión.

- "No pertenecen ni a mi clase social, ni a mi raza".

Estas respuestas son emitidas por hombres, mujeres, jóvenes y adultos, en la misma proporción, y con una mayor visceralidad e intransigencia por parte de aquellos que se consideran a sí mismos "blancos". En los criollos prevalecen los prejuicios y el estereotipo del "indio"; en los mestizos y ladinos se produce una mayor permisividad, aunque los índices de abstención son más altos. El porcentaje de abstenciones es uno de los más bajos de todas las preguntas, 5%, y sin embargo, en el razonamiento de la respuesta asciende a un 22%, concentrado básicamente en el grupo de los "blancos y ladinos".[64]

Una vez más insistimos en la importancia de la unidad familiar como principal agente socializador y transmisor de la ideología dominante. En el caso del núcleo oligárquico, este rol se refuerza dada la endogamia de esta clase y sus ancestrales prejuicios y actitudes racistas hacia el indígena, que tienen su origen en la sociedad colonial. Al hilo del planteamiento althuseriano de la familia como aparato ideológico del Estado, consideramos que en la familia se manifiesta, de forma predominante y en primera instancia, la ideología racista. Es en la institución familiar en donde se internaliza, se expresa y se reproduce el racismo de la clase dominante. Esta ideología penetra, se filtra y se expresa, en primera instancia y por mediación del núcleo familiar –y en nuestro caso a través de las redes familiares–, en sus interrelaciones y en su estructura.

Con ello no queremos decir que sea únicamente en la familia en donde se manifieste esta ideología racista, ya que está claro que existen otras instituciones, o aparatos ideológicos, en donde el racismo está presente: la escuela, la Iglesia y el Ejército. En el caso de nuestra investigación, la familia juega un rol importante como transmisora de la ideología socio-racial a la hora de establecer uniones matrimoniales y

---

[64]. Sobre el tema de la blancura es innumerable la bibliografía reciente, solo querría citar a un autor guatemalteco que aplica estas corrientes al caso de Guatemala con gran acierto y creatividad, Jorge Ramón González Ponciano, "'Esas sangres no están limpias', modernidad y pensamiento civilizatorio en Guatemala", en Clara Arenas, Charles Hale y Gustavo Palma Murga (Eds.). *Racismo en Guatemala, abriendo el debate sobre un tema tabú,* Guatemala: Avancso, 1999; y "La visible invisibilidad de la blancura y el ladino como no blanco en Guatemala" en Darío Euraque, Jeffrey Gould y Charles Hale (Eds.), *Memorias del mestizaje. Cultura política en Centroamérica de 1920 al presente,* Antigua Guatemala: CIRMA, 2004, p. 11 y ss. González Ponciano propone escribir una historia de la blancura guatemalteca como mecanismo de poder y de imposición de un sistema de dominación autoritaria.

de conformar los núcleos oligárquicos. Una constante en la formación de la oligarquía ha sido la mejora de la raza y el afán de las familias oligárquicas por establecer vínculos matrimoniales con grupos económicos más poderosos y a la vez étnicamente más puros. El matrimonio ideal de la colonia era el de una criolla con un peninsular. Posteriormente, el de una criolla con un advenedizo, de ser posible con título. En el siglo XIX, una criolla con un alemán, y en el siglo XX, una "blanca" con extranjero, preferiblemente norteamericano o alemán, o ladino adinerado con miembros de las antiguas familias de "abolengo".

La familia como unidad básica y las redes familiares de la oligarquía, continúan siendo el centro de formación ideológica en donde el racismo se ha proyectado en lo más profundo de la personalidad. La internalización de esta ideología podemos observarla en los siguientes comentarios de algunos de los jóvenes y madres encuestadas: "Mis padres me enseñaron desde pequeña a diferenciarme del indio, a juntarme con los míos, los de mi raza. Yo enseñaré a mis hijos los mismos principios, mejorar la raza y mejorar la especie".

Una mujer de 40 años, "blanca", afirmaba: "Nunca dejaría contraer matrimonio a mi hija con un indígena, por ser de una raza diferente y estar distanciados totalmente. No es porque esté mal visto, es porque así me lo enseñaron a mí, porque es una raza inferior y está catalogada genéticamente como tal. Nuestra obligación es mejorar la raza, no empeorarla".

A nuestro juicio, la familia como aparato ideológico, cumple varias funciones al interior del núcleo oligárquico:

- Asegura la generación de procreación y educación de nuevos miembros, formando en su seno a profesionales, tecnócratas e intelectuales, que le aseguren el poder y la hegemonía del bloque histórico.
- Reproduce la ideología dominante, en especial el racismo, como elemento de autoafirmación, de identidad y de cohesión de todos sus miembros. Proyecta actitudes heterofóbicas, contribuyendo a crear un clima de agresiones, chistes y fobias contra el Otro.
- Elabora redes sociales interfamiliares que conforman el núcleo oligárquico y que, a través de lazos económicos, políticos y de alianzas matrimoniales, le aseguran la dominación económica y posibilitan el ejercicio de la hegemonía en el bloque de poder.
- Explica y justifica, mediante mecanismos de racionalización de carácter socio-racial, cultural, religioso y moral, la inferioridad del indígena, y por ende, si se juzga necesario, la represión y exterminio de dicho grupo étnico.

- La familia constituye el núcleo primario de internalización, reproducción, racialización y transmisión del racismo y en este sentido, las mujeres juegan un papel relevante.[65]

HISTORIA Y RACISMO

A lo largo de este bloque analizaremos las opiniones que la clase dominante tiene acerca de sus antepasados los mayas, de cómo enjuician la conquista y la colonización española y cuáles fueron sus aportes principales. Este bloque histórico comprende tres preguntas que, aunque no abarcan la totalidad de los temas, sí nos proporcionan un imaginario de la oligarquía respecto a la población prehispánica y acerca de la conquista y colonización española.

La primera pregunta formulada fue: ¿Qué hubiera sucedido de no haber llegado los españoles ni ningún otro pueblo europeo, a conquistar y colonizar Guatemala? En esta pregunta nos encontramos con los siguientes resultados:

- Un 29% respondió que de no haber venido los españoles se habría producido un desarrollo diferente.
- Un 26% opinó que se habría producido un desarrollo menor, que junto con el 16% que opina que se habría dado un desarrollo más lento, suma un 42% de las respuestas emitidas.
- Un 21% consideró que, de haberse producido esta situación, Guatemala se encontraría en un completo atraso. La mayoría de los que respondieron de esta manera opinanaron que "estaríamos subidos a los árboles" o "estaríamos en un estadio de total salvajismo".

La interpretación por grupos de edad no pareció variar sustancialmente en las respuestas de los jóvenes ni en la de los adultos. Los tres primeros grupos de edad coincidieron en afirmar que sin la conquista y la colonización española, en Guatemala se habría producido un desarrollo menor o más lento. Tanto para los más jóvenes (18 a 25 años), como para los adultos (46 a 65 años y de 66 a 75 años), la segunda respuesta

---

65. En las últimas décadas se ha producido una extensa bibliografía al respecto, cabe mencionar los trabajos de Asunción Lavrin *Las mujeres latinoamericanas perspectivas históricas*, México, FCE, 1985. *Sexualidad y matrimonio...* Stolcke, *Racismo y sexualidad...* Sarah A Radcliffe, Sallie Westwood, (ed) *Viva, women and popular protest in Latin America*, London, Routledge, 1993 y Larissa A Lomnitz y Marisol Pérez Lizaur, *Una familia de la élite mexicana, parentesco, clase y cultura 1820-1980*, México, Alianza, 1993. Emma Delfina Chirix, *Alas y raíces, afectividad de las mujeres mayas*, Guatemala: Cholsamaj, 2003.

más importante fue de afirmar que Guatemala se encontraría en una situación de "completo atraso y salvajismo". Únicamente en el grupo comprendido entre los 26 y 45 años se consideró, en un 14% de las respuestas emitidas, que se habría producido un desarrollo diferente. La respuesta sobre el atraso no es significativa en este grupo.

En relación con el género, los hombres priorizaron las respuestas de un desarrollo más lento o menor en un 28%, o de un desarrollo diferente, en un 20%. Frente a éstos las mujeres opinaron que se habría producido una situación de atraso, en un 10%, o de menor y más lento desarrollo, en un 15%. En relación con los grupos étnicos, "los blancos" se mostraron más partidarios de la opinión sobre el atraso de nuestros pueblos. Del 21% de las respuestas emitidas, el 16% correspondieron a los blancos, frente a los tres grupos que priorizan más las respuestas sobre el desarrollo menor o más lento. Del 6% de respuestas que afirman que no se habría producido "ningún desarrollo", el 5% corresponden al grupo blanco.

Del conjunto de respuestas dadas a esta pregunta deducimos dos elementos: a) Que en el núcleo oligárquico existe un desconocimiento histórico acerca de la civilización maya y de los niveles de desarrollo científico y tecnológico que estos pueblos habían alcanzado. Plantear que se encontrarían en una situación de atraso supone considerar, en una última instancia, que los mayas eran un pueblo salvaje, poco civilizado, e incapaz de llevar a cabo un proceso de superación diferente en función de sus propias matrices histórico-sociales. b) Vincular el concepto de desarrollo a Europa o Norteamérica supone un cierto grado de eurocentrismo, normal de estas élites oligárquicas y común en el pensamiento liberal y neoliberal. Este pensamiento incide en gran parte de la ciencia social guatemalteca que, con teorías seudocientíficas, justifica el atraso y subdesarrollo de nuestros pueblos, en relación con la composición étnica o con los vestigios del pasado. Gran parte de las teorías cepalinas y desarrollistas tienen su fundamento en esta ideología liberal y de corte darwinista.[66] Así pues, es la dependencia histórico-

---

66. Sobre este tema consultar el libro de Banton, *Racial Theories*..., sobre la influencia del darwinismo y de las teorías evolucionistas en el imaginario racista del siglo XIX y XX y su influencia en el marxismo; Leon Poliakov (Ed.), *Hommes et Bêtes. Entretiens sur le racisme,* París, La Haya: Mouton, 1975. Sobre la aplicación a las ciencias sociales de los nuevos enfoques teóricos de la ingeniería genética, uno de los estudios más relevantes es el de Pierre Van der Berghe, *Race and racism,* New York: Wiley, 1978. Una de las aportaciones más novedosas es el libro de Robert Young, *Colonial desires. Hibridty theory, culture and race,* Londres: Routledge, 1995, especialmente el capítulo "Sex and inequality: The cultural construction of race", pp. 90-118.

estructural la que conduce a los países dependientes a una situación de subdesarrollo respecto de los llamados países desarrollados.

La segunda pregunta acerca de cuáles fueron las razones por las que los españoles vencieron a los indígenas, presenta varias respuestas. Las que aparecen como las más representativas son:
- La superioridad de armamentos, un 29% de la muestra;
- Los que opinaron que la razón principal fue la superioridad de los españoles, con un 25%;
- Los que opinaron que el triunfo se debió a que los indígenas eran una raza débil e inferior, un 22%.

Si sumamos la respuesta dos, que opinó que el triunfo se debió a que los españoles eran una raza superior, con la respuesta tres que afirmó que los indígenas eran una raza inferior, tendríamos que, un 47% de la muestra piensa que la razón del triunfo se debió a la inferioridad racial de los dominados y/o a la superioridad física y biológica de los conquistadores.

Volvemos a observar que la superioridad de unos frente a la inferioridad de otros viene determinada en primera instancia en términos biológicos o raciales. Un tercio de la muestra planteó que la causa principal de la victoria de los españoles o de la derrota de los indígenas, tuvo su origen en un factor de carácter biológico y racial. Es aquí en donde coincidimos con los planteamientos de Franz Fanon, quien afirma que en todo proceso colonial se manifiesta una actitud racista por parte del colonialista:

> "Un país colonial es un país racista, lógicamente, no es posible someter a los hombres a la servidumbre, sin inferiorizarlos y el racismo no es más que la explicación emocional, afectiva y algunas veces intelectual de esa inferiorización..."[67]

Este razonamiento le lleva a afirmar que el racismo es algo intrínseco y consustancial al proceso de colonialismo; aunque éste se produce en distinto modo y con distintas características y manifestaciones dependiendo del desarrollo histórico del mismo y de las fuerzas productivas de cada sociedad:

> "Una sociedad es racista o no lo es, no existen grados de racismo (...) De hecho el racismo obedece a una lógica sin falla. Un país que vive y saca

---

67. Fanon, *Sociología...*, p. 55. Véase Tzvetan Todorov, *Nosotros y los otros. Reflexión sobre la diversidad humana,* Madrid: Siglo XXI, 1991; John Rex, *Race and Ethnicity*, London: Open University Press, 1996.

de la explotación de pueblos diferentes, inferioriza a esos pueblos. El racismo aplicado a esos pueblos es lo normal".[68]

De lo contrario, cómo iba a justificar ideológicamente el conquistador y posterior colonizador, la situación de despojo, esclavitud y dominación de un pueblo, si no es en función de considerarlo inferior, inculto y salvaje. En el caso de Guatemala esta interrelación entre conquista, despojo, dominación, colonización y racismo, resulta un hecho bastante evidente a lo largo de nuestra historia y en el momento actual. De ahí que nos atrevemos a afirmar que el racismo es el elemento histórico-estructural de la sociedad guatemalteca, representa el hilo conductor de la ideología de la clase dominante y juega un papel importante en la superestructura ideológica de dicha clase y como instrumento ideológico de dominación.[69]

No cabe duda de que fueron varios factores los que contribuyeron a la victoria de los españoles sobre los indígenas. Indudablemente, los aspectos tecnológicos, culturales y la superioridad de armamentos tuvieron un papel importante pero no deben descartarse los aspectos psicológicos y cosmogónicos, elementos a tener en cuenta a la hora del encuentro entre dos pueblos con escalas de valores diferentes y cosmovisiones opuestas.[70]

---

68. *Ibíd...*, p. 56. En la misma dirección se encuentran los trabajos de Robert Young, *White mytologies: writing history and The West,* Londres: Routledge, 1990; y David T. Goldberg, *Racist culture, philosophy and the politics of meaning,* Cambridge: Blackwell, 1996.

69. En el excelente desarrollo histórico filosófico, Michel Foucault, *Genealogía del racismo, de la guerra de razas al racismo de Estado,* Madrid: La Piqueta, 1992, plantea la importancia que las teorías evolucionistas tuvieron en la configuración de una nueva estrategia de poder que denomina biopoder. En este contexto, el racismo se constituye en una de las tecnologías de poder ligado al funcionamiento del Estado, que utiliza el elemento de la raza para justificar su eliminación o purificación, con el fin de ejercer su poder soberano. En esta línea se encuentran otros trabajos recientes como el de Javier Blázquez-Ruiz, *Estrategias de poder. Xenofobia, limpieza étnica y sumisión,* Navarra: AVD, 1995; y Alvite (Coord.), *Racismo, antirracismo e inmigración...*

70. Sobre estos temas consúltese la bibliografía más reciente de Charles Gibson, *Los aztecas bajo el dominio español,* México: Siglo XXI, 1984; Inga Clendinnen, *Ambivalent Conquests, Maya and Spaniards in Yucatán 1517-1570,* Cambridge: Cambridge University Press, 1987; Geofrey Conrad y Arthur Demarest, *Religión e imperio. Dinámica del expansionismo azteca e inca,* Madrid: Alianza América, 1988; Nancy Farris, *La sociedad maya bajo el dominio colonial,* Madrid: Alianza América, 1992; Serge Gruzinski, *La colonización de lo imaginario. Sociedades indígenas y occidentalización en el México español, siglos XVI-XVIII,* México: FCE, 1992. Aplicando métodos de la etnohistoria, de la antropología cognitiva y la epigrafía, poseen un conocimiento más detallado y objetivo de la historia de los pueblos mayas y aztecas, a la llegada de los españoles.

Cuadro 1
¿CUÁLES FUERON LAS VENTAJAS E INCONVENIENTES DE LA CONQUISTA Y DE LA COLONIZACIÓN ESPAÑOLAS?

	Blanco	Criollo	Mestizo	Ladino	Total
Ventajas					
Cultura superior	9	9	3	3	24
Mejora raza	35	8	7	7	57
Religión	2	3	—	—	5
Conocimientos	1	—	1	—	2
Tecnología avanzada	5	1	1	2	9
Nuevos hábitos	1	1	—	—	2
Nuevos productos	—	—	—	—	0
Otras	4	—	—	1	5
Ns/Nc	2	1	—	1	4
Total	59	23	12	14	108
Inconvenientes					
Ninguno	16	6	3	3	28
Violencia y esclavitud	11	2	2	—	15
Despojo de riquezas	8	7	—	3	18
Destrucción cultural	8	2	2	6	18
Religión	1	4	—	—	5
Conquista española	6	—	3	—	9
No exterminio de indígenas	1	—	1	—	2
Mestizaje	4	1	1	1	7
Ns/Nc	4	1	—	1	6
Total	59	23	12	14	108

Otras opiniones y juicios que aparecen en nuestra encuesta, pero con menor peso, son el hecho de la desigualdad de conocimientos entre los dos pueblos, así como la hipótesis de que los indígenas estaban en una fase de decadencia a la llegada de los españoles, lo cual produjo una conquista fácil y rápida. En esta pregunta, así como en todo el bloque histórico, el porcentaje de respuestas no contestadas es escaso o nulo, lo cual indica que el grupo encuestado no presenta ningún problema a la hora de opinar sobre aspectos del pasado; e incluso muestra un conjunto de opiniones muy diferentes y bastante homogéneas en lo que se refiere a grupos étnicos, edad y género.

En relación con las respuestas según el género, tanto hombres como mujeres señalan el mismo porcentaje de respuestas, sólo que las mujeres dan más importancia a la superioridad del español, que a la inferioridad del indígena, en un 13%, y los hombres valorizan más la inferioridad del indígena en un 15%. Ambos grupos opinan que, en segundo término,

Gráfica 7
HISTORIA Y RACISMO
VENTAJAS E INCONVENIENTES
DE LA CONQUISTA Y LA COLONIZACIÓN ESPAÑOLAS

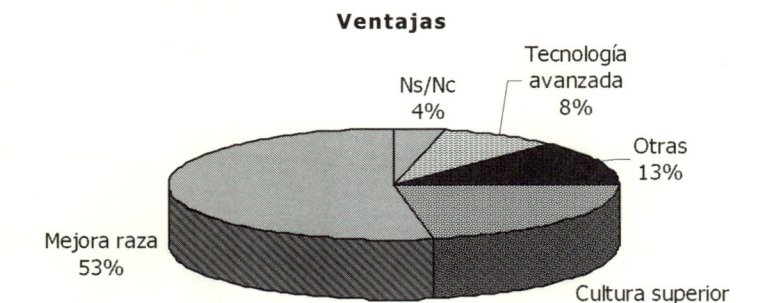

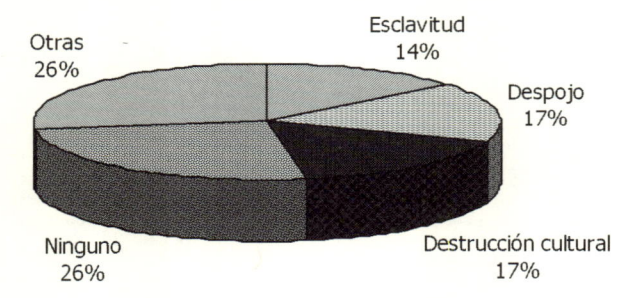

Ventajas

- Tecnología avanzada 8%
- Ns/Nc 4%
- Otras 13%
- Cultura superior 22%
- Mejora raza 53%

Incovenientes

- Esclavitud 14%
- Despojo 17%
- Destrucción cultural 17%
- Ninguno 26%
- Otras 26%

fue la superioridad de armamento el elemento decisivo con un 19 y 21%, respectivamente, seguido de la superioridad tecnológica en tercer lugar.

En relación con la edad, existe una ligera diferencia en uno de los cuatro grupos estudiados. El grupo comprendido entre los 18 a 25 años prioriza la respuesta acerca de la superioridad tecnológica y de armamento sobre todas las otras respuestas. Sin embargo, los grupos de edad comprendidos entre los 26 hasta los 75 años, consideran la superioridad racial de los españoles y la inferioridad de los indígenas como el factor principal y determinante que causó la derrota de éstos. Estos grupos coinciden en afirmar, en segundo lugar, la superioridad de armamentos como causa importante. La diferencia por género y grupos de edades son escasas.

En lo relativo a los grupos étnicos, los "blancos" priorizan las diferencias raciales en primer término, en un 24%, existiendo una gran diferencia entre éstas y las restantes respuestas sobre tecnología y cultura de los españoles. Lo mismo sucede con los grupos de "ladinos" y "mestizos", para quienes la cultura y la tecnología desempeñaron un papel determinante. En esta pregunta, podemos observar una vez más, cómo el grupo que se considera "blanco", da más importancia a los factores raciales que a los socioculturales. El racismo biológico se manifiesta de forma expresa en casi todas sus opiniones, tanto en temas de carácter histórico, económico, cultural, como en aquellas preguntas de carácter personal. Para este grupo de "blancos", la raza del indígena es la culpable de todos los males que sufre y padece el país y la sociedad guatemalteca.

En los otros tres grupos se observa un mayor etnocentrismo. La superioridad tecnológica, cultural o militar de los españoles está por encima de las respuestas. Del 22% de las contestaciones acerca de la inferioridad de la raza indígena, el 17% fue respondido por los que se consideran "blancos". Del 12% que estimaban a los españoles como raza superior, el 7% correspondió a los "blancos". Sin embargo, para los criollos, mestizos y ladinos los aspectos culturales ocuparon el primer lugar.

Refiriéndose a la última pregunta de este bloque, sobre las ventajas e inconvenientes que tuvo la conquista y colonización española en relación con Guatemala, casi todos los grupos étnicos presentan una respuesta bastante homogénea, sobre todo en lo relativo a las ventajas. Un 53% de la muestra afirma que la principal ventaja de la conquista y colonización española fue la mejora de la raza, el 32% de las respuestas fueron emitidas por los "blancos", seguidas de un 7% de los "criollos" y un 6% respectivamente de los "mestizos y ladinos".

La segunda respuesta en importancia, fue afirmar que los españoles poseían una cultura superior y constituyó el mayor aporte a Guatemala. La superioridad cultural ocupó un 22% del total de los encuestados. Estas dos respuestas suman alrededor del 75% del total emitidas. En tercer y cuarto lugar nos encontramos con el aporte de una tecnología más desarrollada, 8% y la religión con el 5%. Respecto a los grupos étnicos, sí encontramos diferencias más acentuadas entre unos y otros grupos. Del 55% de los que se consideran blancos, un 50% opina que la mejora de la raza fue la principal ventaja, seguido de un 15% de los que priorizan la aportación de una cultura superior. Todas las demás respuestas son poco significativas dentro de este grupo. Del 21% de los que se consideran criollos, el 29% afirmó que el mayor aporte fue la transmisión de una cultura superior, seguido de un 35% que apuntó hacia la mejora de la raza.

Todos los grupos de edad coinciden en afirmar que el principal aporte fue la mejora de la raza; el porcentaje varía de uno a otro grupo. Los jóvenes entre 18 y 25 años consideraron la mejora de la raza en un 36%, mientras que para el grupo de edad entre los 46 y 65 consideraron esta respuesta en un 70%. La cultura superior ocupó el segundo lugar en todos los grupos de edad con porcentajes similares en los cuatro grupos. La tecnología avanzada y la religión son aportes tomados únicamente por los jóvenes en un 14%. Las demás respuestas son poco significativas para todos.

Tanto para el mestizo como para el ladino, la mejora de la raza ocupó un 58% y 50%, respectivamente, que supone la mitad de la muestra encuestada, seguida de un 25% y 21%, respectivamente, que opinaron que el mejor aporte fue la cultura. De nuevo observamos cómo en estos cuatro grupos se produce una confluencia de factores biológico-raciales difíciles de diferenciar, pero en donde los aspectos estrictamente raciales tienen un gran peso. La religión como ventaja fue considerada solamente en un 5% y sólo los criollos y los blancos lo consideraron un aporte. El porcentaje de respuestas no contestadas fue muy reducido, lo que hace suponer que todos encontraron una u otra ventaja en el proceso de colonización española.

Tal y como analizamos en el bloque de identidad y racismo, se confirma el hecho de que existe un profundo complejo en el guatemalteco acerca de su identidad y de su pasado histórico. Constantemente, directa o indirectamente, aparecen alusiones, manifestaciones, juicios de valor, y expresiones tendientes a desvalorizar todo lo que sea indígena y a valorizar todo lo que sea extranjero o español. También aparece un deseo constante de diferenciarse de lo indígena por considerarlo inculto, despreciable e inferior. El hecho de que para un 55% de la muestra, la llegada de los españoles supusiera una salvación en todos los órdenes, pero especialmente a que vinieron a mejorar la raza, a traer "sangre pura", "sangre azul" como muchos afirman, es un factor bastante significativo de su profundo complejo de inferioridad, o de la carencia de identidad propia como guatemaltecos.[71]

---

71. Los trabajos de Jorge Ramón González Ponciano citados anteriormente han venido a comprobar esta línea de construcción de la blancura por definición. Así como los trabajos de Carol Smith, sobre lo que ella llama el colorismo o racismo guatemalteco, véase Carol Smith, "Interpretaciones norteamericanas sobre la raza y el racismo en Guatemala", en Clara Arenas, Charles Hale y Gustavo Palma Murga (Eds.), *Racismo en Guatemala, abriendo*

Fue la conquista española, "ese hecho histórico salvador", lo que les permitió a los primeros criollos y posteriormente mestizos y ladinos, empezar a diferenciarse del indígena y por ende, considerarse superiores racial y culturalmente. Pero insistimos en que, primero se diferenció biológicamente y después culturalmente. En el inicio de la diferenciación, la raza fue un factor determinante, al menos en la muestra del núcleo oligárquico, esto se confirma históricamente por la forma en que fueron tejiendo una amplia tela de araña hasta constituir las principales redes familiares, desde el siglo XVI hasta nuestros días.[72]

En cuanto a la segunda parte de la pregunta, acerca de los principales inconvenientes que tuvo la conquista y colonización española, las respuestas son menos homogéneas pero igualmente significativas:

- Para un 26% de la muestra, no existió ningún inconveniente, todas fueron ventajas.
- Para el 17%, el despojo de las riquezas y la destrucción de su cultura fue un inconveniente.
- Para un 14%, la esclavitud fue negativa.

De manera que nos encontraríamos con que un 31% de la muestra, sí percibe como inconveniente o desventaja los abusos, el saqueo y la esclavitud a la que se vio sometida la población natural. En menor escala, pero muy significativa, están aquellos que afirman que: "El mayor inconveniente de la conquista y colonización fue haber sido colonizados por la raza española, en lugar de haber sido conquistados por anglosajones o por alemanes". El 8% de la muestra respondió en estos términos, siendo los blancos en mayor escala, seguidos de los mestizos, los únicos que emitieron dicho juicio.

Para un 6% de la muestra, el mestizaje fue un grave inconveniente, pues todo ello no supuso una mejora de la raza, sino por el contrario, resultó un empeoramiento de la misma, al mezclarse el español con una raza inferior. El mestizaje como inconveniente es una opinión compartida por todas las edades, grupos étnicos y sexos, aunque proporcionalmente los "blancos" sostienen más esta opinión.

---

el debate sobre un tema tabú, Guatemala: Avancso, 1999; también Meike Heckt y Gustavo Palma Murga (Eds.), *Racismo en Guatemala, de lo políticamente correcto a la lucha antirracista,* Guatemala: Avancso, 2004.

72. Sobre este tema existen algunos estudios en otros países que apuntan en esta dirección, véase Ortiz de la Tabla Ducasse, *Los encomenderos de Quito...*; Brading *Mineros y comerciantes...*; Marta Irurozqui, *La armonía de las desigualdades, élites y conflictos de poder en Bolivia,* Madrid-Cuzco: CSIC-CERA, 1994; Socolow, *Los mercaderes del Buenos Aires...*; Seed, *Social dimension of race...*; Langue, *Las élites en la América española...*; Vilas, *Asuntos de familias...* pp. 309-343.

Resulta curioso constatar la valoración negativa que los ladinos poseen del mestizaje, contrariamente a México, en donde la mestizofilia como corriente ideológica y filosófica posee una amplia tradición y es entendida como algo deseable y positivo para la construcción del Estado-Nación mexicano. Los estudios de Molina Enríquez, Vasconcelos, Besave, apuntan en esta línea.[73] Sin embargo en Guatemala no existe una corriente de pensamiento que valorice el mestizaje, salvo escasas excepciones, que no han logrado calar en el imaginario nacional del guatemalteco; posiblemente éste sea uno de los mayores obstáculos que tenemos para la construcción de un Estado-Nación. Esta valoración negativa es expresada de una forma brillante y muy plástica por el novelista Francisco Goldman en *La larga noche de los pollos blancos,* que refiriéndose a los guatemaltecos dice:

"Somos... una nación que no nació de la primera *Malinche azteca,* sino una nación nacida de una generación de malinches mayas humilladas y violadas a las que dejó embarazadas aquel loco genocida, tramposo con los dados e instigador de la Noche Triste, Don Pedro de Alvarado... Al norte una nación mestiza nacida del amor entre la Malinche y un Cortés, pero allá abajo un atolladero malogrado, ni siquiera una nación vos, ciudades ladino-mestizas, montañas indias y una relación no precisamente fraternal entre ellas."[74]

En cuanto a los inconvenientes, es el grupo comprendido entre los 26 y 65 años los que consideran en porcentaje más elevado que no existió ningún inconveniente. En cambio, para los jóvenes entre 18 y 25 años, el principal inconveniente fue el despojo de las riquezas y la destrucción de la cultura; ambas respuestas suman un 50%. También para los mayores de 65 años, el despojo de las riquezas supuso un grave inconveniente. El hecho de lamentarse, por que la conquista la llevaron a cabo los españoles y no otros pueblos, es una opinión compartida por todos los grupos.

El mestizaje como inconveniente también es compartido por todos, con especial énfasis los jóvenes, quienes responden en un 14%. La

---

73. Sobre este tema véase, Enrique Florescano, *Memoria mexicana,* México: J. Mortiz, 1987; Manuel Gamio, *Forjando Patria,* México: Porrúa, 1967; Charles Hale, *El liberalismo mexicano en la época de Mora,* México: Siglo XXI, 1985; Andrés Molina Enríquez, *Antología de Andrés Molina Enríquez,* México: Oasis, 1969; y *Los grandes problemas nacionales,* México: ERA, 1981; Besave Benítez, *México mestizo...*

74. Resulta enormemente sorprendente encontrar una novela escrita por un guatemalteco-norteamericano que refleje con tanta nitidez, a través de una historia de amor, la situación sociopolítica de Guatemala en la década de 1980. Francisco Goldman, *La larga noche de los pollos blancos,* Barcelona: Anagrama, 1994.

religión sólo supone un grave inconveniente para aquellos que se encuentran en las edades comprendidas entre 46 y 65 años y la teoría del exterminio de los indígenas es compartida únicamente por este grupo.

Las dos primeras respuestas, mejora de la raza y cultura superior, son similares en porcentajes tanto en los hombres como en las mujeres. El 10% más en las mujeres, en lo referente con la raza y los mismos porcentajes en ambos sexos en lo relacionado con la cultura. Para las mujeres casi todas las respuestas están concentradas en estas dos primeras, sólo un 10% considera como aporte la tecnología avanzada. Los hombres plantean más alternativas aunque priorizan las dos primeras. En cuanto a los inconvenientes ambos sexos piensan mayoritariamente y en proporciones similares, que no se produjo ningún inconveniente. Para las mujeres, el despojo de las riquezas y la distribución de la cultura indígena ocupa el segundo y tercer lugar, en mayor proporción que para los hombres. El mestizaje como inconveniente es una opinión compartida por ambos sexos. El que fuéramos conquistados por españoles y no por otros pueblos es una opinión compartida, más por los hombres que por las mujeres, y las opiniones sobre el exterminio de los indígenas es compartida por ambos sexos. En términos generales y salvo algunas excepciones, podemos afirmar que existen escasas variaciones en cuanto a las respuestas emitidas por grupos de edad y por sexos a lo largo de este bloque de preguntas relacionadas con el pasado.

Por último, queremos señalar la afirmación sobre que el principal inconveniente de la conquista fue que los españoles a su llegada no exterminaran a todos los indígenas, tal y como hicieron otras civilizaciones como holandeses o ingleses:

"Hubiera sido mejor exterminar al indio, esto habría producido una civilización superior. No exterminarlo fue un grave error y ahora lo estamos pagando".

La teoría del exterminio del indígena, aunque en un porcentaje pequeño, de un 2 a un 5%, es una constante a lo largo de toda la encuesta y aparece reflejada en preguntas diferentes, en la 3, la 4, la 9 y la 16. Parece como si en un grupo de la muestra, posiblemente el más intolerante, existiera un deseo inconsciente de negar al indio, de hacerlo desaparecer, incluso físicamente.

Esta necesidad de negación del indio les conduce a la elaboración de una política de exterminio que, en momentos de crisis políticas, se ha llevado a la práctica, causando masacres y genocidios en la población indígena. Estas eliminaciones masivas de "indios" se producen a lo largo de la historia de Guatemala en el siglo XVI, en el XVIII, en el XIX, y recientemente en el siglo XX, entre 1981-1983, con el exterminio colectivo de más de 15 mil indígenas en menos de dos años, aplicando una política de tierra arrasada, el desplazamiento masivo de más de un millón de indígenas, y creando aldeas estratégicas y de confinamiento de indígenas fuera de sus lugares de origen. Todo ello son demostraciones de la ejecución y puesta en práctica de estos planteamientos racistas en extremo y que no se quedan en ideas u opiniones, sino que poseen toda una elaboración ideológica y una aplicación política de carácter contrainsurgente.[75]

Para Foucault los Estados homicidas –nosotros diríamos genocidas– son los más racistas, porque este elemento constituye, tanto en los Estados capitalistas como en los socialistas, la razón fundamental para exterminar físicamente al adversario:

> "Cuando se trata de eliminar económicamente al adversario o hacerle perder sus privilegios, no se necesita el racismo. Pero cuando hay que pensar que hay que batirse físicamente con él, arriesgar su propia vida y tratar de matarlo, hace falta el racismo."[76]

Coincidimos con Wieviorka en la tipificación de tres planos en donde se expresa la violencia racista. En la zona más alejada del Estado, del sistema político y que aparentemente escapa al control del mismo, de forma que es una violencia no consentida, ni consensuada desde las instituciones. La violencia vinculada al debilitamiento del control estatal y político, situada en una zona fronteriza entre el espacio de la sociedad civil y del Estado, en la cual se da una cierta complicidad entre ambas esferas o al menos un consentimiento. Y por último, la violencia organizada y programada desde el sistema político y sus instituciones e instrumentada desde el poder del Estado y de la élite de poder, como un instrumento de dominación política y de exclusión económica y social.

---

75. Esta afirmación tan fuerte como sorprendente de la muestra acerca de la teoría del exterminio del indígena, fue lo que nos empujó a realizar la siguiente investigación sobre la procedencia de las teorías eugenésicas y del exterminio de los indígenas a principios del siglo XX y lo que dará origen a nuestro último libro, *Redes intelectuales...*, en el que se confirma la existencia de un fuerte pensamiento racista, eugenésico y racialista en las élites intelectuales de la generación del 20 en Guatemala; así como "El genocidio, máxima expresión de racismo en Guatemala", Madrid: *Tribuna de América*, 2006.

76. Foucault, *Genealogía del racismo...*, p. 272. Para este autor el racismo es un mecanismo fundamental de poder en los Estados modernos, basado en el principio de la exclusión del otro: "Si quieres vivir el otro debe morir" afirma, de forma que el racismo se convierte en una de las tecnologías del poder más eficaces bajo la cual se puede ejercer el derecho de matar legitimado desde el Estado.

A nuestro juicio, la violencia racista en Guatemala puede enmarcarse, histórica y políticamente, en este último plano.[77]

Por último, queremos hacer salvedad de que esta encuesta fue realizada en Guatemala entre 1979 y 1980. Coyuntura en la que no había estallado visiblemente un proceso de guerra revolucionaria, cuando la aplicación del terrorismo de Estado no se había producido con toda su fuerza y en donde el indígena no había irrumpido en la escena política como principal protagonista de esta contienda. Creemos que si pudiéramos pasar esta misma encuesta en 2006 a la élite de poder, con la irrupción de los pueblos mayas a la arena política y con las conquistas políticas y sociales que se plasman en la creciente participación de la sociedad civil, los resultados podrían ser aún más sorprendentes.[78]

ECONOMÍA Y RACISMO

En la introducción hemos planteado la necesidad de considerar el racismo no solamente como un elemento superestructural ni como un factor de la ideología dominante, sino que consideramos el racismo como un elemento histórico-estructural, que posee su origen en la estructura de las sociedades coloniales.

Coincidimos con el planteamiento de Ianni y Guzmán Böckler,[79] Stavenhagen y Smith,[80] que opinan que no se puede estudiar las sociedades

---

77. Véase el capítulo de la violencia racista en Wieviorka, *El espacio...* pp. 155-175. Similares conclusiones presenta el libro de Carol Smith (Ed.) *Guatemalan Indians and the State, 1540 to 1988,* Austin: Texas University Press, 1990. En la introducción plantea que la contradicción entre indios y ladinos hay que situarla más allá de las relaciones étnicas o de clase, y enmarcarlas en la polarización histórica entre el Estado ladino y las comunidades indias.

78. Considero que, de no producirse un acercamiento paulatino y un diálogo permanente y constructivo entre los actores principales y de no llevarse a cabo un profundo cambio cultural y educacional de la población en general, y especialmente del ladino, y de no sentarse las bases para la creación de un Estado nacional que incluya a todos los grupos étnicos, los niveles de racismo, la polarización étnico social y las tesis sobre el exterminio de los indígenas se multiplicarán y los niveles de violencia racista y de discriminación se elevarán sustancialmente. M. Casaús Arzú, "El genocidio, máxima expresión de racismo en Guatemala", Madrid: *Tribuna de América,* 2006. Sobre este tema véase, Victoria Sanford, *Violencia y genocidio en Guatemala,* Guatemala: F&G Editores, 2003.

79. Octavio Ianni, *Imperialismo y cultura de la violencia,* México: Siglo XXI, 1970; *Raças e classes sociais no Brasil,* Sao Paulo: Editora Brasilense, 1987; Rodolfo Stavenhagen, *Las clases sociales en las sociedades agrarias,* México: Siglo XXI, 1976; Guzmán Böckler y Herbert, *Guatemala: una interpretación...*

80. Smith *Guatemalan Indians and the state...*; Darcy Ribeiro, *El dilema de América Latina,* México: 1974; Héctor Díaz Polanco, *Autonomía regional, la autodeterminación de los pueblos indios,* México: Siglo XXI, 1991; Ricardo Pozas e Isabel H. de Pozas, *Los indios en las clases sociales de México,* México: Siglo XXI, 1971.

coloniales sin tener en cuenta las relaciones de clase y las relaciones étnicas. Estas últimas no han de ser tenidas en cuenta como simples elementos superestructurales sino que deben buscar su génesis en la historia social y política de cada sociedad y en la estructura económica de la misma:

> "La interpretación de las relaciones raciales debe comenzar por concretarse en el análisis de las relaciones de producción, entendidas como relaciones de apropiación económica y de dominación política. Es ese el contexto en el que florecen y adquieren sentido las condiciones de integración y antagonismos raciales".[81]

En Guatemala, la Organización del Pueblo en Armas presenta una posición similar a la mantenida por el sociólogo brasileño:

> "La nueva manera de comprender la profunda dimensión del racismo, es dándole la categoría de elemento participante en el proceso de producción y de elemento actuante en concreto dentro de la situación económica".[82]

Nosotros coincidimos con ambos planteamientos y creemos que parte del error de otros teóricos marxistas ha sido el de considerar al racismo como un simple instrumento superestructural, sin entender la relación que se produce entre la base y la superestructura. La falta de visión dialéctica y la interrelación existente entre ambas instancias ha llevado a muchos autores a considerar el racismo únicamente como factor ideológico.[83]

Antonio Gramsci, uno de los mejores exponentes de esta relación dialéctica expone que:

> "La estructura y la superestructura forma un bloque histórico, esto es, el conjunto complejo, contradictorio y discorde de las superestructuras. Es el reflejo del conjunto de las relaciones sociales de producción. De esto se deduce que sólo un sistema de ideologías totalizadas refleja racionalmente la contradicción de la estructura y representa la existencia de las condiciones objetivas para la inversión de la praxis".[84]

---

81. Ianni, *Imperialismo...*, p. 14.

82. Asturias, Rodrigo, "La verdadera magnitud del racismo", Guatemala: ORPA, 1978, (mimeo.), p. 44.

83. Smith, en *Guatemalan indians and the State...*, hace una crítica a las posiciones marxistas tradicionales y argumenta que ha sido el Estado liberal liderado por una élite de criollos quien ha reforzado, a través del racismo, los mecanismos de opresión y de exclusión, profundizando las divisiones étnicas y de clase.

84. Antonio Gramsci, *Filosofía de la praxis,* Barcelona: Editorial Península, 1974, p. 67.

La articulación de ambos niveles y su vinculación orgánica, es lo que nos lleva a considerar que es el concepto de ideología orgánica de la clase dominante, en donde podríamos ubicar al racismo como elemento que se expresa y manifiesta de manera catártica, del paso de lo objetivo a lo subjetivo, de la estructura a la superestructura.[85] El planteamiento gramsciano nos sirve para comprender la verdadera magnitud del racismo y el lugar que ocupa en el conjunto del bloque histórico.

A pesar de no ser el objeto de nuestro estudio, sí quisiéramos señalar el hecho de que el racismo actúa y está presente en la base económica de la formación social guatemalteca e inserto en las relaciones sociales de producción.

Las tres preguntas que forman este bloque son:
- ¿Si tuviera que contratar personal para su empresa, finca o casa, a quién prefiere?
- ¿Considera Ud. que el indígena es un lastre para el desarrollo económico y social del país? Razone su respuesta.
- ¿Qué papel considera Ud. que juega el indígena en la economía nacional?

En la primera pregunta, casi un 60% respondió que preferían contratar personal indígena, ya que, por lo general, eran: "Más obedientes, fieles, sumisos y no causaban problemas". Un 30% contestó que preferían a los indígenas porque trabajaban más y se les pagaba menos; casi todos los que respondieron de esta manera fueron agricultores, que se consideraban "blancos", con estudios universitarios y en edades comprendidas entre los 26 y 45 años.

Un estudiante de 19 años, que se considera criollo e hijo de un agricultor, respondió de la siguiente forma:

"Siempre contrataría a indígenas porque se les puede exigir más, trabajan más, no protestan y la ley no los protege".

---

85. Antonio Gramsci lo plasma de una forma brillante en el concepto de catarsis, que lo define como el paso del momento meramente económico al momento ético político. Es ahí en donde se genera la ideología como cosmovisión de una clase, o un grupo social. Díaz Polanco, Gilberto López Rivas y Smith acuden a Gramsci como fundamento teórico-filosófico para comprender algunos aspectos de la realidad étnico-social de nuestros pueblos. Díaz Polanco, *Autonomía regional...* y *La cuestión étnico nacional,* México: Fontamara, 1988; Gilberto López Rivas, *Nación y pueblos indios en el neoliberalismo,* México: UIA, 1995; Gonzalo Aguirre Beltrán *et al., El debate de la nación. Cuestión nacional, racismo y autonomía* México: Claves Latinoamericanas, 1992.

Cuando le pedimos que razonara sus argumentos acerca de la razón por la que se podía pagar menos respondió:

"A los indios se les debe pagar menos porque son seres inferiores. No se les debe pagar más aunque las ganancias sean mayores porque se acostumbran a ello y si baja el precio del café, ya no se les puede bajar".

Otro joven de 18 años emitió un juicio muy similar:

"No se les puede pagar más porque son ignorantes y no entienden lo que son las utilidades y cuando vienen las pérdidas no ganan y se encabronan y por último, no se les debe pagar más porque se acostumbran a vivir mejor y a un ritmo superior al que les corresponde y después no quieren trabajar, ni cortar el café y la caña por menos dinero".

Estos comentarios de jóvenes, estudiantes, no insertos aún en el proceso productivo, revela de manera significativa la vinculación entre las relaciones sociales de producción y la ideología racista. El hecho de considerarles inferiores, ignorantes y discriminados por la ley, no es más que la justificación ideológica de una discriminación racista: el pago de un salario menor.

Carlos Figueroa Ibarra llega a similares conclusiones en su entrevista sobre la discriminación económica entre indígenas y ladinos.[86] No es sólo el pago de bajos salarios lo que genera la sobreexplotación del indígena, sino el tamaño y calidad de las tareas. Generalmente a los indígenas se les asignan tareas más duras y sucias que los ladinos no quieren realizar. Muchas veces el salario se les paga en especie y se les cobra un porcentaje por el viaje, el alojamiento en barracas y la entrega de una cantidad de cal y maíz para las tortillas. Otras veces se les obliga a endeudarse en las tiendas de la finca. Un indígena mam, de 28 años, relata el trabajo en las fincas:

"El contratista nos lleva a la finca en un camión a más de 60 ó 70 personas (...) El trabajo de las fincas cafetaleras es muy duro, nos pagan Q. 2.25 por caja cortada y nos descuentan más que a los ladinos. Además del café tenemos que cortar leña y llenar las bolsas de almácigo y por eso no nos pagan (...) Entramos a trabajar a las 6 de la mañana y no paramos hasta que se va la luz del sol".[87]

---

86. Carlos Figueroa Ibarra, *El proletariado rural en el agro guatemalteco,* Guatemala: Editorial Universitaria, 1980. A pesar de estar muy influido por el marxismo tradicional, los datos empíricos de su encuesta demuestran lo contrario de lo mantenido por Joaquín Noval y S. Martínez.

87. Testimonio recogido en trabajo de campo en el departamento de Huehuetenango. Sobre temas de estructura, reforma agraria y lucha por la tierra la investigación más

Otra forma de sobreexplotación del trabajo del indígena es el trabajo en familias, ya que normalmente sólo se le paga al cabeza de familia, pero los niños y las mujeres colaboran en toda la tarea y no perciben por ello ningún salario.

Otra respuesta muy común en los agricultores es decir que prefieren contratar a indígenas porque son más cuidadosos y por el amor que le tienen a la tierra y que tratan mejor las cosechas. Esta opinión es compartida por los "blancos", agricultores, con estudios medios y universitarios, de todas las edades y de ambos sexos.

La segunda respuesta fue que contratarían indistintamente a un indígena, o a un ladino, pero haciendo la salvedad que al indígena lo harían para el campo y las fincas y al ladino para las empresas o trabajo administrativo, o la opinión de que los ladinos sirven para mandar y los indígenas para los trabajos más duros porque son más resistentes.

Aquí encontramos una nueva forma de ejercer el racismo y a la vez de marcar una división social del trabajo entre ambos grupos étnicos, con el fin de dividirlos y marcar las diferencias entre ellos. Esta contradicción campo-ciudad, trabajo manual-trabajo intelectual, se vincula a la contradicción indígena-ladino.[88] Generalmente, en todas las fincas los indígenas suelen ser los peones y jornaleros peor tratados y pagados. Por lo común, los capataces y administradores suelen ser ladinos pobres, quienes, a su vez, ejercen la violencia y el racismo contra la población indígena. Existe una clara discriminación en contra del campesino indígena por parte de sus propios compañeros ladinos, quienes se consideran superiores por el simple hecho de no ser indígenas, aunque devenguen el mismo salario.

En la pregunta relativa a la contratación de personal, sí se produce una diferencia entre grupos ocupacionales. Los agricultores prefieren a los indígenas, mientras que los comerciantes e industriales se inclinan por los ladinos. Un agricultor de 49 años que se considera criollo, responde que prefiere a los indígenas o a los extranjeros porque: "El

---

exhaustiva es la de Castellanos Cambranes, *Café y campesinos...*, y *500 años de lucha por la tierra, estudios sobre la propiedad rural y reforma agraria en Guatemala,* Guatemala: FLACSO, 1992. Vol. 1 y 2.

88. Ésta es la tesis mantenida por Guzmán Böckler y Herbert, *Guatemala: una interpretación...* Los lleva a pensar que la contradicción indígena ladino es la principal y dominante en Guatemala. Otros estudios que incorporan la variable étnica han sido realizados en Brasil por Octavio Ianni, *Razas y classes sociais no Brasil,* Brasil: Vozes, 1972. En Perú por Alberto Flores Galindo *Buscando un inca: identidad y utopía en los Andes,* Lima: Ed. Horizonte, 1988; y Gonzalo Portocarrero, "Discriminación social y racismo en el Perú de hoy", en *500 años después ¿el fin de la historia?,* Lima: Escuela, 1992; Gonzalo Aguirre Beltrán, *Zonas de refugio,* México: FCE, 1991 y Rodolfo Stavenhagen, *Las clases sociales...*

Cuadro 2
ESTIMACIÓN DEL COSTO DE OPORTUNIDAD PROMEDIO POR EFECTO DE LA DISCRIMINACIÓN MÉTODO DEL "VECINO MÁS PRÓXIMO"

Ingresos	Núm. de personas	Ingreso promedio Q.	Costo de la Q. discriminación	Error estándar	Prueba t
Indígena	9156	13393.07	-3003.17	490.209	-6.126
No indígena	13822	16728.60			
Costo con corrección			-3003.17	368.34	-8.153

En el informe "El diagnóstico del racismo en Guatemala, el estudio de Wilson Romero* demuestra que los costos de la discriminación no sólo afectan a las personas más vulnerables -profundizando la pobreza y la exclusión e incrementando la brecha de las desigualdades-, sino que tiene un costo para el estado y para toda la sociedad en general, el costo de oportunidad que afecta al conjunto de la economía nacional. A su juicio el costo nacional de la discriminación, para el año 2003, fue de 6 mil millones de quetzales, el equivalente al 3.3% del producto interno bruto. Con lo que demuestra que "con la discriminación perdemos todos", los más vulnerables, las empresas y el Estado.

(*) Wilson Romero, "Los costos de la discriminación étnica en Guatemala", en Marta Casaús y Amilcar Dávila, Diagnóstico del racismo en Guatemala. Investigación interdisciplinaria y participativa para una política integral por la convivencia y la eliminación del racismo, vol I, Guatemala: Vicepresidencia de la República, 2006.

indio es más llevadero, inclusive hay inditos inteligentes. El ladino es peor porque tiene mezcla y hay que pagarle más". Todo ello nos lleva a concluir que, a pesar del prejuicio y del estereotipo del "indio", de su estigma de haragán, sucio e inferior, a la hora de elegir fuerza de trabajo, casi toda la muestra prioriza al indígena frente al ladino, olvidándose de su prejuicio socio-racial.

En la pregunta relativa a si consideraban a los indígenas un lastre para la economía, se intentó averiguar si, a pesar de considerar al indígena mal pagado y con alto rendimiento en el trabajo, a la vez lo consideran un lastre para el desarrollo económico y político del país. Las respuestas fueron las siguientes: el 60% juzgó que el indígena no es un lastre. El 40% los consideraron un lastre; en su mayoría fueron "blancos o mestizos", industriales y agricultores, en edades comprendidas entre los 25 y 46 años y con estudios universitarios.

Las principales razones aducidas para negar que son un lastre fueron:
- Un 34% respondió que era la principal mano de obra en la agricultura. Esta respuesta fue común a todos los grupos étnicos, de edad, de estudios y casi los mismos porcentajes, atendiendo a la ocupación.
- La segunda respuesta, con un 9%, opinó que no eran un lastre a pesar de las escasas oportunidades que se les había dado.

Las principales razones para considerarles un lastre fueron:
- Un 27% respondió: "porque no consumen y no producen". La mayoría de ellos blancos, criollos, en edades comprendidas entre los 18 y 46 años y principalmente, agricultores e industriales.
- Un 12% opinaron que son un lastre porque son una carga para el fisco y para el desarrollo del país. Son los blancos y criollos, agricultores y comerciantes y con estudios universitarios, los que piensan de este modo.
- Por último, un 7%, consideró que son un lastre porque al igual que los negros y otros grupos, son una raza inferior. Esta opinión es compartida especialmente por los blancos agricultores, en edades comprendidas entre los 46 y 65 años y con estudios secundarios. Tanto hombres como mujeres poseen respuestas similares en todas estas preguntas, despuntan un poco más los hombres en su consideración de que el indígena es un lastre.

En cuanto a la opinión del indígena como lastre, los agricultores se encuentran divididos. Un 41% responden que sí lo son, en la medida en que no consumen, ni trabajan. Un 38% considera que no lo son, por representar la principal mano de obra del país. Es curioso que sean los agricultores, quienes más cerca están de la población indígena y que sea su principal fuerza de trabajo, de la que sacan sus mayores beneficios, los que opinen, en un 41%, que sí son un lastre porque no consumen, ni producen y son una carga para el país.

Aquí nos encontramos nuevamente con la eterna contradicción de esta élite que no aprecia ni valora al indígena, que le considera un grupo inferior, pero que a la vez lo prefiere para trabajar tanto en el campo como en la ciudad. A pesar del estereotipo negativo del indio, como ser haragán, moreno y feo, el 60% lo contrataría, especialmente por considerarles mejores trabajadores. Todo ello nos llevaría a contemplar el hecho de que muchos de los planteamientos ideológicos respecto del "indio", tienen su origen en las relaciones sociales de producción y es a partir de allí que se elabora toda la concepción ideológica del indígena, como ser biológicamente inferior.[89]

A nuestro juicio, el racismo se ejerce directamente desde las relaciones sociales de producción y sirve de base para la elaboración de teorías seudocientíficas e ideológicas de la inferioridad del indio y de la necesidad de discriminarlos a todos los niveles, económico, político, social y cultural. Por último, resaltar una vez más que son los "blancos" y los agricultores aquellos que opinan que ser un lastre le viene determinado por sus condiciones de inferioridad racial. Este juicio, a su vez es constatado por sociólogos brasileños y norteamericanos, quienes vinculan el racismo a la esclavitud y al trabajo forzado como un mecanismo extraeconómico de sobreexplotación y plusvalía.[90]

Ésta y otras respuestas, en el mismo sentido y que corresponden a un 10 o 15% de nuestra muestra, servirían para constatar una de nuestras hipótesis de partida: que el racismo, como parte de la ideología de la clase dominante, se esparce por todo el cuerpo social, independientemente de la edad, sexo, estudios u ocupación. Si bien es verdad que son los "blancos", agricultores, en edades comprendidas entre los 26 y 45 años y con estudios universitarios, los que muestran mayores índices de intolerancia y de racismo y apoyan con mayor fuerza su argumentación con prejuicios de carácter racial. Al fin y al cabo, ha sido esta capa social la que ha generado una mayor sobreexplotación y plusvalía a costa del indígena y es lógico que sea este grupo el que intente justificar ideológicamente y con mayor vehemencia, su práctica racista; el prejuicio se extiende a todos los sectores de la población, independientemente del lugar que ocupen en el proceso productivo.

Los industriales, a pesar de que a lo largo de la encuesta, manifiestan opiniones tan racistas e intolerantes como los agricultores –prueba de la dispersión y filtración de la ideología– es el único grupo que reconoce

---

89. Sobre este tema uno de los mejores exponentes es Albert Memmi, quien aborda esta temática en múltiples libros y artículos entre los que cabe destacar, "Propos sur le racisme, sur le relation enseignant enseigné, sur la prière anse foi", *Hommes et sociétés,* N° 28, 1988; "Racisme, heterophobie et droits des minorités", *Communications aux Nation Unies,* 14 mars 1994. En la bibliografía anglosajona cabe destacar, Oliver Cromwell Cox, "Caste, class and race", N.Y. *Monthly Review Press,* 1970; Robert Miles, *Racism and Migrant Labor: A Critical Text,* London: Routledge, 1982.

90. Sobre este tema véase, Octavio Ianni, *Esclavitud y capitalismo,* México: Siglo XXI, 1976; del mismo autor *Clase e Naçao,* Sao Paulo: Vozes, 1986, y *O laberinto latinoamericano,* Sao Paulo: Vozes, 1993; Etienne Balibar e Immanuel Wallerstein, *Raza, nación y clase,* Madrid: Iepala, 1991; Christian Delacampagne, *Racismo y Occidente,* Barcelona: Argos Vergara, 1983; Reginald Horsman, *La raza y el destino manifiesto,* México: FCE, 1985.

que, parte de esta situación, viene provocada por la falta de desarrollo y oportunidades para mejorar su nivel de vida. Esta contradicción secundaria entre agricultores e industriales se va a manifestar a lo largo de toda la encuesta convirtiéndose en una constante en la práctica política de la clase dominante en los últimos años.

Los comerciantes son el sector productivo que manifiesta menores actitudes racistas y que se muestran más flexibles y abiertos a la hora de emitir opiniones respecto del indígena. Probablemente, por ser el grupo que menos se beneficia del trabajo del "indio", o por no encontrarse directamente inmerso en la problemática indígena-ladino, puedan evaluarla con mayor objetividad. También hay que tener en cuenta que a lo largo de la historia de Guatemala, ha sido el sector más modernizante de la economía y aquel que ha colaborado y participado más activamente en los cambios socio-políticos del país. Es el único grupo en donde no encontramos expresiones o juicios racistas. Posiblemente, la razón se deba a que el porcentaje de comerciantes entrevistados sea escaso, un 16%, comparado con los agricultores, 36%, o los industriales, 48%. No obstante, el hecho de no encontrar ningún juicio de valor negativo o relacionado con la inferioridad física o cultural del indígena, nos parece significativo.

La última pregunta de este bloque, va encaminada a valorar el papel que, a juicio del núcleo oligárquico, desempeña el indígena en la economía nacional. Un 36% respondió que era la principal mano de obra barata del país. Principalmente, mantuvieron ese criterio los "blancos", sin distinción de sexo, en edades comprendidas entre los 26 y 65 años, con estudios universitarios y de profesión agricultores o industriales. Un 32% afirmó que eran importantes por ser la principal fuerza de trabajo agrícola. Fueron los agricultores e industriales más jóvenes y con estudios secundarios quienes opinaron de ese modo.

Hay que resaltar que en ambas preguntas se priorizó el ser la principal fuerza de trabajo y la más barata. Estas dos preguntas sumaron el 76% de la muestra, dos tercios de los encuestados, y le confieren un papel importante en la economía, aunque también opinen que son un lastre para el país. No obstante, el núcleo oligárquico posee una clara conciencia de la importancia del indígena para la agricultura y de ser la mano de obra peor pagada, pero más cotizada a la hora de contratar personal. Un 10% considera que el indígena no tiene ningún papel en la economía del país. Son los jóvenes en edades comprendidas entre los 18 y 25 años, que se consideran "blancos", varones y con estudios superiores, los que opinaron mayoritariamente de esta manera. Este 10% de la muestra viene a coincidir con el grupo más intolerante, que sostiene las concepciones biogenéticas y de exterminio de la población indígena a lo largo de nuestra encuesta.

Para terminar con este apartado queremos citar a Rodrigo Asturias, quien opina que para definir el sistema económico de Guatemala:

"Hay que considerarlo como un sistema racista explotador. Esto le da la unidad y descubre el hilo conductor de la explotación a lo largo de toda la historia... Diríamos que el racismo actúa como un elemento reproductor del sistema y permanece como una constante dentro de los mecanismos de sobreexplotación, dándole unidad y características propias".[91]

Por esta razón hemos insistido en definir el racismo como un elemento histórico-estructural, ya que surge desde la conquista y colonización, sin embargo, sus raíces y entronques debemos buscarlos en la estructura económica. Así, consideraremos al racismo como un fenómeno global, como una unidad interna que abarca a todos los niveles de la sociedad, que afecta intrínsecamente a la personalidad individual y al conjunto social e incide directamente en su identidad, por ello consideramos que el racismo es una estructura de larga duración, sin la cual resulta difícil explicar la historia y la estructura social de Guatemala.

CULTURA Y RACISMO

Dentro de este apartado pretendemos analizar cómo percibe el núcleo oligárquico, la cultura indígena y los problemas de integración existentes entre ambos grupos. Las preguntas de este último bloque fueron:
- ¿Estima Ud. que los indígenas poseen cultura propia? Razone su respuesta.
- ¿Considera Ud. que el indígena podría aportar algunos elementos a la cultura occidental?
- ¿Considera Ud. que el indígena está integrado en la sociedad guatemalteca? Razone su respuesta.
- ¿Qué solución propondría Ud. para lograr una integración plena del indígena en el desarrollo económico-social del país?

En la primera pregunta, un 65% respondió afirmativamente y un 35% negativamente. Las principales razones esgrimidas para afirmar o negar la cultura indígena fueron:
- Un 24% afirmó que no era una cultura, sino costumbres o creencias.

---

91. Asturias, "La verdadera magnitud del racismo en ...", *op. cit.*

- Un 18% afirmó que la mayor parte de su cultura fue absorbida por la cultura occidental.
- Un 14% afirmaron que poseen una cultura diferente a la occidental.
- Un 14% afirmaron que perdieron su cultura con la llegada de los españoles porque se encontraban en decadencia o porque fue destruida por los conquistadores.
- Un 8% consideraron que la cultura maya-quiché posee profundos contenidos filosóficos. En la misma proporción, otros grupos opinaron que es una cultura inferior.

Fueron los "blancos", universitarios e industriales, los que opinaron, en mayor proporción, que los indígenas no poseen cultura propia y que ésta está configurada por simples creencias y costumbres. Es este mismo grupo el que opinó que es una cultura inferior. Los ladinos opinaron que su cultura fue absorbida por la cultura occidental. En cuanto a la ocupación, los agricultores e industriales muestran un porcentaje más alto de respuestas negativas. Los comerciantes opinaron, en su mayoría, que los indígenas poseen una cultura muy antigua con altos contenidos filosóficos. En relación con los estudios, los universitarios fueron los que arrojaron mayores índices de intolerancia y etnocentrismo. La generalidad opina que no poseen cultura porque se trata de un conjunto de simples costumbres o creencias.

En cuanto a la posibilidad de que la cultura indígena pueda aportar algo a la occidental las respuestas fueron más polarizadas: a) Un 60% contestó que no podían aportar nada. b) Un 40% contestó que algo. De los que respondieron negativamente, la mayoría de ellos fueron blancos, universitarios, de ambos sexos y en edades comprendidas entre los 18 a 45 años. En el razonamiento de la respuesta, la mayoría de ellos opinó que no pueden aportar nada, un 22%, seguido de "algunas costumbres" en un 12%. En esta pregunta se vuelve a dar un alto índice de abstención, 44%, como en las preguntas anteriores. La abstención se produce en todas aquellas preguntas que suponen un contacto cercano e íntimo, o en la que se aborda un tema que implica pronunciarse directamente sobre su forma de ser o su cultura. Los "blancos y los ladinos" evidencian una mayor ambivalencia e incomodidad a la hora de responder.

En esta pregunta nos volvemos a encontrar una gran carga emocional y se refleja de nuevo el estereotipo del "indio". Una mujer de 59 años, que se considera ladina, esposa de un ganadero, responde: "Los indígenas no pueden tener cultura, ya que son cerrados, analfabetos, atrasados y haraganes y encima de todo ladrones". Es interesante cómo el estereotipo del indígena ha ido variando a lo largo de los últimos 30 años.

El etnocentrismo en el núcleo oligárquico

El etnocentrismo surge cuando un grupo social está convencido de que los únicos valores legítimos y verdaderos son los patrones culturales propios. Generalmente, la cultura occidental ha sido el modelo del cual han partido las comparaciones de casi todas las demás culturas, por ello el etnocentrismo y el eurocentrismo han ido casi siempre unidos y se han manifestado en todos los ámbitos, especialmente en las ciencias sociales. A nosotros nos interesa abordar el tema desde la perspectiva del núcleo oligárquico, en donde se evidencia esta actitud etnocéntrica en muchas de las respuestas al cuestionario. Es evidente que este grupo posee una ideología eurocéntrica bastante pronunciada, en donde consideran que la cultura occidental es la única que posee valores universales superiores a otras culturas.

Azzo Ghidinelli[92] considera que en estos grupos predomina el *self* etnocéntrico en cuanto a que: "La percepción o conocimiento por parte de este grupo, posee un valor universal y es superior a la de los demás". Este grupo, cuyo *self* es generalmente dominante y autoritario, según Ghidinelli, está convencido de poseer la verdad universal, aunque su cultura posea en la mayor parte de los casos, una profunda influencia euronorteamericana.

En nuestra muestra, son los "blancos y ladinos" los que plantean mayores índices de etnocentrismo. Esta opinión es compartida por otros científicos sociales que han estudiado la realidad social de Guatemala. Colby y Van del Berghe opinan que:

> "El etnocentrismo ladino es probablemente el elemento más importante en la naturaleza de las relaciones étnicas en Nebaj, como portadores de una cultura, supuestamente superior (...) En el fondo del tratamiento que los ladinos dan al indígena, se encuentra la suposición indudable de la superioridad de la cultura española sobre la cultura maya (...) Los sentimientos de superioridad cultural de los ladinos se manifiestan de muchas y muy diversas formas".[93]

---

92. Azzo Ghidinelli, *Apuntes para una teoría y metodología de la investigación sobre el roce interétnico,* Guatemala: Instituto Indigenista Nacional, 1975, p. 34. Sobre este tema consúltese, Manuel Gutiérrez, Miguel León-Portilla, Gary Gossen y Jorge Klor de Alva, "De palabra y obra en el Nuevo Mundo", Vol. 2. *Encuentros interétnicos,* Madrid: Siglo XXI, 1992; Carlos Giménez y Graciela Malgasini, *Guía de conceptos sobre migraciones, racismo e interculturalidad,* Madrid: La Cueva del Oso, 1997.

93. Colby y Van der Berghe, *Ixiles...,* p. 152.

Ghidinelli va más lejos al afirmar que el ladino posee una ideología racista y etnocéntrica del contacto cultural y fundamenta parte de su discriminación hacia el indígena y otros grupos étnicos: "Es la elaboración ideológica de la existencia de una cultura superior que le justifica y le permite una dominación y discriminación de estos grupos".[94]

El sociólogo Carlos Guzmán Böckler define la ambivalencia y el desdoblamiento de personalidad del ladino, que corresponde al perfil de nuestros encuestados:

"El ladino es al mismo tiempo nacional y extranjero respecto de su propio país. Es nacional porque ocupa parte del territorio y extranjero porque desconoce a más de la mitad de sus habitantes (la población india)... El aislamiento del ladino está ligado a su ser de intermediario, ya que en tanto que tal, no puede por definición darse la identidad (...) El hecho de ser discriminado por el extranjero y de ser discriminador de «indios», le obliga a intentar acercarse al primero y alejarse de los segundos; o sea a ser diferente de los dos".[95]

Este intento de fuga del "ladino" y del "blanco", y esa soledad que él mismo se ha impuesto, le lleva a tratar de agarrarse, como a una tabla de salvación, a los valores y a la cultura del mundo occidental; aunque sólo sea por los símbolos externos, que le permiten considerarse "heredero de la civilización cristiano occidental".

Esta imitación del modelo occidental le conduce a una incapacidad de crear un pensamiento propio y genera una dependencia cultural e intelectual, que muchos autores han catalogado como "colonialismo mental". Este etnocentrismo le hace rechazar y negar aquellos valores que provengan de la cultura autóctona, que como bien apunta Carmack,[96] aún no se ha valorado debidamente la influencia que la cultura quiché y cakchiquel ha tenido en la conformación del pensamiento y de la cultura actual. Estas actitudes etnocéntricas no sólo se expresan en relación con la cultura sino que adquieren cuerpo teórico y social, a través de las distintas teorías de las ciencias sociales y prácticas políticas como: la integración, la ladinización, la aculturación y el indigenismo.

---

94. Ghidinelli, *Apuntes para una teoría...*, p. 35. En esta línea se encuentran los trabajos de Taguieff, *Face au racisme...* Para el ladino, el indio sería inconvertible, insuperable e inasimilable a causa de su falta de cultura y su incapacidad de asimilarse o integrarse a la cultura occidental.

95. Carlos Guzmán Böckler, *Donde enmudecen las conciencias. Crepúsculo y aurora en Guatemala*, México: SEP-CIESAS, 1986.

96. Carmack, *Evolución del Reino...*

Las preguntas sobre la integración del indígena fueron elaboradas para indagar la percepción del núcleo oligárquico acerca de una opinión generalizada de que el indígena no se encuentra integrado en el desarrollo económico-social del país, o que al menos no se encuentra incorporado en los patrones y pautas de comportamiento a la civilización occidental. Parte de la ciencia social guatemalteca comparte estos planteamientos de integración unilateral, en la que el indígena debe despojarse de su identidad étnica para integrarse en la civilización occidental. Marie Chantal Barre considera la integración concebida de esta forma:

> "(...) es decir unilateral, resulta ser una ideología al servicio de las clases dominantes que necesitan la formación de un ejército de reserva del sector no estructurado y de los servicios lo bastante aculturados como para aceptar el sistema y servirlo..."[97]

En esta política integracionista existe un alto grado de etnocentrismo, en la medida en que se parte de la base de que el grupo no integrado, tradicional, aislado y de cultura inferior, se debe de integrar al progreso y a la civilización occidental. En Guatemala, fue la antropología cultural y en especial Richard Adams y Robert Redfield, quienes más promovieron las teorías integracionistas, en sus distintas modalidades como la aculturación, ladinización o indigenismo.[98]

En esta pregunta sobre la integración, el 83% piensa que el indígena no está integrado en el desarrollo económico y social del país. Son los "blancos", seguidos de los "criollos", varones, en edades comprendidas entre los 26 y 65 años, con estudios universitarios y de ocupación industrial, los que opinaron de esta manera. Un 17% consideró que sí están integrados. Las principales razones de su falta de integración son:

---

97. Marie Chantal Barre, *Ideologías indigenistas y movimientos indios* (México: Siglo XXI, 1986, p. 87).

98. Uno de los planteamientos erróneos de la antropología cultural fue plantear la comunidad indígena y ladina como dos espacios diferentes, aislados y con valores contrapuestos, valorizando de este modo las diferencias y contribuyendo con ello a la profundización de un racismo cultural o etnocentrismo. Hawkins en *La herencia de la conquista...* p. 322, considera que el estudio separado de las culturas étnicas basado en diferencias conductuales y con la utilización de un concepto muy restringido de la cultura, constituyó una de las grandes limitaciones de la antropología cultural. Para mayor información sobre el tema véase Héctor Díaz Polanco, "La teoría indigenista y la integración", en AAVV, *Indigenismo, modernización y marginalidad,* México: Juan Pablos, 1979; y para Guatemala, Carlos Guzmán Böckler, *Colonialismo y revolución,* México: Siglo XXI, 1975, y Demetrio Cojtí, *La configuración del pensamiento político del Pueblo Maya,* Quetzaltenango, 1991; *Políticas para la reivindicación de los mayas de hoy (Fundamentos de los derechos específicos del pueblo maya),* Guatemala: Cholsamaj, 1994; y *Ri Maya' Maloj pa Iximulew, El Movimiento Maya (en Guatemala)...*

- Un 26% indicó que su nivel de cultura se los impide. Son los mestizos, agricultores y con estudios secundarios los que se inclinaron por este argumento.
- Un 16% opinó que la principal razón es su raza inferior y sus defectos. Son los blancos, agricultores y con estudios universitarios los que opinaron mayoritariamente de este modo.
- Un 14% opinó que se encuentran en vías de integración.
- Un 5% piensa que sí se encuentran integrados en la producción. Son los comerciantes, criollos, con estudios primarios quienes sostienen esta opinión.

De estas respuestas podemos deducir varios elementos: Que existe una creencia generalizada de que el indígena no está integrado, a pesar de ser la principal fuerza de trabajo del país. En la mayoría de los casos parecen referirse a una falta de integración sociocultural; que la falta de esta integración en la mayoría de estos casos es imputada a los indígenas, ya sea por su escaso desarrollo cultural, por su raza o por su marginación social. De nuevo en las opiniones de este núcleo se conjugan elementos etnocéntricos y de discriminación racial a la hora de emitir una opinión sobre el indígena. Existe una escasa conciencia en este grupo de que parte de la responsabilidad de la falta de integración recae sobre ellos. Sólo el 12% opina que la principal causa ha sido la falta de oportunidades que se les ha dado para integrarse. Aún es menor el porcentaje que asume cierta responsabilidad colectiva en la falta de integración del indígena y lo imputa a la discriminación económica, política y cultural que se ha ejercido sobre ellos. Un 9% opina de esta forma y son los blancos y ladinos, industriales y agricultores y con estudios secundarios, los que se inclinan por esta argumentación. Es interesante observar la falta de toma de conciencia de este sector sobre la relación existente entre discriminación, marginación, integración y desarrollo. Parece como si el indígena estuviera marginado y discriminado de "motu proprio" y que no existe una acción consciente o inconsciente por parte de este grupo para discriminarlo. En este sentido, los cambios en el imaginario nacional son enormes, existe una clara conciencia de que la discriminación genera desigualdad económica, escaso desarrollo, y limita la formación de capital social.

La pregunta, "¿Qué solución propondría Ud. para lograr una integración plena del indígena al desarrollo económico-social de Guatemala?", pretendía conocer cuál era la alternativa de este núcleo oligárquico, de cara a buscar una salida al problema:

- Un 40% opinó que la mejor alternativa era la educación. Esta respuesta fue común a todos los grupos étnicos, de edad, sexo,

estudios y ocupación.
- Un 18% opinó que la mejor forma de integrarlos era ladinizándolos. Fueron los "blancos", industriales y varones los que más se inclinaron por esta opción.
- Un 14% opinó que la mejor solución era asimilarlos a la cultura occidental.
- Un 11% opinó que había que mejorarles sus condiciones de vida.

Las tres primeras contestaciones suman el 75% de todas las respuestas emitidas y todas ellas buscan la solución desde una perspectiva etnocéntrica y colateral: la educación, la integración y la aculturación, sin buscar el origen del problema en la situación de pobreza y en la desigualdad económica de la población indígena. Parece como si todos los problemas de la población indígena estuvieran provocados por la falta de educación y de cultura y no tuvieran su génesis en la falta de recursos económicos y de medios de producción. Sólo un 11% apuntó a desarrollar medidas de carácter reformista. De este 11% la mayoría son criollos, varones, en edades comprendidas entre los 25 y 45 años e indistintamente industriales o agricultores.

Un 10% opinó que la mejor solución era no integrarlos y dejarles como estaban, porque la integración sólo conllevaría problemas y mayores conflictos para ambos grupos. Fueron principalmente los "blancos", varones, en edades comprendidas entre los 26 y 45 años, con estudios universitarios y de profesión industriales o agricultores, los

Cuadro 3
SOLUCIONES PROPUESTAS PARA
LOGRAR LA INTEGRACIÓN DEL INDÍGENA
(Según nivel de estudio)

	Total	Primaria	Secundaria	Universitaria
Educación	43	2	13	28
Ladinización	17	-	8	9
Asimilarlos	16	1	6	9
Mejor nivel de vida	12	-	6	6
Exterminarlos	5	1	2	2
Mejorar raza	2	-	1	1
No integrarlos	10	-	5	5
Otras	3	-	1	2
NS/NC	1	-	-	1
Total	109	4	42	63

que se manifestaron de este modo. Algunas respuestas significativas fueron:
- "Hay que dejarlos donde están, no integrarlos, cada uno en su mundo y cada cosa en su lugar";
- "Educarlos y enseñarles en su ambiente, pero sin integrarlos, ni permitir la mezcla que ha sido un lastre para todos".
- Uno de ellos, recordando el pasado colonial afirmó: "Lo mejor sería crear un colegio para indígenas, como hizo el obispo Marroquín, pero sin ladinizarlos ni integrarlos".

Antes de pasar a otras respuestas querríamos hacer algunas reflexiones sobre las soluciones propuestas por este sector y diferenciarlas en tres grandes bloques.[99]

INTEGRACIÓN, LADINIZACIÓN Y EXTERMINIO

Los partidarios de la integración plantean la integración únicamente a nivel cultural o educacional, proponiendo para ello distintas políticas integracionistas: la aculturación mediante una acción educativa y alfabetizadora que haga comprender al indígena la necesidad de civilizarse y "convertirle en gente". Ésta ha sido la política oficial, defendida por los respectivos gobiernos de Guatemala y por otras instituciones de corte reformista y humanitario de carácter no gubernamental.

Estas políticas eminentemente etnocéntricas no parecen haber dado resultado en las últimas décadas por distintas razones: Porque los diversos gobiernos militares han desatado una fuerte represión contra el indígena, inculpándolo de su participación con la guerrilla y, en lugar de integrarlo lo han tratado de exterminar. Por un fuerte recorte en el presupuesto nacional en el rubro de educación y por destinar gran parte del presupuesto a proyectos contrainsurgentes. Se ha producido, en términos absolutos, un mayor crecimiento del analfabetismo en Guatemala, ocupando uno de los primeros lugares en América Latina. A la vez, se ha producido un descenso en la escolaridad de la población indígena, producto de la represión y del desplazamiento masivo de la población,

---

[99]. Este planteamiento, a nuestro juicio, es el que más se acerca al racismo culturalista o de la diferencia ya que claramente plantea la incapacidad de asimilar o integrar al otro y la necesidad de que cada cultura o etnia se mantenga en su lugar, sin mezclas ni integraciones. Probablemente esta posición sea la que más convenga tanto a las élites de poder como a algunas élites mayas, posición que no contribuye a la construcción de una nación pluricultural ni a la profundización de la ciudadanía común y diferenciada.

por efecto de la guerra. Esta misma situación ha generado un mayor fortalecimiento de la conciencia colectiva de la población indígena, la elaboración de nuevas estrategias frente a la aculturación y una posición de rechazo hacia los regímenes militares y el Estado, por ser el responsable de las masacres y la represión. Por último, porque contrariamente a lo que creían los antropólogos culturales de las décadas de los cincuenta y sesenta, el proceso de aculturación no ha sido tan acelerado como pensaban, ni la pérdida de identidad de los indígenas se ha producido con la celeridad y en los términos que ellos habían supuesto y esperado.[100]

La política de ladinización, alfabetización y aculturación ha sido considerada por ellos mismos como un completo fracaso, tanto por la falta de interés, del fracaso de los programas gubernamentales como por la política contrainsurgente y la fuerte resistencia pasiva y constante que el indígena ha demostrado para no perder su cultura e identidad.[101] Tal vez la política más exitosa en cuanto a lograr cierto grado de aculturación ha sido la desarrollada por las iglesias neopentecostales. Aparte de lograr cierto grado de aculturación desintegrador en la comunidad, han confundido a la población, colaborando algunos con la política de contrainsurgencia de los sucesivos regímenes militares. Este hecho se agudiza aún más en los últimos años con el vertiginoso incremento de evangélicos en el país y con el acceso a la presidencia de Serrano Elías, y con la presencia de muchos miembros de las iglesias neopentecostales que se proponen participar en las elecciones del 2007.

El proceso de ladinización ha sido otra constante de los sucesivos gobiernos y de las políticas desarrollistas llevadas a cabo por organismos nacionales y extranjeros, como la Agencia para el Desarrollo Internacional (AID), Cuerpos de Paz, Instituto Lingüístico de Verano, etc. También

---

100. Sobre reformulación de la antropología cultural encontramos la línea del estructuralismo y de la antropología cognitiva entre los que cabe citar a Kendall, Hawkins y Bossen, *La herencia de la conquista*... Véanse los trabajos de Carol Smith, Charles Hale, José Ramón González Ponciano y Demetrio Cojtí en Clara Arenas, Charles Hale y Gustavo Palma Murga (Eds.). *Racismo en Guatemala, abriendo el debate sobre un tema tabú,* Guatemala: Avancso, 1999.

101. Consideramos que la antropología cultural norteamericana de la década de los sesenta, estuvo vinculada a la política exterior norteamericana en el área. El Instituto Lingüístico de Verano y los Cuerpos de Paz jugaron un papel importante como agentes de cambio, pero algunos autores observan un nuevo tipo de penetración ideológica. Véase Stephen Schlesinger y Stephen Kinzer, *Fruta amarga, la CIA en Guatemala,* México: Siglo XXI, 1982; David Stoll, *Is Latin American Turning Protestant?,* Austin: 1988; Noam Chomsky, *Turning the tide, US intervention in Central America and the struggle for peace,* London: Pluto Press, 1985.

impulsdas por el Consejo de Reconstrucción Nacional y su implantación en los Polos de Desarrollo. Todas ellas, inspiradas en los principios según los cuales: ladinización = desarrollo = modernización = progreso = sumisión.

La ladinización para Adams "es un proceso lento y difícil". Sin embargo, de la lectura de sus textos se desprende que es algo posible e inevitable a corto plazo. Define la ladinización como un proceso gradual mediante el cual un indígena abandona su cultura y sus costumbres para convertirse en ladino. Él mismo reconoce que la ladinización no conlleva "elevar con el cambio, el nivel social del grupo, sino de alterar sus costumbres".[102] No plantea la ladinización en términos de movilidad ascendente, sino que supone la destrucción y desintegración de la organización y costumbres de los indígenas.[103]

Nos preguntamos, ¿cómo es posible que el gobierno de Guatemala, de forma oficial y unilateral, aplicó esta política y fundó un seminario permanente con múltiples publicaciones, el Seminario de Integración Social Guatemalteca (SISG), para dar seguimiento a estos temas?, ¿por qué esta práctica recibió un fuerte apoyo del gobierno norteamericano?, y ¿por qué buena parte de los antropólogos culurales de los años cincuenta continúan empeñados en negar la existencia del racismo? A nuestro juicio, existe una interpretación bastante plausible y que justifica la renovación de esta teoría y su práctica en los últimos años.

Adams desarrolla su teoría en los años cincuenta, después de haber presenciado la década revolucionaria de 1944 a 1954. En varios de sus escritos se muestra muy preocupado por el auge indígena y el apoyo que éste le da al movimiento agrario y de masas en la época de Árbenz y Arévalo. Adams desaprueba la reforma agraria llevada a cabo por éstos, se da cuenta del amplio grado de aceptación que ello tuvo en las comunidades indígenas, percibe el potencial revolucionario que el indígena posee y le preocupa esta posibilidad. Una vez derrocado Árbenz y con el triunfo de la contrarrevolución, Adams elabora una teoría y plantea una política de aculturación, integración y ladinización del indígena. Esta actuación mediatizaría su potencial y obstaculizaría en un

---

102. *Ibíd.* Frente a esta lectura de Adams parece bastante difícil e incluso arriesgado científicamente tratar de leer a Adams como lo hace Hale, como un precursor del mestizaje o de la ideología mestiza, Charles Hale, "Mistados, cholos y la negación de la identidad ladina en el altiplano guatemalteco", en Ch. Hale, J. Gould y D. Euraque (Eds.) *Memorias del mestizaje...*

103. Richard Adams, "La ladinización en Guatemala". *Cuadernos del Seminario de Integración Social Guatemalteco,* Guatemala: SISG, N° 16, 1956, p. 132.

futuro todo posible resurgimiento de un movimiento popular, agrario e indígena. Creemos que la ladinización, aparte de un proceso de aculturación fue una política de contrainsurgencia, tendiente a desidentificar a la población indígena de sus referentes: comunidad, tierra, tradición, cultura, e integrarles en una sociedad más amplia bajo otros mecanismos de control político y social.[104]

Coincidimos con los estudios de Lovell y otros autores[105] en la hipótesis de que en la actualidad es la misma política, más sutil y tecnificada, la que está llevando a cabo el ejército con la instauración de las Coordinadoras Interinstitucionales y los Polos de Desarrollo. Uno de los elementos principales de esta política consiste en desarraigar a los indígenas de sus aldeas y comunidades, desplazarlas a lugares lejanos de su grupo, prohibirles el empleo de su idioma, costumbres y vestuario "a fin de que se incorporen como ciudadanos normales guatemaltecos y se reinserten en la sociedad".[106]

Los partidarios de la no integración asumen dos posiciones claramente diferenciadas, aunque ambas tendientes a justificar y a continuar una política de segregación física, residencial, racial y cultural. La diferencia estriba en la forma de llevar a cabo la no integración.

Los que consideran que la integración no es una solución, porque conlleva más inconvenientes que ventajas, en el fondo están sugiriendo la continuación de la política de segregación socio-racial y cultural impuesta por la Corona durante la colonia y seguida por los gobiernos conservadores y liberales del siglo XIX. No en balde, algunos de los encuestados hacen referencia a propuestas como la del obispo Marroquín en el siglo XVI o a la creación de sociedades duales y paralelas que

---

104. La obra de Richard Adams puede dividirse en dos etapas, la primera en la que se le considera pionero de las teorías de la aculturación o ladinización en Guatemala, véase la crítica a su obra por Humberto Flores Alvarado, *El adamcismo y la sociedad guatemalteca*, Guatemala: Piedra Santa, 1983. Y a partir de su obra *Crucifixion by power. Essays on Guatemalan National social structure, 1944-1966,* Austin: Texas University Press, 1970, en la que modifica parte de los presupuestos dicotómicos y hace un análisis de la estructura económica y de poder. Pero aún después de que escribió un mea culpa acerca del proceso de ladinización, continúa negando la existencia del racismo y la discriminación. Véase, R. Adams, "Hegemonía y antihegemonía...".

105. George Lovell, *Los indígenas de los Cuchumatanes,* Guatemala: CIRMA, 1987; Yvonne Le Bot, *La guerre en terre Maya, Communauté, violence et modernité au Guatemala,* París: Karthala, 1992; Robert Carmack, *Guatemala: Cosecha de violencias,* San José: FLACSO, 1991.

106. Plan de Acción Cívica del Ejército de Guatemala, documento interno del Ejército, abril 1982. Véase Jennifer Schirmer, *Intimidades del proyecto político de los militares*, Guatemala: FLACSO, 1999.

convivan pacíficamente sin mezclarse entre ellas; como ocurría en la Colonia con las dos repúblicas, la de españoles y la de indios.

Tal vez la posición más interesante sea la de aquellos encuestados que consideran que cada persona, grupo o clase social debe estar en el lugar que le corresponde y que "cada *cosa* debe ocupar su lugar". Hemos subrayado la palabra cosa porque para la clase dominante el indígena es una cosa, un objeto y como tal debe estar en el lugar que le corresponde, allí donde el "blanco le coloque" o en el lugar que Dios o la naturaleza le hayan asignado, sin que éste tenga la más mínima posibilidad de cambiar de estatus o de vida. Y si esto ocurriera, deberá ser duramente castigado y penado por la ley divina y por la humana. Esta tesis fue claramente utilizada por Ríos Montt en su campaña de exterminio del indígena equiparando: el indio = a comunista = a demonio, generando un nuevo estereotipo, la demonización de los indígenas por su participación política y por su idolatría.

Desde esta perspectiva, resulta lógico pensar que al indígena no se le deba integrar. ¿Con qué objeto si su rol en el mundo le viene asignado por Dios, la naturaleza o los blancos? Si el indígena decide sublevarse ante la ley divina, debe ser brutalmente reprimido y castigado. Este hecho, aunque parezca cruel y exagerado, forma parte de la visión de cierto sector de la oligarquía. Con motivo del terremoto de 1976, varias mujeres de la clase dominante comentaban que "afortunadamente no murió casi ninguna gente". Al ser requeridas por dicha afirmación y teniendo en cuenta que el cataclismo había costado la vida a más de treinta mil personas, respondieron: "bueno, ésos no eran gente, eran indios". La cosificación o invisibilidad del "indio" ha sido otro de los mecanismos de negación del mismo y ha sido constantemente empleado por la ideología dominante.

Otro sector que se niega a la integración lo expone de una forma más beligerante y radical, ya que plantea que la única solución es el exterminio del indígena. Un 5% de los encuestados se muestran partidarios de esta solución y lo expresan en los siguientes términos: un ingeniero civil, industrial, de 55 años, que se considera "blanco" opina: "Yo no encuentro otra solución más que exterminarlos o meterlos en reservaciones como en Estados Unidos. Es imposible meterle cultura a alguien que no tiene nada en la cabeza, culturizar a esa gente es obra de titanes, son un freno y un peso para el desarrollo, sería más barato y más rápido exterminarlos". Un agricultor, de 26 años, que se considera "blanco" y con estudios superiores opina: "Integrarlos no sería una solución, tampoco repartirles tierra, ni darles dinero, ni siquiera educarlos merece la pena. En el fondo yo soy un reaccionario, porque algunas veces me dan ganas de exterminar a todos los indígenas del altiplano". Un empresario de 49 años con estudios secundarios opina: "La única solución para esa gente sería una dictadura férrea, un Mussolini o un Hitler que les obligara a trabajar y a educarse, o los exterminara a todos". Estas respuestas son lo suficientemente elocuentes para percibir el profundo desprecio, temor y odio que un sector de la oligarquía siente y expresa hacia el indígena.

A lo largo de nuestra muestra hemos ido observando que, a pesar de que existen algunas diferencias, sobre todo en el caso de aquellos que se consideran "blancos", agricultores y universitarios, en el resto no parece apreciarse una diferencia significativa, en cuanto al sexo, la edad, o los estudios. Todos ellos parecen emitir juicios eminentemente racistas, e incluso genocidas contra la población indígena. Probablemente estos juicios de valor que forman parte del inconsciente colectivo del núcleo oligárquico, se convirtieron en una práctica política de la clase dominante. A partir del 1981 con el apoyo del Ejército, lanzaron una de las mayores ofensivas contra la población indígena y ejecutaron un etnocidio contra dicha población que fue calificado por el Tribunal Permanente de los Pueblos, como "crimen de lesa humanidad".

El hecho de que el indígena pasara de ser objeto a sujeto de su propia historia y se incorporara a la vida política de forma masiva a través de organizaciones revolucionarias, desató y desencadenó en este núcleo todo este inconsciente colectivo de exterminio que llevaría a la muerte a más de 30 mil indígenas en los últimos ocho años. El temor a la rebelión del indio y el deseo solapado de exterminarle se unían en una coyuntura histórico-política que terminaría en un verdadero etnocidio.[107]

Partidarios de una posición intermedia: La mejora de la raza. Una posición intermedia a las dos anteriores y no por ello menos racista, es la que sostiene el 2% de la muestra en esta pregunta y alrededor del 15% en toda la encuesta. Se trata de aquellos que opinan que la única solución para integrarles es la mejora de la raza. Generalmente, los encuestados que sostienen posiciones encaminadas al exterminio de un

---

107. Sobre el etnocidio de la población indígena y la violencia son innumerables los libros, entre los que cabe destacar: Carmack, *Guatemala: Cosecha de violencias...*; Le Bot, *La guerre en...*, Carlos Figueroa Ibarra, *El recurso del miedo,* San José: EDUCA, 1991; Burgos, *Me llamo Rigoberta Menchú...*, Ricardo Falla, *Masacres de la Selva, Ixcán, Guatemala 1975-1982,* Guatemala: USAC, 1992; Victoria Sanford, *Violencia y genocidio en Guatemala,* Guatemala: F&G Editores, 2003; Santiago Bastos y Manuela Camus, *Quebrando el silencio, organizaciones del pueblo maya y sus demandas,* Guatemala: FLACSO, 1999.

grupo étnico, las conjugan además con posiciones de un racismo genético, encaminadas a justificar la mejora de la raza como un fin a alcanzar. Estas respuestas son comunes a lo largo de la encuesta.

Ya hemos expresado en innumerables ocasiones estos hechos y las actitudes que de ellos se derivan. Ahora queremos finalizar este apartado citando textualmente dos respuestas que son elocuentes por sí mismas: "(...) la única solución que veo para integrar al indígena es traer europeos en grandes cantidades, aunque fueran pobres y humildes, serían superiores y al mezclarse mejorarían la raza y acelerarían el proceso de integración". Esta respuesta nos recuerda mucho a los consejos que el oidor Tomás López daba a la Corona con objeto de lograr una mejora de los indígenas.[108]

Para finalizar, cerramos nuestra investigación con una respuesta que ni siquiera vamos a comentar, pero que resume perfectamente el pensamiento del sector más racista e intolerante del núcleo oligárquico. Lamentablemente, continúa siendo una corriente de opinión muy fuerte dentro de la clase dominante. Un ingeniero civil, agricultor e industrial, titulado en Administración de Empresas, de 48 años y que en nuestra encuesta se consideró como "otra cosa", respondió de la siguiente manera:

> "La única solución para Guatemala es mejorar la raza, traer sementales arios para mejorarla. Yo tuve en mi finca durante muchos años a un administrador alemán, y por cada india que preñaba, le pagaba extra 50 dólares".[109]

---

108. Véase, Sanchiz, *Los hidalgos...*, pp. 127-148. Así mismo se encuentra el texto completo de Tomás López en la Audiencia de Guatemala, 9a, 25 de marzo de 1551. Marta Casaús Arzú, "De la incógnita del indio al indio como sombra: el debate de la antropología guatemalteca en torno al indio y la nación, 1921-1938", *Revista de Indias*, No. 234, 2005, pp. 375-404; Marta Elena Casaús y Teresa García Giráldez, *Las redes intelectuales centroamericanas...*

109. Esta respuesta es muy ilustrativa del prototipo de personalidad racista intolerante y pertenece a aquel segmento de la población estudiada que se considera "otra cosa", no asumiendo ninguna de las catalogaciones del resto de la muestra. El nivel de intransigencia e intolerancia de las dos encuestas que tenemos con esta autoadscripción es mayor que la del resto de la población estudiada.

Conclusiones

Hemos dividido las conclusiones generales en dos apartados, a pesar de que existe una clara interrelación entre nuestras dos hipótesis principales: La formación de la élite de poder guatemalteca y la existencia de una estructura endogámica de la oligarquía, que acapara el control económico y político a lo largo de la historia del país. La presencia de actitudes y manifestaciones racistas en estas redes familiares, desde una perspectiva diacrónica y sincrónica, a través de los resultados de la encuesta. Ambas se encuentran estrechamente vinculadas a lo largo de nuestro trabajo de investigación y van paralelamente desarrolladas en cada uno de los trabajos. Sin embargo, el objeto de diferenciarlas obedece al hecho de resaltar ambas líneas de investigación.

1.
Conclusiones sobre la génesis y estructura de la clase dominante guatemalteca

1) La génesis de la clase dominante guatemalteca hay que buscarla en la época colonial. La conforman desde sus inicios aquellas personas o grupos familiares que se apoderan de la tierra y el trabajo del indio a partir de la conquista. Una vez configurada la sociedad colonial, este grupo inicial tiene acceso a los cargos públicos locales y los monopoliza.

2) La constitución de las grandes redes familiares se inicia desde la conquista en torno a los conquistadores, primeros pobladores y encomenderos. Posteriormente, en el siglo XVII se refuerza con los peninsulares y funcionarios de la Corona y con la presencia de nuevas oleadas de españoles, principalmente de origen vasco, que llegan a Guatemala a mediados del siglo XVIII. La consolidación y ampliación de las redes familiares se realiza fundamentalmente a través de enlaces matrimoniales exitosos, que incrementan el poder económico y político de dicha red.

3) Las alianzas matrimoniales de estas redes oligárquicas se realizan de forma endogámica, entre miembros de su propia clase o con personas de mayor alcurnia, estatus socio-político o socio-racial. La pureza de la sangre y la mejora de la raza parece ser una constante a la hora de establecer enlaces matrimoniales entre la oligarquía. Este factor tiene vigencia en los matrimonios de la élite de poder actual.

4) Existe una continuidad histórica en las grandes redes familiares estudiadas, principalmente en aquellas que se conformaron como clase dominante en la época colonial y detentaron durante más de dos siglos el poder económico y político de la sociedad guatemalteca y centroamericana. Estas extensas redes, que hemos denominado primarias, conservan gran parte del poder político y económico y constituyen parte del bloque en el poder. Algunas de las familias que inician su poderío en el siglo XVI, en la actualidad siguen ejerciendo la hegemonía.

5) Los mecanismos de supervivencia de estas grandes y extensas redes familiares están en razón directa con los siguientes factores: amplia capacidad de reproducción: familias con un gran número de mujeres, que a su vez contraen matrimonio extendiendo su dinastía; estrategia definida en cuanto a la política matrimonial de los miembros de la red familiar; capacidad de diversificar la producción en los momentos de crisis económica; alianzas matrimoniales y de negocios con los funcionarios del Estado y con otras redes familiares poderosas del momento; fuerte endogamia y aplicación de criterios socio-raciales a la hora de contraer matrimonio. Estas cinco características han sido elementos comunes a todas las redes estudiadas, que han podido subsistir como grupo social y de poder hasta nuestros días.

6) La estructura de las redes familiares de la oligarquía posee en cada siglo una o dos redes primarias, que son las más poderosas e influyentes, en torno a las cuales se aglutina el resto de las redes secundarias, conformando en cada época histórica el núcleo oligárquico. Así tenemos: en el siglo XVI a los Castillo, Barahona y

Guzmán; en el XVII a los Delgado Nájera, Batres, Arrivillaga; en el XVIII a los Urruela, Aycinena y Arzú; en el XX a los Castillo, Herrera, Díaz Durán. Algunas redes primarias desaparecieron del ámbito nacional porque emigraron a otros países, o volvieron a su país de origen fundando mayorazgos, tal es el caso de los Guzmán, Barahona, Delgado Nájera, o se extinguieron por falta de descendencia como los Ubico y Angulo. Algunas de estas redes primarias se extienden al resto de Centroamérica, conformando poderosas redes regionales que influyen en las decisiones políticas y económicas del istmo centroamericano, como el caso de las familias Barahona, Alvarado, Aycinena, Herrera y Díaz Durán, Álvarez, Dueñas, Lacayo, Chamorro, Somoza. Otras se mantienen en sus nichos de ubicación originarios, conformando oligarquías regionales locales, sin tener excesiva incidencia en la política nacional, como los De León, Barrios.

7) Las redes familiares ocupan el lugar del Estado en momentos de crisis y en coyunturas en donde aquel aparece débil y poco articulado. Son estas redes familiares las que suplantan las funciones de la administración política y ejercen el control y el dominio a través de su red primaria, con el apoyo de redes secundarias, que se ven favorecidas por el ejercicio del poder. Un caso muy claro de este fenómeno fue el de los Delgado Nájera, Batres y Aycinena a lo largo de los siglos XVIII y XIX.

8) El núcleo oligárquico, para defender sus intereses de clase y apoyarse mutuamente, siempre giró en torno a instituciones de carácter público o privado, desde donde preparó a sus intelectuales orgánicos y lanzó sus ofensivas políticas y económicas. Tal fue el caso del Cabildo en los siglos XVI y XVII, la Sociedad de Amigos del País, el Consulado de Comercio en los siglos XVIII y XIX. Las logias y clubes sociales en el siglo XIX y las cámaras o asociaciones patronales, como la AGA o el CACIF en el siglo XX. Su perdurabilidad en el poder se debe a que se encuentran inmersos en la sociedad civil y sólo ocupan el Estado en momentos de crisis orgánica o vacío de poder.

9) Esta clase dominante ha creado en cada siglo su capa de intelectuales, entendiendo por ello a los encargados del ejercicio y del control del poder político y de su clase, y de asegurarles la hegemonía social, que les permita sobrevivir en época de crisis. Estos intelectuales, en momentos de vacío de poder, han elaborado un proyecto político ideológico, tendiente a asegurar la hegemonía a su fracción de clase. Algunos de los intelectuales señalados por nosotros como miembros de estas familias han sido: Bernal Díaz del Castillo, Antonio Fuentes y Guzmán, Antonio Batres Jáuregui, Manuel María Herrera, José

Samayoa, Jorge Skinner-Klee, Manuel Ayau Cordón y Fernando Andrade Díaz Durán.

10) La oligarquía actual está formada, en su mayor parte, por familias procedentes de la colonia y de origen hispánico, aunque se han producido adiciones importantes de extranjeros al bloque en el poder. En Guatemala, la emigración alemana jugó un papel muy importante en el siglo XIX con la introducción del café, como principal producto de agroexportación. La inmigración extranjera, principalmente alemana, vino a reforzar el núcleo oligárquico y una vez consolidada, adoptó los mismos patrones que el resto de la oligarquía local, en lo relativo a su endogamia a la hora de concertar matrimonios con miembros de su propia nacionalidad y en relación con la aplicación de rígidos patrones socio-raciales.

11) En la estructura del núcleo oligárquico se produce una escasa movilidad social y son pocos los matrimonios que se realizan con miembros de otras clases sociales o con aquellos que dicho grupo considera como "ladinos o mestizos". Estos matrimonios sólo se producen cuando los mestizos o ladinos dominan el Estado, como fue el caso de los Samayoa, Herrera, Barrios. No obstante, sigue existiendo una fuerte resistencia al mestizaje. En los últimos 30 años en que el dominio estatal ha estado en manos de militares, apenas si se han producido matrimonios entre éstos y miembros de la oligarquía.

12) A partir de 1960, se produce la irrupción de nuevas fortunas, producto de la especulación, narcotráfico, corrupción y utilización abusiva del aparato del Estado, así como de la voracidad de los militares, quienes han intentado entrar en competencia con los negocios de la oligarquía. Sin embargo, estas fortunas "rápidas y de negocios sucios" no desplazan a la oligarquía tradicional, ni ésta establece alianzas matrimoniales con este sector de nuevos ricos. Si bien entablan relaciones de negocios y se enriquecen mutuamente, "no se mezclan", por la pervivencia de resabios socio-raciales. Sólo algunas redes familiares que llegaron en la década de los años treinta o cuarenta del siglo XX, han tenido cierta presencia en las redes tradicionales, pero, en ningún momento desplazan o modifican la estructura de poder. En el mejor de los casos se incorporan a ellas, como sucedió con la familia Gutiérrez, Presa Abascal, Botrán, Mansilla y Rodríguez.

13) En las últimas dos décadas, la oligarquía recurrió a gobernar de forma autoritaria y represiva, apoyándose en los militares. Sus prejuicios racistas se han evidenciado en el exterminio de un gran

porcentaje de la población indígena en el altiplano. Sin embargo, a partir de 1985, se está produciendo un cierto desplazamiento dentro del bloque en el poder y ha empezado a inclinarse la balanza hacia sectores más modernizantes de la oligarquía, que pretenden implantar un capitalismo más moderno y consolidar la transición democrática. Este grupo se aglutina en torno a la producción de productos no tradicionales y agroindustriales, la industria y finanzas, el elemento común es su capacidad de insertarse en el proceso de globalización. En muchos casos pertenecen a las redes anteriormente mencionadas, sin embargo, representan a los sectores más modernizantes de dichas familias.

14) Durante la etapa de transición política se ha producido una recomposición del bloque hegemónico, en donde el núcleo oligárquico tradicional no se ha visto desplazado del poder sino más bien se recicla, se mimetiza y llega de nuevo al gobierno por la vía de las urnas; presenta una nueva imagen de empresarios modernizantes y vuelve a reforzar, de este modo, el poder de las redes familiares. Tal sería el ejemplo de redes tradicionales como los Arzú, Aycinena, Beltranena, Díaz Durán, Berger, y de algunas redes secundarias como los Viteri y González.

El retorno de esta oligarquía al poder se realiza a través de los nietos o bisnietos de los fundadores del Estado oligárquico, muchos de ellos presentando una imagen populista y sobre todo, aceptando las reglas del juego de un Estado democrático. Por la forma como acceden al poder, por los partidos que les apoyan y por su manera de gobernar, obedecen al más puro estilo de "lo oligárquico". A este proceso de permitir algún cambio para que todo siga igual, le hemos denominado "la metamorfosis de las oligarquías centroamericanas".

15) El retorno de estas redes familiares al poder se realiza, en parte, por el apoyo de un nuevo sector social, los grupos evangélicos pentecostales, que les proporcionan una nueva base social, con la cual realizan alianzas matrimoniales e interclasistas, con el fin de no perder la hegemonía y seguir conservando el poder. Tal sería el caso de las redes de los Bianchi, Falla, Alejos y Zepeda Castillo. No es casual que la anterior contienda electoral estuvo encabezada por dos miembros de las élites familiares tradicionales: Álvaro Arzú y Fernando Andrade Díaz Durán y un evangélico, Efraín Ríos Montt, la alianza neopentecostal-oligárquica vuelve a funcionar como en 1990. La actual coalición de gobierno (2004-2008) estuvo liderada

por las redes familiares de los Berger, Aceña Durán, Castillo Monge, etcétera.

En suma, en países como Guatemala, en donde la agroexportación sigue pesando en el producto interno bruto, en donde el racismo ha operado como un factor de legitimación de la clase dominante y ha servido de columna vertebral de la estructura social y en donde las alianzas matrimoniales y de negocios se han realizado en el interior de una pequeña élite, las redes familiares se constituyen en élites de poder de larga duración.

2. CONCLUSIONES EN CUANTO A EXPRESIONES Y MANIFESTACIONES RACISTAS DE LA ÉLITE DE PODER

En cuanto a la variable de la presencia de actitudes, tendencias y manifestaciones racistas de la clase dominante, podríamos señalar dos tipos de conclusiones: Aquellas que se derivan de toda la investigación y que poseen rasgos más generales; las que se derivan directamente de la encuesta.

CONCLUSIONES GENERALES

1) A lo largo de la investigación hemos observado que el racismo es un elemento histórico-estructural que se inicia con la conquista y colonización de Guatemala y se inserta en la estructura de la clase dominante, como elemento de peso en la estructura social y pervive hasta nuestros días.

2) El racismo constituye un elemento justificador de la ideología dominante para asegurar su cohesión como clase y justificar su dominio frente al indígena. De este modo, la oligarquía se afianza en el poder desde la época colonial hasta nuestros días. El racismo constituye un elemento histórico en la ideología de la clase dominante guatemalteca, que se manifiesta de diversas formas en las distintas etapas históricas y funciona como mecanismo legitimador de la clase dominante, como factor de diferenciación social, valorizando las diferencias reales e imaginarias y convirtiéndolas en estereotipos. El estereotipo del indio varía poco desde la colonia hasta la actualidad. El prejuicio étnico-racial es a la vez un prejuicio de clase que, poco a poco, a lo largo de la historia, va configurando el imaginario racista del guatemalteco.

3) El racismo constituye un elemento que incide directamente en las relaciones sociales de producción, en la medida en que influye a la hora de establecer formas y tipos de trabajo: encomienda, repartimiento, ley de jornaleros. También afecta al pago del salario y al tipo de relaciones que se generan entre las clases sociales.

4) El factor étnico, en función de la discriminación socio-racial, incide profundamente en la estratificación social guatemalteca. Resulta difícil y poco objetivo intentar elaborar un análisis de clase, o de estratificación social, sin tener en cuenta dicho factor. El racismo ha polarizado a la sociedad guatemalteca en dos grandes grupos sociales: indígenas y ladinos. Dentro de este segundo grupo se ha generado una fuerte pigmentocracia, que valoriza negativamente el color de la piel y el porcentaje de sangre indígena, para diferenciarse del Otro. El patrón del racismo guatemalteco parece obedecer más a un racismo genético, que a un racismo de la diferencia o "culturalista".

5) El racismo ha estado estrechamente vinculado a la opresión, explotación, represión y humillación del pueblo indígena. Ha sido uno de los argumentos más empleados para someter al indígena a lo largo de la historia y continúa siendo uno de los más utilizados a la hora de justificar dicho comportamiento. El racismo ha servido también de factor de desestabilización social y de división entre las clases subalternas, al plantear el divorcio entre indígenas y ladinos como algo inherente a la naturaleza humana, o como un elemento de origen divino o genético, generando de este modo una sobrevaloración del ladino frente al indígena.

6) El racismo, como parte de la ideología dominante, se extiende a todo el cuerpo social y abarca a todas las clases y grupos étnicos, siendo internalizado por igual en todos los sectores sociales, independientemente del género, edad, ideología, profesión u ocupación.

7) El racismo como ideología dominante ha tenido distintos canales de difusión y se ha manifestado a través de diferentes instituciones. En nuestra investigación hemos señalado someramente la religión, la legislación y los medios de comunicación, pero nos hemos detenido principalmente en la familia, como agente socializador fundamental y como una de las instituciones más importantes, a través del cual se ha desarrollado, dispersado y reproducido la ideología racista. El estudio de las familias, su componente socio-racial y la encuesta son buena prueba de ello.

8) El matrimonio, como núcleo inicial de la familia, es el centro de formación ideológica en donde el racismo se internaliza de manera

muy profunda y a partir del cual se transmite la ideología al resto de los hijos, que reproducen el patrón patriarcal de la familia extensa. El papel de las mujeres en este proceso ha sido determinante y poco estudiado.

9) La ciencia social guatemalteca, independientemente de su contenido ideológico o de la corriente social en la que se inscribe, está impregnada de un fuerte contenido racista en sus postulados, planteamientos y expresiones. Las ciencias sociales, influidas por las corrientes darwinistas, desde el siglo XIX, han sido un eficaz mecanismo de justificación para excluir al indio y una importante tecnología de poder del Estado.

10) En resumen, consideramos al hilo de nuestra investigación, que el racismo ocupa la región ideológica dominante del núcleo oligárquico, en la medida en que aparece como una constante histórica a lo largo de los siglos y porque en la actualidad dicho grupo se sigue autodefiniendo en función de un criterio de autoadscripción étnico-racial. El racismo en el imaginario de la élite oligárquica, opera como uno de los mecanismos más fuertes de reconocimiento ideológico de sí mismos y frente a los otros. Éste representa uno de los hilos conductores más importantes y configura una de las estructuras de larga duración de la ideología dominante, siendo uno de los principales mecanismos de supervivencia y de legitimidad de dicha clase. Así pues, el imaginario racista, tanto racialista como diferencialista o culturalista, ocupa un lugar predominante en la ideología y las prácticas sociales de la clase dominante.

CONCLUSIONES QUE SE DERIVAN DE LA ENCUESTA

1) A lo largo de toda la encuesta se percibe un afán de encubrir, tergiversar o mistificar la existencia del racismo en todas las clases sociales. Así, las manifestaciones racistas del núcleo oligárquico se presentan de una forma latente en toda la población entrevistada. Los silencios o las preguntas no respondidas son a veces más significativos que las afirmaciones.

2) Se produce una relación directa entre la adscripción étnica y racismo, entre identidad y tendencias racistas. Los sectores "blancos y/o criollos" poseen mayores tendencias racistas o etnocentristas y son más proclives a considerar al indígena como ser inferior, en función de sus rasgos físicos, o de criterios raciales. La autoadscripción étnica, por el color de la piel y la pureza de la sangre, está en razón directa con un prototipo de persona más intolerante y radical en

cuanto a la concepción del indígena. El estereotipo negativo del indígena no parece guardar relación con la edad, género, profesión u ocupación, abarca a todo el segmento social entrevistado como parte de la introyección y dispersión de la ideología dominante. Aquellos sectores que poseen su identidad más difusa o que se autoadscriben en función de lo que no son, como es el caso del ladino, presentan caracteres de mayor ambivalencia y de cierta intolerancia que se manifiestan en sus respuestas o en sus silencios.

3) El factor biológico o genético, como elemento principal de discriminación del indígena, posee un peso específico en la élite entrevistada y se manifiesta en porcentajes entre el 10 y el 20 por ciento de los encuestados. Siendo más recurrente en aquellas personas que se consideran "blancos", pero abarcando a toda la población entrevistada. Las preguntas en las que se manifiesta una mayor tendencia a la priorización de factores físicos o raciales son aquellas que están relacionadas con el roce interétnico, en las que se intenta encontrar una solución o alternativa a la integración del indígena. En Guatemala, la construcción de las identidades colectivas pasa por la etnicidad y se realiza de forma bipolar y dicotómica.

4) El estereotipo del indio en la clase dominante actual responde, en gran medida, al mismo estereotipo que históricamente ha tenido dicho sector desde la época colonial. Cuatro de los seis prejuicios utilizados en la encuesta han sido usados frecuentemente en los siglos XVI, XVII y XVIII. Merece resaltar el hecho, de que dos de los seis prejuicios estén referidos al aspecto físico y uno de ellos relacionado con el color de la piel. Parece existir una relación directa entre prejuicio e identidad y entre prejuicio e intolerancia.

5) Continúa existiendo una fuerte endogamia entre ambos grupos étnicos que en la encuesta se manifiesta en un fuerte rechazo para establecer relaciones interétnicas. El rechazo mayor está en función de la pigmentocracia, cuanto más blanco mayor es el rechazo al roce y a la relación interétnica. La mejora de la raza sigue jugando un rol importante en el imaginario de dicha clase. Más de la mitad de los encuestados priorizan esta ventaja y un tercio de ellos se lamentan de no haber sido conquistados por otras razas "más puras" como los arios o los anglosajones.

6) Las tendencias y manifestaciones racistas, parecen comunes a todo el núcleo oligárquico, independientemente de su edad, género u ocupación, no obstante, se percibe una diferencia en cuanto al grado de instrucción. Aquellos que poseen niveles más altos de estudios reflejan índices superiores de actitudes racistas o intole-

rantes respecto al indígena, aspecto que se contrapone a otros estudios realizados sobre el tema.

7) Por los datos de la encuesta, el racismo vendría a establecer una diferencia en la división social del trabajo, al señalar distinto tipo de trabajo, salario y ocupación para la población indígena y para la población ladina. La mayoría de los entrevistados piensan que al indígena debe destinársele al trabajo rural, manual y más duro; y al ladino para el trabajo urbano, intelectual o industrial; produciéndose una clara diferencia socio-racial a la hora de ofrecer empleo y elegir un tipo de trabajador. Es aquí donde observamos que las relaciones étnicas se encuentran entrelazadas con las relaciones socioeconómicas.

8) No cabe duda de que el núcleo oligárquico emite constantemente opiniones de carácter etnocéntrico respecto de la cultura indígena, considerando la suya como universal, única y válida para el resto del mundo y despreciando todas aquellas culturas que no respondan al patrón occidental o europeo. La cosmogonía maya-quiché o la cakchiquel no son consideradas como una cultura, sino como simples costumbres, o como barbarie en algunos casos. El racismo de la diferencia opera como un mecanismo de sofisticación ideológica, produciéndose una metamorfosis del racismo.

9) Para el núcleo oligárquico las alternativas de cambio y movilidad social en el indígena son escasas o casi inexistentes. La mayor parte de ellos apuntan a soluciones superestructurales, como una mayor educación y cultura, pero desde una perspectiva etnocéntrica. Consideran que los indígenas deben asumir los patrones de vida y comportamiento occidentales, de ahí que recurran a la ladinización, occidentalización y proletarización como procesos de aculturación. Muchos de ellos son partidarios de mantener la segregación socioracial y de evitar una integración, reforzando los mecanismos de *apartheid*. Otros son partidarios de la mejora de la raza, a través de técnicas de inseminación artificial y algunos se inclinan por la limpieza étnica.

10) Por último, es indicativo el hecho de la existencia de un segmento de la muestra estudiada, que oscila entre el 5 y el 10 por ciento, que a lo largo de toda la entrevista apuntan hacia soluciones drásticas y profundamente intolerantes hacia la población indígena. Este segmento manifiesta en diversas ocasiones ser partidario del exterminio de la población indígena, de su desaparición cultural y física. A nuestro juicio, estas tendencias xenofóbicas y profundamente racistas en contra de los pueblos indígenas constituyen una tecnología de poder que legitima al Estado para decidir quién debe vivir y quién

debe morir y ha servido de fundamento para ejecutar una serie de masacres contra la población indígena. Estas manifestaciones y actitudes tuvieron relación con el etnocidio que se produjo en el país a partir de 1982 y, probablemente, fueron conducidas, pensadas y ejecutadas por parte de esta élite dirigente que llegó al poder en esos años y que tuvo el control del aparato del Estado durante dicho período.

11) Como conclusión última y a modo de predicción, consideramos que el problema del racismo no ha sido estudiado, conocido ni abordado adecuadamente en la sociedad guatemalteca. Este elemento puede provocar fuertes estallidos sociopolíticos de distintas orientaciones: por un lado, el resurgimiento de movimientos sociales de carácter nacionalista, vinculados a potencias internacionales con un fuerte carácter fanático y fundamentalista y revitalizar los problemas étnico-nacionales. Por otro, reforzar movimientos autoritarios y racistas de corte religioso y neoconservador, como los que están surgiendo en Europa. El riesgo de un nuevo etnocidio no se debe descartar.

Por ello, parece impostergable la necesidad de encontrar un proyecto colectivo que asegure el respeto y la autonomía de las distintas identidades, que permita la incorporación de todos los actores sociales a la construcción de un Estado Nación que refuerce las identidades colectivas y que posibilite la profundización de una ciudadanía social y pluricultural. Para ello es necesario erradicar el racismo de la mente, del corazón y de las relaciones sociales de todos los guatemaltecos.

Sería necesario que en la conformación de este nuevo bloque hegemónico y en aquellos sectores más lúcidos de la sociedad guatemalteca, se tomara conciencia de la necesidad de abordar este problema frontalmente, y buscar vías de entendimiento y solución política para impedir una nueva confrontación étnica y social.

Anexos

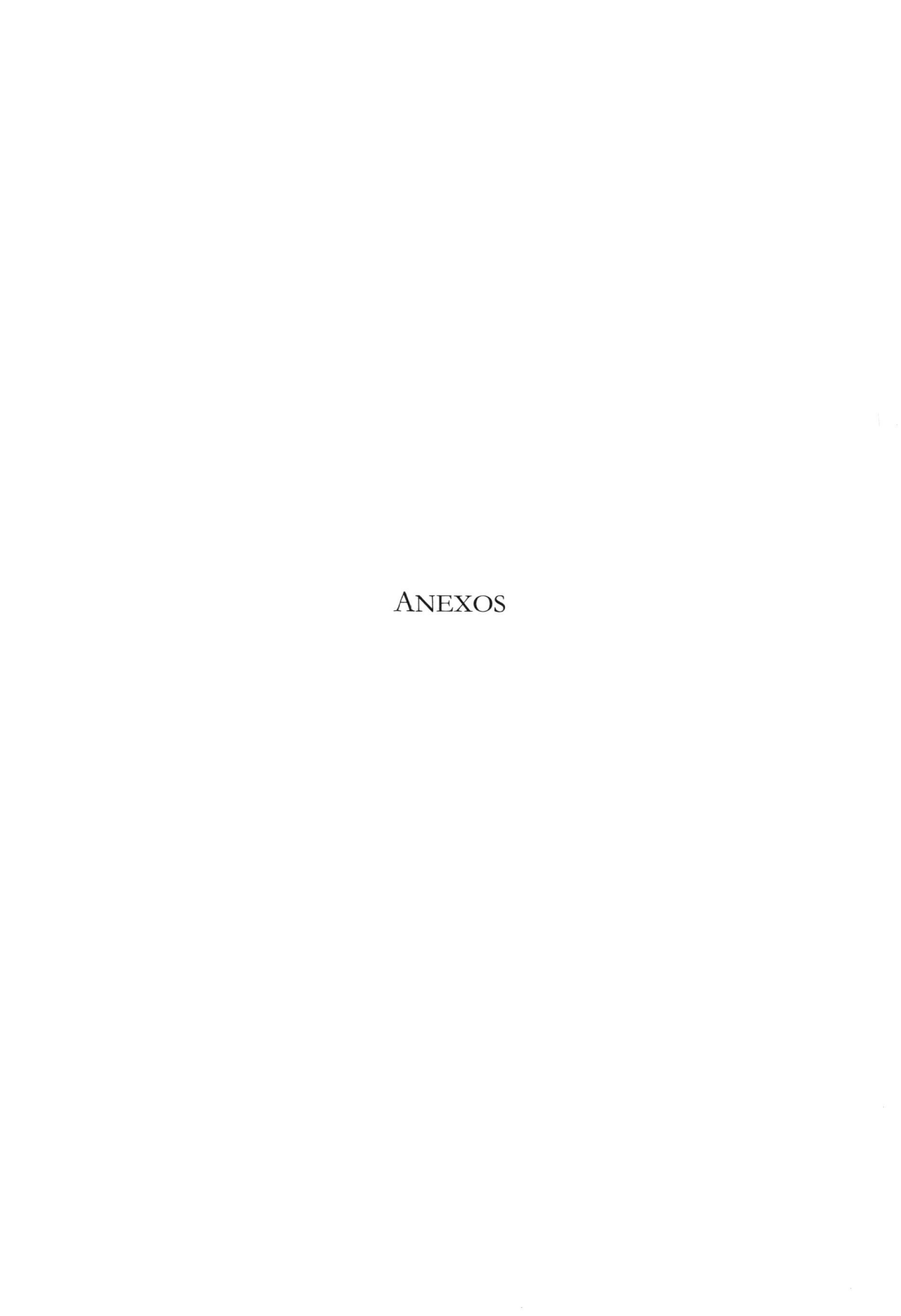

Anexo 1
Principales empleos de los Aycinena en el siglo XIX

Nombres	Empleos	Sueldos Pesos
Exmo. Sr. don José Ayzinena hijo del Sr. don Juan Fermin de Ayzinena que casó con las Señoras doña Micaela Náxera, en 2as nupcias con doña Micaela Piñol y Muñoz, después; y viudo de la Sra. doña Josefa Micheo y Náxera.	Consejero de Estado Madrid	6,000
El Sr. Marqués de Ayzinena Piñol y Muñoz, sobrino del anterior	Promotor Fiscal, en esta Curia	——
El mismo	Cura interino del Sagrario	——
Don Manuel Beltranena, Ayzinena y Náxera, casado con doña Manuela Ayzinena, Piñol y Muñoz, cuñado del segundo y sobrino del primero	Asesor de la Intendencia de León	1,500
Don Pedro Beltranena, Llano Ayzinena y Náxera, hermano del anterior	Asesor de la Intendencia de Sonora	1,500
Don Tomás Beltranena, Llano, Ayzinena hermano de los precedentes	Promotor Fiscal de esta Curia	——
Don José María Ayzinena y Barrutia	Guarda de Acajutla	360
Sr. don Manuel Arzú y Náxera, tío de los Beltranenas y primo político del Sr. Ayzinena	Comandante del Cuerpo de Artillería	2,800
Don Pedro Náxera y Barrutia, primo del anterior	Contador de estas Cajas	2,500
D. Javier Barrutia, Cróquer y Muñoz	Cónsul de este Consulado	300
El mismo	Secretario de la Junta de Censura	——
D. Manuel Barrutia, Cróquer y Muñoz	Cura de San Sebastian en La Antigua	——
Don José Nájera, Batres y Muñoz, primo del anterior y de José Ayzinena	Alcalde Mayor de Sonsonate	1,200
Don Miguel Náxera, Batres y Muñoz, hermano del anterior	Asesor de Popayán	1,500
Sr. don Juan Batres y Náxera, primo del anterior	Intendente de Chiapas	4,000
Don Antonio Batres y Náxera, hermano del anterior	Alguacil Mayor de esta Audicencia	2,757
Don Diego Batres y Náxera, hermano del anterior	Vocal de esta Junta de Censura	——
Don Ignacio Batres y Muñoz, primo de los anteriores	Alcalde Mayor de Chimaltenango	2,100
Don Miguel Batres y Muñoz, hermano del precedente	Prior de este Consulado	500
D. Antonio Batres y Muñoz, hermano del precedente	Tesorero de México	6,000
Don Salvador Batres y Muñoz, hermano del precedente	Administrador Alcabala de Guadalajara	6,000
Don José Mariano Batres y Asturias, primo de los antecedentes y casado con una Montúfar	Contador de San Salvador	1,500
Don Manuel Antonio Batres y Asturias, hermano del anterior	Escribiente de las Cajas de San Salvador	300
Don Ignacio Batres y Asturias, hermano del anterior	Escribiente de la Aduana	300
Sr. don Miguel Saravia, casado con doña Concepción Batres y Náxera	Intendente de León	3,000
Don Manuel Pavón y Muñoz, casado con doña Micaela Ayzinena	Tesorero de Diezmos	1,500
Don José María Pavón y Ayzinena, hijo del anterior	Escribiente de los Diezmos	300

Nombres	Empleos	Sueldos Pesos
Sr. don Bernardo Pavón y Muñoz, hermano del precedente y tío del anterior	Chantre de esta Santa Iglesia	3,000
Sr. don Antonio Cróquer y Muñoz primo del anterior	Magistral de esta Santa Iglesia	2,400
El mismo	Rector del Colegio Seminario	700
D. Antonio Palomo, Manrique y Muñoz, primo de los anteriores	Chanciller de esta Audiencia	200
Don Fernando Palomo Manrique y Muñoz, hermano del precedente	Contador de propios	1,500
Don Miguel Palomo Enrique y Muñoz, hermano del precedente	Factor de Tabacos en Quetzaltenango	1,500
Sr. don José Ignacio Palomo, Enriue y Muñoz, hermano del precedente y viudo de doña Magdalena Montúfar	Oidor de esta Audiencia	3,300
Don Felipe Romaña y Manrique, primo de los anteriores	Portero del Consulado	300
Don Rafael Montúfar y Coronado, cuñado de Batres y Palomo	Sargento Mayor de Chiquimula	1,200
Don José María Montúfar y Coronado, hermano del anterior	Oficial 3o. de Correos	600
Don Manuel Montúfar y Coronado, hermano del anterior	Ayudante de estas Milicias	600
El mismo	Escribiente de sección del Gobierno	300
Don Juan Montúfar, hermano de los anteriores	Escribiente en la Contabilidad de Propios	300
Don Pedro Arrivillaga y Coronado, primo de los Montúfares	Alcalde Mayor de la Verapaz	2,594
Sr. don Antonio Larrazabal y Arrivillaga, primo del anterior y pariente de Ayzinena	Penitenciario de esta Santa Iglesia	2,400
Don José Ignacio Larrazabal y Arrivillaga, hermano del anterior	Sargento Mayor de esta Plaza	1,000
Don Francisco Larrave y Arrivillaga, hermano del anterior	Interventor de Correos de Oaxaca	600
Doña Micaela y doña Clara, hermanas de los anteriores	Pensión en Correos	500
Don Juan Sebastián Micheo, cuñado de don José Ayzinena y primo de Náxera	Tesorero de Bulas	1,500
Don Joaquín Letona y Beteta	Oficial Real de Comayagua	1,500
Don Manuel Letona y Montúfar	Oficial 1o. de Alcabalas	700
Don Mariano Letona y Montúfar	Interventor de Quetzaltenango	600
Don Pablo Matute	Alcalde Mayor de Suchitepéquez	1,346
Don Antonio Aguado, casado con doña Teresa Cróquer y Muñoz	Oficial Real de León	1,500
Don Manuel Zepeda, cuñado de Arrivillaga	Oficial de estas Cajas	500
Señor don José del Barrio, cuñado de los Larrazabal	Oidor de esta Audiencia	3,300
Don Manuel Olaverri, pariente de los Ayzinenas y Náxeras	Vista de esta Aduana	1,500
Señor don Luis Aguirre, marido de doña Isabel Asturias y cuñado de don Pedro Arrivillaga	Asesor de este Consulado	500
El mismo	Id. de Cruzada	50
El mismo	Presidente de la Junta de Censura	
Don Juan José Batres y Muñoz, hermano de los expresados Batres	Cura de San Sebastián	2,200
El mismo	Vocal de la Junta de Censura	—

Nombres	Empleos	Sueldos Pesos
Don Miguel Manrique y Barrutia	Tesorero de Fábrica	500
Don Francisco Pacheco, casado con doña María Josefa Arzú y Náxera	Alcalde Mayor de Sololá	1,501
Don Manuel Lara, casado con doña Mercedes Pavón y Muñoz	Id. de Totonicapán	1,670
D. Juan José Echeverría, casado con doña Ignacia Arrivillaga	Id. de Quetzaltenango	1,247
Sr. don José Gabriel Vallecillo, yerno de don Manuel Pavón y deudo del Excmo. Sr. don José de Ayzinena	Oidor de Santa Fé	3,300
Total (S. I.) sin incluir derechos		$89,025

Los sueldos marcados con "——" no gozaban de sueldo fijo, sino que percibían derechos por razón del mismo empleo.

Fuente: Salazar, Ramón 1952

Anexo 2
REGISTRO DE TODAS LAS FAMILIAS ESTUDIADAS DESDE PRINCIPIOS DEL SIGLO XVI

Encomendero	Encomienda y cargos	Número indios	Encomendero s. XVII	Actividad económica y política	Impuesto tostones
Juan de León	Coatlán Escribano	101	Francisco Díaz del Castillo	Regidor Encomendero Corregidor	20
Bartolomé Becerra	Zapotitlán Regidor	500 500	Luis Dardón	Estanciero Encomendero Regidor	20
Martín de Guzmán	Zapotitlán Regidor	400	Sancho de Barahona	Labrador Obraje Encomendero Alcalde	50
Gaspar Arias Dávila	Chichicastenango Regidor	2,000 1,000	Diego de Guzmán	Encomendero Alcalde	44
Sancho de Barahona	Atitlán Regidor	450	Ginesa Arias Dávila	Labrador Encomendero	12
Juan Pérez Dardón	Mustenango Regidor	400	Juan Barrera	Mercader Encomendero	15
Bernal Díaz del Castillo	Pochuta, Tlapa Cacatepequez Regidor	400	Luis Mazariego	Estanciero	36
Hermán Méndez de Sotomayor	Suchitepéquez	400	Yerno de S. Barahona	Encomendero	
Martín de Guzmán	Regidor Zapotitlán	1,000	Luis Dardón	Mercader Encomendero	20
Juan de Guzmán	Yzalco Neolingo	600	Juan Becerra del Castillo	Labrador Encomendero	90
			Jorge de León Andrade	Mercader Encomendero	15
			Domingo Arrivillaga	Comerciante Regidor	
			Juan José Batres Álvarez	Comerciante, Regidor, Alferez	
			Pedro Lira y Cárcamo	Comerciante, Regidor	66
			Bartolomé Nuñez	Comerciante, Regidor	120
			Alfonso Nuñez	Comerciante, Regidor	60
			Francisco Delgado de Nájera	Alguacil, Alcalde, Regidor Perpetuo	
			Tomás Delgado de Nájera	Comerciante, Alguacil, Alcalde	
			Jorge de León Andrade	Comerciante, Escribano	90
			Pedro de Jauregui Barcena	Comerciante, Regidor	24
			Tomás de Siliezar	Comerciante, Regidor	136
			Cristobal Dávila Monroy	Comerciante, Regidor	120

Anexo 3
REGISTRO DE TODAS LAS FAMILIAS ESTUDIADAS DESDE EL SIGLO XVI

Nombre de Familia	Actividad económica y política	Años 1700-1800
Aparicio		
Llegan en 1750 procedente de Madrid y se instala en Quetzaltenango	Comerciantes, cafetaleros, finanzas	1750
Francisca Aparicio Barrios	Casa con el Presidente Barrios y adquieren gran cantidad de tierras de café. Casa de nuevo con un título noviliario español y hereda el título a los hijos de Barrios	1874
Juan José Aparicio Mérida	Exportador de café, fundador del Banco de Occidente. Alcalde de Quetzaltenango	1870
Otros miembros	Prestamistas	1860-1870
	Ministro de Educación	
	Export. De Café	1871-1878
	Asamblea Constituyente	1851-1855
	Consejo de Estado. Municipalidad. Sociedad Económica. Consulado de Comercio	1860-1870
Emparentan con: Barrios, De León, Castillo, Aspetía, Mérida, Urruela, Savia, Zirión, Ariza		
Arrivillaga		
Juan Feliciano Arrivillaga	Dean de la Catedral	1729
Domingo de Arrivillaga	Regidor	1700
Tomás de Arrivillaga	3er. Señor del mayorazgo de Arrivillaga, Alcalde	1706
Mariano Arrivillaga	Regidor, Alcalde	1785
Pedro José de Arrivillaga y Coronado	Alcalde Segundo	1809
Francisco	Clérigo	1821
Manuel	Diputado, Vicepresidente de la Asamblea Sociedad Económica	1830
Otros miembros:	Participaron más de 10 veces en el Cabildo y en la Asamblea Constituyente	1851
	Cámara de Representantes	1860-1870
	Sociedad Económica	1860-1870
	Consulado de Comercio, inversionistas	1860-1870
	Exportadores de Café	1878
Emparentan con: Batres, Aguirre, Arzú, Aycinena, Vásquez.		
Arzú		
Arzú y Díaz de Arcaya, José Antonio	Teniente de Capitán General, Caballero de Santiago	1766
Manuel de Arzú y Delgado de Nájera	Coronel, Comandante General del Estado de Guatemala, fundador de la primera Escuela Militar de Guatemala; Ministro de Hacienda, Guerra y Marina	1860
Otros miembros:	Inversionistas	1860-1870
	Importadores y exportadores de Café	1866

Nombre de Familia	Actividad económica y política	Años 1700-1800
	Prestamistas	1878
	Municipalidad	1860-1870
	Consulado de Comercio	1860-1870
Emparentan con: Batres, García Granados, Jauregui, Alejos, Castillo, Toriello, Irigoyen, Delgado de Nájera		
Aycinena		
Juan Fermín de Aycinena e Irigoyen	1er. Marqués, añilero, comerciante, prestamista, Alcalde, Consulado de Comercio	1740-1796
Vicente Aycinena y Carrillo	Sociedad de Ecónomica, comerciante, Consulado de Comercio	(m)1841
Juan Joseph Aycinena y Piñol	Abogado, Obispo, Diputado y Ministro	1792-1865
Pedro de Aycinena y Piñol	Comerciante, Consejero de Estado, Ministro de Relaciones Exteriores, Presidente Interino	1802-1897
Otros miembros:	A lo largo de siglo y medio desde 1740 hasta 1880 llegan a concretar en sus manos más de 65 puestos de gran importancia política y de cuantiosos ingresos, tal y como lo observamos en el apartado de la familia y los cargos.	1740-1880
Emparentan con: Delgado de Nájera, Piñol, Carrillo, Muñoz, Pavón, Batres, Beltranena, Saravia, Aguirre, Arrivillaga		
Azmitia		
Azmitia, José Antonio	Corte Suprema de Justicia, Sociedad Económica, Federación Centroamericana, Ministro de Relaciones Exteriores, Ministro de Hacienda y Gobernación	1795-1876
Otros miembros:	Importadores	1872
	Exportadores de Café	1878
	Asamblea Constituyente	1851-1855
	Cámara de Representantes	1860-1870
	Consejo de Estado	1860-1870
Emparentan con: Aycinena, Herrera, Arzú, Arrivillaga, Castillo, Beltranena		
Barrios		
Barrios Justo Rufino	Comandante de Quetzaltenango, Presidente, General, propietario de tierras, exportador de café inversionista	1850-1875
José María Reyna Barrios	Cafetalero, Ministro, Presidente	1892-1898
Otros miembros:	Asamblea Constituyente	1871
	Gabinete, Cámara de Representantes	1871
	Constitución	1873
	Export. de café	1870
	Inversores	1870
	Prestamistas	1880
Emparentan con: De León, Mérida, Aparicio, Bonifasi, Díaz Durán		

Anexos

Nombre de Familia	Actividad económica y política	Años 1700-1800
	**Batres**	
Juan José González de Batres	Doctor en Teología, Rector, Catedrático	1761
Manuel González Batres	Alcalde, Consejero de Estado	1760-1761
José Antonio Batres	Regidor	1862
	Alcalde	1876
Antonio Batres Jauregui	Letrado, Juez, Ministro, Diplomático, Escritor.	1869-1880
Otros miembros:	La familia Batres se mantuvo en el Cabildo durante 33 años	1770-1821
	Consulado de Comercio	1860-1870
	Prestamistas	1860-1870
	Inversionistas, importadores, exportadores	1872
	Consejo de Estado	1870
	Sociedad Económica	1860-70
	Asamblea	1872-79
Emparentan con: Arrivillaga, Arzú, Aycinena, Delgado de Nájera, García Granados, Beltranena.		
	**Beltranena**	
Manuel	Alcalde, Asesor	1760
Mariano	Alcade	1813
José María	Alcade	1815
Pedro José Beltranena	Alcalde, Asesor	1783
Tomás	Asesor, Pro. Fiscal	1860-1870
Otros miembros:	Inversionistas	1866
	Importadores. Exportadores de Café	1878
	Asamblea	1851-55
	Cámara de Representantes	1860-70
Emparentan con: Delgado de Nájera, Aycinena, Batres, Arzú, Castillo, Urruela		
	**Castillo**	
José Mariano Castillo y Segura	Acta de Independencia	1821
José Domingo Castillo y Estrada	Agricultor, añilero, miembro de la Benemérita Sociedad Económica	1850
Mariano y Rafael Castillo Córdova	Fundadores de Cervecería Centromaricana	1887
Otros miembros:	Consulado de Comercio, Importador Cámara de Representantes, Exportador de Café. Agricultores Grana y Añil. Comerciantes	
Emparentan con: Batres, Arzú, Arrivillaga, Lara, Azmitia, Aycinena, Sinibaldi, Samayoa, Beltranena		
	**Dardón (Pérez)**	1524
Mateo Pérez Dardón	Comerciante, Regidor	1647
Luis Pérez Dardón	Sacerdote	1650
José Pérez Dardón	Ganadero, añilero, Cabildo.	1720

Nombre de Familia	Actividad económica y política	Años 1700-1800
Manuel Joaquín	Juez, Magistrado, Consejero de Estado, Presidente de la Corte Suprema	1820
Otros miembros:	Consulado de Comercio, comerciantes, Asamblea Constituyente. Cámara de Representantes, Consulado de Comercio, beneficencia	
Emparentan con: Salazar Montalve, De la Tovilla, Jáuregui, Delgado de Nájera, Lara, Arzú Castillo, Cobar, Díaz Durán.		
Díaz Durán		1655
El Salvador		
José Joaquín Durán y Aguilar	Ministro del Jefe de Estado Salvadoreño.	1832
	Fiscal de la Corte de Justicia. Diputado Guatemala	1835
	Secretario de Relaciones Exteriores	1839
	Presidente Unión	1845
José María Díaz Durán	Fincas ganado y café. Exportador de café	1848
Otros miembros:	Partido Unionista, comerciantes, Municipalidad, Consejo de Estado	1840
	Consulado de Comercio	1860-70
	Cámara de Representantes	1860-70
Emparentan con: Ariza, Falla, Cofiño, Novella, Herrera, Arzú, Saravia, Klee, Castillo, Matheu		
De León (Quetzaltenango)		1524
Emilio	Ganadero, exportador de café, Consejero de Estado, Municipalidad	1893-94
Juan	Municipalidad, exportador de café, Prestamista, comerciante	1860-80
Otros miembros:	Grandes hacendados de origen local Quetzaltenango. Muy favorecidos durante el Gobierno de Barrios	
Emparentan con: Barrios, Aparicio, Lara, Castillo, Leal.		
García Granados		
Miguel García Granados	Presidente, liberal	1830
	General, Gabinete de Barrios	1871
	Fundación Banco Nacional	1860-70
Otros miembros:	Sociedad Económica, Consulado de Comercio	1851-55
	Asamblea Constituyente	1860
	Prestamista	1860
	Inversionista, Exp. de café	1878
Emparentan con: Batres, Arzú, Irigoyen, Klee, Herrera, Cofiño		
Herrera		
Manuel María Herrera	Ministro de Instrucción	1830
	Ley de Jornaleros Hacendado, exportador de café	1871
Carlos Herrera Luna	Presidente	1920
	Compra finca El Baúl, funda Cia. Herrera Hnos. y adquiere 6 fincas colindantes para prod. de caña	1913
Salvador y Julio Herrera Luna	Fundan la Compañía Herrera, cuyo núcleo central es el Ingenio Pantaleón	1860-1878

Nombre de Familia	Actividad económica y política	Años 1700-1800
Otros miembros:	Cámara de Representantes, Asamblea Constituyente, Ministros, Cargos públicos, prestamistas, inversionistas, fundadores de Bancas, latifundistas, exportador de café	
Emparentan con: Dorión, Klee, Ubico, Samayoa, Ibarguen, Arzú, Cofiño, Falla, Díaz Durán, Mateu, Beltranena		
Lara		
Domingo Lara	Regidor, Alferez, Alcalde	1740
Manuel José	Regidor	1776
	Corregidor, Sociedad Económica	1821
Antonio	Filósofo, Independencia, Federación	1821
Otros miembros:	Cámara de Representantes	1860-70
	Municipalidad, Sociedad Económica	1860-70
	Consulado de Comercio	1860-70
	Consulado de Comercio, importadores, casas comerciales, bancos	1852-72
Emparentan con: Delgado de Nájera, Pavón, Arrivillaga, Alejos, Zirión, Urruela, Castillo, Dardón, Aycinena		
Matheu		
Juan Matheu y Sinibaldi	Comerciante, Consulado de Comercio	1867
	Exportador de café	1870
Manuel Matheu	Cargos públicos, fincas de café, Gabinete de Barrios	1871
Otros miembros:	Importadores	1851
	Exportadores	1852
	Comerciantes, prestamistas	1860-70
	Casa de Comercio	1860-70
	Exportador de café, Cámara de Representantes	1878
	Consejo de Estado	1860-70
	Municipalidad, Sociedad Económica	1860-70
Emparentan con: Ariza, Díaz Durán, Arzú, Cofiño, Sinibaldi, Beltranena, Castillo		
Piñol		
José Piñol	Representante Real, Asiento, comerciante, ganadero y añilero	1752
Tadeo Piñol y Muñoz	Comerciante, Coronel de Caballería, Cabildo, Sociedad Económica	1754
Otros miembros:	Cámara de Representantes	1860-70
	Consejo de Estado	1860-70
	Municipalidad, Consulado de Comercio, Sociedad Económica	1860-70
Emparentan con: Delgado de Nájera, Aycinena, Beltranena, Muñoz, Batres.		

Nombre de Familia	Actividad económica y política	Años 1700-1800
	Samayoa	
José María Samayoa Enríquez	Comerciante, finquero, exportador de café	1826
	Diputado	1855
	Ministro de Fomento	1871
	Ministro de Hacienda y Estado	1873
	Ministro de Guerra	1876
Otros miembros:	Consulado de Comercio, importadores	1854-1881
	Comerciantes, prestamistas, inversores	1860-70
	Accionistas, exportadores de café	1860-70
	Cámara de Representantes, Consulado de Comercio	1860-70
	Asamblea Constituyente	1872-79
Emparentan con: Klee Ubico, Herrera, Matheu, Cordón		
	Saravia	
Antonio González de Saravia y Mollinedo	Gobernador, Capitán General, Presidente de la Real Audiencia de Guatemala	1800
Miguel González de Saravia y Colarte	Coronel, Abogado, Intendente de Nicaragua	1818-1823
Ignacio González Saravia y Nájera	Abogado, Coronel, Corregidor de Sololá	
Otros miembros:	Asamblea Constituyente	1851-55
	Cámara de Representantes	1860-70
	Municipalidad, Sociedad Económica, Consulado de Comercio	1860-70
	Asamblea	1879
	Importadores exportadores de café	1880
	Comerciantes, prestamistas	1878
Emparentan con: Delgado de Nájera, Ayau, Klee, Ubico, García Granados, Zirión, Urruela, Arzú.		
	Ubico	
Jorge Guillén de Ubico	Comerciante, federalista, Administrador del Real de Minas	1776-1835
Manuel Guillén de Ubico y Perdomo	Abogado, Magistrado Corte Suprema de Justicia	1816-1883
Arturo Ubico y Urruela	Político, Diplomático, Ministro de Estado, Diputado y Presidente del Poder Legislativo	1848-1927
Jorge Ubico Castañeda	General de División, Presidente de la República	1878-1947
Otros miembros:	Consulado de Comercio, Asamblea	1851-55
	Importadores, Presidente del Poder Legislativo, exportador de café	1872-81
Emparentan con: Urruela, Klee, Samayoa, Anguiano, Dorión, Saravia, Cofiño y Aparicio, Herrera.		

Anexos

Nombre de Familia	Actividad económica y política	Años 1700-1800
\multicolumn{3}{c}{**Urruela**}		
Gregorio Ignacio de Urruela y Angulo	Regidor	1779-1792
	Alcalde	1780
	Diputado del Consulado del Comercio, fundador de hermandades	1803
José M. Rosendo	Magistrado	1834
	Consejero de Estado	1844
	Diputado	1856-60
	Consulado de Comercio	1856
	Ministerio de Hacienda y Relaciones Exteriores	1849
José Julián	Alcalde, Casa Comercial	1801
Otros miembros:	Asamblea Constituyente	1851-55
	Cámara de Representantes	1860-70
	Consejero de Estado	1860-70
	Municipalidad	1860-70
	Sociedad Económica. Importador y Exportador	1851-61
	Comerciantes, prestamistas	1860-70
	Inversores, Casas Comerciales	1878
	Banco de Comercio	1891
Emparentan con: Ubico, Klee-Díaz, Durán, Castillo, Zirión, Angulo, Herrera, Azmitia, Beltranena, Piño, Vásquez, Saravia, Aguirre.		
\multicolumn{3}{c}{**Zirión**}		
Antonio Julián	Consulado de Comercio	1846
	Tesorero, Sociedad Económica, Comerciante	1871
Otros miembros:	Consulado de Comercio	1860-70
	Consulado de Comercio	1851-66
	Importación, Municipalidad	1860-70
	Comerciantes, Inversionistas	1860-70
Emparentan con: Urruela, Angulo, Casares, Anguiano, Lara, Saravia, Sinibaldi, Castillo.		

Anexo 4
PRINCIPALES FAMILIAS QUE PASAN DEL PERIODO CONSERVADOR AL LIBERAR SIN MERMA DE SU PODER POLÍTICO Y ECONÓMICO

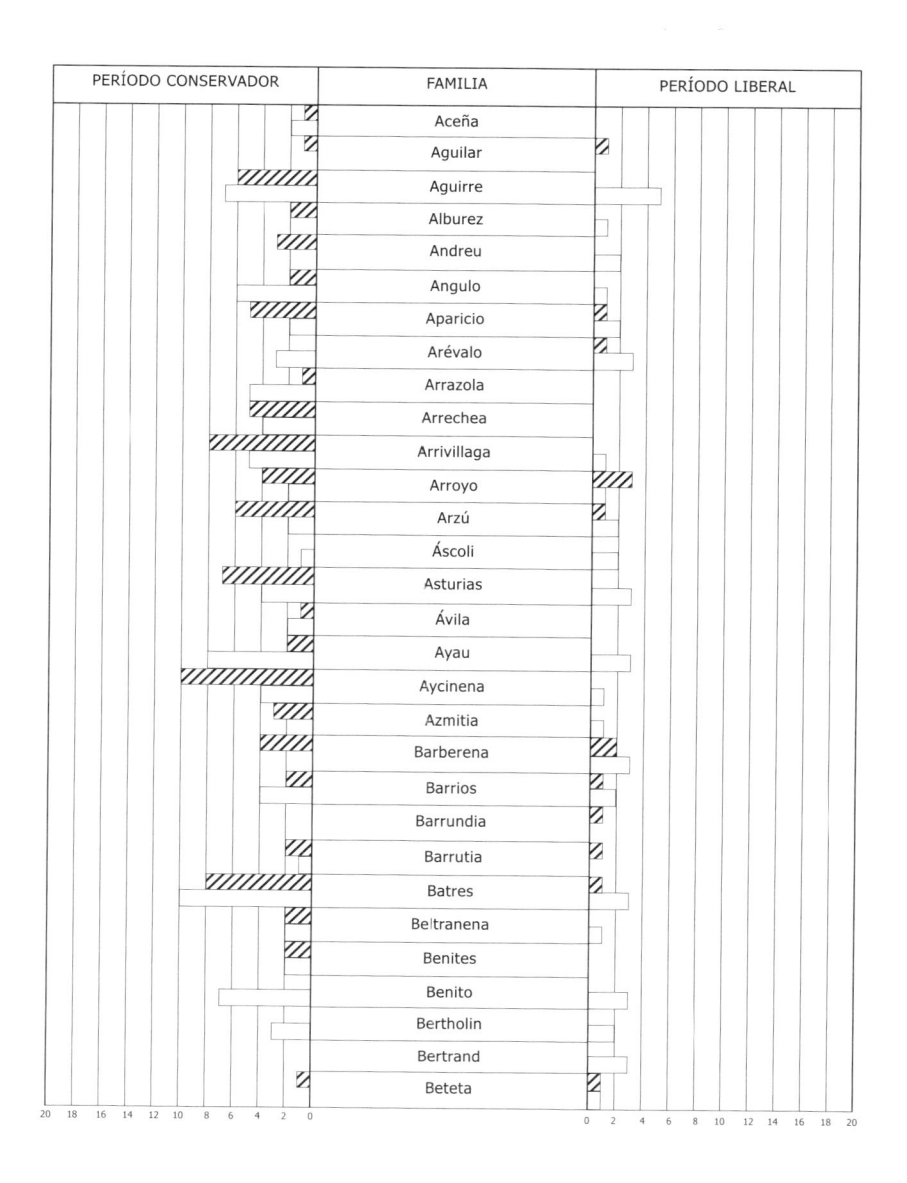

PERÍODO CONSERVADOR	FAMILIA	PERÍODO LIBERAL
	Aceña	
	Aguilar	
	Aguirre	
	Alburez	
	Andreu	
	Angulo	
	Aparicio	
	Arévalo	
	Arrazola	
	Arrechea	
	Arrivillaga	
	Arroyo	
	Arzú	
	Áscoli	
	Asturias	
	Ávila	
	Ayau	
	Aycinena	
	Azmitia	
	Barberena	
	Barrios	
	Barrundia	
	Barrutia	
	Batres	
	Beltranena	
	Benites	
	Benito	
	Bertholin	
	Bertrand	
	Beteta	

Continúa...

...viene

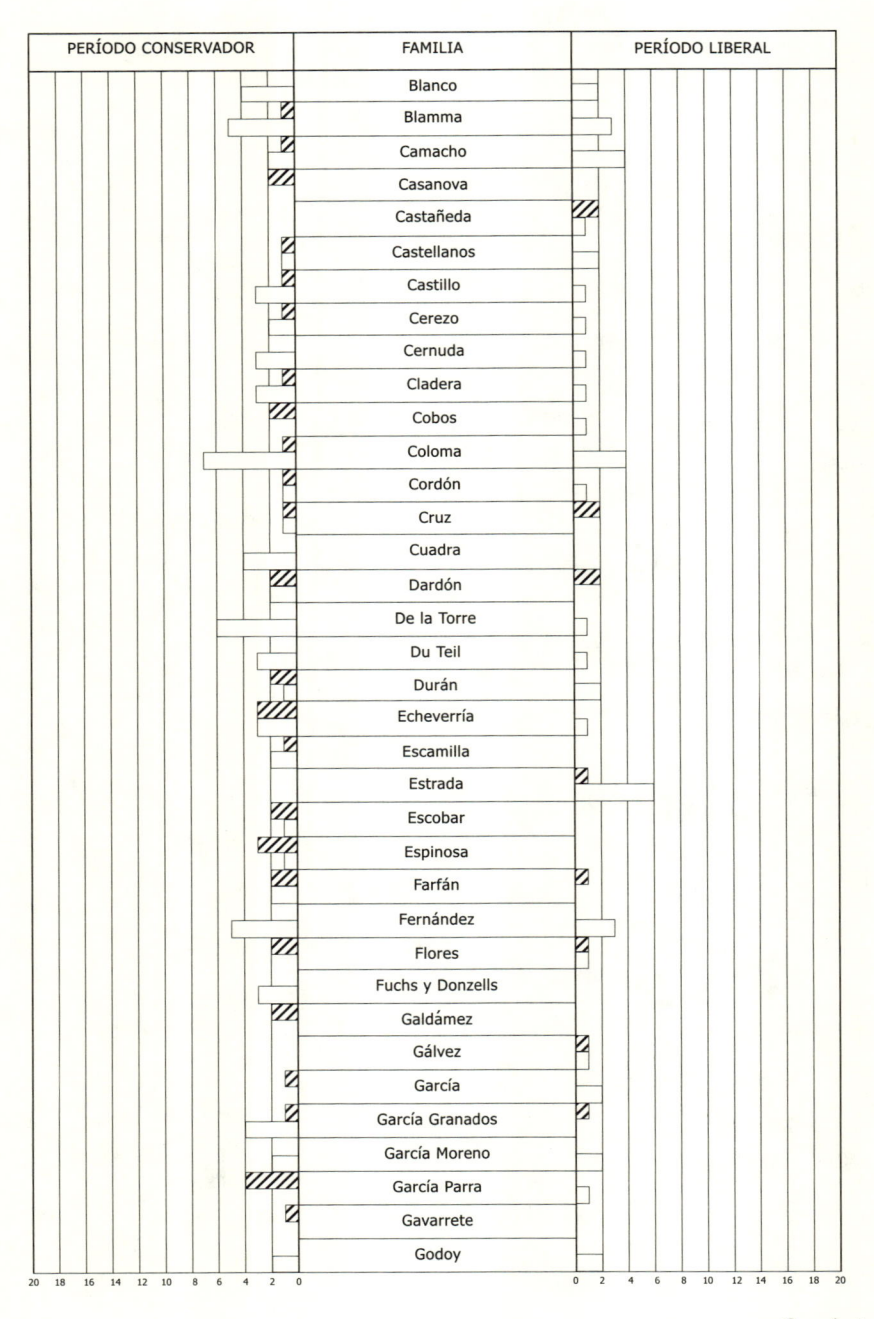

PERÍODO CONSERVADOR	FAMILIA	PERÍODO LIBERAL
	Blanco	
	Blamma	
	Camacho	
	Casanova	
	Castañeda	
	Castellanos	
	Castillo	
	Cerezo	
	Cernuda	
	Cladera	
	Cobos	
	Coloma	
	Cordón	
	Cruz	
	Cuadra	
	Dardón	
	De la Torre	
	Du Teil	
	Durán	
	Echeverría	
	Escamilla	
	Estrada	
	Escobar	
	Espinosa	
	Farfán	
	Fernández	
	Flores	
	Fuchs y Donzells	
	Galdámez	
	Gálvez	
	García	
	García Granados	
	García Moreno	
	García Parra	
	Gavarrete	
	Godoy	
20 18 16 14 12 10 8 6 4 2 0		0 2 4 6 8 10 12 14 16 18 20

Continúa...

Anexos

...viene

PERÍODO CONSERVADOR	FAMILIA	PERÍODO LIBERAL
	Gómez	
	González	
	Goubaud	
	Guirola	
	Hall	
	Herbruger	
	Herrera	
	Hidalgo	
	Hockmeyer y Cia.	
	Hockmeyer y Rittscher	
	Hoyos	
	Idígoras	
	Irigoyen	
	Iriondo	
	Jáuregui	
	Keller	
	Klee	
	Lara Pavón	
	Lara	
	Larrave	
	Larraondo	
	Locher	
	Loizaga	
	López	
	Luna	
	Llerena	
	Machado	
	Martínez	
	Matheu	
	Medina	
	Mendibelzua	
	Meza	
	Milla	
	Molina	
	Monteros	
	Montis	

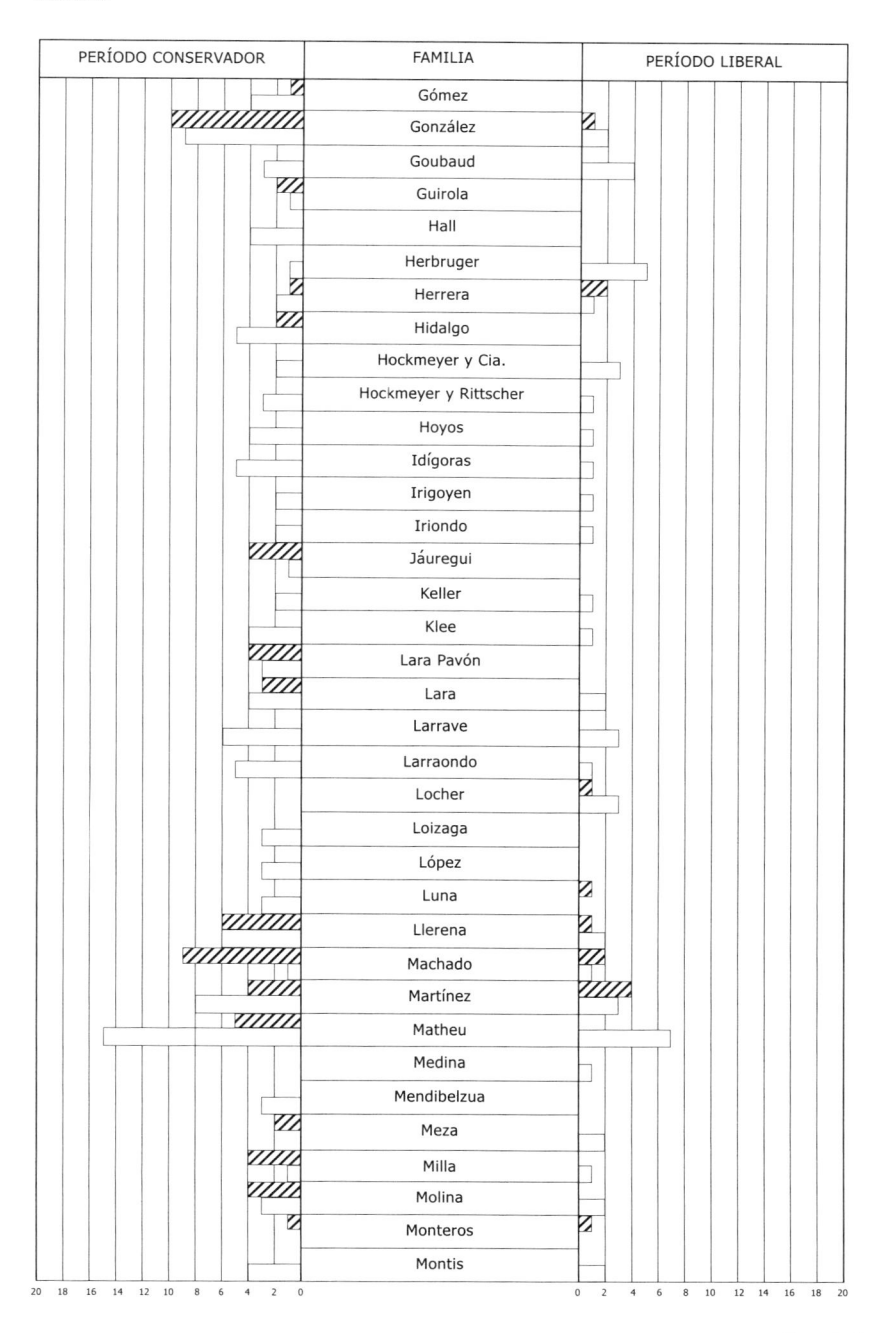

Continúa...

...viene

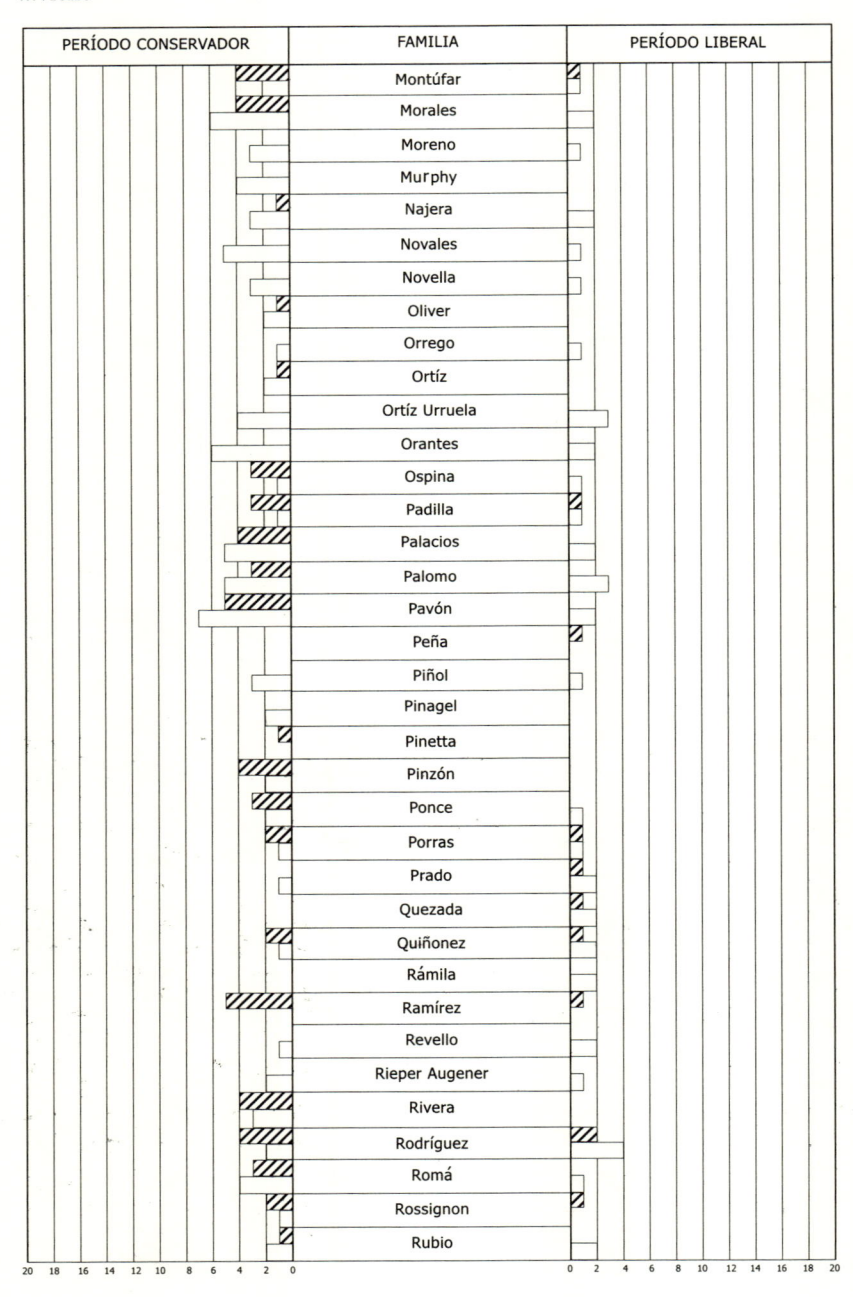

PERÍODO CONSERVADOR	FAMILIA	PERÍODO LIBERAL
	Montúfar	
	Morales	
	Moreno	
	Murphy	
	Najera	
	Novales	
	Novella	
	Oliver	
	Orrego	
	Ortíz	
	Ortíz Urruela	
	Orantes	
	Ospina	
	Padilla	
	Palacios	
	Palomo	
	Pavón	
	Peña	
	Piñol	
	Pinagel	
	Pinetta	
	Pinzón	
	Ponce	
	Porras	
	Prado	
	Quezada	
	Quiñonez	
	Rámila	
	Ramírez	
	Revello	
	Rieper Augener	
	Rivera	
	Rodríguez	
	Romá	
	Rossignon	
	Rubio	

20 18 16 14 12 10 8 6 4 2 0   0 2 4 6 8 10 12 14 16 18 20

Continúa...

Anexos

...viene

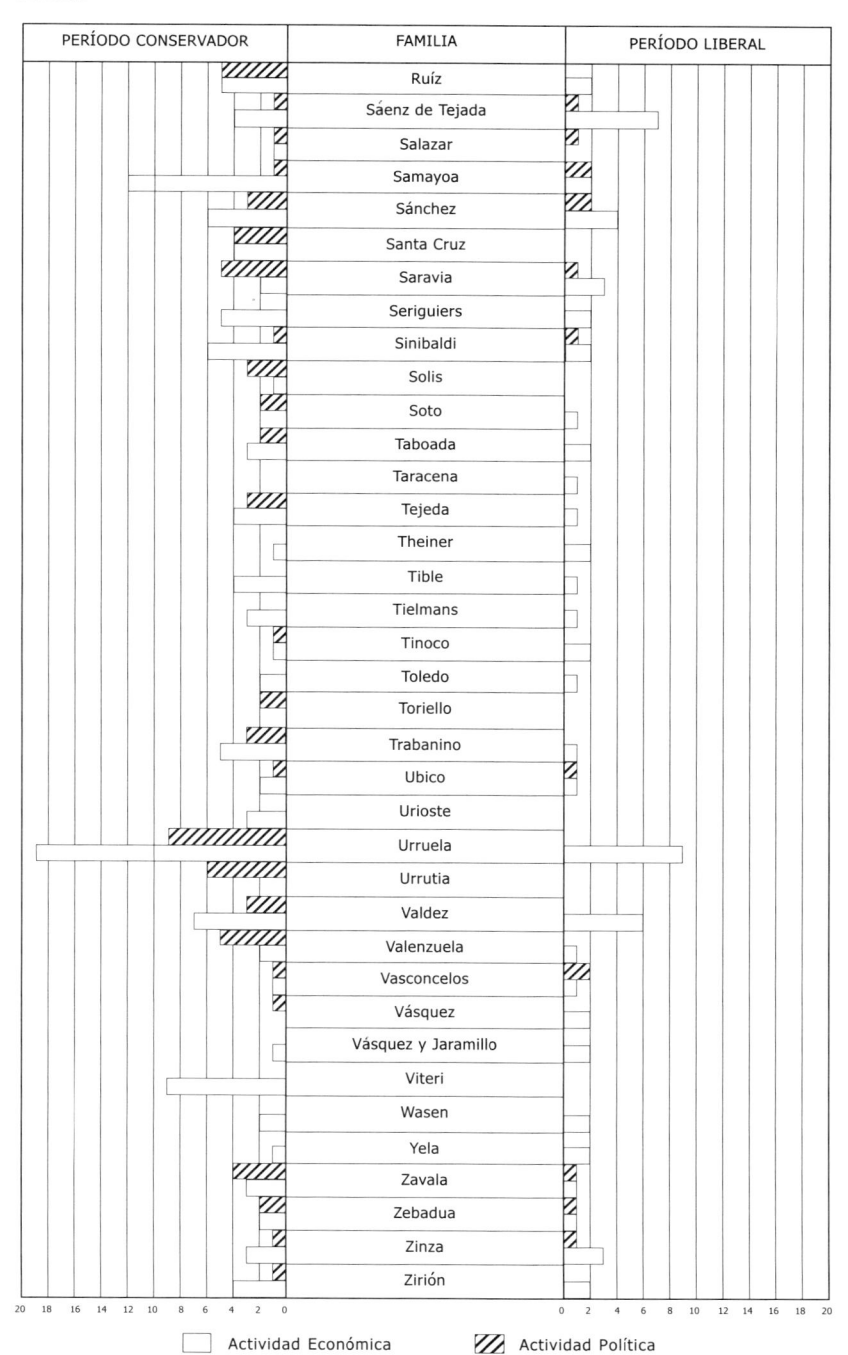

PERÍODO CONSERVADOR	FAMILIA	PERÍODO LIBERAL
	Ruíz	
	Sáenz de Tejada	
	Salazar	
	Samayoa	
	Sánchez	
	Santa Cruz	
	Saravia	
	Seriguiers	
	Sinibaldi	
	Solis	
	Soto	
	Taboada	
	Taracena	
	Tejeda	
	Theiner	
	Tible	
	Tielmans	
	Tinoco	
	Toledo	
	Toriello	
	Trabanino	
	Ubico	
	Urioste	
	Urruela	
	Urrutia	
	Valdez	
	Valenzuela	
	Vasconcelos	
	Vásquez	
	Vásquez y Jaramillo	
	Viteri	
	Wasen	
	Yela	
	Zavala	
	Zebadua	
	Zinza	
	Zirión	

☐ Actividad Económica ▨ Actividad Política

Fuente: Gustavo Palma, 1975.

Anexo 5
LISTA DE LAS PRINICIPALES FAMILIAS ESTUDIADAS Y SUS ACTIVIDADES POLITICAS Y ECONOMICAS EN EL SIGLO XIX

Familias	I Asamblea Constituyente (1851-1855)	II Cámara de Representantes (1860-1870)	Consejo de Estado (1860-1870)	Municipalidad (1860-1870)	Sociedad Económica (1860-1870)	Consulado de Comercio (1860-1870)	III Asamblea Constituyente (1872)	Asamblea Constituyente (1879)
Aceña								
Aguilar								
Aguirre		■			■	■		
Alburez								
Andreu		■						
Angulo								
Aparicio								
Arévalo								
Arrazola								
Arrechea				■				
Arrivillaga		■						
Arroyo								■
Arzú				■		■		
Asturias								
Ávila								
Ayau								
Aycinena	■		■			■		
Azmitia								
Barberena								
Barrios								
Barrutia								
Barrundia								
Batres	■				■			
Beltranena								
Benitez								
Beteta								
Blanco								
Camacho								
Casanova								
Castañeda								
Castellanos								
Castillo								
Cerezo								
Cladera								
Cobos								
Coloma								
Cordón								
Cruz			■					
Dardón		■						
Durán								
Echeverría								
Escamilla								
Estrada		■						
Escobar								
Espinoza		■						
Farfán								
Flores								
Galdámez								
Gálvez								
García								
García Granados								
García Parra								
Gavarrete								
Gómez								
González		■	■		■			
Guirola								
Herrera								

Guatemala: linaje y racismo

Familias	I Asamblea Constituyente (1851-1855)	II Cámara de Representantes (1860-1870)	Consejo de Estado (1860-1870)	Municipalidad (1860-1870)	Sociedad Económica (1860-1870)	Consulado de Comercio (1860-1870)	III Asamblea Constituyente (1872)	Asamblea Constituyente (1879)
Hidalgo								
Jáuregui								
Lara Pavón								
Larrave								
López								
Luna								
Machado								
Martínez								
Matheu								
Meza								
Milla								
Molina								
Monteros								
Montúfar								
Morales								
Moreno								
Nájera								
Oliver								
Orrego								
Orantes								
Ospina								
Padilla								
Palacios								
Palomo								
Pavón								
Peña								
Piñol								
Pinzón								
Ponce								
Porras								
Prado								
Quezada								
Quiñones								
Ramírez								
Rivera								
Rodríguez								
Romá								
Rossignon								
Rubio								
Ruiz								
Sáenz de Tejada								
Salazar								
Samayoa								
Sánchez								
Santa Cruz								
Saravia								
Sinibaldi								
Solís								
Soto								
Taboada								
Tejada								
Tinoco								
Toledo								
Toriello								
Trabanino								
Ubico								
Urruela								
Urrutia								
Valdez								
Valenzuela								
Vasconcelos								
Vásquez								

Anexos

Familias	I	II					III	
	Asamblea Constituyente (1851-1855)	Cámara de Representantes (1860-1870)	Consejo de Estado (1860-1870)	Municipalidad (1860-1870)	Sociedad Económica (1860-1870)	Consulado de Comercio (1860-1870)	Asamblea Constituyente (1872)	Asamblea Constituyente (1879)
Zavala								
Zebadua								
Zirión								

☐ Una participación ▨ Dos participaciones ■ Tres participaciones

Fuente: Gustavo Palma, 1995.

Bibliografía

Acuña, Víctor Hugo (Ed.)
1993 "Las repúblicas agroexportadoras". *Historia General de Centroamérica*, Vol. IV. Madrid: FLACSO, V Centenario.

Adams, Richard
1956 "La ladinización en Guatemala". *Cuadernos del Seminario de Integración Social Guatemalteco*. Guatemala: SISG, N° 16.
1956 *Encuesta sobre la cultura de los ladinos en Guatemala*. Guatemala: Seminario de Integración Social Guatemalteca.
1970 *Crucifixion by power. Essays on Guatemalan National social structure, 1944-1966*. Austin: Texas University Press.
1995 *Etnias en evolución social. Estudios de Guatemala y Centroamérica*. México: Universidad Autónoma Metropolitana.

Aguerreta, Santiago
2001 *Negocios y finanzas en el siglo XVI, La familia Goyeneche*. Pamplona: Eunsa.

Aguirre Beltrán, Gonzalo
1971 *La población negra de México*. México: FCE.
1991 *Zonas de refugio*. México: FCE.

Aguirre Beltrán, Gonzalo *et al.*
1992   *El debate de la nación. Cuestión nacional, racismo y autonomía.* México: Claves Latinoamericanas.

Allport, Gordon W.
1962   *La naturaleza del prejuicio.* Buenos Aires: Eudeba.

Altman, Ida
1992   *Emigrantes y sociedad. Extremadura y América en el siglo XVI.* Madrid: Alianza América.

Andersen, Margaret L. y Patricia Hill Collins
1990   *Race, class and gender: An Anthology.* London.

Anderson, Benedict
1993   *Comunidades imaginadas.* México: FCE.

Aparicio y Aparicio, Edgar
1969   *Bernal Díaz del Castillo y sus descendientes.* México: Tipografía Guadalajara.
1969   "La familia Arzú". Guatemala: *Revista de la Academia Guatemalteca de Estudios Genealógicos, Heráldicos e Históricos*, 3-4, 1969-70, pp. 69-115.
1983   "La familia Ariza o Arizaga". Guatemala: *Revista de la Academia Guatemalteca de Estudios Genealógicos, Heráldicos e Históricos*, No. 8.

Arana Pérez (Coord.), Ignacio
1990   *Los vascos y América. Ideas, hechos, hombres.* Madrid: Espasa Calpe.

Arias Sánchez, Oscar
1984   *¿Quién gobierna en Costa Rica?* San José de Costa Rica: EDUCA.

Arpal Poblador, Juan
1979   *La sociedad tradicional en el País Vasco. El estamento de los hidalgos en Guipúzcoa.* San Sebastián: Haraburu.

Bahamonde, Ángel y José Cayuela
1992   *Hacer las Américas. Las élites coloniales cubanas en el siglo XIX.* Madrid: Alianza América.

Balibar, Etienne e Immanuel Wallerstein
1991   *Raza nación y clase.* Madrid: Iepala.

Balmori, Diana y Robert Oppenheimer
1979   "Family clusters: generational nucleation in nineteenth century Argentina and Chile". *Comparative Studies in Society and History*, 21, pp. 55-93.

Balmori, Diana, Stuart Voss y Miles Wortman
1990   *Las alianzas de familias y la formación del país en América Latina*. México: FCE, 1990.
1990   "La red familiar en la literatura histórica". En *Las alianzas de familias y la formación del país*. México: FCE.

Banton, Michael
1994   *Racial theories*. Cambridge: University Press.

Barre, Marie Chantal
1986   *Ideologías indigenistas y movimientos indios*. México: Siglo XXI.

Barth, Frederick
1976   *Los grupos étnicos y sus fronteras*. México: FCE.

Bastos, Santiago y Manuela Camus
1991   *Indígenas y mundo urbano, el caso de la ciudad de Guatemala*. Guatemala: FLACSO.
1993   *Quebrando el silencio, organizaciones del pueblo maya y sus demandas*. Guatemala: FLACSO.
1994   *Sombras de una batalla*. Guatemala: FLACSO.

Batres Jáuregui, Antonio
1889   *Los indios: su historia y su civilización*. Guatemala: Tipografía Nacional.
1950   *La América Central ante la Historia*. Guatemala: Tipografía Nacional.

Berghe, Pierre Van der
1978   *Race and racism*. New York: Wiley.

Bertrand, Michel
1999   "Élites y configuraciones sociales en Hispanoamérica colonial". *Revista de Historia*, No. 13, Managua, pp. 1-15.
2000   "Los métodos relacionales de las élites hispanoamericanas coloniales: enfoques y posturas". Argentina: Instituto de Estudios Histórico–Sociales, *Anales*, No. 15, pp. 61-80.
2002   (Dir.) *Redes sociales y poder en las sociedades latinoamericanas*. Caracas: Tropykos.

2003 *Grandeur et misères de l'office, les officiers de finances de Nouvelle-Espagne, 17ème-18ème siècle, Publications de la Sorbonne, París.* México: Traducción FCE.
2003 "Identités et configurations sociales à Guatemala à la fin du 18ème siècle". En Charlotte Arnauld, Alain Breton, y Marie France Fauvet-Berthelot (Coord.), *Misceláneas... en honor a Alain Ichon.* México/Guatemala: CEMCA, pp. 151-165.
2005 "¿Grupo, clase o red social?, herramientas y debates en torno a la reconstrucción de los modos de sociabilidad del Antiguo Régimen". En Marta Casaús y Manuel Pérez Ledesma (Eds.) *Redes sociales, ciudadanía y formación de las naciones en España y América Latina.* Madrid: UAM.

Bertrand, Michel *et al.*
1998 *Pouvoirs et déviances en Mesoamerique.* Toulouse: Press Universitaires de Mirail.

Besave Benítez, Agustín
1992 *México mestizo, análisis del nacionalismo mexicano en torno a la mestizofilia de Andrés Molina Enríquez.* México: FCE.

Bettelheim, Bruno y Morris Janowitz
1975 *Cambio social y prejuicio.* México: FCE.

Blázquez-Ruiz, Javier
1995 *Estrategias de poder. Xenofobia, limpieza étnica y sumisión.* Navarra: AVD.

Bonfil Batalla, Guillermo
1981 *Utopía y revolución. El pensamiento político de los indios latinoamericanos.* México: Nueva Imagen.

Brading, David
1992 *Orbe indiano. De la Monarquía católica a la República Criolla.* México: FCE.

Brading, David
1980 *Mineros y comerciantes en el México borbónico 1763-1810.* México: FCE.

Bugeda, José
1970 *Manual de técnicas de investigación social.* Madrid: Instituto de Estudios Políticos

Burgos, Elizabeth
1994 *Me llamo Rigoberta Menchú y así me nació la conciencia*. Barcelona: Seix Barral.

Burguess, Paul
1971 *Justo Rufino Barrios, una biografía*. Guatemala: Sociedad de Geografía e Historia.

Burguière, André *et al.*
1996 *A history of the family*. Cambridge, Massachusetts: Harvard University Press.

Burkett, Elinor
1978 "Indian woman and white society: The case of sixteenth-century, Perú". En Asunción Lavrin (Ed.), *Latin American woman, historical perspectives*. Westport, Connecticut: Greenwood Press.

Burkholder, Mark y Dewitt Chandler
1977 *From impotence to authority, The Spanish Crown and the American Audiencias 1687-1808*. Columbia: University of Missouri Press.

Camp, Roderic
1990 *Los empresarios y la política en México. Una visión contemporánea*. México: FCE.

Carlos, Manuel L. y Lois Sellers
1985 "Family, kinship structure, and modernization in Latin America". *LARR*, p. 95-125.

Carmack, Robert
1979 *Evolución del Reino Quiché*. Guatemala: Editorial Piedra Santa.
1991 *Guatemala: Cosecha de violencias*. San José: FLACSO.

Carmagnani, Marcelo
1984 *Estado y sociedad 1850-1930*. Barcelona: Crítica.

Caro Baroja, Julio
1969 *La hora Navarra del XVIII (Personas, familias, negocios e ideas)*. Pamplona: Diputación Provincial de Navarra.

Casasola, Silvia
2000   *El núcleo de la élite colonial de Santiago de Guatemala: Un bloque cohesivo.* México: UNAM.

Casaús Arzú, Marta Elena
1992   *Análisis de contenido de algunos documentos de las iglesias neopentecostales o de la restauración.* Madrid: Instituto Ortega y Gasset.
1992   *Guatemala: Linaje y racismo.* San José: FLACSO. 2ª edición, 1995.
1992   "La metamorfosis de las oligarquías centroamericanas". En: Marta Casaús y Rolando Castillo, *Centroamérica: Balance de la década de los 80. Una perspectiva regional.* Madrid: CEDEAL.
1992   "La metamorfosis de las oligarquías centroamericanas". México: *Revista Mexicana de Sociología*, octubre, pp. 69-115.
1994   "La pervivencia de las redes familiares de la élite de poder en Centroamérica: El caso de la familia Díaz Durán". San José: *Anuario de Estudios Centroamericanos*, Universidad de Costa Rica, 20 (2): 41-69.
1994   "La pervivencia de las redes familiares en las élites empresariales centroamericanas y su inserción en el nuevo orden mundial". Ponencia presentada en 48 Congreso Internacional de Americanistas, Estocolmo, 4-9 de julio.
1994   *Las redes familiares como estructuras de larga duración.* Vitoria: Congreso de Hispanistas.
1996   "El pensamiento racial y la Nación en Guatemala: El pensamiento de Antonio Batres Jáuregui". Ponencia presentada en el III Congreso Centroamericano de Historia, San José de Costa Rica.
1998   "Reflexiones en torno a la legitimidad del Estado, la nación y la identidad en el marco de los Acuerdos de Paz en Guatemala". *Boletín de Lingüística*, Segundo Congreso de Estudios Mayas, Guatemala, Universidad Rafael Landívar, AECI UAM.
1999   "Los proyectos de integración social del indio y el imaginario nacional de las élites intelectuales guatemaltecas, siglos XIX y XX". España: *Revista de Indias*, pp. 775-813.
2003   *La metamorfosis del racismo en Guatemala.* Guatemala: Cholsamaj.

Casaús, Arzú, Marta Elena y Teresa García Giráldez
2005   *Las redes intelectuales centroamericanas: Un siglo de imaginarios nacionales (1820-1920).* Guatemala: F&G Editores.

Casey, John y Juan Hernández Franco (Eds.)
1997   *Familia parentesco y linaje.* Murcia: Universidad de Murcia.

Castellanos Cambranes, Julio
1985 *Café y campesinos en Guatemala, 1853-1897*. Guatemala: USAC.
1992 *500 años de lucha por la tierra. Estudios sobre la propiedad rural y reforma agraria en Guatemala*. Guatemala: FLACSO, Vol. 1 y 2.

Castellanos, Juan Luis (Ed.)
1996 *Sociedad, administración y poder en la España del Antiguo Régimen*. Granada: Universidad de Granada, 1996.

CEIDEC. Centro de Estudios Integrados de Desarrollo Comunal
1992 *Etnia y clases sociales*. México: CEIDEC.

Cerutti M., Mario y Marco Vellinga
1989 *Burguesías e industrias en América Latina y Europa Meridional*. Madrid: Alianza América.

Chacón Jiménez, Francisco
1995 "Hacia una nueva definición de la estructura social en la España del Antiguo Régimen a través de la familia y de las relaciones de parentesco". *Historia Social,* un. 21, pp: 75-104.

Chacón Jiménez, Francisco y Juan Hernández Franco (Eds.)
1992 *Poder familia y consanguinidad en la España del Antiguo Régimen*. Barcelona: Anthropos.

Chacón Jiménez, Francisco, Antonio Irigoyen López, Eni de Mesquita Samara y Teresa Lozano Armendares (Eds.)
2003 *Sin distancias. Familia y tendencias historiográficas en el siglo XX*. Murcia: Universidad de Murcia.

Chance, John
1978 *Race and class in colonial Oaxaca*. California: Stanford University Press.

Chandler, David
1988 *Juan José de Aycinena. Idealista conservador de la Guatemala del siglo XIX*. Antigua Guatemala: CIRMA.

Chomsky, Noam
1985 *Turning the tide, US intervention in Central America and the struggle for peace*. London: Pluto Press.

Clavero, Bartolomé
1989   *Mayorazgo*. Madrid: Siglo XXI.

Clendinnen, Inga
1987   *Ambivalent Conquests, Maya and Spaniards in Yucatán 1517-1570*. Cambridge: Cambridge University Press.

Cojti Cuxil, Demetrio
1991   *La configuración del pensamiento político del Pueblo Maya*. Quetzaltenango.
1995   *Políticas para la reivindicación de los mayas de hoy*. Guatemala: Cholsamaj.
1997   *Ri maya moloj pa Iximulew. El movimiento maya (en Guatemala)*. Guatemala: IWGHIA-Cholsamaj.
1999   "Heterofobia y racismo guatemalteco: perfil y estado actual". En Clara Arenas, Charles Hale y Gustavo Palma Murga (Eds.). *Racismo en Guatemala, abriendo el debate sobre un tema tabú*. Guatemala: Avancso.

Colby, Benjamin y Pierre van der Berghe
1977   *Ixiles y ladinos*. Guatemala: Editorial José de Pineda Ibarra.

Collier, Jane Fishburne y Sylvia Junko Yanagisako (Eds.)
1987   *Gender and Kinship: Essays toward a Unified Analysis*. Stanford: Stanford University Press.

Conrad, Geofrey y Arthur Demarest
1988   *Religión e imperio. Dinámica del expansionismo azteca e inca*. Madrid: Alianza América.

Costa Pinto, Luiz Aguiar
1980   "Lutas de familias no Brasil". Sao Paulo: *MEC*.

Couturier, Edith
1978   "Women in a noble family: The Mexican counts of Regla 1750-1830". En Asunción Lavrin (Ed.), *Latin American women: Historical perspectives*. Westport, Connecticut: Greenwood Press, pp. 129-149.

Cruz, José
1985   "Las élites iberoamericanas a finales del siglo XVII". *Hismo*.

De la Peña, José F.
1983   *Oligarquía y propiedad en Nueva España 1550-1624*. México: FCE.

Dediu, Jean Pierre y Juan Luis Castellanos
1998   *Réseaux, familles et pouvoirs dans le monde Ibérique a la fin de l'Ancien Régime.* París: CNRS.

Delacampagne, Christian
1983   *Racismo y Occidente.* Barcelona: Argos Vergara.

Díaz Polanco, Héctor
1979   "La teoría indigenista y la integración". En: Varios Autores, *Indigenismo, modernización y marginalidad.* México: Juan Pablos
1988   *La cuestión étnico nacional.* México: Fontamara.
1991   *Autonomía regional, la autodeterminación de los pueblos indios.* México: Siglo XXI.

Domínguez, Virginia
1992   *White by definition.* Princeton: Princeton University Press.

Echeverría Lirrazalde, Juan
1965   *Historia genealógica de la familia Urruela.* Guatemala: Academia Guatemalteca de Estudios Genealógicos, Heráldicos e Históricos.

Epstein, Arnold Leonard
1978   *Ethos and Ethnicity, Three studies in ethnicity.* Londres: Tavistock

Esquit, Edgar
1994   "La nación imaginada y la destrucción de la identidad comunitaria indígena 1940-1971". Ponencia presentada en el II Congreso de Historia Centroamericana, agosto.

Euraque, Darío
1992   "Estructura económica y formación del capital industrial, relaciones familiares y poder político en San Pedro Sula, 1870-1958". *Polémica*, No. 18, sep-dic. 1992, pp.: 31-51.

Euraque, Darío, Jeffrey Gould y Charles Hale (Eds.)
2004   *Memorias del mestizaje. Cultura política en Centroamérica de 1920 al presente.* Antigua Guatemala: CIRMA.

Fabregat, Esteva
1988   *El mestizaje en Iberoamérica.* Madrid: Alhambra.

Falla, Ricardo
1992   *Masacres de la selva, Ixcán, Guatemala 1975-1982*. Guatemala: USAC.

Falla Sánchez, Juan José
1983   "La Familia Tovilla". Guatemala: *Revista de la Academia Guatemalteca de Estudios Genealógicos, Heráldicos e Históricos*, No. 8.

Fanon, Franz
1973   *Sociología de una revolución*. México: ERA.

Farris, Nancy
1992   *La sociedad maya bajo el dominio colonial*. Madrid: Alianza América.

Figueroa Ibarra, Carlos
1980   *El proletariado rural en el agro guatemalteco*. Guatemala: Editorial Universitaria.
1991   *El recurso del miedo*. San José: EDUCA.

Flores Alvarado, Humberto
1983   *El adamcismo y la sociedad guatemalteca*. Guatemala: Piedra Santa.

Flores Galindo, Alberto
1988   *Buscando un inca: identidad y utopía en los Andes*. Lima: Ed. Horizonte.

Florescano, Enrique
1987   *Memoria mexicana*. México: J. Mortiz.

Foucault, Michel
1992   *Genealogía del racismo, de la guerra de razas al racismo de Estado*. Madrid: La Piqueta.

Frenkel-Brunswik, Else, Daniel J. Levinson, Theodor Wiesengrund Adorno y Nevitt R. Sanford
1950   *The authoritarian personality*. New York: Harper & Bross.

Fuentes y Guzmán, Francisco
1967   *Recordación florida*. Guatemala: Editorial José de Pineda Ibarra.

Gall, Francis
s.f.   *Probanza de méritos de los De León Cardona*. Guatemala: manuscrito N-1119.

Gamio, Manuel
1967   *Forjando patria*. México: Porrúa.

García Giráldez, Teresa
1993   "Las redes familiares vascas en las instituciones coloniales de Guatemala". En Pilar García Jordán, *Memoria, creación e historia, luchar contra el olvido*. Barcelona: Universidad de Barcelona.
1994   *La emigración vasca a Centroamérica. Las redes familiares vascas como estructuras de poder en Guatemala, 1750-1800*. Madrid: UAM.
1996   "La formación de las redes familiares vascas en Centroamérica, 1750-1880". En R. Escobedo Mansilla, A. de Zaballa Beascoechea, O. Alvarez Gila (Coord.), *Emigración y redes sociales de los vascos en América*, Vitoria: Universidad del País Vasco, pp. 317-343.
2000   "Las redes familiares vascas y su influencia en la política nacional, en el período liberal". En Marta Casaús y Carlos Giménez (Ed.), *Guatemala hoy: Reflexiones y perspectivas interdisciplinares*. Madrid: UAM.
2001   "Nación cívica, nación étnica en el pensamiento político centroamericano del siglo XIX". En Marta Elena Casaús Arzú y Oscar G. Peláez Almengor y Marta Elena Casaús Arzú (Comp.), *Historia intelectual de Guatemala*. Guatemala: UAM-AECI-CEUR, 2001, pp. 51-119.
2002   "La inmigración vasca y la constitución de redes familiares en Centroamérica a mediados del siglo XVIII". *Tierra Firme*, No. 78, abril-junio.

García Peláez, Francisco de Paula
1968   *Memorias para la historia del antiguo reyno de Guatemala*. Guatemala: Sociedad de Geografía e Historia de Guatemala, 3ª ed.

García Ruiz, Jesús
1991   *Historias de nuestra historia, la construcción de las identificaciones en las sociedades mayas de Guatemala*. Guatemala: IRIPAZ.
1991   "Procesos sociales y protestantismos centroamericanos, de la conversión a la reestructuración de identidades individuales y colectivas". París: CNRS.

Garritz, Amaya
1997   (Coord.), *Los vascos en las regiones de México, siglos XVI-XX*. México: UNAM.
1999   "Una familia más allá de las normas. Los vascos de Querétaro y el Padrón 1791". En *V Congreso Internacional sobre los vascos en las regiones de México, siglos XVI–XX*. México.

Gellner, Ernest *et al.*
1985   *Patrones y clientes en las sociedades mediterráneas.* Barcelona: Jucar Universidad.

Gibson, Charles
1984   *Los aztecas bajo el dominio español.* México: Siglo XXI.

Giménez, Carlos y Graciela Malgasini
1997   *Guía de conceptos sobre migraciones, racismo e interculturalidad.* Madrid: La Cueva del Oso.

Ghidinelli, Azzo
1975   *Apuntes para una teoría y metodología de la investigación sobre el roce interétnico.* Guatemala: Instituto Indigenista Nacional.

Gobat, Michel
1999   "Contra el espíritu burgués: La élite nicaragüense ante la amenaza de la modernidad, 1918-1929". *Revista de Historia, Élites Familias y Redes de poder en las Sociedades Mesoamericanas*, No. 13, Managua, Instituto de Historia de Nicaragua y Centroamérica, pp. 17-34.

Goldberg (Ed.), David Theo
1990   *Anatomy of racism.* Minneapolis: University of Minnesota Press.
1996   *Racist culture, philosophy and the politics of meaning.* Cambridge: Blackwell.

Goldman, Francisco
1994   *La larga noche de los pollos blancos.* Barcelona: Anagrama, 1994.

Gómez Serrano, Jesús
2002   *Los españoles en Aguascalientes durante la época colonial. Origen, desarrollo e influencia de una minoría.* Zapopan: El Colegio de Jalisco-Fomento Cultural Banamex-Universidad Autónoma de Aguascalientes.

Gonzalbo Aizpuru, Pilar
1991   (Coord.) *Familias novohispanas, siglos XVI al XIX.* México: Colegio de México.
2001   (Coord.) *Familias iberoamericanas. Historia, identidad y conflictos.* México: Colegio de México.

González Luna, Dolores (Comp.)
1991   *Género, clase y raza en América Latina.* Barcelona: Universidad de Barcelona.

González Muñoz, Ana Isabel y Victoria Martínez Ortega
1989 *Cabildos y élites capitulares en Yucatán*. Sevilla: Escuela de Estudios Hispanoamericanos de Sevilla, CSIC.

González Ponciano, Jorge Ramón
1999 "«Esas sangres no están limpias», modernidad y pensamiento civilizatorio en Guatemala". En: Clara Arenas, Charles Hale y Gustavo Palma Murga (Eds.), *Racismo en Guatemala, abriendo el debate sobre un tema tabú*. Guatemala: Avancso
2004 "La visible invisibilidad de la blancura y el ladino como no blanco en Guatemala". En: Darío Euraque, Jeffrey Gould y Charles Hale (Eds.), *Memorias del mestizaje. Cultura política en Centroamérica de 1920 al presente*. Antigua Guatemala: CIRMA.

Gordon, Linda
1977 *Woman's body, woman's right*. London: Penguin.

Gramsci, Antonio
1974 *Filosofía de la praxis*. Barcelona: Editorial Península.
1976 "El concepto de intelectual orgánico". En *Introducción a la filosofía de la praxis*. Barcelona: Península.
1986 *Antología*. México: Siglo XXI.

Grieb, Kenneth
1979 *Guatemalan Caudillo. The Regime of Jorge Ubico, (1931-1944)*. Athens, Ohio: Ohio University Press.

Grignon, Claude
1988 "Racisme et ethnocentrisme de classe". *Bulletin interne de L'Association critiques sociales*, N°. 2, 1988.

Gruzinski, Serge
1992 *La colonización de lo imaginario. Sociedades indígenas y occidentalización en el México español, siglos XVI-XVIII*. México: FCE.

Guirola Leal de Aceña Durán, Mercedes
1971 "La familia Durán". Guatemala: *Revista de la Academia Guatemalteca de Estudios Genealógicos, Heráldicos e Históricos*, 5-6, 1971-72.

Gutiérrez, Manuel, Miguel León-Portilla, Gary Gossen y Jorge Klor de Alvan
1992   "De palabra y obra en el Nuevo Mundo". En: Vol. 2. *Encuentros interétnicos*. Madrid: Siglo XXI, 3 volúmenes.

Guzmán Böckler, Carlos
1975   *Colonialismo y revolución*. México: Siglo XXI.
1986   *Donde enmudecen las conciencias. Crepúsculo y aurora en Guatemala*. México: SEP-CIESAS.

Guzmán Böckler, Carlos y Jean Loup Herbert
1970   *Guatemala: una interpretación histórico social*. México: Siglo XXI.

Hale, Charles
1985   *El liberalismo mexicano en la época de Mora*. México: Siglo XXI.
1991   "Ideas políticas y sociales 1870-1930". En Leslie Bethell (ed.), *América Latina, Política y sociedad 1830-1930*. Barcelona: Crítica.
2004   "Mistados, cholos y la negación de la identidad ladina en el altiplano guatemalteco". En: Darío Euraque, Jeffrey Gould y Charles Hale (Eds.), *Memorias del mestizaje. Cultura política en Centroamérica de 1920 al presente*. Antigua Guatemala: CIRMA.

Halperin Donghi, Tulio
1979   *Revolución y guerra. Formación de una élite dirigente en la argentina criolla*. México: Siglo XXI.
1985   *Reforma y disolución de los imperios ibéricos, 1750-1850*. Madrid: Alianza América.

Hawkins, John
1986   "El concepto de cultura en Robert Redfield y la antropología mesoamericana". En Carl Kendall, John Hawkins y Laurel Bossen, *La herencia de la conquista, treinta años después*. México: FCE.

Hernández Franco, Juan
1998   "El reencuentro entre la Historia social e Historia política en torno a las familias de poder". *Studia Histórica* Universidad de Salamanca, pp: 179-199.

Horsman, Reginald
1985   *La raza y el destino manifiesto*. México: FCE.

Hurtado, Javier
1993 *Familias, política y parentesco. Jalisco 1919-1991*. México: FCE.

Hyman, Herbert
1968 *Diseño y análisis de las encuestas sociales*. Buenos Aires: Amorrortu.

Ianni, Octavio
1970 *Imperialismo y cultura de la violencia*. México: Siglo XXI.
1972 *Razas y classes sociais no Brasil*. Brasil: Vozes.
1976 *Esclavitud y capitalismo*. México: Siglo XXI.
1986 *Clase e Naçao*. Sao Paulo: Vozes.
1987 *Raças e classes sociais no Brasil*. Sao Paulo: Editora Brasilense.
1992 *A sociedade global*. Sao Paulo: Civilizaçao Brasileira.
1993 *O laberinto latinoamericano*. Sao Paulo: Vozes.

Imizcoz Bueza, José María
1996 *Élites de poder y red social, las élites del país vasco y navarro en la Edad Moderna*. Vitoria: Universidad del País Vasco.
2001 (Ed.) *Redes familiares y patronazgo. Aproximación al entramado social del País Vasco y Navarra en el Antiguo Régimen, siglos XV y XIX*. Bilbao: Universidad del País Vasco.

Irurozqui, Marta
1994 *La armonía de las desigualdades, élites y conflictos de poder en Bolivia*. Madrid-Cuzco: CSIC-CERA.

Israel, Jonathan
1980 *Razas, clases sociales y vida política en el México colonial, 1610- 1670*. México: FCE.

Kicza, John
1983 *Colonial entrepreneurs: Families and business in bourbon Mexico city*. Albuquerque: University of New Mexico Press.

Kramer, Wendy
1994 *Encomienda Politics in early colonial Guatemala, 1524-1544, dividing the spoils*. San Francisco: Oxford, Westview Press.

Kusnesof, Elisabeth y Robert Oppenheimer
1985 "The family and society nineteenth century Latin American: An historiographical introduction". *Journal of the family*, Fall, p. 215-234.

Kusnesof, Elisabeth
1991 "Raza, clase y matrimonio en la Nueva España: estado actual del debate". En Pilar Gonzalbo Aizpuru (Coord.), *Familias novohispanas, siglos XVI al XIX*. México: Colegio de México.

Lacoste, Pablo A.
1993 "La lucha de élites en la Argentina: La Unión Cívica Radical en Mendoza 1890-1905". *Anuario de Estudios Americanos*, Sevilla: CSIC, Tomo L, No. 1, pp. 181-211.

Ladd, Doris
1976 *The Mexican Nobility at Independence*. Texas: Austin University Press.

Lagarde, Marcela
1988 "La triple opresión de las mujeres indias". *México Indígena*, N° 21, año IV.

Langue, Frédérique
1992 "Las élites en la América española, actitudes y mentalidades". *Boletín Americanista*. Barcelona: Universidad de Barcelona, 1992-1993, No. 42-43, pp. 123-141.
1999 *Los señores de Zacatecas. Una aristocracia minera del siglo XVIII*. México: FCE.

Lavrin, Asunción (Coordinadora)
1989 *Sexualidad y matrimonio en la América Hispánica, siglos XVI y XVIII*. México: Grijalbo.

Leach, Edmund
1967 "Caste, class and slavery, the taxonomic problem". En Anthony De Reuck, Julie Knight (Eds.) *Caste and Race: Comparative approaches*. Londres: J&A Churchill

Le Bot, Yvonne
1992 *La guerre en terre Maya, Communauté, violence et modernité au Guatemala*. París: Karthala.

Levi, Darrel
1977 *A familia Prado*. Sao Paulo: Cultura 70.

Levy Peck, Linda (Comp.)
1990   *Court patronage and corruption in Early Stuart England*. Boston: Unwin Hyman.

Liher, Reinhard
1976   *Ayuntamiento y oligarquía en Puebla, 1787-1810*. México: FCE.

Lipschutz, Alejandro
1975   *El problema racial en la conquista de América*. México: Siglo XXI.

Lockhart, James
1982   *El mundo hispano peruano 1532-1560*. México: FCE.

López Beltrán, Clara
1996   "La buena vecindad: Las mujeres de élite en la sociedad colonial del siglo XVII". New York: *Colonial Latin American Review* v. 5/1, pp. 219-236.
1998   *Alianzas familiares, élites, género y negocios en La Paz, siglo XVII*. Lima: Instituto de Estudios Peruanos.

López Rivas, Gilberto
1995   *Nación y pueblos indios en el neoliberalismo*. México: UIA.

Lovell, George
1987   *Los indígenas en los Cuchumatanes*. Guatemala: CIRMA.

Luna, Dolores González (Comp.)
1991   *Género, clase y raza en América Latina*. Barcelona: Universidad de Barcelona.

Lutz, Christopher
1982   *Historia socio-demográfica de Santiago de Guatemala, 1541-1773*. Guatemala: CIRMA.

MacCaa, Robert
1991   "La viuda viva del México Borbónico: Sus voces variedades y vejaciones". En Pilar Gonzalbo Aizpuru, *Familias novohispanas, siglos XVI al XIX*. México: Colegio de México.

MacLeod, Murdo J.
1980   *Historia socio-económica de la América Central Española. (1520-1720)*. Guatemala: Editorial Piedra Santa.

Mallon, Florencia
1995   *Peasant and nation.* Berkeley: University California Press.

Martínez Peláez, Severo
1973   *La Patria del Criollo. Ensayo de interpretación de la realidad colonial guatemalteca.* Guatemala: Editorial Universitaria.

Martínez Salazar, Ángel
1984   *Presencia alavesa en América y Filipinas.* Alava: Diputación Foral de Álava.

Martínez Millán, José
1992   *Instituciones y élites de poder en la monarquía Hispana durante el siglo XVII.* Madrid: Universidad Autónoma de Madrid.

Mayer, N.
1990   "Ethnocentrisme, racisme et intolérance". En *L'électeur française en questions.* París: Presses FNSP.

McCleary, Rachel
1998   *Imponiendo la democracia: Las élites guatemaltecas y el fin del conflicto armado.* Guatemala: Artemis Edinter.

Heckt, Meike y Gustavo Palma Murga (Eds.)
2004   *Racismo en Guatemala, de lo políticamente correcto a la lucha antirracista.* Guatemala: Avancso.

Memmi, Albert
1971   *El retrato del colonizado.* Madrid: Cuadernos para el Diálogo.
1984   *Le racisme.* París, Gallimard.
1988   "Propos sur le racisme, sur le relation enseignant enseigné, sur la prière anse foi". *Hommes et sociétés,* N° 28.
1994   "Racisme, heterophobie et droits des minorités". *Communications aux Nation Unies,* 14 mars 1994.

Menéndez, Susana y Bárbara Potthast (Coord.)
1996   *Mujer y familia en América Latina, siglos XVIII y XIX.* Málaga: AHILA, Algazara.

Miles, Robert
1982   *Racism and migrant labor: A critical Text.* London: Routledge.
1993   *Racism.* London: Routledge.

Molina Enríquez, Andrés
1969   *Antología de Andrés Molina Enríquez*. México: Oasis.
1981   *Los grandes problemas nacionales*. México: ERA.

Mörner, Magnus
1969   *La mezcla de razas en la historia de América Latina*. Buenos Aires: Paidos.
1974   *Estado, razas y cambio social en la Hispanoamérica Colonial*. México: Septentas.
1983   "Economical factors and stratification in colonial Spanish Americe with special regard to élites". *HAHR*, 63, 2.

Narrol, Raoul
1964   "Ethnic Unit Classification". *Current Anthropology*, Vol. 5, No. 4.

Olveda, Jaime
1988   "El matrimonio y la familia oligárquica de la Colonia". *Revista Jalisco*, 2, 1523.
1998   *Los vascos en el noroccidente de México, siglos XVI-XVIII*. Jalisco: Colegio de Jalisco.
1999   "Los gobernadores Vascos de la Nueva Galicia". En: *Quinto Congreso Internacional, los Vascos en las regiones de México, siglos XVI-XX*, México 6-8 de octubre, 1999.

Ortiz de la Tabla, Javier, Bibiano Torres Ramírez y Enriqueta Vila Vilar (Ed.)
1984   *Cartas de Cabildos Hispanoamericanos, Audiencia de Guatemala*. Sevilla: Escuela de Estudios Hispanoamericanos, 1984.

Ortiz de la Tabla Ducasse, Javier
1993   *Los encomenderos de Quito 1534-1660. Origen y evolución de una élite colonial*. Sevilla: Escuela de Estudios Hispanoamericanos, CSIC.

Otazu y Llano, Alfonso
1970   *Hacendistas navarros en Indias*. Bilbao: Gráficas Ellacuría.

Paiz Ayala, Carlos Benjamín y Anabella Schloesser de Paiz
1997   *La historia de Carlos Paiz. Un hombre de Guatemala*. Guatemala: Fundación Paiz.

Palma Murga, Gustavo
1986 "Núcleos de poder local y relaciones familiares en Guatemala". *Mesoamérica,* No. 11, Guatemala: CIRMA.

Pardinas, Felipe
1975 *Metodología y técnicas de investigación en ciencias sociales.* México: Siglo XXI.

Paz, Octavio
1987 *El laberinto de la soledad.* México: FCE.

Peire, Jean
1993 "La manipulación de los capítulos provinciales, las élites y el imaginario socio-político colonial tardío". *Revista de la Escuela de Estudios Hispanoamericanos,* Tomo L, No. I.

Pérez Ledesma, Manuel y Marta Elena Casaús Arzú (Eds.)
2005 *Redes intelectuales y formación de naciones España y América, 1880-1940.* Madrid: Ed. UAM.

Pérez Brignoli, Héctor (Ed.)
1993 *Historia general de Centroamérica, Tomo III: De la Ilustración al Liberalismo, 1750-1870.* Madrid: FLACSO, Sociedad Estatal Quinto Centenario.

Pérez Herrero, Pedro
2002 *La América colonial, 1492-1763, política y sociedad.* Madrid: Síntesis.

Piel, Jean y Todd Little Siebold (Comp.)
1999 *Entre comunidad y nación.* Guatemala: CIRMA.

Pinto Soria, Julio César
1980 *Raíces históricas del Estado en Centroamérica.* Guatemala: Editorial Universitaria.

Poliakov, Leon (Ed.)
1975 *Hommes et Bêtes. Entretiens sur le racisme.* París, La Haya: Mouton.

Portelli, Hugues
1980 *El bloque histórico en Gramsci.* México: Siglo XXI.

Portocarrero, Gonzalo
1992 "Discriminación social y racismo en el Perú de hoy". En: *500 años después ¿el fin de la historia?*. Lima: Escuela.

Pouticnat, Philippe y Jocelyne Streiff-Fenart
1994 *Théories de L'ethnicité*. París: PUF.

Pozas, Ricardo e Isabel H. de Pozas
1971 *Los indios en las clases sociales de México*. México: Siglo XXI.

Pujada, Joan Josep
1993 *Etnicidad, identidad cultural de los pueblos*. Madrid: Eudema.

Quenan, Carlos y Carlos Juan Moneta
1994 *Las reglas del juego: América Latina globalización y regionalismo*. Buenos Aires: Corregidor.

Quijada, Mónica
1992 "En torno al pensamiento racial en Hispanoamérica: una reflexión bibliográfica". *Estudios interdisciplinarios de América Latina y El Caribe,* Universidad de Tel Aviv, Vol. 3, enero-junio, pp. 110-127.

Ramírez, Susan
1991 *Patriarcas provinciales, tenencia de la tierra y la economía del poder en el Perú colonial*. Madrid: Alianza América.

Redfield, Robert
1962 "La cultura y la educación en el altiplano medio Occidental de Guatemala". En *Cultura Indígena de Guatemala. Ensayos de Antropología Social*. Guatemala: SISG.

Ribeiro, Darcy
1974 *El dilema de América Latina*. México.

Ridings, Eugene
1994 *Business interest groups in Nineteenth Century Brazil*. Cambridge: Cambridge University Press.

Reyes, Miguel Ángel
1982 "Conflicto social en San Martín Jilotepeque". *Polémica*, diciembre.

Rodas, Isabel
2004 *De españoles a ladinos. Cambio social y relaciones de parentesco en el Altiplano central colonial guatemalteco.* Guatemala: ICAPI.

Rodinson, Maxime
1955 "Racisme et civilisation". *La Nouvelle critique* (Junio 1955, N° 66, 7 año.

Rodríguez Salas, María Luisa
1999 "Agustín de Vildósola y otros Vildósolas, su pertenencia y actividad en un ámbito doméstico *in extenso*". En *V Congreso sobre "Los Vascos en las regiones de México".* México.

Romero Vargas, Germán
1999 "Élite y poder en Nicaragua. Segunda mitad del siglo XIX". En *Seminario Internacional*, Instituto de Historia de Nicaragua y Centroamérica, 18 y 19 de octubre, 1999.

Salazar, Ramón A.
1952 *Mariano de Aycinena.* Guatemala: José de Pineda Ibarra

Sánchez Silva, Carlos
1998 *Indios, comerciantes y burocracia en la Oaxaca poscolonial, 1786-1860.* Oaxaca: Instituto Oaxaqueño de las Culturas-Fondo Estatal para la Cultura y las Artes-Universidad Autónoma Benito Juárez de Oaxaca.

Sanchiz, Pilar
1976 *Los hidalgos de Guatemala.* Sevilla: Universidad de Sevilla.
1992 "Influencia de la sectas protestantes sobre las comunidades indígenas de Centroamérica". En Marta Casaús y Rolando Castillo, *Centroamérica: Balance de la década de los 80. Una perspectiva regional.* Madrid: CEDEAL.

Santos Pérez, José Manuel
1999 "Los comerciantes de Guatemala y la economía centroamericana en la primera mitad del siglo XVIII". Sevilla: *Anuario de Estudios Hispanoamericanos*, Vol. 56(2), pp. 463-484.
2000 *Élites poder local y régimen colonial de Guatemala, 1700-1787.* Cádiz: Universidad de Cádiz.

Schlesinger, Stephen y Stephen Kinzer
1982 *Fruta amarga, la CIA en Guatemala.* México: Siglo XXI.

Seed, Patricia
1982 "Social dimension of race: México City 1753". *Hispanic American Review*, 62:4, 1982, pp. 569-606.

Serrano Gómez, Enrique
1994 *Legitimación y racionalización*. México: Antrophos.

Sherman, William
1987 *El trabajo forzoso en América Central, siglo XVI*. Guatemala: Tipografía Nacional.

Sipranis, Sancho de
1960 "Las naciones extranjeras en Cádiz durante el siglo XVII". Madrid: *Estudios de historia social de España*, IV, 2.

Smith, Carol
1990 (Ed.) *Guatemalan Indians and the State, 1540 to 1988*. Austin: Texas University Press.
1999 "Interpretaciones norteamericanas sobre la raza y el racismo en Guatemala". En Clara Arenas, Charles Hale y Gustavo Palma Murga (Eds.). *Racismo en Guatemala, abriendo el debate sobre un tema tabú*. Guatemala: Avancso.

Socolow, S.
1991 *Los mercaderes del Buenos Aires Virreinal*. Buenos Aires: Ediciones de la Flor.

Solares, Jorge
1992 *Estado y nación, las demandas de los grupos étnicos en Guatemala*. Guatemala: FLACSO.

Solórzano, Valentín
1970 *Evolución económica de Guatemala*. Guatemala: Seminario de Integración Social Guatemalteca.

Stavenhagen, Rodolfo
1976 *Las clases sociales en las sociedades agrarias*. México: Siglo XXI.

Stolcke, Verena
1992 "¿Es el sexo para el género como la raza para la etnicidad?" *Mientras tanto*.
1992 *Racismo y sexualidad en la Cuba colonial*. Madrid: Alianza América.

Stoll, David
1988   *Is Latin American Turning Protestant?* Austin: 1988.

Stone, Lawrence
1990   *Familia, sexo y matrimonio en Inglaterra 1500- 1800.* México: FCE.

Stone, Samuel
1975   *La dinastía de los conquistadores*, San José: EDUCA.
1993   *El legado de los conquistadores, las clases dirigentes en la América Central desde la Conquista hasta los sandinistas.* San José de Costa Rica: Universidad Estatal a Distancia.

Taguieff, Pierre-André
1992   (Dir.) *Face au racisme.* París: La Découvert.
1995   "Las metamorfosis ideológicas del racismo y la crisis del antirracismo". En Juan Pedro Alvite (Coord.) *Racismo y antirracismo e inmigración.* Donostia: Gokoa.

Taracena, Arturo
1997   *Invención criolla, sueño ladino, pesadilla indígena.* Guatemala: CIRMA.
2002   *Etnicidad, Estado y nación en Guatemala 1808-1944.* Antigua Guatemala: CIRMA.

Tax, Sol
1965   *El capitalismo del centavo.* Guatemala: Seminario de Integración Social Guatemalteca.

Todorov, Tzvetan
1991   *Nosotros y los Otros. Reflexión sobre la diversidad humana.* Madrid: Siglo XXI.

Tumin, Melvin
1952   *Cultura indígena de Guatemala.* Guatemala: Seminario de Integración Social Guatemalteca.

Tutino, John
1983   "Power class and family. Men and women in the Mexican elite, 1750- 1810". *The Americas*, XXXIX: 3, p. 359-381.

Van Dijk, Teun A.
2003   *Racismo y discurso de las élites.* Barcelona: Gedisa.

Vellinga y Cerutti, Menno
1988   *Desigualdad, poder y cambio social en Monterrey*. México: Siglo XXI.

Vila Vilar, Enriqueta y Guillermo Lohmann Villena
2003   *Familia, linajes y negocios, entre Sevilla y las Indias*. Madrid: Mapfre Tavera

Vilas, Carlos
1992   "Linajes y familias en la Nicaragua actual". *Polémica*, diciembre 1992.
1995   "Family networks and democracy in Central America Politics". En *XIX LASA Congress*. Washington: mimeo.
1996   "Asuntos de familias: Clases, linajes y políticas en la Nicaragua contemporánea". En Marta Casaús Arzú y Teresa García Giráldez, *Élites empresarios y Estado*. Madrid: Cedeal, pp. 5-120.

Wagner, Regina
1991   *Los alemanes en Guatemala 1828-1944*. Guatemala: IDEA.

Webre, Stephen
1981   "El Cabildo de Santiago de Guatemala en el siglo XVII. ¿Oligarquía criolla cerrada y hereditaria?" Guatemala: *Mesoamérica*, No. 2, pp. 1-19.
1989   *La sociedad colonial en Guatemala: estudios regionales y locales*. Antigua Guatemala: CIRMA.

Wellman, David T.
1993   *Portraits of white racism*. Cambridge: Cambridge University Press.

Wieviorka, Michel
1992   *El espacio del racismo*. Barcelona: Paidos.

Williams, Robert G.
1994   *Status and social evolution: Coffee and the rise of national governments in Central America*. Chapel Hill: University of North Carolina Press.

Windler, Christian
1998   "Mediando relaciones. Redes sociales y cambio político a finales del Antiguo Régimen". *Hispania*, LVIII/2, No. 199, 575-605.

Woodward, Ralph Lee
1981   *Privilegio de clase y desarrollo económico, 1793 1871*. San José, Costa Rica: EDUCA.
1993   *Rafael Carrera and the emergence of the Republic of Guatemala*. Georgia: Georgia University Press.

Young, Kimbal
1969   *Psicología social del prejuicio*. Buenos Aires: Editorial Paidos.

Young, Robert
1990   *White mytologies: writing history and The West*. Londres: Routledge.
1995   *Colonial desires. Hibridty theory, culture and race*. Londres: Routledge.

ÍNDICE DE NOMBRES

A

Abascal Pérez, Emilia   91
Aceituno de Guzmán Mencos y Azmitia, Familia   144
Aceña Villacorta, María del Carmen   114, 124
Aceña y Díaz Durán, Ramón   89, 114, 121
Aceña y Guirola, Ramón   114
Agüero Urruela, Isabel   109
Aguilar de la Cueva, Magdalena   155
Aguilar y de la Cueva, Antonio de   155
Aguilar y de la Cueva, Familia   50
Aguirre, Familia   87, 100, 108, 115, 177
Aguirre y Arzú, María Dolores Trinidad   89
Aitkenhead, Richard   97
Alcaín de Esponda, Familia   153
Alcaín y Esponda, Joaquín de   135
Aldana, Familia   160
Alejos, Familia   62, 100, 115, 169, 257
Alejos Arzú, Familia   184
Alejos Arzú, Gladys   89
Alejos Arzú, Juan José   91
Alejos Arzú, Roberto   89, 99, 122
Alejos de la Cerda, Juan José   87
Alejos Vázquez, Oscar   162
Altolaguirre, Familia   102

Alvarado, Familia de   26, 153, 173, 255
Alvarado Rubio, Familia   148
Álvarez de las Asturias, Carmen   75
Álvarez de las Asturias, Enrique   105
Álvarez de las Asturias, Familia   58, 91, 103, 114, 115, 173, 177
Álvarez de las Asturias y Arroyave Beteta, Familia   62
Álvarez, Familia   255
ANACAFE   186
Andrade, Flavio   114
Andrade, Piedad Graciela   165
Andrade Díaz Durán, Fernando   114, 115, 116, 121, 122, *123*, 256, 257
Andrade Díaz Durán, Rodolfo   114
Andrade Falla, Fernando   116
Andrade Mazariegos, Familia   114
Anguiano, Familia   133
Anguiano y Maestre, María de   102
Angulo, Familia   108
Angulo y Urruela, Rafael José de   108
Aparicio, Edgar J.   128
Aparicio, Familia   30, 49, 58, 103, 178, 191
Aparicio y Barrios, Familia   48
Aparicio y Mérida, Francisca de   128
Arana Osorio, Carlos   146
Árbenz Guzmán, Jacobo   91, 142
Arce Aguilar y Nora, Familia   110
Arce, Manuel José   87
Arenales, Pedro   161
Arenales Catalán, Concepción   150
Arenales Catalán, Familia   105
Arenales Catalán, Jorge   161
Arenales Iriondo, Mercedes   161
Arévalo, Juan José   91
Arias Dávila, Gaspar   26, 44
Ariza, Familia   123
Arochena, Juan   56
Arrivillaga, Familia   55, 57, 61, 100, 103, 115, 156, 173, 177, 178, 180
Arrivillaga, Feliciano de   56
Arrivillaga, Mayorazgo de   56, 76
Arrivillaga, Tomás de   56
Arrivillaga y Castilla y Portugal, Manuela de   76
Arrivillaga y Roa, José Manuel de   56
Arrivillaga y Urdinzú, Domingo de   56
Arzú, Familia   8, 21, 45, 53, 61, 62, 79, 101, 103, 106, 108, 114, 115, 121, 156, 160, 168, 171, 172, 173, 176, 178, 184, 185, 191

Índice de nombres

Arzú Aguirre, Familia   89
Arzú Alejos, Familia   62
Arzú Batres, Familia   58, 87, 144
Arzú Batres, Guillermo   87
Arzú Batres, Mariano Cayetano de   87
Arzú Castillo, José Mariano   170
Arzú Castillo, Odette   170
Arzú Castillo, Paloma   170
Arzú Cobos, Enrique   97
Arzú Cobos, Familia   94
Arzú Cobos, José Mariano   91, 156, 170
Arzú Herrarte, José   89, 114
Arzú Irigoyen, Álvaro   7, 97, 99, 100, 116, 144, 146, 257
Arzú Ramírez, Luz   87
Arzú Romá, Familia   91, 100, 144
Arzú Saborío, Familia   100
Arzú y Batres, Juan de   89, 99
Arzú y Batres, Manuel de Jesús Policarpo de   87, 99
Arzú y Delgado de Nájera, Manuel de   87, 99
Arzú y Díaz de Arcaya, José Antonio   58, 61, 62, 86, 91, 99
Arzú y Matheu, Dolores   146, 171
Arzú y Saborío, Teresa   62, 91, 94
Ayala, Familia   66, 165
Ayala Victoria, Isabel   165
Ayau Cordón, Familia   184
Ayau Cordón, Manuel   256
Ayau Cordón, Manuel Francisco   138
Ayau, Familia   138
Ayau y de los Monteros, Manuel Silvestre   138
Aycinena, Familia   53, 55, 58, 61, 63, 66, 69, 70, 74, 76, 78, 81, 86, 89, 99, 100, 101, 103, 105, 106, 108, 109, 110, 121, 137, 138, 148, 152, 153, 154, 156, 168, 172, 173, 176, 178, 180, 184, 185, 191, 255, 257
Aycinena, María de   70
Aycinena, Mariano   77
Aycinena, Marqueses de   72, 73, 74, 75, 76, 77, 86, 89
Aycinena, Teresa de la Santísima Trinidad   76
Aycinena Arrivillaga, Antonio   89
Aycinena Arrivillaga, María Marta   114
Aycinena Beltranena, Familia   79
Aycinena Carrillo, José   72
Aycinena Carrillo, Vicente   72, 74
Aycinena de Valladares, Dolores   97
Aycinena e Irigoyen, Juan Fermín de   58, 62, 69, 70, 73, 76, 81, 86, 87, 106
Aycinena Micheo y Delgado de Nájera, Dolores   75

Aycinena Neutze, Familia   62
Aycinena Valverde, Alfonso   91
Aycinena y Aycinena, Juan Fermín   75
Aycinena y Aycinena, Rafael   75
Aycinena y Azualde, Miguel de   69
Aycinena y Delgado de Nájera, Bernarda   76
Aycinena y Delgado de Nájera, Josefa   76
Aycinena y Delgado de Nájera, Micaela   76
Aycinena y Micheo, Juan José   8
Aycinena y Piñol, Familia   76, 81, 126
Aycinena y Piñol, Fray Miguel de   76
Aycinena y Piñol, Ignacio   75, 77
Aycinena y Piñol, Juan José de   75, 77, 86
Aycinena y Piñol, Manuela   75
Aycinena y Piñol, Mariano   75, 76
Aycinena y Piñol, Pedro   75, 77, 86
Azmitia, José   165, 171
Azmitia, Santiago   168
Azmitia, Familia   138, 144, 170, 177, 178, 180, 185
Azmitia y González, Elisa   91, 168

B

Balleza, Familia   170
Banco Agrícola   143
Banco Agrícola Hipotecario   143
Banco Agrícola Mercantil   151
Banco Central de Guatemala   143
Banco Colombiano   105, 138
Banco Comercial Agrícola de Guatemala   143
Banco Continental   167, 170
Banco de América   151, 162
Banco de Guatemala   105, 168
Banco de Occidente   151
Banco del Agro   143
Banco del Istmo   114
Banco del Quetzal   114
Banco G&T Continental   122, 167
Banco Granai y Towson   151, 167
Banco Industrial   167, 170
Banco Internacional   143, 151
Banco Metropolitano   91
Banco Nacional de Guatemala   138
Banco Uno   150, 162, 167
Barahona, Alvaro   31

Índice de nombres

Barahona, Familia   26, 32, 49, 103, 110, 173, 255
Barahona, Guzmán y Díaz del Castillo, Familia   41
Barahona, Pedro de   212
Barahona, Sancho de (El Mozo)   30, 49
Barahona, Sancho de (El Viejo)   26, 30, 44
Barrios, Familia   49, 103, 128, 173, 178, 255, 256
Barrios, Justo Rufino   102, 127, 128, 135, 137, 138, 141, 169, 173, 200
Barrutia, Familia   57
Barrutia, Juan de   58
Batres, Familia   45, 57, 58, 61, 62, 87, 100, 114, 137, 154, 156, 157, 161, 168, 171, 173, 176, 178, 185, 255
Batres Arzú, Familia   62
Batres Díaz del Castillo, Cayetano   157, 171
Batres Díaz del Castillo, Familia   62
Batres Jáuregui, Antonio   8, 62, 91, 93, 94, 156, 157, 255
Batres Juarros, Luis   77
Batres Montúfar, José   87
Batres Montúfar, María Manuela   87
Batres y Díaz del Castillo, Cayetano   62, 172
Batres y Juarros, Luz   77
Battle Aberle, Federico   169
Becerra, Bartolomé   26, 38, 171, 212
Becerra, Familia   32, 171, 191
Becerra, Teresa   38, 171, 212
Bedoya, Mariano   125
Beltranena, José   70
Beltranena Aycinena, Fernando   86
Beltranena Aycinena, María Luisa   79
Beltranena, Familia   58, 100, 103, 108, 144, 146, 154, 173, 176, 177, 178, 184, 185, 257
Beltranena Piñol, Bernardo   105
Beltranena Urruela, Carmen   105, 168
Beltranena Urruela, Concepción   105
Beltranena Urruela, María   105
Beltranena Valladares, María Luisa   144
Beltranena y Aycinena, Pedro José   58
Beltranena y Nájera, Vicente   89
Beltranena y Urruela, Carmen   105
Beltranena-Aycinena, Familia   79
Benfeldt Alejos, Manuel   89, 99
Benfeldt, Familia   169
Bergaño y Villegas, Simón   125
Berger, Familia   103, 143, 148, 153, 176, 257
Berger Dorión, Familia   111, 144, 148
Berger Dorión, Francois   111, 144

Berger Dorión, Lorena   144
Berger Dorión, Lucrecia   144
Berger Lehnhoff, Roberto   144
Berger Perdomo, Familia   97, 144
Berger Perdomo, Oscar   7, 86, 97, 101, 114, 116, 124, 135, 144, 150, 162
Bianchi, Arturo   144
Bianchi, Familia   169, 257
Bianchi, Matilde   97
Boppel Carrera, Adolfo   144
Boppel, Familia   103
Bory y Mata, María   111
Botrán, Andrés   99
Botrán, Familia   99, 115, 172, 176, 177, 183, 184, 256
Brañas, César   89, 114
Briz Abularach, Jorge   97
Bruderer, Familia   144
Bustamante y Guerra, José de   74, 76, 109

C

CACIF   108, 138, 161, 162, 177, 186, 255
Calderón, Francisco   46
Calderón Sol, Armando   101, 146
Camacho Díaz Durán, Ana   111
Camacho Díaz Durán, Concepción   111
Camacho Díaz Durán, María   111, 122, 148
Camacho y Díaz Durán, Eduardo   111, 116
Camacho y Gallegos, Francisco   111
Canella, Familia   167
Canella Neutze, Familia   167
Canivell Arzú, Odette   170
Canivell Arzú, Pedro   170
Canivell Arzú, Rocío   170
Canivell Freites, Pedro   170
Cantón Solórzano, Dolores   149
Cárcamo, Familia   155
Carrera, Familia   49
Carrera, Rafael   75, 77, 78, 81, 110, 126, 127, 132, 137, 148
Carrillo, Familia   70
Carrillo, Pedro   58
Carrillo Mencos, Familia   72
Carrillo Mencos-Gálvez, Familia   72
Carrillo y Gálvez, Ana   70, 72, 74
Casares, Familia   41, 47, 108
Casares y Olaberrieta, María Josefa   102

Índice de nombres

Casaús, Angel   170
Casaús Arzú, Marta Elena   170
Casaús y Torres, Arzobispo Ramón   76
Castañeda, Familia   133
Castañeda y Castañeda, Matilde   102, 133
Castellanos, Inés de   46
Castilla y Portugal, Manuel de   58
Castillo, Familia   36, 45, 47, 62, 99, 100, 147, 149, 152, 153, 156, 157, 167, 168, 171, 172, 173, 176, 177, 178, 180, 184, 185, 191, 254
Castillo, Guillermo   99
Castillo Armas, Carlos   142
Castillo Arzú, Familia   62
Castillo Aycinena, Familia   103
Castillo Azmitia, Arturo   105, 168, 171
Castillo Azmitia, Familia   91, 100, 149, 167, 173
Castillo Azmitia, Guillermo   168, 169
Castillo Azmitia, Gustavo   168, 169
Castillo Azmitia, Mariano   168, 169, 172
Castillo Azmitia, Marta   91, 156, 170
Castillo Azmitia, Rafael   172
Castillo Azmitia, Rodolfo   160, 168, 170
Castillo Beltranena, Arturo   168
Castillo Beltranena, Lily   168
Castillo Beltranena, Stella   169
Castillo Córdova, Enrique   161
Castillo Córdova, Familia   115, 155, 156, 157, 170
Castillo Córdova, Manuela   160
Castillo Córdova, Mariano   91, 160, 165, 168, 169
Castillo Córdova, Rafael   160, 165, 170
Castillo Córdova, Teresa   160
Castillo Echeverría, Amelia   169
Castillo Estrada, Familia   157, 171
Castillo Estrada, José Domingo de las Nieves   157, 165
Castillo Hermanos   166, 167, 170
Castillo Lara, Carlos   122, 171
Castillo Lara, Familia   115, 149, 162, 170, 173
Castillo Lara, María Luisa   161
Castillo Larrave, Familia   45, 157
Castillo Love, Familia   114, 115, 151, 167, 183
Castillo Love, Francisco   170
Castillo Love, Jorge   170
Castillo Love, Ramiro   170
Castillo Love, Raúl   170
Castillo Love, Telma   160

Castillo Menocal, María Mercedes   160
Castillo Monge, Alvaro   162
Castillo Monge, Carlos Enrique   161, 162
Castillo Monge, Enrique   162
Castillo Monge, Familia   115, 151, 162, 167, 183
Castillo Monge, Oscar   162
Castillo Pimentel, Familia   36, 45, 157
Castillo Segura, Familia   155
Castillo Sinibaldi, Edgar   169
Castillo Sinibaldi, Ricardo   161
Castillo Sinibaldi, Roberto   161
Castillo Valenzuela, Carmen   162
Castillo Valenzuela, Cristina   165
Castillo Valenzuela, Enrique   161
Castillo Valenzuela, Familia   149, 162
Castillo Valenzuela, Oscar   161
Castillo Valenzuela, Roberto   161
Castillo Valenzuela, Salvador   161
Castillo y Segura, Familia   171
Castillo y Segura, José Mariano   157
Castillo Zirión, Aída   169
Castillo Zirión, Guillermo   174
Castillo Zirión, Leonel   170
Castillo Zirión, María René   169
CAVISA   166, 172
Cementos Novella   122, 147, 162
Cerezo Arévalo, Vinicio   97
Cerna, Vicente   130
Cervecería Centroamericana   105, 156, 160, 162, 165, 167, 168, 169, 171
Cervecería de Quetzaltenango   168
Cervecería Río   167
Chamorro, Familia   21, 115, 255
Chamorro, Violeta   7
Chea Urruela, José Luis   108
Cóbar, Familia   94
Cobos, Familia   108
Cobos Batres, Familia   97, 100
Cobos Batres, Luis   8, 91, 94, 99
Cobos Batres, Manuel   8, 91, 94, 99
Cobos Batres Urruela, María   91
Cobos Urruela, Familia   91, 108
Cofiño, Familia   115, 122, 147, 153, 171, 180, 184
Cofiño Arzú, Hilda   146, 171
Cofiño Díaz Durán, María   171

Cofiño y Díaz Durán, Concepción   114
Cofiño y Díaz Durán, Pedro   116, 146, 171
Cofiño y Díaz, María Luisa   122
Coloma y Urruela, María Josefa de   103
Cordero, Familia   180
Córdova y Minueza, Delfina Dolores   157, 165
Cortés, Hernán   44
Criado de Castilla, Alonso   43
Cristiani, Alfredo   7
Cueto, Familia   26
Cueto, Pedro   212

D

Dardón, Familia   173, 177, 180, 185
De Alvarado, Jorge   75
De Alvarado, Leonor   30, 212
De Alvarado, Pedro   25, 30, 31, 32, 75, 212
De Andino y de León, Juana   38
De la Cueva, Beatriz   32
De la Cueva, Familia   26
De la Cueva, Francisco   30
De la Tovilla, Familia   94
De León Barrios, Familia   48
De León Cardona, Familia   47
De León Cardona, Jorge   47
De León Cardona, Juan   47
De León, Familia   47, 48, 49, 178, 185, 191, 255
De León, Francisco   47
De León, Martín   47
De León, Ramón   47
Del Valle, José Cecilio   8
Delgado, Familia   138
Delgado de Nájera, Concepción   149
Delgado de Nájera, Familia   8, 31, 41, 47, 49, 50, 52, 53, 55, 58, 59, 61, 62, 63, 72, 91, 94, 100, 103, 135, 152, 153, 156, 157, 171, 173, 176, 178, 255
Delgado de Nájera, Francisco   41, 61
Delgado de Nájera, Lutgarda   62
Delgado de Nájera, Tomás   59
Delgado de Nájera y Mencos, Familia   61, 62, 72
Delgado de Nájera y Mencos, María Josefa   62, 87, 91
Delgado de Nájera y Mencos, María Micaela   62, 72, 87
Delgado de Nájera y Mencos, Mariano   62
Delgado de Nájera y Mencos, Ventura   61, 62
Delgado de Nájera y Portal, José   59, 61

Delgado de Nájera y Salazar, Francisco   52
Delgado de Nájera y Salazar, Tomás   31, 52, 59
Delgado Nájera y Salazar, Francisco   59
Delgado Nájera y Tovilla, Josef Tomás   61
Democracia Cristiana Guatemalteca   116
Díaz Cárcamo, Familia   110
Díaz del Castillo, Bernal   26, 36, 38, 41, 44, 46, 52, 157, 171, 193, 255
Díaz del Castillo, Bernardina   38
Díaz del Castillo, Familia   8, 26, 32, 41, 47, 52, 53, 94, 102, 155, 156, 157, 178
Díaz del Castillo Larrave, María Josefa   156
Díaz del Castillo, Micaela   38
Díaz del Castillo y Aguilar de la Cueva, José   38, 155
Díaz del Castillo y Becerra, Francisco   38, 172
Díaz del Castillo y Becerra, Inés   38
Díaz del Castillo y Cárcamo, Catalina   38, 41, 51
Díaz del Castillo y Cárcamo, Familia   59, 102, 115
Díaz del Castillo y Cárcamo, Juan José   46
Díaz del Castillo y Castellanos, Familia   155
Díaz del Castillo y Castellanos, José   155, 172
Díaz del Castillo y Larrave, María Ignacia   172
Díaz del Castillo y Lugo, Teresa   38
Díaz del Castillo y Pimentel, Manuel   155
Díaz del Castillo y Sánchez Prieto, José   38, 155
Díaz Durán, Cirilo Antonio   121
Díaz Durán, Clara   122
Díaz Durán, Concepción   122
Díaz Durán, Familia   21, 100, 103, 115, 153, 154, 169, 171, 172, 173, 176, 177, 178, 183, 184, 185, 255, 257
Díaz Durán, Joaquín   123
Díaz Durán, José María   111, 121
Díaz Durán, María   115
Díaz Durán e Irungaray, María Lisandra   122
Díaz Durán Falla, Fernando   124
Díaz Durán y Durán, María Antonia   111
Díaz Durán y García de Zelaya, Dominga de Jesús   148
Díaz Durán y Matheu, José Constantino   121
Díaz y Cárcamo, Joaquín María   111
Dieseldorff, Agnes   129
Dieseldorff, August   129
Dieseldorff, Familia   103, 150, 151, 152, 153, 155, 168
Dieseldorff, Heinrich Rudolff   129, 150
Dieseldorff, Julia   129
Dieseldorff, Willie   129
Dieseldorff y Cía.   152

Índice de nombres

Donis, Familia   36, 47
Dorión, Familia   133, 153, 176
Dorión, Julio Guillermo   135, 141
Dorión Cabarrús, Renée   144
Dorión Klee, Familia   133, 141
Dorión Klee, Guillermo   141, 147
Dorión Klee, María Elisa   141, 143, 146
Dorión Klee, María Josefa   141
Dougherty, Familia   148
Duarte, Familia   115
Dueñas, Familia   255
Durán, Bernardo   110
Durán, Familia   110
Durán, Josefa   111
Durán, Juan Francisco   116
Durán y Aguilar, José Joaquín   110, 111, 116, 121
Durán y Aguilar, Manuel José   111, 116
Durán y Aguilar, María Antonia   111
Durán y Baca, Bernardo   110
Durán y Hernández, Domingo   110
Durán y Núñez de Guzmán, Juana   110

E

Echeverría, Familia   108, 160
Echevers y Subiza, Antonio Pedro de   56
Enríquez Castellano, María Luisa   160
Estrada Cabrera, Manuel   91, 94, 97, 165
Estrada Medinilla, Familia   52
Estrada Medinilla, Juan de   38
Estrada Medinilla, María de   51
Estrada Medinilla, Pedro de   52
Estrada Orantes, Ana María   157
Estrada y Azpetia, Familia   50

F

Falla, Familia   115, 122, 153, 173, 177, 180, 257
Falla Ariza, Salvador   122
Falla Castillo, Familia   169
Falla Cofiño, Arturo   169
Falla Cofiño, Julia   114
Falla y Arís, Salvador   114
Falla y Cofiño, Familia   122, 147
Fernández, Antonio   47

Fernández, Familia   99
Fernández, Mike   97
Flores Asturias, Familia   97
Frente Republicano Guatemalteco   79
Fuentes y Guzmán, Antonio   8
Fuentes y Guzmán, Familia   8, 52
Fuentes y Guzmán, José   52
Fuentes y Guzmán, Nicolás   52
Fuentes y Guzmán y Chávez, Francisco de   38
Fuentes y Guzmán y Díaz del Castillo, Francisco de   38
Fuentes y Guzmán y Urrea, Francisco Antonio   38, 171, 255
Fundación del Centavo   89

G

Gándara Durán, Carlos   121
García de Loaysa, Isabel   30
García Gallont, Familia   97
García Gallont, Fritz   100
García Granados, Familia   30, 62, 100, 149, 178, 185
García Granados, Miguel   87, 137, 149
García Granados, Raúl   97
García Granados Widman, Familia   180
García Granados y Saborío, Cristina   149
García Sancho, María del Milagro   103
Girón de Alvarado y de León, Mateo   38
Goicoechea, José Antonio de   74
Gomendio, Domingo de   56
González, Antonio   46
González, Eduardo   97, 99
González, Familia   176, 184, 257
González Batres, Familia   8, 58, 66, 91
González Batres, Manuel   62
González Batres, Pedro de Alcántara Roberto   156
González Batres, Pedro Ignacio   62
González Batres y Juarros, Luis   91
González Batres y Muñoz, Manuela   62
González de Batres, Teresa   87
González de Batres y García Granados, Trinidad   87
González de Saravia, Familia   114, 153
González Díaz Durán, Roberto   124
González Donis, Familia   155
González Donis, Juan   47
González Mollinedo   109
González Saravia, Miguel   61

Índice de nombres

Goubaud Carrera, María   169
Goubaud, Familia   148
Granai, Familia   99, 167
Gual, Familia   160
Guillén de Ubico, Familia   155, 178
Guillén de Ubico, Manuel   102, 105, 133
Guillén de Ubico y Perdomo, Josefa Juliana de Guadalupe   133
Guillén de Ubico y Perdomo, Manuel   133
Guirola Batres, Familia   157, 170
Guirola Leal, José   94
Guirola y Leal, María de las Mercedes   114
Gutiérrez Boch, Familia   99
Gutiérrez, Familia   99, 100, 115, 167, 172, 174, 177, 184, 256
Guzmán, Diego de   44
Guzmán, Familia   41, 49, 55, 103, 110

H

Hegel, María Cristina   122
Hegel Díaz Durán Andreu, Cristina   89
Hegel Fahsen, Agustín   122
Hempstead Dieseldorff, Leslie   150
Hempstead, Familia   150, 151, 153, 173, 176
Hempstead Smith, William   150
Herrarte de Guzmán, Isabel   89
Herrarte, Francisco de   56
Herrera, Carlos María   160
Herrera, Familia   8, 103, 110, 115, 122, 128, 133, 142, 144, 146, 149, 153, 155, 168, 169, 171, 172, 173, 177, 178, 180, 183, 184, 185, 255, 256
Herrera, Manuel   110
Herrera, Manuel María   137, 141, 142, 255
Herrera Cofiño, Patricia   147
Herrera Dorión, Arturo   143
Herrera Dorión, Carlos   143, 146
Herrera Dorión, Familia   100, 143, 147
Herrera Dorión, Julia   146
Herrera Dorión, Margarita   146
Herrera Dorión, Rafael   143, 146, 147, 171
Herrera Dorión, Roberto   146
Herrera Ibargüen, Roberto   146
Herrera Luna, Carlos   141, 143, 144, 146
Herrera Moreno, Manuel   102, 105, 141, 143
Herrera Paúl, María Cristina   146
Herrera y Cía.   143

I

Ibargüen, Familia   177
Ibargüen Herrera, Familia   184
Ibargüen Uribe, Elisa   146
Incháurregui, Cornelia   111
Irigoyen, Carmen   97
Irigoyen, Familia   62, 100
Irigoyen Iturralde, María Antonia   69
Iriondo, Paula   161
Irisarri, Familia   57
Irisarri, Juan Bautista   58
Irungaray, Manuel   116
Irungaray Díaz Durán, Manuel   116

J

Jáuregui, Familia   94, 156, 177
Jerez y del Castillo, María   38
Jiménez de Urrea, Familia   8
Justiniano, Antonio   47
Justiniano, Familia   55

K

Klee, Familia   62, 103, 115, 122, 133, 147, 153, 155, 168, 184
Klee Schraeder, Karl Friederich Rudolph   129, 131, 132, 149, 151
Klee Ubico, Daniela   135
Klee Ubico, Familia   135, 149
Klee Ubico, Jorge   135
Klee Ubico, Josefa Cristina   135
Klee Ubico, María Dolores   111, 135, 147
Klee Ubico, Tomasa   135
Klee y Ubico, Josefa Elisa   135, 141
Kong, Familia   172
Kong, Federico   165

L

Lacayo, Familia   255
Lacayo Briones, Familia   110
Lacayo Oyanguren, Familia   7, 21, 101,
Lacunza, Manuel de   56
Lainfiesta Dorión, Marta   133, 141
Lainfiesta, José Víctor   141
Lara, Familia   177, 178, 180, 185

Índice de nombres

Lara Dardón, Refugio   170
Lara Mogrovejo, Antonio   30
Lara Pavón, Guadalupe   103
Larraondo Aparicio, Elvira   97
Larraondo, José Tomás   135
Larrave, Familia   156
Larrave, Lucas   156
Larrave y Loaisa, Josefa   155
Larrave y Tovilla, Lucas   156
Larrave y Tovilla, Manuel Ignacio   156
Larrazábal, Familia   66
Larrazábal, Simón   58
Lattmann, Familia   147
Lavagnino Arrivillaga, Stella   162
Le Boy, Gustav   130
Lehnhoff, Familia   147
León Barrios, Familia de   48
Leyva Batres, Stella   161
Lippmann, Familia   151
Lira Cárcamo, Familia   36, 45, 50
Lira de Cárcamo, Catalina   52
Lira, Familia   47, 171
Lira, Pedro de   38, 41, 47, 51
Lira y Cárcamo, Familia   52
Lira y Cárcamo, Francisco de   51
Lira y Cárcamo, Nicolás   38, 41, 172
Lira y Cárcamo y Nuñez de Salazar, Catalina de   41
Llano, Manuel del   70
Llerandi y Sánchez Perales, Mercedes   144
Loaisa y Ledesma, Sebastián   156
Loaysa, Familia   30
Loaysa, Isabel de   49
Lobo, Familia   110, 171
Lobo y Herrera, Catarina   110
López Cerrato, Alonso   30
López de Ezeiza, Isidro   56
Love, Ruby   160, 170
Lowenthal, Familia   138
Lucas García, Romeo   97
Luján, Jorge   150
Luna Soto, Delfina   141

M

Maegli, Familia   148, 153
Maegli Müller, Juan   148
Maegli Novella, Juan Pablo   109
Maldonado, Familia   26
Mallén de Rueda, Pedro   43
Mansilla, Familia   177, 184, 256
Mariano, Beltranena   76
Marquesado de Nájera   62
Marticorena, Juan de   76
Martínez de Roda, José   128
Martínez Durán, Carlos   116
Mata Castillo, Roberto   162
Mateos, Antonia   170
Matheu, Familia   8, 100, 115, 138, 149, 160
Matheu Ariza, Manuel   122
Matheu Batellini, Juan   148
Matheu Recinos, Enrique   99
Matheu Sinibaldi, Familia   148, 153
Matheu Sinibaldi, Juan   135, 148
Mazariegos, Familia   48, 171
Medinilla, Familia   171
Melville, Familia   148
Mencos, Familia   72
Mencos, María Felipa de   59, 61
Mencos, Melchor de   61
Méndez Montenegro, Julio César   161
Méndez Sotomayor, Familia   155
Méndez Sotomayor, Hernán   30, 44
Mérida, Familia   48
Meyer, Familia   151
Meza Ayau, Familia   21
Micheo, Familia   72
Micheo y Pavón, Familia   61
Miller, Familia   147
Minondo y Beltranena, José   146
Mirón, Carlos   144
Molina, Pedro   125
Monge, Familia   149, 180
Monge Castillo, María   161
Montano Midence, Marta   162
Montano Novella, Francisco   162
Montúfar y Coronado, Manuel   76

Índice de nombres

Morazán, Francisco   74, 75, 76
Movimiento de Liberación Nacional   79, 97
Murga, Familia   160

N

Nájera, Familia   87
Nanne, Familia   138, 147
Nanne Escalante, Amalia   141, 147
Neutze, Familia   62, 74, 100, 146, 149, 151, 153, 168, 183
Neutze Aycinena, Familia   184
Nottebohm, Familia   103, 115, 129, 147, 150, 151, 152, 153, 168, 173, 176
Novella Camacho, Estuardo   111, 148
Novella Damerio, Carlos   135, 147
Novella, Enrique   148
Novella, Familia   115, 144, 147, 149, 153, 172, 174, 176, 177, 183
Novella Klee, Carlos   111, 122, 147, 148
Novella Klee, Familia   147, 148
Novella Urruela, Familia   122
Novella Wyld, Familia   122
Novella Wyld, María Marta   148
Novella y Damerio, Carlos   111
Novella y Wyld, María Eugenia   111
Núñez, Familia   36, 47, 52, 55, 171
Núñez de Guzmán, Antonia   110
Núñez de Salazar, María   38, 52
Núñez Salazar Monsalve Pérez Dardón, María   41
Núñez y Cárcamo, Bartolomé   41, 47, 52, 59

O

Olaberrieta, Familia   41, 47, 108
Orduña, Familia   26
Orellana, José María   94, 161
Orellana Flores, Leonor   161
Ortiz y Letona, Pedro   56
Ovalle, Francisca   38

P

Paiz, Familia   174, 177
Paiz, Manuel José   165
Paiz, Supermercados   165
Paiz Andrade, Carlos Manuel   165
Paiz Andrade, Familia   68, 165
Paiz Andrade, Fernando   165

Paiz Andrade, Isabel   165
Paiz Andrade, María Isabel   165
Paiz Andrade, Roberto   165
Paiz Andrade, Rodolfo   165
Paiz Andrade, Sergio   165
Paiz Ayala, Carlos   165
Paiz Ayala, Familia   177
Partido de Avanzada Nacional   89, 97, 165
Partido Libertador Progresista   79
Partido Nacional Renovador   116
Partido Revolucionario   116
Partido Unionista   94, 100, 111, 116, 160
Paúl Herrera, María Cristina   146
Pavón, Familia   56, 62
Pavón y Gil de Escalante, Cayetano   58, 76
Pavón y Muñoz, José   76
Payés y Payés, Antonia   75
Pellecer Díaz Durán, Carlos Manuel   121
Pemueller, Familia   147
Pemueller Samayoa, Evelyn   146
Perdomo, Familia   144
Pérez Dardón, Familia   36, 41, 47, 52, 53, 94, 170, 171, 178
Pérez Dardón, Juan   38, 41, 44, 52, 59
Pimentel y Montúfar, Mariana   38, 155
Piñol, José   58, 73
Piñol Batres, Familia   137
Piñol, Familia   61, 62, 103, 157, 178, 180, 184, 185
Piñol y Aycinena, Bernardo   76
Piñol y Aycinena, María Josefa   76
Piñol y Aycinena, Micaela   76
Piñol y Batres, José   99
Piñol y Batres, Obispo José   94
Piñol y Muñoz, Antonia   77
Piñol y Muñoz, Juana   74
Piñol y Muñoz Salazar, Micaela   73, 76
Piñol y Muñoz, Tadeo   76
Pivaral, Familia   49, 128
Plocharski, Familia   147
Plocharski Rossbach, Familia   144
Poggio, Familia   144
Pollo Campero   172
Ponce de León, Familia   30
Ponce Widmann, Gabriela   150
Porras, Basilio   125

Índice de nombres

Portal Salazar, Francisca   52, 59
Portillo, Alfonso   79
Portocarrero, Familia   30
Portocarrero, Manuel   146
Prado Rossbach, Familia   105
Presa Abascal, Familia   169, 184, 256

Q

Quintana, Epaminondas   89

R

Ramírez y Valenzuela, Luz   87
Reyes, Familia   144
Ríos Montt, Efraín   170, 257
Rivera, Familia   48
Robles, Familia   102
Robles Herrera, Rodolfo   146
Rodil, Familia   115
Rodríguez, Claudia   162
Rodríguez, Familia   173, 176, 256
Romá, Familia   87
Ruiz, Familia   108

S

Saborío, Familia   87
Salaverría, Familia   21
Salazar, Antonio   52, 59
Salazar, Familia   55, 114
Salazar Monsalve, Familia   171
Salazar Monsalve y Pérez Dardón, Catalina   31, 41, 52, 59
Sales Prado y González de Saravia, Francisca de   135, 149
Samayoa, Familia   49, 103, 128, 138, 144, 149, 153, 154, 155, 172, 173, 177, 178, 180, 185, 256
Samayoa Chinchilla, Carlos   134
Samayoa Enríquez, José María   135, 137, 138, 141, 142, 169, 255
Samayoa-Klee Ubico, Familia   135
Samayoa Klee, Julio   160
Samayoa Klee, María del Pilar Dolores   138
Samayoa Ramírez, Clemencia   160, 169
Samayoa Ramírez, Teresa   169
Samayoa Santolino, Aída   170
Sánchez Perales, Familia   144
Sánchez Prieto y Dubois, Marcela   155

Sandoval, Familia   49
Sandoval Alarcón, Armando   79
Sandoval Alarcón, Mario   79
Santacruz Wyld, Max   99
Sapper, Familia   129, 150, 151, 152, 153
Saravia, Familia   108, 115, 133, 173, 177, 178, 180, 185
Saravia Aguirre, Familia   146, 169
Saravia Aguirre, Gustavo   169
Saravia Camacho, Leonor   160
Saravia Castillo, Adalberto Augusto   160
Saravia Castillo, Eduardo Enmanuel   169
Saravia Castillo, Elvira   160
Saravia Castillo, Familia   151, 162
Saravia Castillo, Raúl   160, 169
Saravia Conde, José Miguel   160
Saravia Conde, Salvador Augusto   160
Saravia y Toriello, Familia   111
Sarg, Familia   129, 151, 152, 153
Schlesinger, Familia   103, 147
Schulbach, Familia   153
Schwank, Familia   115
Segura Porras y Villavicencio, Antonio de   157
Segura y Díaz del Castillo, Manuel Silvestre   157
Seguros Universales   122
Serra Castillo, Carmen   165
Serra Castillo, Familia   97
Serra Castillo, Juan José   165
Serra Domenech, José   165
Serrano Elías, Jorge   62, 79, 86, 89, 97, 144, 161, 169, 170, 246
Siliézar, Familia   55
Siliézar, Tomás   47
Sinibaldi, Familia   149, 176, 177
Sinibaldi, Joaquín   161
Sinibaldi Arbúrez, Isabel   169
Sinibaldi, Zoe   148
Sinibaldi Castillo, Estuardo   169
Sinibaldi Castillo, Ricardo   169
Sinibaldi Lobos, Concepción   161
Sinibaldi, Marqueses de   148
Skinner, George Ure   131, 132
Skinner Klee, Alfredo   99, 150
Skinner Klee Arenales, Carolina   150
Skinner Klee Arenales, Cecilia   150
Skinner Klee Arenales, Jorge   150

Índice de nombres

Skinner Klee Cantón, Alejandro   149
Skinner Klee Cantón, Jorge   150
Skinner Klee, Familia   134, 152, 176, 178
Skinner Klee, Jorge   99, 132, 256
Skinner Klee Prado, Alfredo   149
Skinner Klee Prado, Ricardo Carlos   149
Sociedad de Agricultores de Guatemala   143
Somoza, Familia   255
Sotomayor, Familia   26, 103
Spatz, Familia   115
Springmühl, Familia   138
Stein Barillas, Eduardo   99
Sthal, Familia   151, 153

T

Thiemer, Familia   153
Thomas, Familia   151
Toriello, Familia   160
Toriello Garrido, Alfredo   160
Toriello Garrido, Guillermo   160, 161
Toriello Garrido, Jorge   160, 161
Toriello Nájera, Leonel   160
Torrebiarte, Familia   148
Tovilla, Francisca de la   155
Tovilla y Lara Mogrovejo, Juana de la   59

U

Ubico, Familia   105, 153, 180, 184, 185
Ubico Castañeda, Jorge   78, 91, 94, 102, 133, 134, 141, 149, 155, 169
Ubico, Oscar   169
Ubico y Urruela, Arturo   102, 133
Ubico y Urruela, Ernestina   102, 105
Ungo, Familia   115
Urruela, Arturo   108
Urruela, Familia   41, 45, 47, 49, 53, 55, 63, 66, 74, 103, 106, 115, 121, 133, 137, 153, 154, 156, 168, 171, 172, 173, 176, 177, 178, 180, 184, 185, 191
Urruela, Federico   150
Urruela, José Víctor   105
Urruela, Juan José   108
Urruela Angulo, Familia   105
Urruela Coloma, Clara   105
Urruela Coloma, Familia   105
Urruela de los Monteros, Familia   108

Urruela de los Monteros, Luis   108
Urruela e hijos, Casa   102
Urruela Lara, Francisco   103
Urruela Nanne, Jorge Luis   108
Urruela Prado, Familia   184
Urruela Prado, Federico   105, 108, 109
Urruela Prado, Raquel   91, 105
Urruela Vásquez, Federico   105
Urruela Vásquez, Julio   106, 109
Urruela Vázquez, Familia   184
Urruela y Anguiano, Carmen   105
Urruela y Anguiano, Francisco   103
Urruela y Anguiano, Gregorio   102
Urruela y Anguiano, María del Carmen de   102, 133
Urruela y Angulo, Gregorio Ignacio de   58, 101, 102
Urruela y Bárcena, José   102
Urruela y Casares, Gregorio de   103
Urruela y Casares, Gregorio Ignacio   102
Urruela y Casares, María Dolores de   101
Urruela y Urruela, José María Rosendo de   101
Urruela y Urruela, Juan Francisco de   108
Urruela y Urruela, Manuel José Arcadio   101, 106
Urruela y Urruela, María Teresa de   169
Urruela y Valle, Familia   106
Urruela y Valle, José Eleuterio de   101

V

Valenzuela González, María Luisa   161
Valladares, Familia   62, 105, 108, 115
Valladares Aycinena, Familia   21
Valladares Aycinena, Juan Fermín   168
Valladares Molina, Acisclo   79, 91, 144
Valladares Molina, Lucía   79
Valladares Molina, Luis Domingo   91
Valladares y Aycinena, Luis   79
Valle, Familia   8, 110
Van del Goltz Nottebohm, Joaquín   147
Van der Goltz, Familia   147
Vásquez, Raquel   105
Vásquez y Ospina, Familia   105, 170
Vázquez Bruni, Carlos   170
Vidaurre, Familia   66
Vila, Alfredo   99
Vila, Familia   99, 176

Índice de nombres

Vila, Fraterno   97
Villacorta y Fajardo, Sara   114
Viteri, Familia   108, 257
Viteri Echeverría, Ernesto   144
Von Lambsdorff, Familia   138
Von Merck, Barón   105
Von Merck, Familia   103

W

Weissemberg, Familia   153
Widmann, Familia   103, 138, 144, 176
Widmann Lagarde, Wendy   144
Widmann Luna, Walter   144
Wyld, Familia   115, 144, 148
Wyld Goubaud, Margarita   148
Wyld Ospina, Carlos   114
Wyld y Goubaud, Margarita   111

X

Xicotencatl, Luisa   30, 212
Ximénez de Urrea, Manuela   38

Z

Zepeda Castillo, Familia   169, 257
Zirión, Familia   108, 114, 173, 177, 178, 180, 185
Zirión Lara, María Luisa   169
Zirión y Lara, María Jesús Inés   169
Zirión y Urruela, Antonio Julián de   169

Guatemala: linaje y racismo, *Marta Elena Casaús Arzú*. Se terminó de imprimir en el mes de julio de 2007. F&G Editores, 31 avenida "C" 5-54 zona 7, Colonia Centroamérica, 01007. Guatemala, Guatemala, C. A. Telefax: (502) 2433 2361 Tel.: (502) 5406 0909 informacion@fygeditores.com www.fygeditores.com